U0857018

高等院校应用心理学专业精品课程规划教材

编委会

高等院校应用心理学专业精品课程规划教材 · 学校心理系列

SCHOOL PSYCHOLOGY

学校心理学

主　编 ◎ 许思安

副主编 ◎ 攸佳宁　陈栩茜

“学校心理系列”教材编写时凸显了三个方面的特点：首先，以问题导向为出发点，构思整体架构；其次，以学科前沿为背景，在内容的选择上突出心理学的最新研究成果，引领读者在解决实际问题中感受心理学领域的最新进展；最后，充分考虑学习者的学习需求，力求体现学以致用的基本导向，创新教材的呈现方式，体例灵活。

華中科技大學出版社
http://www.hustp.com
中国 · 武汉

内容提要

学校心理学是一门在中小学教育中研究各种心理现象及规律并解决学生心理问题的科学。本书围绕本科高等院校应用型人才培养目标，立足于我国学校心理健康教育发展的现状和相关的前沿性问题，从其源起、青少年学生的发展特点、相应的行为问题识别、个案辅导与危机干预、教师自身心理调适等方面进行了全面、系统的阐述。

本书体例简明合理，内容体现了理论与实践的有效整合，案例丰富多样，实践环节清晰易懂、适用面广，凸显对应用能力的培养。本书可供各专业本科师范类高等院校的学生使用，也可作为各学科教师、班主任培训的参考用书。

图书在版编目(CIP)数据

学校心理学/许思安主编. —武汉：华中科技大学出版社，2014.11(2020.1重印)
ISBN 978-7-5680-0519-7

Ⅰ.①学…　Ⅱ.①许…　Ⅲ.①教育心理学-高等学校-教材　Ⅳ.①G44

中国版本图书馆 CIP 数据核字(2014)第 269632 号

学校心理学　　许思安　主编

策划编辑：周晓方
责任编辑：章　红
封面设计：李　嫚
责任校对：祝　菲
责任监印：周治超
出版发行：华中科技大学出版社(中国・武汉)　　电话：(027)81321913
武汉市东湖新技术开发区华工科技园　　邮编：430223
录　　排：华中科技大学惠友文印中心
印　　刷：武汉华工鑫宏印务有限公司
开　　本：787mm×1092mm　1/16
印　　张：18.25　插页：2
字　　数：446 千字
版　　次：2020 年 1 月第 1 版第 2 次印刷
定　　价：58.00 元

Introduction 总序

随着现代社会的不断发展与进步，心理学正迅速渗透和应用到社会生活的各个角落。心理学在促进人类的健康和全面发展、应对各种各样的社会问题与挑战中正扮演着越来越重要的角色，应用心理学正逐渐成长为一个具有广阔发展前景的重要领域和专业。为适应应用心理学专业建设和人才培养的需要，我们策划了这套“高等院校应用心理学专业精品课程规划教材”，此套教材共分三个系列：学校心理系列、心理咨询与心理治疗系列、人力资源管理与人才测评系列。这三个系列所涵盖的领域也是心理学应用最广泛和较为成熟的领域。

本系列教材为“学校心理系列”，我们在编写时凸显了以下三个方面的特点。

第一，实践性的导向。本系列教材以问题导向为出发点构思整体架构。在中小学中，最热点的问题包括学生的自我发展、学习困扰、情绪调节、学生之间的同伴关系、师生之间的沟通、家校之间的合作、班级凝聚力的提升、教师课堂教学的驾驭、突发事件的处理、特殊儿童与常态儿童的融合等，本系列教材将针对这些问题给予理论阐释和实践指导。

第二，前沿性的内容。本系列教材以学科前沿为背景，在内容的选择上突出心理学的最新研究成果，引领读者在解决实际问题中感受普通心理学、发展心理学、教育心理学、社会心理学、咨询心理学、教师心理学、心理测量学、性别心理学、脑科学等分支学科、领域的最新进展，以及这些学科进展在诸多实际问题中的具体应用。

第三，创新性的体例。本系列教材充分考虑学习者的学习需求，力求体现学以致用的基本导向，创新教材的呈现方式，体例灵活。每章包括“本章结构”、“案例分享”、“学习导航”、“课外拓展”等版块，以实现理论和实践融合、课堂向课外延伸，具有很强的实用性和可读性。

本系列教材由六册组成，分别是：《学校心理学》、《学校管理心理学》、《学习心理辅导》、《心理健康教育课程设计与组织》、《青少年心理与辅导》、《特殊儿童心理与教育》。其中，《学校心理学》、《学校管理心理学》属于通识模块，侧重介绍跟学校领域相关的心理学基本理论与应用，帮助读者掌握学生的心理发展规律、课堂教学中的心理学效应、班级管理与团队运作的常用策略等方面的基础知识与基本技能。而《学习心理辅导》、《心理健康教育课程设计与组织》、《青少年心理与辅导》、《特殊儿童心理与教育》这四本教材属于拓展模块，引导读者从发展性教育和补救性教育等多个层面深入具体地掌握相关领域的理论与研究进展、应用技能与方法。

本系列教材的作者大多是多年在心理学领域从事研究、教学和服务的教师，有着扎实的专业功底和丰富的教学、实践经验，保障了本系列教材的水平和质量。由于各种主客观原因，教材存在各种不足或不当之处，请广大学者、专家和读者不吝批评和指正。各位作者在编写本系列教材的过程中付出了大量的辛勤劳动与心血，本系列教材的出版得到了华中科技大学出版社领导及编辑的大力支持，在此一并致以敬意和谢意！

华南师范大学心理学院院长，教授、博士生导师

张卫

2015年1月于广州

Preface 前言

“学校心理学”是定位于基础性与应用性相融合的一门更偏向于应用的心理学分支学科。其学科侧重于中小学校教育中的发展性，兼顾预防与矫治。本书的出版重在揭示：学校心理学既可以是一门偏向应用的技术，也可以成为读者自身生活的一个重要组成部分，其设计的干预技巧、问题识别与自我调适等技术并不是空洞的理论说教，也不是遥不可及的理念构想，而是可以通过学习掌握和提升并得以践行。

这样的目的，意味着本书要承担起教材和生活指导书籍的双重作用。它既要向读者传递学校心理学范畴内的相关理论知识，又要让他们能够熟练运用多种心理学相关理论予以分析、指导甚至解决个案以及自身自我成长中的多重问题，真正将理论知识实践化。理论是实践的基础和指导，而实践是理论的应用和延伸，两者相辅相成，互助互益。根据这种指导思想，按照理论与应用相结合的科学逻辑，采纳循序渐进的思维习惯，设计全书的基本框架：第一章，重在介绍学校心理学的概况，包括其源起、发展观与系统观等；第二、三章，分别介绍小学生与中学生在感知觉、思维、情意以及自我意识方面的发展规律；第四章，重心放在“个别辅导”中的基本技术，包括会谈的言语与非言语技术、行为干预的常用技术、积极心理治疗的基本策略等；第五章，介绍中小学生中常见的情绪问题和行为问题，包括相应的分类与识别；第六章，从危机干预的视角，分析中小学生中常见的危机现象，并提供相应的应对策略；第七章，从班级主题活动设计的角度，分享体验式学习理论的基本理念，分析相应的中小学教育案例；第八章，从教师心理调适的角度，提供建议与意见。

此外，在呈现方式等诸方面，本书力求在以下几方面有所突破：

第一，可读性。为了增加本书的可读性，编者一方面力求在呈现方式上进行改革，比如用“案例分享”作为每一节的引入，希望能引领读者展开相应的思考，在内文用“知识链接”的形式对部分内容进行补充叙述，使行文更加具有趣味性；另一方面尽量采用非专业化的叙述风格，让学校心理学领域的专业知识通俗化、简单化。

第二，可操作性。学校心理学作为一门学科，它既需要参与者具有一定的理论基础，同时也要具备真正实践的能力。从学科特性方面已经界定了它的理论与应用相结合的基调。因此，作者一方面力求以通俗易懂的语言介绍学校心理学的相关理论，另一方面也着力于为读者提供可操作、可模仿的“心理训练”模块，希望借此把相关技术予以具体化。

第三，前沿性。本书在每章均设有“课外拓展”板块，其中设有“学科前沿”专栏，向读者展示本主题下的发展趋势或新进展，增进读者关于学术层面的新进展。

本书第一章由许思安、陈栩茜撰写，第二章由邱文龙、于跃撰写，第三章由于跃、邱文龙撰写，第四、七、八章由许思安撰写，第五、六章由攸佳宁撰写。全书统稿由许思安负责。由于水平与经验的限制，书中难免有错误或不足之处，敬请读者与同行批评指正。

编　者

Contents

目录

第一章　绪论 ..1

第一节　学校心理学的源起 ..1

一、学校心理学的发展历程 ..2

二、学校心理学的学科地位 ..5

第二节　学校心理学的基本理论 ..20

一、学校心理学的发展观 ..20

二、学校心理学的系统观 ..27

第二章　小学生心理发展的一般规律 ..32

第一节　小学生感知觉概述 ..32

一、小学生感觉统合失调概述 ..33

二、感知觉概述 ..35

三、小学生感知觉发展特点 ..35

第二节　小学生思维发展的一般规律 ..36

一、思维概述 ..36

二、具体运算阶段——皮亚杰的认知发展理论 ..39

三、小学儿童思维发展的基本特点 ..42

四、小学儿童思维形式的发展 ..44

五、小学儿童思维品质的发展 ..45

第三节　小学生情绪和意志发展 ..48

一、情绪的概念与功能 ..49

二、小学生的情绪理解 ..51

三、情绪理解内容的关注焦点 ..52

四、小学生意志的发展特点 ..54

第四节　小学生自我发展的一般规律 ..54

一、了解自己，阐明自我 ..55

二、自我意识 ..56

三、自尊 ..60

第三章　中学生心理发展的一般规律 ..67
第一节　中学生注意发展的一般规律 ..67
一、注意的概述 ..68
二、中学生注意力的发展特点 ..70
三、造成中学生注意力分散的原因 ..71
四、中学生学习注意力的培养对策思考 ..72
第二节　中学生思维发展的一般规律 ..77
一、形式运算阶段——皮亚杰的认知发展理论 ..77
二、中学生思维发展的基本特点 ..80
三、中学生思维监控的发展 ..83
四、中学生创造性思维的发展 ..85
第三节　中学生的情绪和意志发展 ..86
一、中学生情绪发展特点 ..87
二、中学生情绪压力的成因 ..89
第四节　中学生自我发展的一般规律 ..92
一、自我意识 ..93
二、自我概念 ..96
三、自我评价 ..99
四、自尊 ..100
五、自我同一性 ..101
第四章　个别心理辅导的技术 ..105
第一节　会谈技术 ..105
一、非言语技巧 ..107
二、言语技巧 ..110
第二节　行为主义干预技术 ..114
一、行为塑造技术 ..116
二、代币制 ..119
第三节　积极心理治疗的干预技术 ..122
一、基本理念 ..125
二、常用策略 ..131
第五章　中小学生情绪与行为问题的识别 ..137
第一节　中小学生情绪与行为问题概述 ..137
一、中小学生情绪与行为问题的定义和概况 ..138
二、中小学生情绪与行为问题的影响因素 ..139
第二节　中小学生情绪与行为问题的分类与识别 ..147
一、情绪问题 ..148
二、行为问题 ..153

第六章　学校危机干预的技术 .. 166
第一节　危机及危机干预概述 .. 166
一、危机的定义与特征 .. 167
二、危机干预的步骤 .. 168
三、危机干预技术 .. 170
第二节　中小学生常见危机及干预策略 .. 185
一、自杀危机 .. 186
二、创伤后应激障碍 .. 191
三、儿童性虐待 .. 197
四、儿童居丧 .. 201
第七章　班级主题活动设计 .. 209
第一节　概述 .. 209
一、体验式学习理论 .. 211
二、主题活动设计理念 .. 215
第二节　主题活动设计案例 .. 219
一、小学主题活动设计案例 .. 222
二、中学主题活动设计案例 .. 229
第八章　教师心理调适 .. 244
第一节　教师职业分析 .. 244
一、“教师”的内涵 .. 245
二、教师职业道德 .. 246
第二节　寻求职业幸福感 .. 254
一、教师职业压力问题分析 .. 255
二、职业幸福感及其寻求 .. 259
参考文献 .. 277
后记 .. 282

Chapter One

第一章 绪论

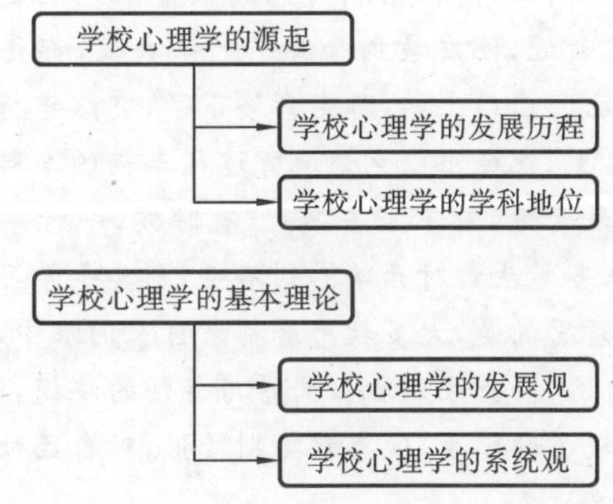

第一节 学校心理学的源起

“开学恐惧症”困扰中学生

寒假开学前后，长春不少学生对上学有焦虑感，甚至恐惧感，症状有：情绪低落、心慌意乱、无缘无故发脾气、浑身疲劳、厌食、注意力不集中、记忆力减退、不愿见人、失眠等。

3月初，冬冬所在的学校就要正式开学了。念初二的冬冬，学习成绩一直不错，可这几天，她心里总是慌慌的，一想到学校就害怕。在她的再三要求下，妈妈带她来到长春市心理卫生研究所求助。把妈妈打发到门外，冬冬向心理医生吐露了真实的想法：“我惧怕上学。前两天，学校开始补课，我发现自己进了校门，都不敢正眼看人。老师讲课，我就低着头，用余光扫黑板，我害怕与老师对视！结果，补课内容根本听不进去，回到家，烦躁得很，晚上还睡不着觉。"接诊的医生立刻明白了:又一个"开学恐惧症"患者。其实,所谓的"开学恐惧症",并非医学术语,只是近期反映类似心理问题的学生比较多,大家便给起了这么一个名。长春市心理卫生研究所是该市比较权威的一家心理卫生咨询、诊疗机构,坐在该所诊室里,记者也为学生咨询者的"密集程度"感到吃惊。该所副所长孙艳杰告诉记者,春节后,中学生患者数量猛增,平均每天要接待10多位学生或家长,其中,70%以上的学生,对开学有不同程度的焦虑感,甚至恐惧感。初二、初三及高二、高三两个年龄段的患者相对比较集中。记者了解到,学生及其家长所反映的问题,与恐惧症、忧郁症、强迫症、焦虑症的某些症状相吻合。这些症状主要有:情绪低落、心慌意乱、无缘无故发脾气、疲倦、厌食、注意力不集中、记忆力减退、不愿见人、失眠等,有些还有头痛、胃痛、肚子痛等躯体不适症状。一位来咨询的初中生称,自己总怀疑寒假作业没完成、作业被老师检查出很多错误,所以不断地检查作业,甚至一道题反复算四五遍仍不放心。另一位高一女生则描述说,想到开学,就心神不宁,天天晚上做噩梦,梦到有一只手想从背后抓住她,躲也躲不开,被吓醒之后,往往再也难以入睡。念高三的大伟,症状表现极其明显。他成绩不错,又擅长绘画与书法,号称学校十大才子。就是这样一个优秀的学生,面对新学期,却感到很紧张。他说自己特别怕带尖的金属,比如剪刀、图钉、别针之类。最近,他发展到每天早起穿衣服,都要翻来覆去地检查好几遍,怕里面藏着大头针,扎到自己。出门上学,都走到楼下了,突然觉得家门没关好,又爬回5层楼去重锁一遍门。而走在路上,他会难以克制地背过往车辆的车牌号。最让他痛苦的是,近来对什么都提不起兴趣,缺乏食欲,看不下去书。"有时候,一行字能看一个小时,眼睛不动地方,大脑也一片空白。""很多学生都对开学感到不安,尤其是学习非常好的尖子生,或是成绩比较差的学生。而且,有意思的是,大多数患者都来自人们眼中的好学校。"孙艳杰告诉记者,好学生,怕别人会超过自己;而差生则担心同学与老师的歧视,面对新学期更为紧张的学习生活,一些心理承受能力较差的学生,便感觉特别紧张,对自己缺乏信心,从而产生厌学情绪。(文中涉及学生均为化名)

(资料来源:http://www.pep.com.cn/xgjy/xlyj/xlgj/dzxl/xljk/201008/t20100827_771376.htm)

面对学生开学前的种种焦虑、害怕等反应,假如你是某班的班主任,你会如何处理类似问题?假如你是学校心理健康教育的从业者,你会如何跟进类似的现象?从这里开始,我们将带领你了解学校心理学的众多领域,分析各式各类的学习、生活现象。首先,让我们一起来追溯学校心理学的发展简史吧。

学习导航

一、学校心理学的发展历程

(一) 学校心理学在美国的发展

美国学校心理学的发展大致经历了以下四个阶段。

1. 萌芽期(1890—1920)

该阶段的心理健康工作属于早期的自发性工作。许多从事临床心理治疗的学者开始关注学校中的各类问题。主要标志是:学校心理学服务的出现和教育心理学测验的兴起。1896 年美国 Lightner Witmer 在宾夕法尼亚大学创立心理诊所,标志着临床心理学和学校心理学的创立;1899 年,斯坦利·霍尔被称为“儿童研究运动之父”;1907 年,戴维斯在密歇根一所中学开设了每周一次的心理辅导课;1911 年,Stern 第一次在英文中使用“学校心理学家”术语。自此,在学校中开展相应心理辅导工作的人,均被冠以“学校心理学家”的称号。Arnold Iucius Gesell 因在康涅狄格从事学校心理学工作,而拥有第一个“学校心理学家”职位;1916 年美国斯坦福大学心理学家们把智力测验进行标准化后,命名为“斯坦福—比奈智力量表”。

2. 产生期(1920—1940)

在这个阶段,开始职业资格的认定及颁发相应证书,系统培训学校心理学家,并逐渐建立起各种规范的管理。如,1925 年,美国第一个学校心理学培训项目在纽约大学成立,包括本科和硕士项目。1930 年,出现了第一个学校心理学的博士项目,并且在纽约州和宾夕法尼亚州开始颁发学校心理学家证书。20 世纪 20 年代中期,纽约市学校采用学校心理测验员的聘用考试。聘用设置的基本条件有:①修完心理学硕士学位;②有智力测验工作经验。至 1940 年止,美国至少有两个州通过州教育局给学校心理学工作者颁发资格证书。1921—1927 年还开始开发 APA(American Psychological Association)成员短期的全国培训项目。

3. 发展期(1940—1969)

该阶段的标志性成果是系列杂志的出现。美国学校心理学的第一本期刊《学校心理学杂志》(Journal of School Psychology) 于 1963 年创刊。此后一系列的专业期刊随之出现,包括:《学校中的心理学》(Psychology in the Schools);《学校心理学文摘》,现名为《学校心理学评论》(School Psychology Review);《国际学校心理学》(School Psychology International);《专业学校心理学》,现名为《学校心理学季刊》。其他相关的专业杂志有《特殊儿童》、《学习困难杂志》、《心理辅导评价杂志》、《专业心理学:研究与实践》等。美国心理学会学校心理学家分会于 1944 年成立。1969 年,美国学校心理学家学会正式成立。

4. 繁荣期(1970—　)

在这个阶段涌现了大量的从业人员,在规范管理的前提下,把心理学的理论研究与学校教育相结合。本阶段的特点是:学校心理健康教育学科内部整合,实现了与其他心理学分支的明确区分;专业培训项目增多,专业人员和专业机构数目不断增长;规章制度和专业结构不断完善,学术和研究方面不断扩展和深入等。20 世纪 70 年代到 80 年代,美国学校心理学得到迅速发展,教育部门对学校心理学家的需求空前高涨,学校心理学家的人数突破了 20000 人。目前,全美学校心理学家的人数在 22000 到 25000 之间。其中,女性学校心理学家在实践工作者中占 65%,占培训者的 30%。迄今为止,美国国家和各州学会都有自己主办的学术期刊,每年定期举办专题研讨会和各种培训班。

 知识链接

学校心理学产生的社会原因

在西方，犯罪、毒品、家庭破裂困扰社会，也是众矢之的的“公害”，且成为直接影响儿童青少年心理健康的三大社会问题。以美国为例：每17分钟发生一起袭击事件；每21分钟有一人受害而死；每1分钟发生一起强奸案；每4分钟发生一起扒窃案；每17秒钟有一起持枪抢劫案；每18秒钟有一辆汽车被盗；60%的美国人因不安全而考虑限制自己的活动区域；22%的美国人因感到不安全而变换工作地点；13%的美国妇女曾是强奸案的受害者；受害而死的黑人比白人多6倍；13%的中学生至少有过一次受到武器威胁的经历；有10万名学生携带武器上学；有16万名学生因害怕暴力而不去上课(1994年7月16日法国《观点》周刊资料选登)。据美国政府最近的调查，暴力犯罪一年可达200万起，杀人事件达24000起，离婚率高达40%。18岁以下的孩子，27%只有一个尚未结过婚的亲人，而黑人的孩子占57%(1994年8月31日日本《朝日新闻》)。社会问题影响儿童青少年的心理健康和道德面貌，致使青少年犯罪率达4.58%，每年递增39%。学生问题多，需要有专人做工作，这是学校心理学家大批出现的根本原因。

(资料来源：http://www.pep.com.cn/xgjy/xlyj/xlshuku/hs/yyxl/shuku14/201008/t20100828_817606.htm)

(二) 学校心理学的内涵

关于“学校心理学”的界定，较常见的是两种不同的侧重：其一，把“学校心理学”作为理论研究学科的学校心理学，这是以学校教育环境中出现的各类心理学现象为研究对象的心理学理论分支；其二，把“学校心理学”作为应用学科的学校心理学，指运用心理学知识和方法解决学校教育环境中出现的个体身心发展问题的教育实践活动。

本书中，我们更倾向于把“学校心理学”界定为：这是一门在中小学教育中研究各种心理现象及规律并解决学生心理问题的科学。即学校心理学其学科特性中，融合了基础研究与应用研究相结合的特点。具体包括：第一，研究学校教育中心理学规律；第二，研究学生学校生活中的心理问题；第三，研究解决学生心理问题的技术。

 知识链接

1. 学校心理学家在哪里工作？

学校心理学家，大部分在中小学校工作。学校心理学的“学校”，指的主要是中小学。当然，也有少部分不在中小学，而在非教育系统，例如政府部门、商业部门、康复中心、私人诊所等机构工作。但是，不管这些学校心理学家具体职务是什么，

他们都把注意力放在学龄儿童青少年的校外教育上，关心其教育环境和社会生态环境，最终还是与中小学校教育实践紧密联系在一起。

2. 学校心理学家研究与服务对象的年龄是多大？

一般的说法是5～18岁。但提法并不统一，有的强调6～12岁，有的提倡6～15岁，有的还提出研究生和大学生都应包括在内，如在英国、俄罗斯等国家，学校心理学家的确深入大学工作，但这不是普遍现象。最普遍的还是把研究与服务对象界定在5～18岁的儿童青少年身上，换句话说，学校心理学家职业重点放在中小学的情境中，所以5～18岁的中小学生是他们主要的研究和服务对象。

3. 学校心理学家工作重点是什么？

研究5～18岁中小学生的心理特点，并为其服务，并非学校心理学家的专利。因为发展心理学特别是儿童青少年心理学和教育心理学也将5～18岁中小学生的心理特点作为自己研究的对象，不过，发展心理学和教育心理学各有其重点。发展心理学研究个体心理发生、发展的特点和规律，其中儿童心理学研究0～18岁儿童青少年心理发生、发展的特点和规律。5～18岁儿童青少年心理发展的年龄特征和发展规律是儿童心理学的重要内容。教育心理学研究教育过程的心理现象及其变化的规律。这里的心理现象，主要是学生的心理现象。5～18岁中小学生在教育过程中的心理现象及其变化，应该是教育心理学研究的重点。学校心理学研究和服务的对象主要是身心有缺陷的儿童青少年和学习有困难的儿童青少年。换句话说，学校心理学家的工作重点主要放在5～18岁"问题"儿童青少年或学生的身上。难怪有的心理学家说，在最基本的意义上，学校心理学是一种思维方式，是一种由各种假设整合而成的思维方式，这些假设常常用来指导、理解和矫正儿童青少年的心理和教育世界。

4. 学校心理学服务范围主要涉及哪些问题？

尽管各国学校心理学家主要服务内容有所区别，但大致六个方面是类似的。一是心理预防和心理卫生；二是心理咨询；三是诊断性评价；四是行为矫正；五是学习指导；六是职业指导。

（资料来源：http://www.pep.com.cn/xgjy/xlyj/xlshuku/hs/yyxl/shuku14/201008/t20100828_817607.htm）

二、学校心理学的学科地位

学校心理学由于其研究领域与对象的特殊性，决定了它与普通心理学、发展心理学、教育心理学、社会心理学、心理测量学、咨询心理学、教师心理学、性别心理学等多个分支学科均有着密切的联系。

（一）与普通心理学间的联系

普通心理学是一门研究人的心理活动一般规律的科学。它以正常成人的心理活动为研究对象，研究范围包括两个方面：人的心理过程和个性。从整体上看，正常成人的心理活动达到心理发展的高级水平，体现出人类心理活动的典型特征。普通心理学并不研究人的某一年龄阶段或人的某一特定社会生活领域中的心理现象的特殊规律，而是研究心理现象的一般规律，如有关感受性的测量、学习与记忆的内在机制、思维的过程和策略、言语的理解与生成、能力的测量、人格的结构等。这些研究所得到的结果具有一定的普遍意义，在一定程度上能适用于人的不同年龄和不同的活动领域。[①] 作为心理学各分支学科中的“基础”学科，它也是学校心理学的基础。普通心理学中所研究的知识，被广泛地应用在学校的教育、教学中。比如，利用知觉的特性，即整体性、理解性、恒常性、选择性等，我们可以更好地驾驭课堂。

图 1-1 所示为普通心理学的研究技术。

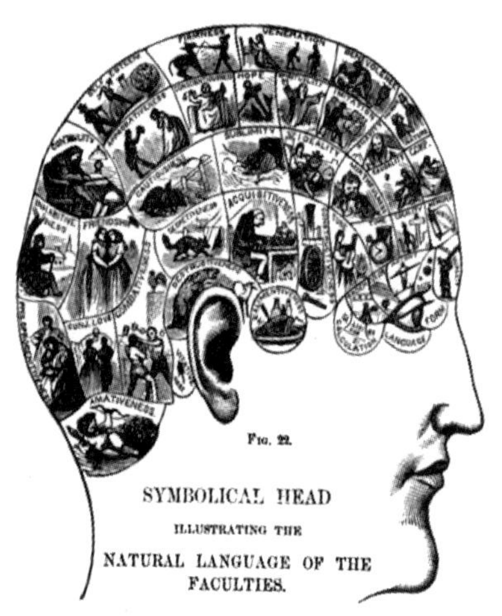

图 1-1　普通心理学的研究技术

知识链接

促进知觉学习的技术

1. 扩大有关特征

研究表明，当学生遇到难以辨别的细微特征时，扩大需要辨别的特征，可以促进辨别学习。比如，在识字教学中，教“己、已、巳”三个字时，教师可用不同颜色的粉笔把这三个字的关键区别部分描写出来，且适当放大，如“己”是全开口，“已”是半开口，“巳”是不开口、全封闭，以加深学生的印象。

---

① 唐红波，《心理学》，广东省语言音像电子出版社，2009 年。

2. 对比

辨别学习可分为简单辨别学习和多重辨别学习。简单辨别学习,如学习过字母“b”后,在新的情境中将“b”识别出来;多重辨别学习指同时辨别多个刺激物或多个刺激特征。如辨别 b、d、p、q 等。在多重辨别学习中,刺激越相似,辨别越困难,而且很容易产生混淆。克服这种混淆的重要技术是刺激的对比。如将 b 与 d 相比,指出 b 的尾巴向上在左边,d 的尾巴向上在右边;将 b 与 p 相比,指出 b 的尾巴向上,p 的尾巴向下,等等。

3. 强化或反馈

在学习中及时提供强化或反馈可以有效地促进学习。这里说的强化或反馈指学生识别了有关特征时,教师给予肯定;对识别错误的不予肯定,或给予纠正。这种肯定既可起着动机作用(即学生发现自己的正确可以产生愉快感),又可起着提供信息的作用,使学生知道自己的知觉是否正确。这都有利于促进学习。

4. 发挥多种知觉系统的作用

在知觉学习中,应提倡发挥多种知觉功能的作用。有实验表明,智力落后儿童难以辨别较复杂的知觉模式,但是通过把这些模式的个别部分切割下来,让他们触摸以后,他们便能学习辨别较复杂的事物。有经验的教师在识字教学时不仅让学生看字,还让他们用嘴念,用手写,这里利用了视觉、听觉和运动觉的协同活动。多种知觉系统参与知觉,既有助于加强辨别的精确性,也有助于知觉印象的保持。

(资料来源:http://www.pep.com.cn/xgjy/xlyj/xlgj/xskj/fzyjy/201008/t20100827_798243.htm)

(二)与发展心理学间的联系

发展心理学,主要研究人类从胎儿生长到年老死亡的全过程,旨在探究个体生命全程中身心变化及其与年龄的关系。根据个体发展的不同阶段,可以分为婴幼儿心理学、儿童心理学、青少年心理学、成年心理学、中年心理学、老年心理学等。幼儿早期的发展是发展心理学家特别感兴趣的课题之一,他们所要探索的是儿童思维、语言产生、知觉和活动能力的发展规律。图 1-2 所示为视崖实验。这些研究的结果给儿童早期教育提供了可靠的依据。[①] 其中,学校心理学与儿童心理学、青少年心理学之间的关系更密切。因为,学校心理学的研究对象基本界定在 5~18 岁的范畴。学校心理学的发展需要依托于儿童心理学、青少年心理学的基础研究成果,利用这些学术成果,更有利于教师对学生的管理以及自身的学科教学。比如,掌握“自我”的发展规律,更有利于我们理解,为什么进入青春期之后的学生很容易出现“逆反”的心理,这对于教师在语言层面如何提升驾驭和掌控的艺术颇有帮助;再如,对于左右脑的成熟规律(如图 1-3 所示)的掌握,更有利于教师抓住发育的关键期,合理、适度地挖掘脑潜能。

---

① 唐红波,《心理学》,广东省语言音像电子出版社,2009 年。

图 1-2 视崖实验

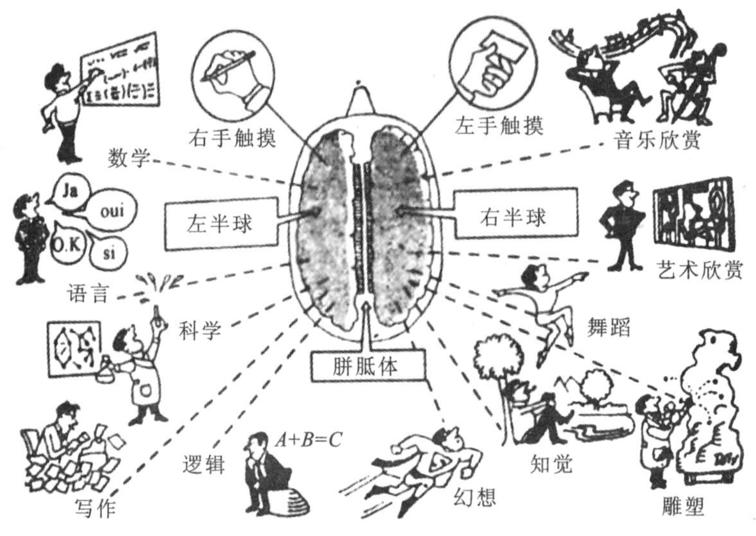

图 1-3 左右脑机能分化

（三）与教育心理学间的联系

教育心理学是出现最早的应用性心理学科。它是一门介于教育科学和心理科学之间的边缘学科。它主要研究教育情境中教师与学生之间的互动行为，以解决教学中的实际问题，并期望通过建立系统的教学理论来提高整体的教学效果。教育心理学研究的内容主要是学校教育过程中心理活动的规律，如学生应怎样去掌握书本上的知识，学生的学习动机与学习成绩有什么关系，复习有哪些好的方法，等等。① 学校心理学与教育心理学间的关系非常紧密，从一定意义上而言，学校心理学是从教育心理学的基础上分化和发展而来。换句话来

① 唐红波，《心理学》，广东省语言音像电子出版社，2009 年。

说，学校心理学是教育心理学的应用学科，所以又可称为“应用的教育心理学”。比如，学习动机中的“耶克斯-多德森定律”（如图 1-4 所示），其要旨是：学习效率先随学习动机水平的升高而升高，到达峰值后学习效率又随学习动机水平的升高而降低，说明适中的学习动机水平学习效率最高。但这种适中的学习动机水平又随学习的复杂程度而变化。对于简单学习，达到最高学习效率的学习动机水平应适中偏高；对于高度复杂学习，达到最高学习效率的学习动机水平应适中偏低。这是教育心理学的研究成果。而从学校心理学的层面，考虑得更多的是如何把这个规律应用在对学生行为的评估上，以及如何更好地激励学生的学习动机。

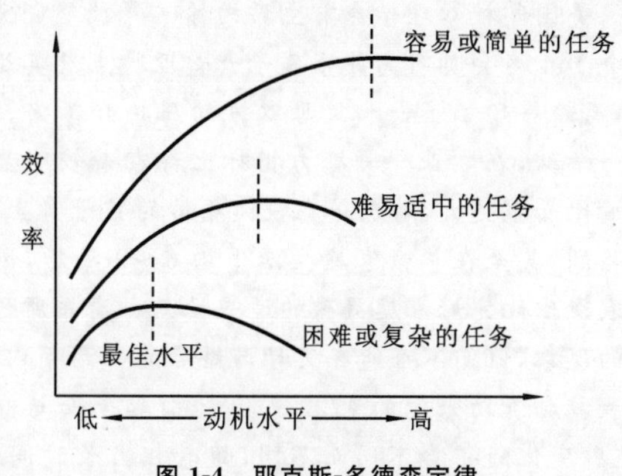

图 1-4　耶克斯-多德森定律

知识链接

学校心理学在学校教育中的地位与作用

一、学校心理学的研究课题

学校心理学家为了给学校教育教学工作提供一定的心理学依据，需要从事课题研究，以提高其科学性，并扩大自身的影响。我们从学校心理学家所研究课题的特点中，可以从一个侧面分析他们在学校教育教学工作的领域和范围。学校心理学界有不少课题是有相当水平的，我们这里仅举四个方面来做评价。

其一，儿童多动症矫治的研究。在西方国家，多动症（hyperkinesis）儿童出现率比较高，不同报道有不同统计数据，一般认为在 3%～10%之间。多动症儿童在学校成为破坏纪律、影响学习、妨碍交往的特殊学生，于是如何矫正儿童的多动症也成为学校工作者的难题。学校心理学家不同意将多动症理解为轻微脑功能失调（minimal brain dis-function，简称 MBD），而同意《美国精神病学会诊断与统计手册》第三版的提法——“注意缺乏障碍”（attention deficit disorder，简称 ADD）。学校心理学家开展了“认知行为矫正”方法的研究，针对多动症儿童注意力缺乏障碍，从注意入手，调整其认知策略。例如，学校心理学家在多动症儿童前面呈现两幅“猫”的图画，这两幅猫图，乍看起来几乎一样，但仔细观察，却有多处区别。于是学校心理学家利用多动症儿童的兴趣，让他看图，不断引导他集中注意力，找出差别，又逐渐在日常学习中去巩固这种效果，且加以鼓励。这种有利于多动症儿童改变认知策略和思维组织的方法，考虑到了注意与认知的关系。研究证明，这种方法对所有ADD患者，即多动症儿童都有效。

其二，离异子女心理特点及其良好适应性的研究。西方国家离婚率高，离婚父母抚养下的子女，其经济地位有一半处于贫困线上下，他们没有健康保险，三分之一有辍学的危险，更多有心理上的创伤。因此，在近二十年来，他们一直受到学校心理学家高度重视。美国学校心理学会前主席约翰·哥德堡(John Guidubaldi)领导美国学校心理学会144名会员对离异家庭子女心理特点及其适应性进行了长期的研究。研究表明，离婚导致了子女和父母双方的压抑和不安。离婚和完好家庭的子女在社会性——情绪，在学业——智力指标上存在着较明显的差异。父母婚姻状况对男孩的影响比女孩更大，特别是在较大年龄的孩子身上；父母离婚的不利影响首先被男孩体验到，甚至在单亲家庭生活平均6～9年后，离婚家庭中的男孩仍在一系列指标上表现出比完好家庭男孩的适应性差。离婚所造成的子女适应性危机不是一种暂时的现象，他们不可能在父母离婚后的一两年内就逐渐适应；离婚不仅导致双亲经济和社会资助来源的变化，而且还引起子女与双亲、同胞、亲友和同伴关系的变化；这种变化随年龄不同而不同，随着相当长时间的流逝，并随着生活，特别是父母与子女往后生活关系的变化，离异家庭的子女才逐渐开始适应现实的环境。美国心理学会的这项研究成果，引起美国政府、司法部门甚至总统的关注。法院对离婚后子女归属问题、监护抚养问题、原先父母与子女关系问题等方面做出了相应的规定。

其三，问题儿童临床心理学的研究。近年来，学校心理学对在校儿童在发展过程中出现的一些心理和行为问题从临床心理学的角度进行了大量的研究，并且在诊断与治疗、矫正等临床实践方面做了许多有益的尝试，取得了一定的成效，有的还形成了较为系统的干预方案。学校心理学家在这方面的工作主要集中在学习困难和学校恐惧症等的诊断与矫正领域。学习困难是指感官和智力等方面正常，但在学习方面存在困难而导致学习结果远未达到教学目标的心理问题。其中，最为常见的是阅读困难(dyslexia)。据美国学校心理学家的初步统计，在阅读与写作过程中出现困难的学生约占学生总数的10%左右。对于阅读困难的学生，学校心理学家一般采用一些特定的智力与成就评价工具，如标准化多水平成就测量量表(standardized multilevel survey achievement batteries)，对问题进行评价、诊断，然后根据具体情况加以训练，其效果良好，可以使这些学生跟上正常班级的教学进度。在美国，大多数公立中小学都设有由学校心理学家主持的针对学习困难学生的特殊训练班。学校恐惧症是儿童因对离家上学极度害怕而表现出的心理和行为征兆。通常表现为腹痛、头疼、呕吐、腹泻等躯体症状并伴随焦虑、抑郁和恐惧等心理症状。据统计，约有0.4%～2%的中小学生患有学校恐惧症，学校心理学家对学校恐惧症的表现、病因及分类等问题进行了大量的研究，并提出了基于经典性条件反射(系统脱敏法)及操作性条件反射的治疗程序。一般而言,治疗效果良好。

其四,青少年抽烟问题的探究。青少年抽烟问题是近几年来学校心理学家较为关注的领域之一。来自不同国家的研究均已显示,青少年抽烟的人数比例在近几年里有急剧上升的趋势。许多研究已揭示,抽烟不仅对青少年的身体健康有危害,而且对青少年的学习、与父母关系、与同伴关系、青少年问题行为、轻微的违法犯罪行为等都有不良的影响,因此青少年抽烟成为学校心理学家致力研究和解决的问题。学校心理学家主要从认知理论和社会学习理论出发,研究了青少年抽烟行为形成和发展的原因,涉及的因素包括父母、成人及同伴的抽烟行为及对抽烟行为的态度,青少年自身的抽烟期望,与父母和同伴的关系,学习压力,自尊及自我效能感,寻求刺激、新奇及不寻常体验的愿望,抑郁及心理烦恼等,其中研究最多的是父母及同伴的抽烟行为及对抽烟行为的态度。结果发现,父母和同伴的抽烟行为及对抽烟的态度是青少年抽烟行为的预测源。父母和同伴,特别是友好同伴的抽烟行为与青少年的抽烟行为有明显的正相关,父母和同伴的压力是青少年抽烟的重要影响因素。有些研究还特别关心随着青少年年龄的增长,父母和同伴对青少年抽烟行为的影响的相对作用。结果发现,在青少年从早期向晚期发展的过程中,父母和同伴的影响一直在起作用,只是有些研究发现同伴的作用逐渐超过父母,而有些研究发现父母与同伴的作用并没有显著差异。从研究中,学校心理学家提出了一些预防和干预青少年抽烟的措施与策略。例如,教会青少年如何面对同伴要其抽烟的压力,如何拒绝同伴的压力;通过各种途径向青少年提供有关抽烟对身体和心理健康发展造成的危害的信息,等等。这些措施在实际的应用过程中取得了很好的效果。

二、学校心理学家在学校里所扮演的角色

从国外的资料和国内近年来学校心理学的实践中我们看到,学校心理学家在学校的教育教学中扮演四种角色:心理卫生的保健者,德育工作的辅助者,学习的辅助者,职业选择的指导者。

首先是当学生心理卫生的保健者。对学生进行心理健康的教育,培养学生良好的心理素质,是学校心理学家的首要任务。不论是测量性评价,学校心理咨询,还是进行行为矫正和开展各种辅导,都是为了当好学生心理的保健医生。在发达国家和我国的中小学里,学生的心理健康方面是存在着问题的。在很多研究报告中看到,中小学生中普遍存在着嫉妒、自卑、任性、孤僻、焦虑、逆反心理、神经衰弱、社交困难、学习不良、吸烟饮酒,乃至自杀、犯罪等心理问题。归纳一下,主要表现在三个方面:一是人际关系紧张,例如,师生关系的问题、亲子关系的问题、同伴关系的问题和对异性看法的问题等等;二是学习所造成的压力,例如,学习压力问题、厌学问题、学习困难问题、学习障碍问题等等,上述的“学校恐惧症”也是由此而发生的;三是在“自我”方面出现的问题,例如,自我评价问题、自我体验问题、自制力问题等等。人际关系、学习和自我三方面的问题往往联系在一起,构成学生心理行为的并发症。

其次是德育工作的辅导者。在西方国家里，学校心理学家是学校德育工作的一支重要力量。在学校里，不仅有正面的德育工作，还有对品德不良的矫正工作。通过正面教育，培养各种良好的道德行为习惯，这是学校心理学家常用的办法。这里，他们主要做到两点，一是强调理论依据，多为重视斯金纳(B. F. Skinner)的强化理论；二是重视实际操作，塑造学生良好的行为，以形成一定的道德习惯。矫正不良的道德行为，例如，对暴力青少年的人格特质的研究及其矫正问题，在西方学校心理学中很受重视，也形成了各种理论，诸如人性—生物理论、挫折—攻击理论、学习理论，于是学校心理学家根据一些理论，详尽分析行为困扰、父母教养方式和暴力青少年的关系，社区、教育与暴力青少年的关系，暴力青少年人格特质的有关因素，按照暴力青少年情绪的稳定性、社会适应性、性格内外向性和自我反省性的特点，有的放矢地给予行为矫正。又如，学校心理学家对多动症儿童采取“认知疗法”，提高他们的注意力，也是逐步增强纪律性的一种方法。学校心理学家对抽烟酗酒的青少年采取戒除的策略和措施，减少他们的重犯率，也是逐步提高社会道德规范的一种办法。我国心理学工作者在研究离异家庭子女特点的基础上，协助天津市一些班主任，做好离异家庭子女的工作，使“一个好孩子不再萌生杀人之心；两个孩子不再离家出走；三个孩子不再闹学；四个孩子改善亲子关系；五个孩子在逆境中成长”。这个例子生动地说明我国开展学校心理学的研究，促进了学校德育工作实效性的提高。

再次是学生学习的辅导者。学校心理学家的另一个重要的工作是对学生的学习问题进行辅导，做学生学习的辅导者。这种辅导包含两个层面的含义，在第一个层面上，学校心理学家面向全体学生，对他们进行学习方法和学习策略的指导，帮助他们掌握正确的学习方法，以提高学生的学习效率，这方面的工作现在通常是由广大的中小学教师在进行；在第二个层面上，学校心理学家主要针对学习障碍学生出现的学习问题进行相应的辅导与矫正，学习障碍是中小学学生常见的一类问题，这类问题对学生的身心发展会产生严重的阻碍，通常家长和教师常会认为这类学生的学习动机不强，或者认为这些学生的智力发育有问题，而对他们采用说教、强制的措施，甚至奚落他们，其结果是越发雪上加霜，使这些学生学习兴趣全无，与其他学生的差距越拉越大。这是学校心理学家可以也应该发挥自己职业专长的一个辅导领域。

最后是职业选择的指导者。当学生在初中毕业或高中毕业时，在我国将会有70％以上的学生进入社会，参加职前技术训练或直接投入社会劳动，因此选择一个合适的职业，对于这部分青少年来说就非常重要。然而限于自我认识和社会阅历的欠缺，这些青少年还不能正确地认识和选择适合自己的职业，这无论对他们自己，还是对社会都将是一种资源的浪费。作为学校心理学家，如何帮助青少年认清自己的职业兴趣，掌握选择职业的技巧，应是其工作的一个重要方面。特别是在我国这种特殊的国情中，这方面工作的作用就显得更加突出。坦率地说，这个方面是学校心理学研究和实践有待加强的一个领域，它为学校心理学家提供了非常广阔的研究和实践领域。

鉴于上述两个方面的分析，学校心理学是开展学校工作的不可缺少的组成部分，是提高学校办学水平和教育教学质量的一门应用性教育科学的分支。

（资料来源：http://www.pep.com.cn/xgjy/xlyj/xlshuku/hs/yyxl/shuku14/201008/t20100828_817605.htm）

（四）与社会心理学间的联系

社会心理学是心理学和社会学之间的一门边缘学科，主要研究个体和群体的社会心理现象。个体社会心理现象指受他人和群体制约的个人的思想、感情和行为，如人际知觉、人际吸引、社会促进和社会抑制、顺从等。群体社会心理现象指群体本身特有的心理特征，如群体凝聚力、社会心理气氛、群体决策等。我们经常会发现，当有很多人都在一家饭店门前排队，而旁边的店却门可罗雀时，如果不赶时间，我们也很可能会加入到排队大军的行列，这就是一种典型从众行为，而发生这种行为的原因是我们对于具体信息了解不深，倾向于相信多数人的判断，对偏离人群具有恐惧心理，等等。① 学校，正是体现社会现象的一个重要平台，因此，学校心理学中运用了大量的社会心理学研究成果，包括班级管理、人际互动、归因训练等（如表1-1所示）。

表1-1　归因模拟表　成功者与失败者在考试中的自我调控历程

自我调控历程	成功者	失败者
想法做法	这道题我难，别人也难，所以别慌，让我再想一想，既然一时想不起来，先做后面会做的题目，回头再来做吧	真该死，这道题目我怎么做不出，万一做不出怎么办？不行，一定得想出来
情绪表现	镇定，从容不迫	急躁，冒汗，理不出头绪
2/3的时间过去了	会做的题目都做好了，正在仔细分析难题，"啃骨头"	后面还有很多题目没做好，心中慌乱
考试即将结束	A. 解出难题，正在复查 B. 放弃难题，做好复查工作	还有题目没做完，顾不上复查
结果	考出了比较理想的水平，心情轻松	考砸了，显示不出水平，心情沉重

（五）与心理测量学间的联系

心理测量学以心理学和统计学理论为基础，研究各类心理与教育测验的一般编制原理及实施、计分和解释的标准化方法。心理测量作为测量工具和研究手段在人才选拔、就业指

① 唐红波，《心理学》，广东省语言音像电子出版社，2009年。

导、临床诊断及学绩评估方面有着极其广泛的应用。比如，学校可以使用标准化的量表来了解学生的心理健康状况，企业可以通过心理测量来了解员工的满意度、掌握员工的心理状况等等。[①] 心理测量的种类很多，以测量对象来分，有智力测验、能力倾向测验、教育测验、人格测验；以测量单位来分，有年龄量表、百分量表、T 量表等；以测验材料来分，有文字测验、非文字测验等。图 1-5 所示为韦氏成人智力量表。关于学生的各种心理现象的评估，学校心理学往往需要心理测量学的研究成果与支撑。

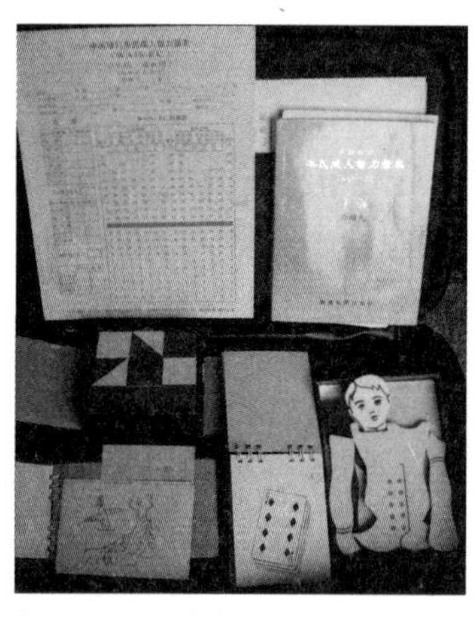

图 1-5　韦氏成人智力量表

（六）与咨询心理学间的联系

咨询心理学旨在帮助生活适应困难或心理困扰者，由了解自己，到认识环境，澄清观念，解除困惑，进而革除不良习惯，重建积极的人生。心理咨询是一个通过人际关系，运用心理学方法，帮助咨询者自强自立的过程。咨询心理学的研究对象主要是正常人，而不是患者。它为解决人们在学习、工作、生活、保健和防治疾病方面出现的心理问题（心理危机、心理负荷等）提供有关的理论指导和实践依据，使人们的认识、情感、态度与行为有所改变，以达到更好地适应社会、环境与家庭的目的，增进身心健康。如多数学校设立的心理咨询室，往往针对学生的心理问题，如考试焦虑、人际交往困难等作疏导，帮助学生解除困惑、健康发展。[②] 图 1-6 所示为时间压力、家庭压力与学业压力。

（七）与教师心理学间的联系

教师心理学主要研究教师的能力、个性等心理特征，教师的风格、期待等对学生的影响作用，教师职业角色的形成与专家型教师的成长等。例如，研究发现，如果老师对学生有一个高的期许并在言行当中流露出来，不论这个学生以前的表现如何，一段时间以后，他的成

---

① 唐红波，《心理学》，广东省语言音像电子出版社，2009 年。

② 唐红波，《心理学》，广东省语言音像电子出版社，2009 年。

图 1-6　时间压力、家庭压力与学业压力

绩以及各方面的表现都将会比从前有显著的提高。① 教师是学校运作的主体之一，因此，教师心理学中的大量研究成果被广泛地运用在学校心理学之中。比如，教师压力状况分析、心理调适等。图 1-7 所示为关注教师心理。

心理状况不佳困扰教师群体

相关链接

四大原因
制造职业压力

对策：教师减压首推评价制度

图 1-7　关注教师心理

（八）与性别心理学间的联系

性别心理学主要是从人的社会性和认知等心理学方面的特征来研究人类两性之间的

---

① 唐红波，《心理学》，广东省语言音像电子出版社，2009 年。

共性和差异的分支学科。其主要研究问题有性别角色的形成和发展，攻击性行为，两性沟通、两性友谊与爱恋、两性关系与心理健康等等。比如，有研究发现，男性的空间识别能力、手工能力以及逻辑思维能力强于女性，而女性则在语言技能、形象思维以及生活抗压能力方面胜过男性。[①] 男生和女生，构成了学校校园生活的两道亮丽的风景线，如何更好地引导异性间的交往，如何更好地利用性别优势让他们更好地成长，是学校心理学对该领域的综合应用。

知识链接

双性化：教师性别角色观的误区

在网络上有这样的一组信息，引起了笔者的关注：某位小学教师惊讶于一个与 14 年前刚好相反的比例，那就是新当选的班干部中有 6 个女孩和 1 个男孩；济南市某小学老师所带的班级中，成绩排前 10 名的，女孩有 7 名；成绩前 5 名的学生中更少有男孩；高考状元中阴盛阳衰的程度也在逐渐凸显；某街道心理辅导站站长有感于现在的男孩子越来越不像男子汉，与女孩相比在多个方面处于劣势，由此发出了“男孩子太成问题了，这一点应该引起社会的关注”的呼吁。类似的呼声此起彼伏。

为何会出现“阴盛阳衰”的现象？笔者认为，这与教师的性别角色观有着密切的关系。教育者总是依据自己对性别角色的期待采取相应的性别角色教育。不论这种性别角色期待正确与否，它都会对性别角色教育产生重要影响。近年来，在教育界中出现了对学生进行双性化教育的倡议。双性化的概念，认为个体可以同时拥有传统上男性应有的和传统上女性应有的人格特质。有研究表明，同时具备男、女性性别角色优秀品质的个体往往是优秀的，他们往往是能展现出双性化特质的人，在社会适应、情绪调控、压力化解以及人际关系处理上有较佳能力，心理发展也和谐。这也是提倡双性化教育的重要动因。事实上，在近期笔者组织的一项对广州、梅州、深圳、汕头、南海、顺德等地 301 名中小学校教师进行的调查中，也凸显了双性化教育观念的存在。调查中，具有“尊敬师长、有理想、五官端正、孝顺、求知欲旺盛、不自私和成绩优秀”是教师心中共有的理想男生和理想女生的形象，可见，对理想中的学生，教师心中并没有明显的男、女之别。

虽然，已有研究显示，具有双性化特质的人在社会适应、情绪调控、压力化解以及人际关系处理等方面均有明显优势，然而这些结果是源于个体先天双性化特质的作用，还是源于后天双性化教育的结果？似乎目前还没有相应的研究能予以阐明。如果个体先天就具有双性化的特质，再辅之以双性化的教育，那么，双性化的性别角色自然有利于适应；如果个体生来就具有单性化的特质，那么，双性化的教育

---

① 唐红波，《心理学》，广东省语言音像电子出版社，2009 年。

就与他们的天性背道而驰，是否应该对他们进行双性化的教育就应审慎对待。本调查结果显示，双性化倾向是教师性别角色观的一大误区，也是当前“阴盛阳衰”现象的重要成因。理由有二。

第一，双性化倾向的性别角色观忽略了学生中存在着明显的“男女有别”这一生理的和社会的现实。男生和女生身体构造不同，脑发育的特点不同，青春期体内分泌的性激素不同，这就从生理上决定了他们的心理特点也有差异。男生活泼好动，力量大，冲动性强；女生细心安静，温柔体贴，听话懂事。另外，社会上的性别角色文化对男生和女生的期待也不同。因此，教育者本应按照不同性别的特征进行有针对性的教育。然而，事实上教师几乎以统一的标准要求男生和女生，这必然带来无视性别差异的教学和管理，从而违背“因材施教”的教育理念。既然男女有别，那么教育就应顺应人的本性，使“道不远人”。孟子说：“如智者若禹之行水也，则无恶于智矣。禹之行水也，行其所无事也。如智者亦行其所无事，则智亦大矣。”(《离娄下》)即如做事循理，不妄改作，像大禹治水那样顺水性之自然，就是大智了。天下万物情性，当顺其故，这样才有利；改变其性，则不利。人性亦然。在性别角色教育中，欲收到良好效果，必须因性育人，顺应人的本性，使“道不远人”；如果性别角色要求不从人的本性出发，“远人”，既缺乏心理基础，又是人所做不到的，这样的教育就收不到好的效果。在对待男女生的教育中，如果学生先天已具有双性化特质，那么应因势利导发展其双性化人格的优势；如果学生有明显的男性化特质或女性化特质，却强求他(她)成为双性化人格，则缺乏必要的生理和心理基础，如何会有好效果？

第二，双性化教育利于女生发展，不利于男生发展。研究表明，女生在教师双性化的性别角色观影响下，获得了更大的发展空间。这反映了双性化教育本身对于不同性别学生存在难易程度的差别。事实表明，女生若发展男生的某些如勇敢、自信、有主见、坚强、幽默等特质，要比男生发展女生的温柔、乖巧、善解人意、细心、守纪律等特质容易得多。目前，在学校教育中，存在着各种教育评价过多、过滥的现象。小至忘记戴红领巾，大至动手打架，毁坏公物，男生比女生总是容易多犯错误；男生粗心，所以即使同样是掌握了所学知识，考试时也容易因粗心大意而不能考出好成绩。过多、过滥的教育评价的结果是，每评价一次，就伤害一次男孩的自尊心，降低一次他们的自我效能感。心理状态多次反复，就可能成为人的性格，从而毁掉了本可以成为优秀人才的男孩。所以，我们认为，教育评价宜粗不宜细，宜少不宜多，应两性区别对待，做到心中有数。切不可一刀切，喜欢乖巧、听话的孩子，嫌弃调皮甚至捣蛋的孩子，压抑男孩的天性，使他们无法成为顶天立地的男子汉。

(资料来源：许思安、张积家，《教师的性别角色观：“阴盛阳衰”现象的重要成因》，《华南师范大学学报(社会科学版)》，2007年第4期，第110～118页)

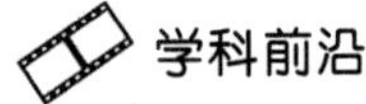

投射测验

“投射”在心理学上是指个人把自己的思想、态度、愿望、情绪、性格等个性特征，不自觉地反映于外界事物或他人的一种心理作用。也就是说，不同的人对外界的解释是不一样的，通过对这种解释的分析，可以看出他隐藏着的人格特征。投射法是指向受测者提供一些意义比较含糊的刺激情境，让他在不受限制的情境下，自由表现出他的反应；分析反应的结果，便可推断他的人格结构。利用上述方法编制的测验称作投射测验。

其基本假设是：人们对于外界刺激的反应往往是由他的心理原因造成的，并且是可以预测的；这些反应固然决定于当时的刺激或情境，但个人当时的心理状况及整个的人格结构、对当时的知觉与反应的性质和方向，都发生了很大的作用；人格结构的大部分处于潜意识中，个人无法凭其意识说明自己，而当他面对一种不明的刺激情境时，却可以使隐藏在潜意识中的欲望、需求、动机等“泄露”出来，这些内容都将投射到该刺激上。因为外界事物虽是客观的，但人对它的主观感觉却可以随着自己的心境不同而不同。所谓“人逢喜事精神爽”说的就是这回事。同样的环境，心情好的时候会觉得阳光明媚，春风得意；而如果情绪低落，则觉得死气沉沉，看什么也不顺眼。

（资料来源：http://baike.so.com/doc/6149341.html）

心理训练

(1) 请仔细观察图1-8，并展开你的想象，组编一个完整的故事。

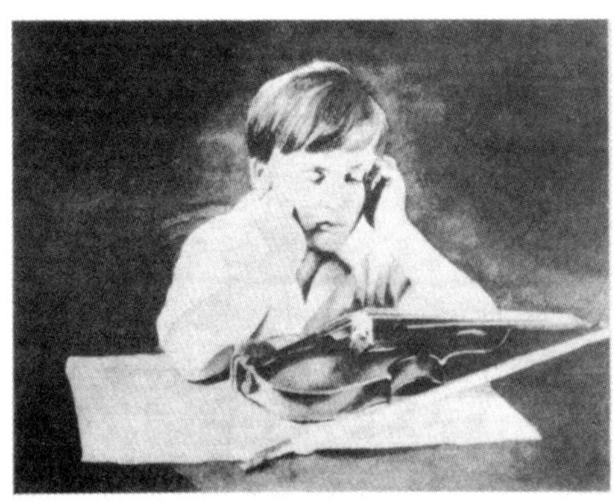

图1-8 男孩与小提琴

(2) 自评问卷。

下面是一些描述人们性格的形容词，其中有些形容词比较符合你的性格，有些则比较不符合。填答时请你看清楚每个形容词，然后圈出一个数字，以代表该形容词与你的性格相符

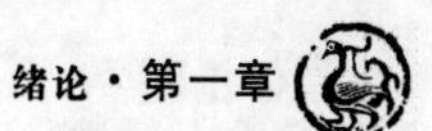

合的程度，请把圈出的数字"○"填涂为"●"。每个人的性格都有其独特性，所以答案是没有对错的，只要照实作答就可以了。

题号	题目	非常不符合	相当不符合	有点不符合	有点符合	相当符合	非常符合	题号	题目	非常不符合	相当不符合	有点不符合	有点符合	相当符合	非常符合
1	暴躁	①	②	③	④	⑤	⑥	31	有恒心	①	②	③	④	⑤	⑥
2	主动	①	②	③	④	⑤	⑥	32	善解人意	①	②	③	④	⑤	⑥
3	矛盾	①	②	③	④	⑤	⑥	33	忧郁	①	②	③	④	⑤	⑥
4	粗暴	①	②	③	④	⑤	⑥	34	稳重	①	②	③	④	⑤	⑥
5	善交际	①	②	③	④	⑤	⑥	35	有勇气	①	②	③	④	⑤	⑥
6	随和	①	②	③	④	⑤	⑥	36	自私	①	②	③	④	⑤	⑥
7	老实	①	②	③	④	⑤	⑥	37	谈吐合宜	①	②	③	④	⑤	⑥
8	深谋远虑	①	②	③	④	⑤	⑥	38	敬业	①	②	③	④	⑤	⑥
9	认真	①	②	③	④	⑤	⑥	39	威猛	①	②	③	④	⑤	⑥
10	自制力强	①	②	③	④	⑤	⑥	40	积极	①	②	③	④	⑤	⑥
11	粗犷	①	②	③	④	⑤	⑥	41	懒惰	①	②	③	④	⑤	⑥
12	温文儒雅	①	②	③	④	⑤	⑥	42	诚实	①	②	③	④	⑤	⑥
13	有思想	①	②	③	④	⑤	⑥	43	强悍	①	②	③	④	⑤	⑥
14	急躁	①	②	③	④	⑤	⑥	44	爱占小便宜	①	②	③	④	⑤	⑥
15	小心眼	①	②	③	④	⑤	⑥	45	守规矩	①	②	③	④	⑤	⑥
16	诚恳	①	②	③	④	⑤	⑥	46	孜孜不倦	①	②	③	④	⑤	⑥
17	宽宏大量	①	②	③	④	⑤	⑥	47	努力	①	②	③	④	⑤	⑥
18	有魅力	①	②	③	④	⑤	⑥	48	刻苦耐劳	①	②	③	④	⑤	⑥
19	爱责怪人	①	②	③	④	⑤	⑥	49	斤斤计较	①	②	③	④	⑤	⑥
20	外向	①	②	③	④	⑤	⑥	50	温和	①	②	③	④	⑤	⑥
21	活泼	①	②	③	④	⑤	⑥	51	爽快	①	②	③	④	⑤	⑥
22	成熟	①	②	③	④	⑤	⑥	52	易迁怒	①	②	③	④	⑤	⑥
23	脾气好	①	②	③	④	⑤	⑥	53	健谈	①	②	③	④	⑤	⑥
24	孤僻	①	②	③	④	⑤	⑥	54	充满斗志	①	②	③	④	⑤	⑥
25	乐观	①	②	③	④	⑤	⑥	55	内向	①	②	③	④	⑤	⑥
26	胆小	①	②	③	④	⑤	⑥	56	处事周到	①	②	③	④	⑤	⑥
27	淳朴	①	②	③	④	⑤	⑥	57	优雅	①	②	③	④	⑤	⑥
28	开朗	①	②	③	④	⑤	⑥	58	沉默	①	②	③	④	⑤	⑥
29	难以琢磨	①	②	③	④	⑤	⑥	59	有气派	①	②	③	④	⑤	⑥
30	勤劳	①	②	③	④	⑤	⑥	60	有毅力	①	②	③	④	⑤	⑥

第二节　学校心理学的基本理论

案例分享

美国著名幽默作家马克·吐温有一次在教堂听牧师演讲。最初，他觉得牧师讲得很好，使人感动，准备捐款。过了10分钟，牧师还没有讲完，他有些不耐烦了，决定只捐一些零钱。又过了10分钟，牧师还没有讲完，于是他决定，1分钱也不捐。到牧师终于结束了冗长的演讲，开始募捐时，马克·吐温由于气愤，不仅未捐钱，还从盘子里偷了2元钱。

这种刺激过多、过强和作用时间过久而引起心理极不耐烦或反抗的心理现象，称之为“超限效应”。

超限效应在家庭教育中时常发生。如：当孩子不用心而没考好时，父母会一次、两次、三次，甚至四次、五次重复对一件事作同样的批评，使孩子从内疚不安到不耐烦最后反感讨厌。被“逼急”了，就会出现“我偏要这样”的反抗心理和行为。

因为孩子一旦受到批评，总需要一段时间才能恢复心理平衡，受到重复批评时，他心里会嘀咕：“怎么老这样对我？”孩子挨批评的心情就无法复归平静，反抗心理就高亢起来。

可见，家长对孩子的批评不能超过限度，应对孩子“犯一次错，只批评一次”。如果非要再次批评，那也不应简单地重复，要换个角度，换种说法。这样，孩子才不会觉得同样的错误被“揪住不放”，厌烦心理、逆反心理也会随之减低。

（资料来源：http://www.pep.com.cn/xgjy/xlyj/xlgj/dzxl/qwxl/201008/t20100827_771775.htm）

在生活中，是否还有其他的“超限效应”？作为教育者，如何更好地利用或控制该效应？让我们一起来了解一下学校心理学的基本观点，丰富了相应的常识后，再思考如何应用。

学习导航

一、学校心理学的发展观

（一）关于“发展”的理解

关于什么是“发展”，特别是什么是“人类的发展”（human development），在学术界一直存在着纷争。纵观各种言论，目前较为被接纳的观点包括：个体的发展具有系统性；个体的发展是一个不断变化的过程，而且这种变化具有累加性；个体的发展具有组织性，而且这种组织随着年龄的增长越来越复杂；个体的发展是一种具有目标指向性的变化，且往往体现了“进步”（progress）的基本趋势；个体的发展与变化，受到了遗传与环境相互作用的影响。

（二）个体发展的动因

在发展心理学中，在三大问题上长期存在着分歧与争论：即遗传和环境在心理发展上的作用问题、个体心理发展的外因与内因问题、个体心理发展的连续性与阶段性问题，并由此衍生了不同的理论观点。在此侧重介绍心理动力学的观点。

心理动力学（psychodynamics）的理论中有一种非常普遍的观点，即强大的内驱力塑造人格并引发行为。弗洛伊德、阿德勒、荣格、埃里克森、罗杰斯等都是持这一观点的代表人物。

1. 精神分析的动力观

1）弗洛伊德的观点

弗洛伊德主要从“本能”这个角度阐述发展的动力。他认为，本能是人的生命和生活中的基本要求、原始冲动和内驱力。它有四个特征：第一，本能的来源是身体状态需要，主要指身体欠缺什么；第二，本能的目的是消除身体的欠缺并重建内在平衡；第三，本能的对象是身体欠缺的那些经验和事物，有的对象是固定的（如异性），有的对象则是不断变化的；第四，本能的原动力决定于身体欠缺的程度。

知识链接

弗洛伊德及其人格发展理论

西格蒙德·弗洛伊德（1856—1939），奥地利人。他在中学时代就显示出非凡的智力，成绩一直名列前茅，17岁考入维也纳大学医学院，1876年到1881年在著名生理学家艾内斯特·布吕克的指导下进行研究工作。1881年开始担任临床神经专科医生，1886年与马莎·伯莱斯结婚，育有三男三女，女儿A.弗洛伊德后来也成为著名的心理学家，1938年因遭纳粹迫害迁居伦敦，于1939年9月23日因口腔癌在伦敦逝世。弗洛伊德对精神分析的兴趣是在1884年与J.布洛伊尔合作期间产生的，他们合作治疗一名叫安娜·欧的21岁癔症患者，他先从布洛伊尔那里学了宣泄疗法，后又师从J.沙可学习催眠术，继而他提出了自由联想疗法，1897年创立了自我分析法。他一生中对心理学的最重大贡献是对人类无意识过程的揭示，提出了人格结构理论、人类的性本能理论以及心理防御机制理论。

弗洛伊德以身体不同部位获得性冲动的满足为标准，将人格发展划分为5个阶段，其人格发展理论又称性心理期发展论。

口唇期（oral stage）：从出生到1岁左右。此期婴幼儿以吸吮、咬和吞咽等口腔活动为主满足本能和性的需要。

肛门期（anal stage）：2～3岁左右。此期儿童性欲望的满足主要来自于肛门或排便过程。

性器期（phallic stage）：4～5岁左右。此期儿童性生理的分化导致心理的分化，儿童表现出对生殖器的极大兴趣，性需求集中于性器官本身。他们不仅通过玩弄性器官获得满足，而且通过想象获得满足。此期男孩会经历“恋母情结”（Oedipus complex，俄狄浦斯情结），对于女孩，则经历“恋父情结”（Electra complex，厄勒克特拉情结）。

潜伏期（latency stage）：6～16 岁左右。在这一时期，儿童的兴趣转向外部世界，参加学校和团体的活动，与同伴娱乐、运动，发展与同性的友谊，满足来自于外界、好奇心、知识、娱乐和运动等。

生殖期（genital stage）：13～18 岁。青春期性器官成熟后即开始，性需求从两性关系中获得满足，有导向地选择配偶，成为较现实的和社会化的成人。

（资料来源：http://baike.so.com/doc/5349350.html）

2）荣格的观点

荣格则认为，心理能量是发展所需要的能量。它可以是意识层面的也可以是无意识层面的，在意识层面它表现为运动或力量，在无意识层面则表现为一种状态，它们共同推动人格的发展。心理能量与物理学的能量雷同，遵循守恒定律，可以从一种心理内容转换为另一种心理内容。荣格还指出，心理能量可以通过“心理值”来计量。心理值可以在一个人从事某项活动时所花费的时间和金钱上表现出来。测定的方法包括：观察他对不同活动对象的选择；为达到目标而克服障碍所费的时间；对梦或幻想进行分析；心理电装置测量，如脉搏、呼吸和皮肤电等。

知识链接

荣格及其集体无意识理论

荣格（1875—1961），瑞士心理学家，分析心理学首创人。曾在巴塞尔大学学习医学，后去巴黎跟从法国心理学家皮埃尔·让内（Pierre Janet）研究心理学。回国后，先后任苏黎世大学精神病诊所医师和心理学讲师、苏黎世综合工科学校心理学教授和巴塞尔大学医疗心理学教授。1907 年第一次与西格蒙德·弗洛伊德会面。1908 年在弗洛伊德的支持下创办国际精神分析学协会并在奥地利萨尔茨堡召开第一次会议。1914 年创立“分析心理学”。

荣格提出“情结”的概念。把人格分为内倾和外倾两种。主张把人格分为意识、个人无意识和集体无意识三层。荣格认为精神病患者的幻想或妄想是建立在自古以来的神话、传说、故事等共通的基本模式上的，因此提倡所谓原型的观点。主要著作有《人及其象征》、《分析心理学论文集》、《心理学形态》等。

荣格在个体的潜意识之外发现了一种社会或集体的无意识，并以此来解释个体以及集体的行为。按照荣格的解释，“集体无意识是心灵的一部分，它有别于个体潜意识，就是由于它的存在不像后者那样来自个人的经验，因此不是个人习得的东西。个人无意识主要是这样一些内容，它们曾经一度是意识的，但因被遗忘或压抑，从意识中消逝了。至于集体无意识的内容则从来没有在意识里出现过，因而不是由个体习得的,是完全通过遗传而存在的。个体潜意识的内容大部分是情结,集体无意识的内容则主要是原型”。原型是人心理经验的先在的决定因素。它促使个体按照他的本族祖先所遗传的方式去行动。人们的集体行为,在很大程度上也是由这无意识的原型所决定的。由于集体无意识可用来说明社会的行为,所以荣格的这一概念对于社会心理学有着深远的意义。

荣格认为原型有许多表现形式,但以其中四种最为突出,即人格面具、阿尼玛、阿尼姆斯和阴影。人格面具是一个人个性的最外层,它掩饰着真正的自我,与社会学上“角色扮演”这一概念有些类似,意指一个人的行为在于投合别人对他的期望。阿尼玛和阿尼姆斯的意思是灵气,分别代表男人和女人身上的双性特征,阿尼玛指男人身上的女性气质,阿尼姆斯则指女人身上的男性气质。阴影接近于弗洛伊德的伊底,指一种低级的、动物性的种族遗传,具有许多不道德的欲望和冲动。除这四种原型之外,荣格的“自性”概念也是一种重要的原型,它包括了潜意识的所有方面,具有将整个人格结构加以整合并使之稳定的作用。与集体无意识和原型有关的另外一个概念是曼达拉,意指在不同文化中反复出现的一种象征,表现为人类力求一种整体的统一。

(资料来源:http://baike.baidu.com/view/671576.htm)

3) 阿德勒的观点

阿德勒提出,“自卑感”是行为的原始决定力量,是发展的动力所在。这种自卑感来自包括身体的、精神的或是社会的障碍,而不论这些障碍是真实的还是想象的。每个人天生就具有一种自卑感和虚弱感,因为他一出生就完全依赖他人。另外,即使是成人,也会通过社会比较产生自卑感。因此,自卑感具有普遍性,这种普遍性的自卑感就有可能成为推动我们所有人心灵活动的动力,即人格动力。因为感到自卑,所以人们会千方百计地寻求补偿,进而获得力量战胜这种感觉。值得一提的是,尽管自卑感能驱动人的成长,有它好的一面,但更多时候却起着破坏作用。例如,有的具有自卑情结的人陷入自卑感中无能为力,以至于他们几乎无法超越。因此,自卑感究竟是个体积极成长的促进因素,还是阻碍因素,完全取决于人们对它的态度。

知识链接

阿德勒及其个体心理学

阿尔弗雷德·阿德勒(1870—1937),奥地利精神病学家,个体心理学的创始人,人本主义心理学的先驱,现代自我心理学之父。他在精神分析学派内部第一个反对弗洛伊德的心理学体系,使之由生物学定向的本我心理学转向社会文化定向的自我心理学,对后来西方心理学的发展具有重要意义。

阿德勒认为,每个人在幼儿时期就渐渐形成一种生活模式,根据此生活模式而形成生活的主观目标，但每个人的生活模式不同，因此每一个人的主观目标不完全相同，研究心理过程应以每个人的特殊心理经验为对象，故阿德勒的心理学被称为“个体心理学”。

阿德勒的学说以“自卑感”与“创造性自我”为中心，并强调“社会意识”。主要概念是创造性自我、生活风格、假想的目的论、追求优越、自卑感、补偿和社会兴趣。

创造性自我是一种个人主观体系，它解释个人的种种经验。它追求经验，甚至创造经验以帮助个人形成他独特的生活作风。创造性自我使人格有一贯性、稳定性和个性。它是人类生活中活的因素。

生活风格是一个人在每一行动中所表现出来、极其独特并因人而异的各种动机、特性与价值的团集物。它决定一个人要学什么、怎样行动、怎样思维，以及有哪些经验要渗入他的人格之中。和生活风格无关的经验被抹杀，被抵制，被压抑。每个人有他自己的生活风格；没有两个人的生活风格是一样的。生活风格是由创造性自我发展、建立起来的，早在儿童时期四五岁时就形成了。

（资料来源：http://www.student.sdnu.edu.cn/xlwyh/news_view.asp?newsid=96）

2. 人本主义的动力观

马斯洛和罗杰斯均认为，驱使个体不断发展的主要核心动力在于“自我实现”(self-actualization)这一内在需要的存在。

1) 马斯洛的观点

自我实现在此是指个体在成长中，身心的潜力获得充分发展的历程和结果，也就是个体本身生而具有但潜藏未露的良好品质，得以在现实生活环境中充分展现出来。换句话说，就个体人格的发展和形成而言，自我实现可以看作是个体发展的历程，也可以看作是促使个体发展的推动力。在马斯洛的理论中，个体之所以存在，之所以有生命意义，就是为了自我实现。因此，自我实现又被他视为人格发展的最高境界，也可以说是人生追求的最高境界。自我实现意味着充分地、活跃地、深入地、全身心地体验生活，全力以赴地献身于某一件事或某一项活动而忘怀一切。

知识链接

马斯洛及自我实现者的人格特征

马斯洛(1908—1970)，美国社会心理学家，人格理论家，人本主义心理学的主要发起者。1968 年当选为美国心理学会主席。1933 年在威斯康星大学获博士学位，第二次世界大战后转到布兰代斯大学任心理学系教授兼主任，开始对健康人格获自我实现者的心理特征进行研究。1967 年曾任美国人格与社会心理学会主席。他的动机理论被称为“需要层次论”。

马斯洛根据他心目中成功人士的人格得出自我实现者具有以下人格特征。

(1) 全面和准确地知觉现实。自我实现者对世界的知觉是客观的、全面的和准确的，因为他们在感知世界时，不会掺杂自己的主观愿望和成见，或带有自我防御，而是按照客观世界的本来面貌去反映。与此相反，心理不健康者则是以自己的主观方式去知觉世界的，他们试图使世界与自己的主观愿望、焦虑和担心相吻合。

(2) 接纳自然、自己与他人。自我实现者能够接受自然、自身及他人的不足与缺陷，而不会为这些缺陷而忧心忡忡。当然，对于可以改造或可以调整的不足与缺陷，他们会以积极的态度来对待，而对那些不可改变的不足与缺陷，他们能顺其自然，不会自己跟自己、跟他人和自然过不去。

(3) 对人自然、坦率和真实。在人际交往中，自我实现者具有流露自己真实感情的倾向，他们不会装假或做作，他们的行为坦诚、自然。一般而言，他们都有足够的自信心和安全感，这就使得他们足以真实地表现自己。

(4) 以问题为中心，而不是以自我为中心。自我实现者热爱自己所从事的工作，献身于某种事业或使命，并能全力以赴。与常人相比，他们工作起来更刻苦、更专注。对他们来说，工作并非真正的劳苦，因为快乐恰恰寓于工作之中。

(5) 具有超然于世和独处的需要。自我实现者以自己的价值和感情指导生活，不依靠别人来求得安全和满足，他们依靠的只是自己。他们一般都喜欢安静独处。这样做并不是因为害怕别人，也不是要有意逃避现实，而是为了在减少干扰的条件下，更好地深思，更全面地比较，以便去寻求更为合理的解决问题的方案。他们平静安详，保持冷静，安然地度过或顶住各种灾难和不幸。

(6) 具有自主性，在不同环境和文化中能保持相对的独立性。自我实现者行为的动力主要来自于自身内部发展和自我实现的需要，而不是来自于因缺少某种物质或精神上的东西需要外部的补充，因而他们更多依赖自己而不是外部环境，能够抵制外部环境和文化的压力，独立自主地思考，进行自我引导和自我管理。

(7) 具有永不衰退的欣赏力。自我实现者能够对周围现实保持奇特而经久不衰的欣赏力，充分地体验自然和人生中一切美好的东西。他们不会因事物的重复出现而习以为常，失去敏感，相反，他们对每一个新生儿、每一次日出或黄昏，都像第一次见到时那样感到新鲜，感到那么美妙。

(8) 具有难以形容的高峰体验。高峰体验是人感受到的一种强烈的、心醉神迷的狂喜或敬畏的情绪体验。当它到来时，人会感觉到无限的美好，具有极大的力量、自信和决断意向，甚至连平凡的日常活动，也可以被提升为压倒一切的、妙不可言的活动。马斯洛认为所有人都具有享受高峰体验的潜在能力，但只有自我实现者更有可能、更常得到这种体验。

(9) 对人充满爱心。自我实现者所关心的不仅局限于他们的朋友、亲属，而是扩及全人类。他们把帮助穷困受苦的人视为自己的天职，具有同所有的人同甘苦、共患难的强烈意识，千方百计为他人着想。在自我实现者看来，他人的快乐就是自己的快乐。他们已经把自己从满足自身狭隘需求的牢笼中解放了出来。

(10) 具有深厚的友情。自我实现者注重与朋友间的友谊，他们交友的数目虽然不多，同伴圈子比较小，但友情深切和充实。就对爱的理解来说，他们认为爱应当是全然无私的，至少给予爱应当和得到爱同等重要。他们能够像关心自己一样，关心所爱者的成长与发展。

(11) 具备民主的精神。自我实现者谦虚待人，尊重别人的权利和个性，善于倾听不同的意见。对他们来说，社会阶层、受教育程序、宗教信仰、种族或肤色，都是不重要的，重要的是他们是否掌握真理。自我实现者极少偏见，愿意向一切值得学习的人学习。

(12) 区分手段与目的。自我实现者的行为几乎总是表现出手段与目的界限。一般说来，他们强调目的，而手段必须从属于目的。自我实现者常常将普通人看成是达到目的的手段，把活动经历当作目的本身，因而比常人更能体验到活动本身的乐趣。

(13) 富于创造性。这是马斯洛研究的所有对象共同的特征之一，他们每个人都在某个方面显示出独到之处和创造性。虽然，他们中某些人并不一定是作家、艺术家或发明家，但他们具有同儿童天真想象相类似的能力，具有独创性、善于发明和追求创新的特点。

(14) 处事幽默、风趣。自我实现者善于观察人世间的荒诞和不协调现象，并能够以一种诙谐、风趣的方式将其恰当地表现出来。但他们绝不把这种本领用于有缺陷的人。他们对不幸者总是寄予同情。

(15) 反对盲目遵从。自我实现者对随意应和他人的观点和行为十分反感，他们认为人必须具有自己的主见，认定的事情就应坚持去做，而不应顾及传统的力量或舆论的压力。他们这种反对盲目遵从的倾向，显然不是对文化传统或舆论的有意轻视，而是他们自立、自强的人格的反映。

(资料来源：http://baike.so.com/doc/1268725.html)

2) 罗杰斯的观点

罗杰斯也强调，人格的发展源于个体先天的“自我实现”动机，它表现为一个人最大限度地实现各种潜能的趋向。这一概念有点类似于弗洛伊德的“力比多”和阿德勒的“追求优越”。每个人的行为都是由其独一无二的自我实现倾向引导着。他认为，人类同其他生命有机体一样，都具有为了生存、成长和促进自身发展的一种需要，它与生俱来。在最基本层面上，这些天生的倾向通过满足基本需要(氧气、水、食物)，控制生理成熟等方式，不断地成长、重建。他还认为自我实现是人格结构中唯一的动机，其他一切动机都可归属于这种自我实现倾向。正是自我实现倾向使人的自主性和自足感增强，从而形成个人成长的动机。

知识链接

罗杰斯及其人本主义

卡尔·兰塞姆·罗杰斯(1902—1987),生于芝加哥附近的奥克帕克。在1927年以来的半个多世纪中,罗杰斯主要从事咨询和心理治疗的实践和研究。他以首倡患者中心治疗而驰名。他还在心理治疗的实践基础上,提出了关于人格的"自我理论",并把这个理论推广到教育改革和其他人际关系的一般领域中。1956年,他提出心理治疗客观化的新方法,并因此获得美国心理学会的卓越科学贡献奖。1972年,又获美国心理学会卓越专业贡献奖。

他的理论观点与当代行为主义形成了鲜明的对比。1956年,罗杰斯与斯金纳共同署名发表了一篇题为《有关人类行为控制的若干问题——一篇专题讨论文章》的争议文章,载于美国《科学》杂志上。该文就人本主义和行为主义在心理学若干基本理论问题上的分歧进行了深入的论述,阐明了人本主义心理学观点,表现出作者对人类自我实现潜能、人的积极自主性的坚信。

人本主义心理学家认为心理学应着重研究人的价值和人格发展,他们既反对弗洛伊德的精神分析把意识经验还原为基本驱力或防御机制,又反对行为主义流派把意识看作是行为的"副产品"。关于人的价值问题,人本主义心理学家大都同意柏拉图和卢梭的理想主义观点,认为人的本性是善良的,恶是环境影响下的派生现象,因而人的价值是可以通过教育提高的,理想社会是可能的。在心理学的基本理论和方法论方面,他们继承了19世纪末W.狄尔泰和M.韦特海默的传统,主张正确对待心理学研究对象的特殊性,反对用原子物理学和动物心理学的原理和方法研究人类心理,主张以整体论取代还原论。

(资料来源:http://blog.sina.com.cn/s/blog_6bdf75730100r27d.html)

二、学校心理学的系统观

(一)概述"系统观"

所谓系统,是指由若干相互联系、相互作用的部分组成的具有一定结构与机能的整体。一个整体的大系统可以分解为若干部分的子系统,子系统内部还可以有若干层次的子系统;大系统内部的各子系统之间必须具备一定的结构,而整体的大系统则具备各子系统所不具备的机能。所谓系统方法,即按事物本身的系统性把研究对象作为一个具有一定组成、结构和机能的整体来加以考察的方法,即从整体与部分之间、整体与外部环境之间的互相联系、相互制约、相互作用的关系中综合地研究对象的一种方法。整体性是系统方法的出发点和首要特征。依据系统观,世界上任何事物、过程,都不是孤立的、杂乱的偶然堆积,而是一个合乎规律的由各要素组成的有机整体。整体不是各组成部分的机械相加,而是整体大于部分之和，整体具有各部分所不具备的新的特质。其次，结构性是系统方法的另一个特征。一个系统的稳定的联系，构成系统的结构，它保证系统的有序性。本质联系则形成系统发展变化的规律。一定的系统结构就具有一定的系统机能及活动规律。再次，动态性是系统方法的又一个特征。一个开放系统是不断运动、不断发展变化的，一个系统只有在和环境相互联系、相互作用之中，才能不断增加负熵，减少增熵，才能保证系统的有序性结构的发展，因此系统具有"自组织"性，即自我调节与控制的特征。[①]

（二）"发展的小生境"理论

根据系统论的观点，对于个体的成长而言，哪些系统是影响着他们？学者叙佩（Super C. M.）和哈文尼斯（Harkness S.）由此提出了"发展的小生境"这一概念，用以解释和分析微观环境对个体或不同文化群体的生活、生存的影响作用。在其理论中，"发展的小生境"是一个系统，它涵盖了影响个体发展的三个子系统，它们是：儿童生活的自然环境和社会环境，由文化决定的抚养和教育儿童的主流方式，父母的心理特征。这三大子系统共同作用于个体，它们包围着、促进着、滋养着、约束着个体的身心发展、成熟。细述如下。

1. 儿童生活的自然环境与人格

人作为一个生命有机体，必然和自然环境发生这样或那样的联系，自然界是个体生存的先决条件。在"发展的小生境"理论中的自然环境特指个体生活在其中的具体、实在的自然生态环境。例如，地处热带非洲地区的土著家庭，生存环境条件极为恶劣。在这样的近乎原始的生存模式之下，人们过着群居生活。儿童自幼被要求参加氏族家庭的日常活动，从而得以与家族的大多数成员互动交往。而欧美发达国家的城市婴儿则生活在现代化程度极高、注重个人隐私权的维护、生活层面的交流不畅、人际互动资源非常有限的微型家庭之中。这样两种反差巨大的生态环境决定了儿童在成长中能得到与成年人交往、互动的机会和频率是截然不同的，各自培养和塑造的个体人格也因此而各具特色。

2. 儿童生活的社会环境与人格

人的重要属性是其社会性。社会是个非常宏大的世界，它有着颇为复杂的结构和运行规律。生活在社会中的个体，必然就会受到来自社会的影响。从微观角度而言，社会作用于人的具体的影响程度、方式、内容是因人而异的。这种差异性体现为真正对个体直接发生作用的社会环境，如同自然环境一样，也是具体化为特定对个体直接发生作用的社会环境，例如家庭、学校、社区。个体正是在这样的具体客观的社会环境中，与他人的进行人际互动，从而塑造出独特的态度和行为方式，所谓个性正是由此而逐渐生成和发展。

3. 由文化决定的抚养和教育儿童的主流方式与人格

家庭是儿童接受社会影响的第一场所，是认识社会准则和建立行为规范的第一课堂。儿童的很多态度与行为都打上家庭的印记。这其中，父母扮演了儿童的第一任老师的角色，父母如何抚养儿童，如何对其进行初期的教育，都将直接影响儿童的认知、情感和行为。而父母的抚养教育儿童方式具有典型的文化传承规律。例如，中国南方妇女由于一年四季都从事下田或上山劳动，通常会把婴儿捆在背上，而北方妇女由于农闲时节充裕，通常会把婴

---

① http://www.pep.com.cn/xgjy/xlyj/xlshuku/hs/yyxl/shuku14/201008/t20100828_817603.htm。

儿抱在怀中，或者置于身边。这种不同的携儿方式，不仅决定了母子身体接触的类型和频繁程度，而且还会影响母子相互作用的方式、儿童感觉运动的发展，甚至独立性或依赖性的发展。

4. 父母心理特征与人格

"发展的小生境"理论所指的"父母的心理特征"主要包括父母的教育水平、信念和价值观等心理因素，它们在亲子关系的形成和发展、育儿方式、价值观念的启蒙等亲子互动活动中发挥作用，从而影响儿童的心理发展。在国外，有学者把父母的这些心理特点都统称为"养育风格"。父母的养育风格带来的是特定的家庭情绪气氛，其养育的态度、信念、价值观、行为就在这种情绪气氛中表达出来，而儿童就是在这种情绪气氛中成长。国内外大量研究表明：父母的这些养育风格影响了儿童发展的诸多方面，包括学习动机、学业成绩、推理能力、情绪、心理健康、价值观等等，这一切都影响着个体人格的形成与塑造。

需要强调的是，发展的小生境是一个各构成部分彼此关联互动、共同作用的系统。同时又是一个开放系统，其中每一部分均与更加广泛的外部环境大系统相联系。例如，携儿方式往往与气候水土有关，而社会习俗化则与社会的物质生产和富裕水平有关等等。

综上所述，"发展的小生境"作为一个系统，对个体人格的培养和塑造发挥重要作用，归纳起来，主要表现在以下两个方面：第一，小生境为人格的培养和塑造提供了最直接的"心理资源"。人格的形成是在个体与所处的特定"发展的小生境"的互动中，在不断吸收小生境所提供的一切资源的前提下，逐渐从幼稚走向成熟。第二，小生境"催化"了人格的形成和发展。不同养育风格的父母，就会培养出具有不同个性的儿童。有研究表明：起始没有什么差别的同质个体，处在不同的环境中，由于各自对环境的评价不同，各自产生了程度不同的舒适感、压抑感，个体对由此带来的压力的应对策略也不一样，从而导致了差异悬殊的个性特点。

此外，在与小生境的互动过程中，个体并非消极被动地接受来自小生境施加的影响，而是主观、能动地应对小生境的作用，两者的互动是一个同步演化的过程。一方面，小生境为儿童人格的发展提供了刺激和催化作用；另一方面，儿童这些方面的逐渐成熟也会作用于小生境，如，在与成人的交往中，儿童也在不断改变着成人对他们的信念、期待和互动方式，这意味着发展的小生境在个体发育过程中也在发生着某些顺应性改变。

总之，在儿童成长的生态系统中，系统内的三个子系统互相作用，共同构成了一个紧密结合的个性发展生态圈；在这个生态圈里的各个子系统共同作用于个体，而个体也同样作用于各个子系统，从而形成了个体适应环境、小生境也适应个体的互动模式，正是在两者的相互适应的过程中，实现了个体人格与"发展的小生境"之间的同步演化。

知识链接

四系统观

布朗芬布伦纳(Bronfenbrenner)在1977年提出了她的"四系统观"。她认为，个体是在四个不同的结构水平上与他人或周围环境发生各种关系，或进行交互作用，并在此过程中形成特定的交往模式，进行决定个体的发展历程的。

第一种结构水平是微观系统(microsystem),它是指儿童在某一特定时间所处的即时(immediate)环境(如家里、学校、邻居等),这个即时环境包括三个维度:物理空间和材料,对该儿童承担一定角色或具有特定关系的其他人,以及人们一起或单独参与的活动。家庭就是一个儿童要和其中的人(母亲、父亲、亲戚、客人等)和物(书、玩具等)发生各种联系的场所。儿童从家庭中获得食物、情感以及其他的一些发展条件和机会。对于不同的家庭,由于父母的教养行为内容和特征方式不同,相应的,儿童的发展机会也不同,而这些差异对儿童的发展会产生巨大的影响。除家庭以外,学校、社区、邻居或同伴群体也都是儿童进行不同内容的社会化过程的微观系统。

第二种结构水平是中型系统(mesosystem),它是指一个人所处的两个或两个以上微观系统之间的相互关系,例如,家庭与学校或家庭与邻里之间的相互联系。中型系统对儿童发展的影响取决于这种微观系统之间发生相互联系的数量和质量。发生联系的次数越多、质量越高,则中型系统对儿童发展的影响越大。例如,如果父母经常邀请孩子的朋友到家里做客,或者经常鼓励儿童参加某些同伴小组的活动,那么儿童的同伴关系的发展就会因父母的积极参与和支持而得到促进。因此,从作用机制分析,中型系统是通过对微观系统中进行的活动提供支持从而对儿童的发展产生影响的。

第三种结构水平是外部系统(ecosystem),它是指这样一些环境,在其中儿童不是积极的参与者,但这些环境因素却通过儿童的微观系统来对他们间接地产生影响。例如,父母的职业,如果父母的职业环境要求的是统一和遵从的行为,而不是自我管理和自我规划,那么,这种工作方式就可能对父母的教养风格产生某些影响,也许父母会更倾向于控制儿童而不是采取民主的方式。另外,工作时间上的长短也直接影响到父母参与儿童活动的多少。

第四种结构水平是宏观系统(macrosystem),它指儿童成长所处的社会环境及其意识形态。对于前三种系统而言,宏观系统指的是一些行为和态度的模式或一系列规范和原则。宏观系统一旦发生变化,就会相应引起其他三个系统的变化。例如,艾尔德(G. H. Elder)1979年的一项追踪研究显示了宏观系统的变化给家庭带来的一系列影响。他研究了经历大萧条时期并受到影响的家庭。在这类家庭中,大萧条带来严重的经济问题,对外部系统的直接影响就是父亲失业,失业使父亲的威信降低,同时突出了母亲的重要性。在对微观系统的效应上,失业给家庭带来情绪的紧张,并影响到儿童。家庭气氛紧张还使儿童更倾向于希望在同伴群体中得到认同,此外,这类家庭的儿童更多地承担家务或在外面找工作,这则是宏观系统对中型系统的影响。以上这些影响的交互作用,最终都会对儿童的发展产生影响。布朗芬布伦纳强调,要考查儿童的发展,就必须考查诸如家庭、学校、同伴群体等所有可能的子系统,特别是它们之间潜在的交互作用。

(资料来源:http://www.pep.com.cn/xgjy/xlyj/xlshuku/hs/yyxl/shuku14/201008/t20100828_817603.htm)

课外拓展

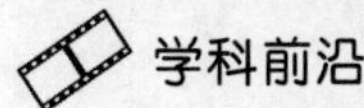

学科前沿

家庭系统排列

系统排列的技巧，用在心理治疗方面，能够把一些深层的家庭困扰找出和化解，称为“家庭系统排列”。

在家庭系统排列过程中，由咨询师指导当事人选择其他成员代表自己家庭里的成员，例如：父亲、母亲、爱人、孩子或者爷爷、奶奶、弟弟、妹妹等。然后由当事人扶着这些人的肩膀，将他们彼此的互动关系排列出来，在房间里各位代表找到自己的位置。令人难以置信的是，如果真实地排列出自己的家庭状况，代表们就会产生一些感觉和想法，和他们代表的人在家庭中的感觉和想法非常相近，而这些他们事先并不知道。

当事人会提出生命中的困惑，关于家庭、事业、婚姻、子女教育、人际关系、情绪管理、身心健康、生与死等等一系列问题。咨询师对当事人提出问题，通过系统排列找到问题的根源与解决之道，使具有破坏性的家庭动力显现出来，使失序的家庭系统恢复到有序的状态。而从人们的幸福安康中我们知道整个系统是和谐平衡的。在排列中通过当事人自身的痛苦、困苦和疾病，我们了解到这个系统动力所在，通过排列找到解决方法，以帮助当事人重新建立美好的生活方式。

家庭系统排列显示出人们心灵深层本性的治疗力量，它不断地朝着人性的深度和生命存在的空间不屈不挠地探索，向周围美好的一切寻找更多的资源、更好的解决办法。

在进行完一次家庭系统排列之后，可以尝试让系统排列画面继续在脑海中呈现或回忆，也许将会使你恍然大悟，清楚自己的内心需要的到底是什么，怎么做才是最有益的取向。

（资料来源：http://baike.so.com/doc/7082306.html#7082306-7305218-2）

心理训练

共情力的训练（来自 Murgatroyd 的建议）：

(1) 与其他人一起练习对对方谈话内容的反应，试着把他们所说过的话的意思讲明白，检查一下你是否理解了其中的含义。

(2) 试着去想象在各种情景下人们对你所讲述的事情，尝试把他们的经历用准确的图像在你的脑海中显示出来。

(3) 如果无法运用视觉思维，那么可以尝试在想象中用你所能想到的所有词汇来描述这些情景。

(4) 努力使自己在情绪方面的词汇更加丰富，应用字典、小说、电影或者其他材料，以便你能具体描述任意一种感情。

Chapter Two

第二章 小学生心理发展的一般规律

本章结构

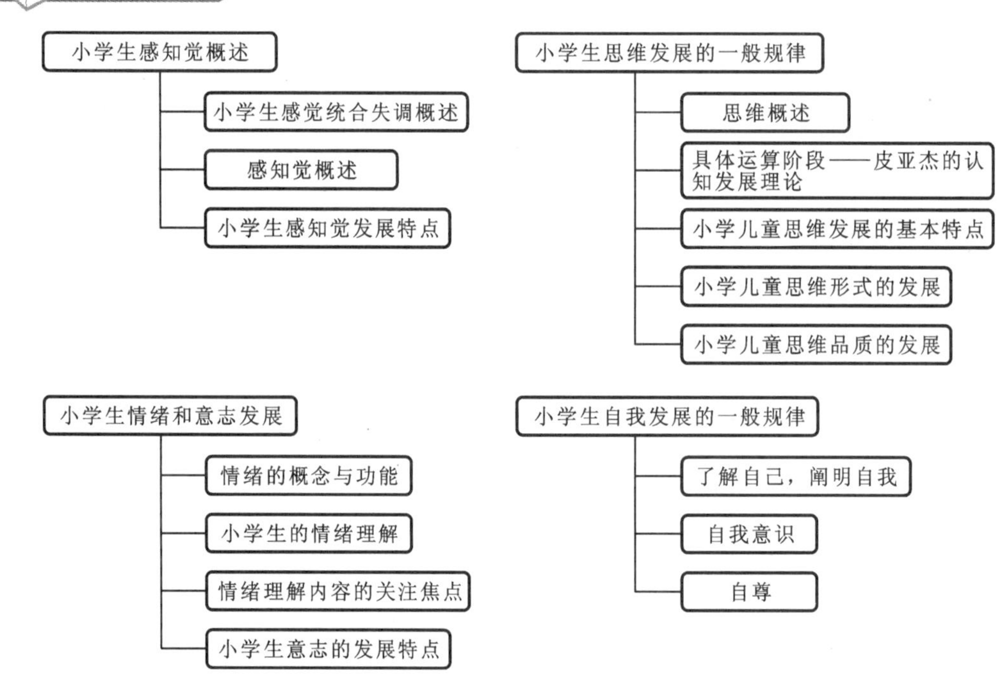

第一节 小学生感知觉概述

案例分享

小张9岁6个月，上小学三年级，他的父亲是大学教师，母亲是会计。他长着一双大而有神的眼睛，头发是自然卷。家长说，小张在幼儿园时表现正常，经常上台表演节目，老师都说他聪明可爱，将来一定会有出息。可谁知一上小学就出现了严重的问题，第一天上学把数字都写反了，拼音也记不住，写字特别吃力，计算则经常看错数字，加减号经常搞混。有时考试也是全班最后答完的，更多的时候是在考试时间内答不完。每天晚上写作业都要磨蹭到半夜，第二天不能按时起床。起初家长以为是智力问题，可生活中孩子做什么都行，口算是班上前三名，课堂上有些难题，别人回答不上来，他偶尔能给人以惊喜。

（案例来源：《成功案例介绍案例——爱说不爱写的小张》，www. baby611. com）

众人眼里聪明可爱的小张为什么会在入学后出现令人难以置信的问题？小张在这些看似简单的问题上出错的原因是什么？本节我们通过小学生感知觉的发展来探讨小张问题背后的原因。

一、小学生感觉统合失调概述

感觉统合(sensory integration，SI)是指大脑和身体相互协调的学习过程，是机体在环境内有效利用自己的感官，以不同的感觉通路(视觉、听觉、触觉、前庭觉和本体觉等)从环境中获得信息输入大脑，大脑再对这些信息进行加工统合处理并作出适应性反应的能力。感觉统合失调(sensory integration dysfunction，SID)是指外部的感觉刺激信号无法在儿童的大脑神经系统进行有效的组合，使机体不能和谐地运作，从而形成各种障碍最终影响身心健康。

知识链接

国内许多学者研究表明：儿童的感觉统合失调与其学习障碍和心理行为问题密切相关。感觉统合功能是身体机能发展和认知能力的基础，一旦它的发展出现差错，有任何衔接不上，都将对儿童的心身健康产生影响。感觉统合失调，换句话说就是个体的大脑对身体各器官失去了控制与组合的能力，这会在一定程度上削弱人的认知能力与社会适应能力，从而推迟人的社会化进程。国外报道，学龄前儿童中感觉统合失调发生率为10%～30%，台湾20世纪90年代初有报道称，台湾地区学龄儿童中感觉统合失调发生率为16.9%，之后任桂英报道北京市区儿童感觉统合轻度和重度失调率分别为35.9%和10.3%，单毓芬报道南京市鼓楼区儿童感觉统合失调发生率为33.67%，上海报道的幼儿感觉统合失调率轻度和重度失调率分别为21.35%和4.5%。

感觉统合失调会使幼儿的各项功能不能正常发挥，对学习能力、运动功能、社会适应能力等方面造成障碍，这些使得儿童心理总是处于一定的紊乱状态，学习和生活质量也不断下降，严重影响儿童的身心健康。国内外的许多学者通过开展对儿童感觉统合失调的病因研究得出结论：儿童感觉统合失调发生可能是生物、心理、社会等因素共同作用的结果。

（资料来源：刘瑞雪，《儿童气质与感觉统合能力影响因素及其关系研究》，河北医科大学，硕士论文，2014年。）

（一）小学生感觉统合失调的表现

感觉统合失调表现为视觉统合失调、听觉统合失调、触觉统合失调、平衡觉统合失调及本体觉统合失调。视觉统合失调的孩子，在阅读和书写时易出现跳行、跳字等现象，经常丢东西等。听觉统合失调的孩子常常充耳不闻，注意力和记忆力差。触觉统合失调的孩子往往对别人的触摸十分敏感，易担惊受怕、好动、不安等。平衡觉统合失调的孩子常常不能准确判断距离和方向，做事协调能力差。本体觉统合失调的孩子则常常出现动作不协调、口吃等。儿童感觉统合失调导致儿童神经心理发育在不同程度上受到影响，使儿童的灵敏性、眼手脑的协调性降低，瞬时记忆能力降低，注意力不集中以及空间感较差。儿童感觉统合失调也会影响儿童的社会行为、语言能力及学业成绩，从而引发儿童的行为问题，其语言能力及学业成绩均较差。

图 2-1 所示为感觉统合的脑机制。

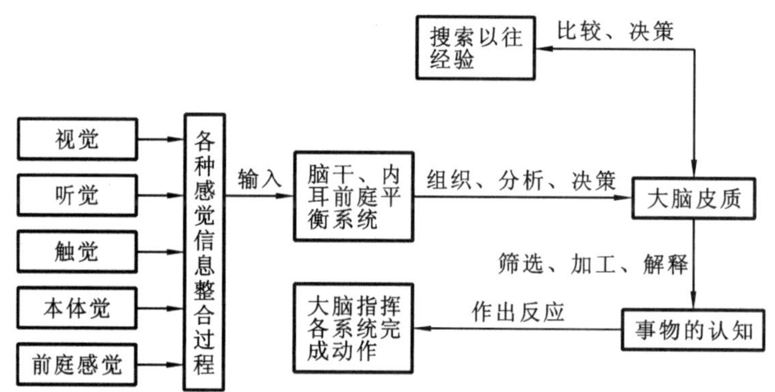

图 2-1　感觉统合的脑机制

（二）小学生感觉统合失调的原因

1. 学生自身生理及心理因素

儿童体内微量元素锌原卟啉含量高，易发生感觉统合，而血清锌、铁含量低则容易引起感觉统合失调。从神经递质的代谢水平角度看，儿童体内儿茶酚胺递质、去甲肾上腺素、肾上腺素、多巴胺代谢失衡也与感觉统合失调有一定联系。儿童幼年气质类型也与感觉统合失调存在联系。发生感觉统合失调的幼儿的气质类型主要为难养型和启动缓慢型。

2. 环境因素

家庭关系是否和谐，对孩子的教育方式是否得当，也与小学生感觉统合失调存在联系。父母的健康状况差、文化程度低、年龄偏大等也是引起儿童感觉统合失调的因素。此外，都市化的形成，现代家庭的小型化，使得学龄儿童的活动空间缩小，加上家长对独生子女的过分呵护，导致儿童所接受的各种感觉刺激大大减少，是引起儿童以后出现感觉统合失调的重要原因。

二、感知觉概述

感知觉(sensory perception)是人类认知活动的开端,是思维活动的基础。感觉是人脑对直接作用于感觉器官的客观事物的个别属性的反映。知觉是人脑对直接作用于感觉器官的客观事物的整体的反映。感觉与知觉之间的确切界限很难找到,主要区别在于感觉被看做个体对刺激信息的初次接触,而知觉则是对这些刺激进行解释、分析并与其他感觉信息进行整合的过程。例如,听到警铃声(感觉)时就会将该铃声认作报警信号并确定它的意义(知觉)。

1. 感觉的分类

1) 外部感觉

外部感觉是指由外部客观刺激引起,反映外部事物个别属性的感觉。外部感觉主要有视觉、听觉、嗅觉、味觉和肤觉。在人接收外部事物属性的信息中,80%～90%通过视觉获得,听觉次之。肤觉是皮肤受到刺激而产生的感觉,皮肤感觉按其性质可分为触觉、压觉、震动觉、温觉、冷觉、痛觉和痒觉。味觉的感受器是味蕾,位于口腔黏膜内,主要分布在舌的表面,特别是舌尖和舌两侧。嗅觉的外周感受器是位于鼻腔最上端的嗅上皮的嗅细胞。

2) 内部感觉

内部感觉是指由有机体内部刺激引起,反映各内脏器官、身体平衡及自身状况的感觉。内部感觉的感受器位于人体各内脏壁内、腹膜、胸膜、关节囊和前庭器官等处。它把内脏、关节、肌肉、前庭器官等部位的活动及其变化等化学和物理的刺激,经传入神经传向中枢,从而引起饥、渴、饱、胀、痛、运动、平衡等内部感觉。内部感觉主要有运动觉、平衡觉和机体觉。

2. 知觉的分类

依据知觉过程中起主导作用的分析器不同,将知觉分为视知觉、听知觉、嗅知觉和味知觉等。依据知觉反映的客观事物的特性不同,将知觉分为空间知觉、时间知觉和运动知觉。

三、小学生感知觉发展特点

儿童进入小学后感知觉在幼儿期的基础上有了进一步发展,视觉和听觉以及触觉通道逐渐成熟,空间知觉、时间知觉和运动知觉也表现出这一时期的独特性,其准确性随年级的增长而增强。但小学生感知事物多是笼统的、不精确的,对时间和空间的观念比较模糊。他们在观察事物时,往往只注意到一些孤立的现象,看不出事物之间的联系和特点。在辨认字形方面,往往把相似的字认错和写错,如“大”和“太”、“风”和“凤”、“p”和“q”等。看图画时也往往只注意到那些引人注目的地方,不去观察画面中所要说明的关系,感知活动则易被感兴趣的事物吸引,时常忘记感知的目的。

小学儿童在教学活动的影响下,感觉有了新的发展,随意性、感受性随着年龄的增长而不断发展,特别是差别感受性的增长要比绝对感受性的增长快得多。小学儿童视力的调节能力增强,10 岁儿童的这种能力发展得最快。小学儿童在音乐学习和训练的影响下,辨别音调的能力有显著的提高。同样,通过学习活动,小学儿童的言语听觉和言语运动觉发展也很快。小学儿童言语听觉敏度,如语音听觉的细微性和正确性,比幼儿要高得多,已逐步接近成年人的水平。

儿童入学后,学习算数、地理、自然、图画等课以及参加各种课外活动,有力促进了知觉的发展。

第二节　小学生思维发展的一般规律

案例分享

小王是一个非常不开心的小男孩……自从他进入小学,危机在三年级的时候到达了顶峰,那一年真是灾难之年。他不会阅读,而且讨厌学校。他的妈妈回忆说:“因为他不想上学,所以总是在早上发脾气。”一年前,应妈妈的强烈要求,学校给小王进行了权威的诊断测验。结果显示他存在许多大脑加工方面的问题,这些能够解释为什么他总是混淆字母和发音。现在小王的问题已经有了一个名称,他正式地被诊断为思维障碍中的学习障碍。

(资料来源:Robert S. Feldman 著,苏彦捷等译,《发展心理学——人的毕生发展》,世界图书出版公司,2007 年)

为什么学校的专家们会把案例中的小王诊断为有思维障碍的学生?他们诊断的标准是什么?而一个正常的小学儿童又应该有什么样的思维发展?小学儿童的思维发展有什么规律吗?通过这一节的学习,我们可以了解小学生思维发展的特点,知道正常学龄儿童的思维发展水平以及基本规律,这不仅能帮助教师们更好地对小学儿童进行教育,也能让我们更及时地发现身边类似小王一样有思维障碍的儿童,并尽早给予他们帮助。

学习导航

小学是儿童思维发展的一个重大转折时期。从进入小学起,儿童就开始进行正规的、系统的学习活动,系统地掌握人类关于自然和社会的知识经验,自觉地服从和执行集体的行为规范。在学习过程中,儿童各种心理过程的有意性和抽象概括性也随之获得发展。

新的学习活动、集体活动等对儿童提出了新的要求,从而引起小学儿童思维发展的种种新的需要。这些新需要并和儿童已达到的原有心理结构、思维水平之间产生矛盾,构成小学儿童思维发展的动力。在教育影响下,这些矛盾的不断产生和解决,推动了小学儿童的思维不断地向前发展。

一、思维概述

思维是人脑对客观事物概括的、间接的反映。这是由于思维具有概括和间接的性质,通过思维,人就可以认识那些没有或者不能直接作用于人的各种事物或事物的各种属性,也可以预见到事物的未来发展。

(一)思维的种类

1. 动作思维、形象思维和抽象思维

(1) 动作思维:动作思维是以人的实际动作作为支柱的思维,又称为操作思维或实践思维。它的特点是以实际的操作来解决具体的问题,具有直观性。动作思维在幼儿和聋哑人身上常见。

(2) 形象思维:形象思维是人凭借头脑中的表象进行的思维,具有形象性。学龄前与小学低年级学生的思维主要是形象思维。成年人也离不开形象思维,特别是在解决比较复杂的问题时,鲜明的表象有利于思维的顺利进行。

(3) 抽象思维:抽象思维是利用概念、判断、推理等形式进行的思维,又称为词语-逻辑思维。它是人类特有的一种思维形式。

2. 聚合思维和发散思维

(1) 聚合思维:聚合思维又叫辐合思维或求同思维,它是把问题提供的各种信息聚合起来,利用熟悉的规则,朝向一个方向得出一个正确结论的思维。即从给予的多个信息中产生逻辑结论的思维。这种思维的特点是利用已有的知识经验来解决问题,它有方向、范围、组织性和条理性。

(2) 发散思维:发散思维又叫辐射思维或求异思维,是指从一个目标出发,沿着不同的思考途径,探索各种可能结论的思维,即从给予的信息中产生多个结论的思维。这种思维的特点是没有一定的方向和范围,不墨守成规,具有很大的变通性和创造性。

3. 常规思维和创造性思维

(1) 常规思维:常规思维又叫再造思维,是指人们运用已获得的知识经验,按现成的方法或固定的模式解决问题的思维。

(2) 创造性思维:创造性思维是以新异的、创造性的方法和程序解决问题的思维。

知识链接

儿童科学思维

"科学"是一个用来描述一系列的知识和产生知识的活动的术语。科学包括规律、规则的发现或概括和证实这些假设。这就涉及产生假设所包含的归纳过程和检验假设所使用的演绎过程。心理学家关注的是个体对于科学概念的知识和促进知识获得的过程或活动。

科学思维的本质是理论和证据的协调。科学思维有两个阶段:在研究阶段,一个人设计实验以检验某个理论;在推论阶段,一个人将所得的结果解释为支持或拒绝理论的证据,并且在必要时,考虑备择假设。在两个阶段中,儿童的科学思维表现出三个方面的特点。

1. 儿童倾向于受理论的束缚，混淆理论和证据

儿童不能区分基于观测得出的结论和基于他们原来的信念得出的结论，他们或者忽视不一致的证据，或者以某种选择性的、歪曲的方式注意这些证据。儿童有时也调整证据以适合他们的理论，这种对证据的加工偏向于个人所喜爱的某个理论。

2. 儿童往往受资料的束缚

儿童能够基于最近的结果得出恰当的结论，但忽视以前的一致或不一致的结果。年龄较大的儿童能够考虑比较多的信息。

3. 儿童需要理论，离不开理论

当矛盾的证据增加并且变得不能再忽视时，他们最后承认这些矛盾的证据，但这只是在他们能够形成一个替代的理论以解释这些证据的时候。儿童不能独立于理论之外处理证据，在儿童接受证据之前，需要存在某种因素和其结果之间的因果联系。

（资料来源：佟秀丽、莫雷、Zhe Chen，《国外儿童科学思维发展的新探索》，《心理科学》，2005 年第 28 卷第 4 期，第 933～936 页）

（二）思维的形式

人们通过思维活动过程掌握各种概念，并运用各种概念组成判断，用各种判断进行推理。也就是说，人们是通过概念、判断和推理来进行思维活动的，概念、判断和推理是思维的基本形式。

1. 概念

概念是人脑反映事物或现象的一般特征和本质属性的思维形式。概念是在分析、综合、比较、分类、抽象、概括的基础上形成的。它反映一类事物共同的、一般的、本质的特征，而不包括事物的非本质属性。

2. 判断

判断是概念与概念之间的联系，是人脑对客观现实的对象和现象之间的本质联系和关系的反映形式。即是用概念去肯定或否定事物具有某种属性的思维形式。

3. 推理

推理是判断与判断的联系，是从一个或数个已知判断推出新的未知判断的思维形式，也是事物之间的联系和关系在人脑中的反映。

（三）思维的品质

1. 思维的深刻性

思维的深刻性指思维的深度。它集中地表现在人们是否善于深入地思考问题，抓住事物的规律和本质，预见事物的发展和进程。这一品质要求人们具有谨慎的知识。一般来说，那些好学深思、不耻下问的学生，其思维是深刻的；而那些不求甚解的学生，其思维往往是肤

浅的。

2. 思维的敏捷性

思维的敏捷性是指思维过程的速度或迅速程度。思维敏捷是指人们在短时间内当机立断地根据具体情况做出决定，迅速解决问题的思维品质。在日常生活中，有的人遇事胸有成竹，善于迅速做出判断，但又不流于匆忙草率；有的人处事灵活，或草率行事。

3. 思维的灵活性

思维的灵活性是指思考问题、解决问题的随机应变程度。思维灵活的具体表现是，当问题的情况与条件变化时，思维能够打破旧框框，提出新办法。这一品质与思维的敏捷性联系密切，没有敏捷性就没有灵活性。在日常工作、学习、生活中，有的人遇事灵活，善于随机应变；有的人脑筋僵化，习惯于墨守成规。

二、具体运算阶段——皮亚杰的认知发展理论

知识链接

皮亚杰的认知发展阶段

皮亚杰把认知发展划分为四个阶段：感知运动阶段（0～2岁）、前运算阶段（2～7岁）、具体运算阶段（7～11岁）和形式运算阶段（11岁以后）。这些认知发展阶段代表了认知功能和形式的不同质的水平，皮亚杰称之恒常发展顺序，即所有儿童都严格按照同样的顺序发展，每一阶段都是建立在前一阶段的基础之上的。

1. 感知运动阶段

在感知运动阶段，婴儿能协调感觉输入与运动能力，形成行为图式，从而作用并理解周围环境。婴儿的认知发展非常迅速，在出生后的头两年里，从一个仅有有限知识的反射有机体，发展成有计划的问题解决者，并且对其自身、同伴及日常生活中的物体和时间有了很多了解。

2. 前运算阶段

当儿童进入前运算阶段时，他们开始使用大量的心理符号（词汇和表象）来表征他所遇到的事物和事件。所谓“符号”，即用一事物代表另外一事物。实际上，皮亚杰之所以把该阶段称为“前运算”，是因为他认为学龄前儿童还未获得能进行逻辑思维的运算图式。

3. 具体运算阶段

在具体运算阶段，儿童已迅速获得了认知操作能力，并能运用这些重要的新技能思考。认知操作是一种内部的心理活动，它使儿童能够修改和重组已有的表象和符号，从而得出符合逻辑的结论。

4. 形式运算阶段

皮亚杰认为，具体运算阶段儿童的思维是有局限性的，因为他们只能把运算模

式应用到真实的或可以想象得到的事物、情境和事件上。与之相比,形式运算是一种对观念和命题的心理操作,这时儿童的思维不再局限于真实的或可观察到的事物上,因为形式运算者可以对没有现实基础的假设过程和事件进行逻辑推理。

(资料来源:David R. Shaffer 著,邹泓等译,《发展心理学——儿童与青少年》,中国轻工业出版社,2005 年)

皮亚杰认为,7~12 岁的小学儿童处于具体运算阶段,该阶段的本质特征是对物理世界逻辑稳定性的认识。处于该阶段的儿童意识到物体成分能被改变或转型,但物体的许多原始特性依然保持不变,还明白这些变化是可逆的。

(一) 具体运算思维的出现

具体运算思维要求把逻辑运算应用于具体问题之中。例如,当一名小学三年级的儿童面临一个守恒问题时(如判断从一个容器倒入另一个形状不同的容器中的液体是否总量不变,见图 2-2),他们会运用认知和逻辑知识去回答,而不再只是受事物表象的影响。他们能够进行正确的推理,即因为液体没有溢出,所以液体的总量不变。由于他们在认识时自我中心的程度较低,所以他们能够考虑到一个情境中的多个方面,即具有去自我中心的能力。

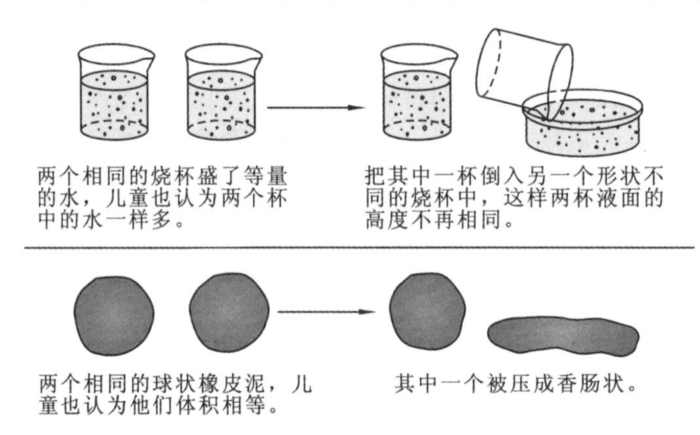

图 2-2 液体与体积守恒

儿童进入小学一、二年级后才能达到以上两种守恒。

(图片来源:David R. Shaffer 著,邹泓等译,《发展心理学——儿童与青少年》,中国轻工业出版社,2005 年)

当然,思维进步并达到具体运算思维不可能在一夜之间发生。儿童在 2~7 岁时处于前运算阶段,而他们在确定处于具体运算阶段的前两年中,其思维在前运算和具体运算之间来回地转换。例如,他们一般能够正确回答守恒问题,却不能说出为什么。

(二) 可逆性的获得

可逆性是指转变刺激的过程是可以逆转的,就是使其恢复到最初的状态。掌握可逆性的概念能够让儿童理解:一个已经被挤压成蛇一样长的黏土可以恢复成它原来的状态。因此,小学儿童可以理解,如果 3+5=8,那么 5+3=8,而且,中高年级的儿童还会理解 8-3=5。

(三)分类与排序

小学儿童分类的能力取决于他们对群体中某个物体单一特征(如颜色)的聚焦能力和根据这一特征对物体进行分组的能力。这一阶段更高级的分类还包括对一个类别适合于另一个类别的事实的认识。例如,小学儿童能够理解一个城市可以在一个特定的省份,也可以是在一个特定的国家内,因此他们能够写出完整的地址:中国,广东省,广州市。分类与可逆性也有关系,如果儿童能在心理上逆转一个过程,他就能发现对一群物体进行分类的方法不止一种。例如,学生懂得可按颜色对纽扣进行分类,还可根据纽扣大小或扣眼的多少对它们重新分类。

排序是指将物体从大到小或从小到大进行有序排列的过程。对这种序列关系的理解使得学生能建立起如 A<B<C 这样的逻辑关系,与学龄前儿童不同,小学儿童能掌握 B 可以比 A 大,但依然小于 C 这样的关系。

(四)具体运算思维的局限性

处于具体运算阶段的小学生具有了如守恒、分类、排序这样的能力,他们的逻辑思维能力得到了很大的发展,其思维发展有了很大进步,但是,他们的思维仍然有局限性。如图 2-3,告诉儿童两辆汽车同时从 A 点出发并同时到达 B 点,一些进入具体运算阶段的儿童仍会认为两辆汽车的速度相同。

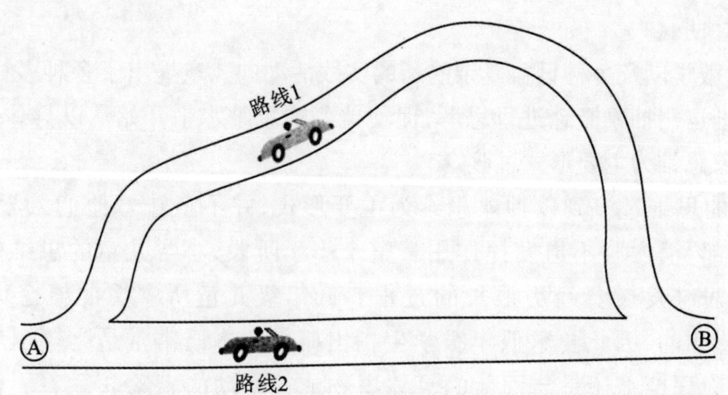

图 2-3 守恒的路线

(图片来源:Robert S. Feldman 著,苏彦捷等译,《发展心理学——人的毕生发展》,世界图书出版公司,2007 年)

小学儿童的思维是与物理实体捆绑在一起的,逻辑是建立在组织、分类或是操作的具体情景的基础上的。因此这一阶段的儿童可以在真正移动他们房内的家具前想象一些调整家具位置的不同方法,他们无需用真实的调整、通过严格的试误来解决问题。然而,他们还不能推理同时涉及多个因素的假设和抽象问题。

三、小学儿童思维发展的基本特点

小学儿童大脑的发展已经接近成人，入学后接受系统的教育。这些主、客观条件都促使儿童思维能力迅速发展，产生了和学前期不同的质的变化。如，要求儿童对长短不等的木棒排序。图 A 为小学儿童的排序结果，图 B 和图 C 为学龄前儿童的排序结果（如图 2-4 所示）。

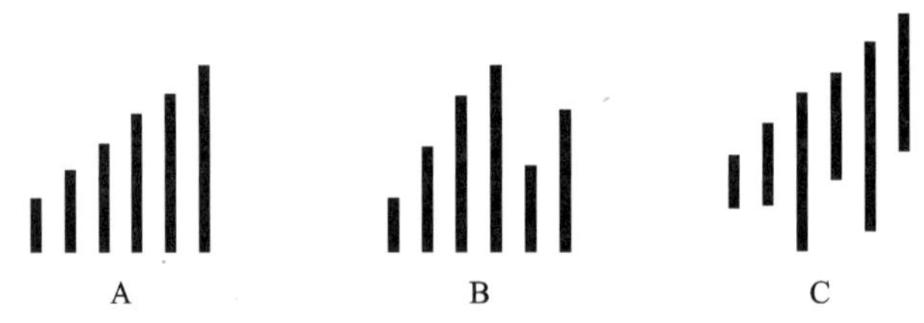

图 2-4　不同儿童在排序任务中的表现

（图片来源：David R. Shaffer 著，邹泓等译，《发展心理学——儿童与青少年》，中国轻工业出版社，2005 年）

（一）具体形象思维向抽象逻辑思维过渡

小学时期学生的思维逐步过渡到以抽象逻辑思维为主要形式，但仍带有很大的具体性。这种过渡是思维发展过程中的质变。因此，小学时期是具体形象思维、抽象逻辑思维两种形式交错发展的时期。

入学以后，教学以及各种日益复杂的新的实践活动向儿童提出了多种多样的新要求，这就促使儿童逐渐运用抽象概念进行思考，促使他们的思维水平开始从以具体形象思维为主要形式向以抽象思维为主要形式过渡。

小学儿童的思维过渡到以抽象思维为主要形式，并不意味着他们入学以后，具体形象思维立刻全部“消亡”，不再发挥作用。整个小学阶段，小学儿童的思维由具体形象思维向抽象逻辑思维发展要经历很长的过程。低年级儿童所掌握的概念大部分是具体的、可以直接感知的，因此要求低年级学生指出概念的本质常常是比较困难的。他们的思维活动在很大程度上还是与面前的具体事物或其生动的表象联系着。低年级儿童的思维具有明显的形象性，并不等于说他们的思维没有任何抽象性、没有任何抽象概括成分。事实上，小学儿童的思维同时具有具体形象的成分和抽象概括的成分，它们之间的相互关系随着年级高低以及不同性质的智力活动而变化。正因为如此，在小学中、高年级，学生才逐步学会分出概念中本质的东西和非本质的东西，以及主要的东西和次要的东西，学会掌握初步的科学定义，学会独立进行逻辑论证。同时，达到这样的思维活动水平，也离不开直接的和感性的经验。小学儿童的思维活动仍然具有很大成分的具体形象性。

知识链接

音乐在儿童身心全面和谐发展中起至关重要的作用。音乐能促进神经系统的发育，对认知系统、情绪智力、应激-反应系统等产生影响，并为学习带来积极和持续的益处。

1999—2000年度美国大学委员会报告指出，音乐课程与学术能力评估测试(SAT)高分数之间存在密切相关。

法国医生 Tomatis 更提出“莫扎特效应”，即聆听某种类型音乐后，个体时空推理能力短暂提高的现象。研究发现，简约型音乐、简单复杂型音乐均不能产生“莫扎特效应”，而具有复杂结构的音乐可以产生“莫扎特效应”。

Rauscher 指出，音乐训练提高空间推理能力的效应可以在大约5岁或更大年龄的儿童身上发现。这提示教育者可以选择具备长时程周期性和高度结构化特征的音乐作为幼儿和小学音乐欣赏活动中的素材，还可以将其作为课间的背景音乐。

（资料来源：吴海珍、赵蕾、卢英俊，《莫扎特音乐对幼儿时空推理能力影响的研究》，《心理发展与教育》，2014年第4期，第345～354页）

（二）元思维从不自觉到自觉的发展

元思维是指儿童能意识到自己的思维过程。例如，在解答数学应用题时，能意识到第一步该做什么，第二步该做什么；在下棋时，能意识到怎么下才能战胜对方。

元思维是思维的高级状态，它的发展是有一个过程的。小学低年级的学生在解答数学题时，不能意识到自己解题的过程，到中、高年级才能逐渐意识到自己是如何考虑和解答的，并能说出自己的解法以及检查自己的对错处。这种从不能意识到自己思考过程发展到能自觉意识的过程，即为小学儿童元思维产生和发展的特点。

（三）辩证思维的萌芽

尽管小学儿童的思维主要属于初步抽象逻辑思维，但它具备了一切逻辑思维形式，包括辩证逻辑思维的萌芽。

研究发现，9～11岁儿童在进行左右概念的初步抽象思维时，就已经萌发了辩证思维。对一至六年级小学生辩证思维能力的实验研究发现，大多数的小学生初步具备了辩证思维的能力。小学一、二、三年级是辩证思维的萌芽期，四年级是辩证思维发展的转折期，五、六年级是辩证思维的稳步发展期。

但是，研究发现，六年级学生中能达到高水平的辩证思维能力的仅为9.3%。所以，小学阶段只是辩证思维能力发展的初始阶段，辩证思维能力要到中学乃至大学阶段才能更完善。同时，小学生辩证思维形式的发展存在着不平衡性，小学儿童的辩证概念的发展优于辩证判断和辩证推理的发展。

四、小学儿童思维形式的发展

（一）概念的发展

儿童掌握概念是一个主动、复杂的过程。同时，概念的掌握不是一次就完成的，随着儿童知识经验的发展，对已掌握的概念要不断加以充实和改造。

1. 概念的逐步深刻化

小学儿童逐渐从事物的直观属性中解放出来，而以本质的、一般的因素为基础，逐步形成深刻而精确的概念。

小学儿童在其发展过程中，开始时由于缺乏生活经验以及受智力发展水平的限制，往往不能从事物本质的属性上认识事物、掌握事物的概念。儿童虽然可以说出某一概念，但实际上并不真正理解这个概念。在儿童经验增长和智力发展的条件下，他们的概念才逐步深刻起来。

研究发现，低年级儿童“不能理解”的概念较多，较多运用具体实例、直观特征掌握概念；高年级儿童“不能理解”的概念减少，逐渐根据重要属性、实际功能、种属关系掌握概念。

2. 概念的逐步丰富化

心理学家认为，字词概念发展和数学概念发展可以作为研究小学儿童概念丰富性的突破口。

小学儿童字词概念的发展，经历了从直观特征发展到具体形象占相当的比重，再从具体形象的束缚中解脱出来，初步能揭示字词概念的一般特征，并接近本质的特征，最后才向揭示字词概念的本质特征、对字词概念下较完整定义的方向发展。由此可见，小学儿童所掌握的概念不断丰富，并日益系统化。

（二）推理能力的发展

小学儿童的推理能力，是随着儿童掌握比较复杂的知识经验和语法结构而逐渐发展起来的。推理可以分为直接推理和间接推理。

1. 直接推理

小学低年级儿童掌握的是比较简单的直接推理，直接推理是由一个前提引出某一结论的推理。有关研究表明，小学儿童直接推理能力的发展有三个阶段：一、二年级为一个阶段，三、四年级为一个阶段，到五年级时为另一个阶段，四、五年级之间有一个思维发展的加速期。

2. 间接推理

在教学过程中，更多需要间接推理。间接推理是由几个前提推出某一结论的推理，其最简单的形式是传递推理。例如，A 大于 B，B 大于 C，根据这两个前提，可以推出 A 大于 C。间接推理的重要形式有演绎推理和归纳推理。

研究发现，7～11 岁各年龄组儿童的传递性推理能力随年龄增长而提高，该年龄段的儿童的推理能力处于飞速发展期。

小学儿童推理能力的发展趋势表现为:①小学儿童的归纳和演绎两种推理能力的发展既存在着年龄差异,又表现出个体差异;②随着年龄的增长,小学儿童间接推理的抽象程度也在加大,推理的步骤愈加简练,推理的正确性、合理性和推理品质的逻辑性和自觉性也在加强;③在运算能力的发展中,小学儿童掌握归纳和演绎两种推理形式的趋势和水平是相近的。

五、小学儿童思维品质的发展

思维品质是思维发生和发展中所表现出来的个性差异,即思维品质体现了个体思维的水平和能力的差异,因此,培养儿童的思维品质是发展其思维与能力的突破口。

(一)思维敏捷性的发展

研究发现,小学儿童的思维敏捷性是不断发展的,表现为运算速度不断提高,运算正确而迅速的能力也产生明显的分化。

儿童的运算思维的敏捷性是可以培养的,合理的教学与适当的要求可以加快敏捷性发展的进程。

儿童运算思维的敏捷性依赖于一系列的条件。儿童的知识结构、技能技巧及思维结构,以及思维课题的难易程度等都会直接影响思维的敏捷程度。

(二)思维灵活性的发展

小学儿童思维灵活性的发展表现在三个方面:①一题多解的解题数量在增加,小学儿童的智力活动水平在不断提高。分析、综合的思路逐步开阔了,逐渐能产生较多的思维起点;②灵活解题的精细性在增加,儿童不仅能一题多解,而且在解题时能逐步抓住问题的本质,根据思维对象、材料的特征和类型去加以灵活运算;③儿童的组合分析水平在不断提高。

小学儿童的思维灵活性稳步发展,随着年级的升高,儿童思维灵活程度的差异越来越明显。

知识链接

数学教学中学生逻辑思维能力的培养

全日制九年义务教学的教学大纲明确地规定和表明,小学数学教学中应当积极地将学生初步的数学逻辑思维能力培养起来。培养学生的逻辑思维能力不仅是教学大纲的要求,也是小学数学教学的目标以及教学的任务。而知道学生掌握与学习常用的数学逻辑思维方法,是促使学生善于思考并乐于思考,培养以及提高学生逻辑思维能力的关键。

创造性思维的基础是逻辑思维,并且创造性思维是逻辑思维的简缩。对于绝大多数的人来说，若是缺乏必要的逻辑方面的训练，便无法有效地发展创造性思维，更无法提高学生的创新能力。所以，在小学数学教学中，有步骤、有计划地对小学生的逻辑思维能力进行培养，是教育教学界非常值得深入研究和重视的课题。培养学生的逻辑思维能力，虽不能将其列为一项主要的教学目标，但是如果教师能够采取科学合理的教学方法，就能从根本上激发学生的逻辑思维能力。

1. 重视问题的引出

所有的思维全部都是通过问题引发的，数学知识的学习从本质上来看就是一种较为复杂的思维活动。数学课堂教学就是在数学教师的积极引导下发现问题和提出问题，然后分析与解决问题，这是数学教师发展与引导学生逻辑思维的重要过程，如果想将数学课程教好，那么数学教师就应当积极地对学生的思维能力进行正确的引导。

2. 运用合适的教学方法，精心设计数学课程

培养学生逻辑思维能力，要求数学教师运用科学恰当的数学教学方法，并精心地对每一节数学课程加以设计，使每一节数学课都能够生动、形象和有趣。学生数学思维兴趣的激发，要求数学教师引导学生运用过去学到的数学知识来对新知识进行探究，进而获得成功和发现、探究的乐趣。

3. 针对学生特点，发展学生逻辑思维

对于小学数学课堂教学，教师不能急于进行解题方法的讲解，应当切实地根据学生的不同特点，正确地引导学生对知识点展开想象和思考，发展学生的思维，引导学生去寻找解题的各种方法。与此同时，数学教师还应当及时地对教学的严密逻辑性加以解释。数学解题的方法是多种多样的，并且数学的思维形式也是各不相同的，教师不能仅仅局限于某一种解题方法和思维形式，应当在确保思路正确的前提下，积极地寻求和鼓励多样化。

4. 适当设计练习题的难度

数学练习题能够巩固学生的数学知识，加深学生对所学知识的印象，提高学生的数学应用能力以及数学思维能力。教师应当根据学生能力的大小，设计出一些难度适当的数学练习题，要使绝大多数的学生都能通过自身努力的思考将问题解答出来，加强学生的成就感，让学生更加乐于思考、乐于学习。

（资料来源：吴球，《小学数学教学中对学生逻辑思维能力的培养探究》，《学周刊》，2012 年第 8 期，第 66 页）

（三）思维深刻性的发展

小学儿童在运算过程中，思维深刻性不断发展。首先，儿童寻找“标准量”的水平逐步提高，推理的间接性不断增强；其次，小学儿童不断掌握运算法则，认识事物数量变化的规律性；最后，三、四年级是小学儿童在运算中思维深刻性发展的一个转折点。

知识链接

小学生的思维发展问题

1. 言语障碍

儿童语言发展晚于正常的年龄发展水平称作语言发展迟缓，如果不能解决问题，可能发展为严重的残障。言语发展迟缓有时是因为在早期智力发展时期得到的刺激太少。此外，父母在幼儿初学说话时期不许孩子多说话、儿童期压力、智力落后和情绪障碍都可能导致言语发展迟缓。

另一种主要言语障碍是口吃。过去很多父母认为，孩子说话结巴是由于自己的疏忽造成的。现在研究者们提出，口吃的原因出在大脑的言语调整机制。男性中口吃者是女性的4倍，部分原因似乎来自遗传。有时口吃症状加重可能与父母有关。事实上，孩子越是害怕自己说话结巴，说起话来就越结巴，这就是为什么父母不应该批评有这种言语障碍的孩子的原因。通过父母的支持和正规的训练，很多孩子都能够矫正口吃。

2. 学习障碍

小学生的学习障碍包括不能正常阅读、算术或写作。10%～15%的小学生有阅读障碍或“词盲”的问题，这可能是左脑言语区功能障碍引起的。通常的治疗方法是在听觉、触觉和视觉方面进行训练，以提高阅读理解能力。

3. 多动症

注意障碍性多动症(ADHD)是小学儿童期值得注意的问题之一。图2-5所示为精力旺盛的ADHD儿童。患多动症的儿童总是在动，注意力不能集中。这种孩

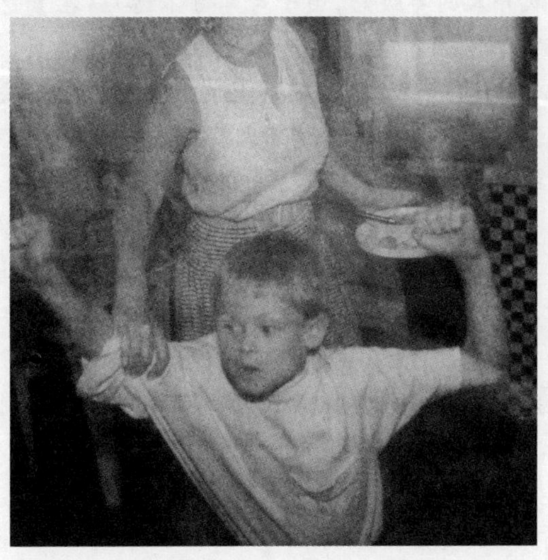

图2-5 精力旺盛的ADHD儿童

(图片来源：Robert S. Feldman著，苏彦捷等译，《发展心理学——人的毕生发展》，世界图书出版公司，2007年)

子说话快，不能安静地坐着，很少能完成作业，做事冲动，不能集中注意力。多动症困扰着4%～6%的儿童和一些成年人。患多动症的男孩是女孩的5倍。如果不能认真对待这个问题，可能会导致孩子产生辍学及反社会行为，造成终生的问题。多动症往往有家族史，这表明可能与遗传有关。

多动症如何治疗？治疗多动症的方法包括药物治疗、行为疗法和家庭咨询。医生通常用兴奋性药物利他林(Ritalin)来控制多动症。兴奋刺激性药物似乎会使多动症症状加重，但这些药物却有镇静作用。这很可能是因为药物延长了患者注意力集的时间而产生的降低冲动效果。对很多孩子来说，行为矫正和药物治疗一样有效，行为矫正是指运用学习原则改变或消除不适应的或不正常的行为，这种治疗的基本方法是对能安静下来、注意力集中的患儿给予奖励，教这些儿童监控自己的行为以及不去理会分散注意力的事物。

（资料来源：Dennis Coon，John O. Mitterer 著，郑钢等译，《心理学导论——思想与行为的认识之路》，中国轻工业出版社，2008 年）

第三节 小学生情绪和意志发展

案例分享

小李，女，11 岁。自从升入四年级后，由于对学习不适应，在家总是冲母亲发脾气，在校不接受老师与同学的善意批评，显得蛮横无理。虽然担任宣传委员，但常因与其他班委意见不合而赌气，导致一些班级工作无法正常进行。她在班里没有特别要好的朋友。

最明显的是小李情绪出现变化，由活泼开朗变得郁闷、孤独、烦躁，上课不愿发言，经常与同学说话扰乱课堂纪律，作业马虎，每次考试几乎都最后一个交卷，学习成绩明显下降。其父亲大学本科毕业，是机关人员，因夫妻关系不好，常借故晚回家，性格内向，不善表达对女儿的爱与关心，对小李偶尔出现的问题，态度粗暴，甚至拳打脚踢。母亲高中文化，身体不好，脾气暴躁，病退在家，生活上对小李百依百顺，但学习上要求严格，对小李期望极高。

（资料来源：心理健康教育案例选析编写组，《心理健康教育案例选析(小学专兼职教师使用)》，中国统计出版社，2004 年）

案例中小李的问题行为表现是情绪方面的障碍，敏感多疑，以自我为中心，郁闷，孤独等。这些问题背后的原因是什么？面对这种学生，我们可以做什么？通过小学生情绪发展的学习，我们一起来探讨情绪问题的背后原因。

一、情绪的概念与功能

（一）情绪的概念

情绪是人对客观事物是否符合自己需要产生的态度体验，是人对客观世界的一种特殊反映形式。情绪和认知不同，它并不直接反映事物本身的特征或属性，它反映的是主体与客体之间的关系。凡是能够满足主体需要的事物，通常就能引起积极的情绪体验；凡是不能满足主体需要的事物，一般就会引起消极的情绪体验。比如，一位教师对学生表现出了应有的关心、尊重、理解和信任，使学生希望得到关爱的需要和受到尊重的需要得到充分的满足，学生对教师就会产生一种积极的情绪与情感体验，就会表现出对教师的亲近和尊重的态度。如果情况相反，一个教师对学生态度十分冷漠或过分严厉，经常冷嘲热讽，损伤学生的自尊心，这样会使学生自尊的需要无法得到满足，因此，他对这位教师就会产生不满、反感、敌对等消极情绪和情感，师生关系就会变得很紧张。

（二）情绪的功能

1. 动机功能

狄德罗说过："只有情感，而且只有伟大的情感，才能使灵魂达到伟大的成就。"人们在追求理想的过程中，所表现出来的勇敢、执着、顽强、持之以恒的精神，都是以某些强烈的积极情感为基础的。学生对学习自觉、主动的态度，也必然包含着浓厚的兴趣、高度的责任感等情绪与情感的作用。

情感既可以促进人的行为，也可以抑制人的行为。当人们处于积极的心境或适度的热情中时，它是激励人的活动、提高活动效率的动力因素之一；当人处于消极的心境或是过度兴奋、紧张，情感也会降低活动效率，阻碍人们完成任务。

2. 信号功能

情感的交流是人们在工作、学习和生活中传递信息、相互影响、相互了解的重要方式。它在人际交往中具有联络感情、形成态度、决定交往倾向的功能。情感的信号作用是通过情感的外部表现——表情来实现的。情感的信号作用，不仅可以使人表达自己的感受，也能使他人觉察你内心的感受。情感的表达与传递在人际交往中具有不可替代的表现力和感染力。有研究证明，在人际沟通中，情感信息所起的作用远远超过认知信息的作用。图 2-6 所示为小学生情绪的信号功能。

3. 调节功能

情绪像"晴雨表"一样，可以随时反映出人们的身心对复杂多变的外部环境的适应状况。根据这些不同的体验和感受，人们对自己的行为做出有效的调节和改变。使经常能够满足自己需要的行为巩固下来，阻碍自己需要满足的行为得到改变，这种调节作用是使人能够尽快适应新环境的重要条件。

图 2-6　小学生情绪的信号功能

（三）情绪的作用

情绪在人的学习、工作和生活中具有如下重要的作用。

1．情绪影响认知发展

情绪与认知相互制约，情绪影响认知的种类和进程，认知参与情绪的产生。情绪对认知的影响较大，具体表现在：情绪影响个体的感知。比如学生对课堂上的学习内容掌握的程度，与情绪状态有关；情绪影响记忆效果，积极的情绪有助于集中注意力，提高感知水平，记忆效果好，反之则记忆不牢；情绪影响思维的灵活性和敏捷性，思维的方向选择也受情绪的支配；良好的情绪状态是激发想象力和创造力的重要条件。

2．情绪影响学习效率

情绪影响认知过程，也就会影响学习效率。在积极情绪的影响下，学习的效率能够提高；反之，在消极情绪的影响下，学习的效率会下降。如果学生对学习内容产生了浓厚的兴趣，就会表现出积极、主动的态度倾向，学习效果会改善，学习效率也会提高，而且会乐此不疲。这就正如论语中所说的："知之者不如好之者，好之者不如乐之者。"

3．情绪影响身心健康水平

持久消极的情绪状态和过强的情绪体验，都会对人的身体和心理健康产生不良影响。中医理论中的"怒伤肝、思伤脾、喜伤心、恐伤肾"的说法，就告诉我们情绪与身体健康之间的关联。良好的情绪还是疾病康复的一剂良药，消极情绪会引发多种心理障碍和心理疾病，特别是长期的紧张、焦虑、抑郁和极度的愤怒，是引发身心疾病的主要原因。

4．情绪影响个性的发展

人的全部活动和行为方式都会受到情绪的影响，而情绪本身的表现和稳定性、控制性，也构成了一个人性格中的情绪特征。稳定、持久、愉快等良好的情绪特征，能够帮助小学生形成稳重、可靠、乐观、活泼等好的个性特征；相反，则容易形成多疑、忧郁、孤僻、易怒等不良的个性特征。良好的情绪状态，有助于个性全面均衡的发展。

5．情绪状态影响人际交往

积极稳定的情绪是发展良好人际关系的重要条件。在人际交往当中，人不但依靠言语传递信息，情绪的外部表现也是很重要的人际交往手段。

二、小学生的情绪理解

情绪理解能力的发展被认为是儿童期社会情绪发展的核心成分，是一种重要的社会情绪能力。该能力的发展在儿童社会交往中扮演着重要角色，对儿童同伴关系的形成及社会适应能力的发展具有重要作用。

情绪理解的概念最早由美国心理学家 Nannis 提出，其认为情绪理解是儿童对自己和他人情绪以及情绪如何起作用的一种社会认知。杨丽珠等将情绪理解界定为个体对自己或他人的内在情绪体验的推测和理解，主要强调对个体内在情绪体验的理解。姚端维等则将情绪理解界定为个体对所面临的情绪线索和情境信息进行解释的能力，主张从情绪产生的线索方面来论述情绪理解。本书认为，情绪理解是儿童根据所面临的情绪线索和情境信息，对自己和他人的内在情绪体验进行解释和推测，以及理解情绪和其他心理活动、行为和情景之间的关系，并做出合适的情绪反应的能力。

知识链接

小学生情绪理解能力

近年来，情绪调节受到学者的广泛关注和重视，已成为情绪心理学的前沿课题之一。个体在日常生活中会运用到各种情绪调节策略，认知重评和表达抑制两种策略是最常用到，也是目前研究最多的。大量研究表明，认知重评和表达抑制两种策略都能有效地降低被试的情绪体验。在情绪调节策略对认知的影响上，多数研究表明，由于认知重评不需要耗费认知资源而表达抑制需要占用认知资源，认知重评策略要优于表达抑制策略。但也有研究结果表明，表达抑制策略的效果要好于认知重评。Rice(2003)在研究情绪调节策略对儿童中性教育材料(中性教育材料是在教育环境中呈现的具有教育意义且不带有任何感情色彩的记忆材料)的记忆影响时发现，认知重评和表达抑制都能提高对中性教育材料的记忆，对于 10 岁组的儿童，使用表达抑制策略提高记忆的效果更好。我国学者闫娜(2011)在对不同情绪调节策略对反应抑制的影响研究中，采用 Go/No-Go 任务，结果发现，认知重评组和简单观看组的成绩显著低于表达抑制组。

从众多学者关于情绪与注意的关系研究可知，情绪会对注意产生影响，例如，Fredrickson 等人(2005)采用整体-部分视觉匹配任务这一情绪与注意的经典范式研究注意偏向。诱发被试情绪后发现，积极情绪状态下的被试更偏向选择与目标图形在整体特征上一致的图形，即更倾向于整体性的加工策略；而消极情绪状态下的被试更加注重细节，注意更加集中，错误率更低。Rowe 等人(2007)通过侧抑制任务实验发现，与中性和消极情绪组相比较，积极情绪组被试在侧抑制任务中反应更慢，这表明积极情绪扩大了注意范围，即影响了注意的广度。

(资料来源：闻琪，《小学高年级学生情绪、情绪调节策略对注意稳定性的影响》，河北师范大学，硕士论文，2014 年)

三、情绪理解内容的关注焦点

（一）表情识别

面部表情作为传递情绪的重要载体，在人际交往中具有重要作用。表情识别能力的掌握有利于个体准确推测他人内部心理状态，从而促进人际关系的健康发展。佟月华等通过表情图片和情境故事法对学习障碍儿童的情绪理解进行研究发现，学习障碍儿童的表情识别能力显著落后于同龄的一般儿童，并指出这可能是学习障碍儿童视知觉能力缺陷导致的。

（二）情绪调节的理解

情绪调节策略的研究主要集中在个体使用调节策略的差异。陆芳等使用幼儿情绪调节策略调查问卷考察幼儿在挫折情境中如何运用情绪调节策略发现，气质类型会影响幼儿使用调节策略。而贾海艳等研究发现，父母对其孩子的表现持有拒绝和否认方式时，孩子会使用过多自责、幻想的情绪调节策略；父母给予孩子更多情感温暖和理解时，孩子会更多地采用解决问题策略和求助策略。此后，有些研究者把情绪调节策略作为中介变量来研究。

（三）混合情绪理解

混合情绪理解是指儿童能够认识到同一情绪情境可能引发同一个体多种不同的情绪反应的能力，其发展模式一般表现为从单一情绪理解到多种情绪理解、从继时性混合到同时性混合的特点。

（四）情绪归因

在情绪归因的众多研究任务中，儿童道德情绪归因受到了广泛关注。道德情绪归因的研究目的在于，根据儿童在道德情境中所表现的情绪以及引起情绪的原因，揭示儿童道德认知发展的规律。

知识链接

EQ——决定成才的因素

EQ是情商的英文缩写，原词为 emotional intelligence quotient，原意是指情感智力商数，简称情感智商，用以表征一个人情感智力水平的高低。它是由美国耶鲁大学教授彼得·塞拉维博士和新罕布什尔大学教授约翰·迈耶博士于1990年提出的。1995年，美国心理学家丹尼尔·戈尔曼在他的著作《情感智商》一书中，对其进行了系统的阐述，随着这本书在全国畅销，EQ的概念迅速传播开来。

情商是相对于传统的智商概念而来的，并且对智商提出了挑战。早在20年前，许多心理学家就对传统的智商的概念提出了质疑,认为传统智商在人的发展过程中不会起到决定性的作用,比如哈佛大学心理学教授H.加德纳,在1983年的著作中就指出,智力除了言语能力和数理逻辑能力之外,还应当包括空间认知能力、运动能力、音乐能力、人际关系能力、自我内在审视能力。丹尼尔教授则指出,成功人士大多并非智力上的佼佼者,他们之所以会获得成功,更多的是靠志向远大、不懈努力等智力以外的因素,比如爱迪生这位世界上最伟大的发明家,年幼时曾被认为是个智力水平低下的儿童。情商的提出试图改变人们长期以来的看法:只有聪明人才可以成功。爱迪生曾告诫人们:"成功是百分之九十九的汗水加百分之一的灵感。"丹尼尔也提出了一个公式:成功=20%IQ+80%EQ,这个公式是想说明,与智商相比,情商的作用对于个体的发展来说重要得多。那么情商到底包含哪些内容呢?下面做一下简单介绍。

(1)学习和工作具有较高的自觉性和主动性。

就是要主动地去做事情,无论是学习还是做事情,不需要别人的督促,能够做到自动自发。在与人竞争时,不是以具体的某个人作为攀比对象,说"凭什么大家说他好,我必须比他强",而是告诉自己"他的确不错,那么应该看看我怎么样"。这样个体的发展空间将更广阔,不会受具体程度的限制,而且竞争也不会演变成对抗。

(2)能够合理控制自己情绪。

懂得在适当的时候,以适当的理由,对适当的人适度地发脾气。脾气每个人都有,关键要看驾驭水平如何,控制情绪是一种重要的智慧。在小学时期,给学生树立一个良好的榜样,对于他们情绪的管理也是一种帮助。

(3)有长远的眼光。

不要为一块金子而失去整座金山,这是前人留下来的忠告。为了眼前利益,抛弃了可能更加光明的前途,是情商低的表现。就像有些学生放弃了继续学习的机会,早早走上了打工挣钱的道路,结果发现失去的是更为广阔的发展空间。今天我们做的每一件事,都是在为未来积累财富。

(4)善于表现真实的自己。

首先需要个体全面了解自己,明白自己的好恶和选择,还要准确无误表现出来。

(5)掌握人际交往的策略和技巧。

现代社会是一个开放的系统,人际交往变得越来越重要。高情商的人在人际互动过程中,往往能够充分运用自己的观察力、记忆力和想象力,了解对方的动机、情感、态度以及其他个性特征。

(资料来源:贾晓波、陈世平,《学校心理辅导实用教程》,天津教育出版社,2002年)

四、小学生意志的发展特点

从总体上来说，小学生的意志比较薄弱，主动性、独立性、坚韧性比较差。如他们对待学习，常常是在教师和父母的严格要求或鼓励下，才行动起来和坚持下去。随着年龄的增长，小学生的意志才逐渐地发展起来，小学高年级的学生已经能自觉和主动地去完成学习任务。

第四节　小学生自我发展的一般规律

案例分享

Raymond Montemayor 和 Marvin Eisen(1977)做了大量的儿童和青少年自我概念的研究，他们要求 4～12 年级的儿童写出关于“我是谁”的 20 种不同的答案，以下是部分年龄儿童的部分答案。

9 岁：我叫布鲁斯，我的眼睛是棕色的，我的头发是棕色的，我喜欢运动。我家里有七口人，我的视力很好，我有很多朋友。我住在……我有一个大约六英尺高的叔叔。我的老师是 V 夫人。我玩曲棍球。我几乎是全班最聪明的男孩。我喜欢食物……我爱学校。

11 岁半：我叫 A，我是一个人……一个女孩……一个真正的人。我不漂亮。我在学习上很一般，我是一个非常棒的大提琴演奏家，相对于我的年龄我有点高，我喜欢几个男孩……我是一个传统的人。我擅长游泳……我努力做到更有用……大部分时候我很好，但是有时也发脾气。我并不像某些女孩和男孩那样好。我不知道男孩是否喜欢我……

17 岁：我是一个人……一个女孩……一个个体……我是双鱼座的。我是一个喜怒无常的人……一个优柔寡断的人……一个有抱负的人。我是一个非常古怪的人……我很孤独。我是一个美国人。我是一个民主党派的人，一个自由的人。我是一个激进分子。我是一个保守的人。我是一个伪自由主义者。我是一个不可分类的人。

（资料来源：Carol K. Sigelman、Elizabeth A. Rider 著，陈英和译，《生命全程发展心理学》，北京师范大学出版社，2009 年）

从很小开始，我们就会开始问：“我是谁？”“我是个什么样的人？”长大成人后我们依旧执着于这些问题。对于这些问题，相信许多人随着年龄的增长都会给自己不同的答案。从案例中可以看出，年幼的儿童会用生理方面的特性（我的头发是棕色的）来描述自己，而年龄大一些的学生则会根据自己的意识形态（我是一个民主党派人士）来描述自己。随着年龄的增长我们似乎对自己有了更详细、更全面以及更准确的认识，事实是这样吗？到了小学阶段，我们对自身的认识相较于之前会有哪些变化？认识自己是谁对小学生的成长有什么帮助？通过这一节的学习，我们将会了解，在小学阶段，个体的自我发展是怎样的，以及自我发展的特点等相关问题。

学习导航

六七岁到十二三岁是儿童小学学习阶段，这是儿童心理发展的一个重要转折时期。在小学低年级，儿童还具有明显的学前儿童的心理特点，而小学高年级儿童随着生理年龄的变化，逐渐步入青春发育期。

在小学阶段，儿童的自我意识正处于所谓的客观化时期，是获得社会自我的时期。在这一阶段，个体显著地受社会文化影响，是角色意识建立的最重要时期。角色意识的建立，标志着儿童的社会自我观念趋于形成。

一、了解自己，阐明自我

一旦学步儿童开始说话了，他们就能够并且会向成人描述他们刚出现的自我概念。学前儿童的自我概念是非常具体的，仅限于身体特征，当描述自己时，很少有孩子提到他们的心理特征和内部特点。学前儿童在进行自我描述时强调"动作自我"，指出他们能做的事情，但是对自己的心理特征描述得很少。

进入小学阶段，儿童继续努力找寻"我是谁"的答案，同时也在试着了解"自我"。尽管对这个问题的答案，小学生没有中学生表现得那么急迫，但小学生仍然不懈地找寻自己在社会中的位置。小学儿童开始更多地从心理特质而非身体特征来看待自己。例如，5岁的学前儿童会这样描述自己："我跑得很快，擅长画画。"这两个特征都属于依赖外部的运动机能；而三年级的学生会这样描述自己："我聪明、友好、热心助人。"这些观点是以心理特征、内部特质为基础的，比年幼儿童的描述更加抽象。

小学阶段的儿童在开始理解自己有多大能力时，会使用社会比较的推理方式。年幼的儿童看起来常会忘记他们是如何与他人进行比较的，并且当他们接收到这样的信息时，在解释和按这些信息行动上，他们会存在困难，即使真实的情况是同伴远远超过自己，他们也倾向于相信自己是最好的。在进入小学一年级后，儿童真正开始关注他们的同学，并且与其进行社会比较，通过与他人的比较来判断自己的能力水平。

尽管小学儿童会将自己与同学做比较，但某些情况下，尤其是自尊受到威胁时，他们会选择向下的社会比较，即和那些明显差于自己的人进行比较。向下社会比较可以保护儿童的自尊，通过和能力不如自己的人进行比较，儿童能够确保自己处于领先地位，从而保持自己成功的形象。向下社会比较有助于解释为什么教学水平较低的小学里某些学生的学业自尊水平要比来自教学水平很高的小学里有能力的学生更高。原因似乎是教学水平低的小学里的学生看到周围的同学学习大多不怎么样，所以比较后的感觉相对要好。与此相反，教学水平高的小学里的学生可能发现有更多非常优秀的学生在和自己竞争，所以在比较中他们对自己表现的知觉就会变差。小学生们一般都会"宁为鸡头，不当凤尾"。

进入小学二三年级后，儿童会开始将自己定义为社会团体的一部分。例如，"我是一名二年级的学生"，"我是一名少先队队员"。即他们开始形成了社会身份，这也让他们更擅长通过社会比较来评价自己，更擅长运用所收集的信息与其他个体对他们的判断进行比较。

二、自我意识

知识链接

在古希腊的神话传说中，有一则故事流传至今。传说中，众神居住的地方叫做奥林匹斯山，众神的主神是宙斯。奥林匹斯山上有一块石碑，石碑上刻着一句箴言。宙斯想把这句箴言告诉给人类，于是他派了斯芬克斯去到人间。

据说，古埃及文明中很出名的狮身人面像就是依照斯芬克斯的形貌雕刻的。斯芬克斯来到了古希腊一座著名的城堡——拜森克。他蒙着面纱，守候在这座城堡唯一的井口旁，要求每一位前来打水的人猜一则谜语，这个谜语是："什么生物早上用4条腿走路，中午用2条腿走路，晚上用3条腿走路?"凡是没有猜中的，斯芬克斯马上就把他吃掉。这则谜语给当时的拜森克城的居民带来了前所未有的灾难，很多人因此而命丧黄泉。直到一位英雄的出现。

这位英雄叫俄狄浦斯。他来到斯芬克斯面前，很大声地说出了正确答案："人!"斯芬克斯撩起了面纱，给了这位英雄深深的一吻。这一吻，吻出了一个真正的人，一个具有自我意识、对自身有所认识、对自己有所反思的人。

（资料来源：许思安、严标宾、曾保春，《中学心理健康教育实务》，清华大学出版社，2013年）

（一）自我意识的概念

一般而言，自我意识是指主体对自身的意识，是意识的一种形式。具体来说，它包含了人在实践活动中对自己、自己与自然、自己与他人、自己与社会等关系的意识活动。简而言之，就是我们如何看待自己。例如，我们会观察和评论自己的长相，认识和评估自己的能力，关注和在意自己在群体中的位置等等。这些都属于自我意识的范畴。

（二）小学生自我意识的发展

我国心理学家通过问卷调查，发现小学儿童自我意识的发展表现出如下趋势：

(1) 从小学一年级到小学三年级处于上升时期，小学一年级到小学二年级的上升幅度最大，是上升期中的主要发展时期。

(2) 小学三年级到小学五年级处于平稳阶段，其年级间无显著差异。

(3) 小学五年级到小学六年级又处于第二个上升期。

随着儿童的抽象逻辑思维能力的逐渐发展和辩证思维能力的初步发展，小学儿童的自我意识更加深刻。他们不仅摆脱对外部控制的依赖，逐渐发展了内化的行为准则来监督、调节、控制自己的行为，而且开始从对自己的表面行为的认识、评价转向对自己内部品质的更深入的评价。

可见,小学儿童的自我意识的发展是随着年龄增长从低水平向高水平发展的。在整个小学时期,儿童的自我意识不断发展,但不是直线的、等速的,既有上升的时期,又有平稳发展的时期。

知识链接

肥胖与小学生的自我认识

从20世纪70年代后期开始,许多发达国家肥胖发生率开始增加,近20年来,所有年龄段的儿童、青少年肥胖都迅猛增加了。国内的很多研究也证明了我国儿童、青少年的肥胖率呈逐渐上升趋势,一些研究的分析结果显示,我国儿童、青少年超重、肥胖流行趋势从1985年到2000年呈快速增长趋势。

研究发现,与正常体重学生相比,肥胖小学生具有较低的自我意识水平和不良的自我意识倾向,并可能伴随着一定的行为、学习和社会适应问题,而男生较女生更容易出现不良自我意识倾向,更容易表现出不良行为、焦虑、社会适应能力差等问题。

研究还发现,运动干预后,肥胖小学生的自我意识水平和身体自尊水平有显著提高,且干预后的肥胖小学生与正常体重的小学生的自我意识水平和身体自尊水平并无显著差异。

肥胖小学生本身存在着吃得多、动得少、对自己缺乏信心、不善与人交流等问题,而体育锻炼能够有效地改善肥胖小学生的这一现状。因为当肥胖学生在进行运动时,他们的情绪高涨,心理处于兴奋状态,肌肉处于活动状态,从而使得运动系统、内分泌系统、神经系统的联系加强,同时伴随着血流量的增加,进而导致耗能的增加。与此同时,合理有效的体育锻炼能够释放肥胖学生不愉快的情绪和压力,使其在短期内形成较好的情绪状态,促进他们的心理健康发展。

(资料来源:纪成强,《上海市肥胖小学生自我意识和身体自尊特征研究及运动干预研究》,上海师范大学,硕士学位论文,2013年)

(三)自我意识的基本心理成分及其发展

1. 自我评价

自我评价是指主体对自己思想、愿望、行为和个性特点的判断和评价。自我评价能力是自我意识发展的主要内容和主要标志,自我评价能力是自我意识发展水平的重要指标。一般而言,自我评价形成的途径包括:

(1) 根据社会上他人对自己的态度评价自己;

(2) 通过与社会上和自己地位、条件相类似的人的比较来评价自己;

(3) 通过对自己心理活动的分析来评价自己。

进入小学以后,儿童能进行评价的对象、内容和范围都进一步扩大,其自我评价能力进一步发展起来。

第一，从顺从别人的评价发展到有一定独立见解的评价，自我评价的独立性随年级升高而增强，儿童逐步减轻对他人评价的依赖性，独立地进行自我评价的能力在不断发展。

第二，从比较笼统的评价发展到对自己个别方面或多方面行为的优缺点进行评价。

第三，小学儿童开始出现对内心品质进行评价的初步倾向。值得注意的是，直到小学高年级，儿童进行抽象性的评价和对内心世界的评价仍然不多。

第四，在整个小学阶段，儿童的自我评价处于由具体到抽象、由外显行为到内部世界的发展过程之中，小学生的抽象概括性评价和对内心世界的评价能力都在迅速发展。

第五，小学儿童的自我评价的稳定性逐渐加强。

知识链接

小学儿童自我评价的培养

1. 创设情境，使儿童获得成功的体验

成功的体验是儿童获得积极自我评价的基础。

首先，教师给儿童确立一个可及的目标，改善他们的成绩，使他们有更多的自我效能感。

其次，努力发掘儿童身上的闪光点，对于学生，尤其是后进生，要发掘他们身上哪怕是微不足道的闪光点。

最后，有目的地提高儿童各个方面的能力，特别是他人和儿童自己所重视的那些方面的能力，从而提高儿童的胜任感。

客观来看，每个学生在智力、人格发展各方面都是不平衡的，有很大差异。教师要看到每个学生都是有思想、有感情、有无限发展潜力的人。因此，教师要尊重不同类型的学生，为每个学生提供均等的机会来发展自身的潜在能力，使每位学生在自己的起点上取得进步，获得成功体验，从而建立自信。

2. 教师应对小学儿童做出积极评价

小学儿童，尤其是低年级儿童，对自己的看法受生活中的重要他人（特别是教师）态度的影响，内化教师的积极评价是小学儿童积极自我评价的基础。因此，教师要给予学生正确而积极的评价，鼓励学生“你能行”。具体要做到：①尊重学生，不轻易做出否定评价；②建立多维评价体系，不单纯以考试分数高低来评价学生。

（资料来源：陈威，《小学儿童心理学》，中国人民大学出版社，2009 年）

2. 自我概念

自我概念是个人在心目中对自己的印象，包括对自己存在的认识，以及对个人身体能力、性格、态度、思想等方面的认识，是由一系列态度、信念和价值标准所组成的有组织的认知结构。自我概念把一个人的各种特殊习惯、能力、观念、思想和情感联系在一起，贯穿于经验和行为的一切方面。

知识链接

什么是受赞许的自我概念？这存在很大的文化差异。西方社会，如美国、加拿大、澳大利亚和欧洲工业国家可以被称为个人主义社会：崇尚竞争和个体主动性，强调人与人之间的差异。相反，在许多亚洲国家，如印度、日本、中国，可以被认为是集体主义社会：人们之间更多的是合作和相互依赖，而非竞争和独立，他们的身份与其所属的群体（如家庭、宗教组织、社区等）紧密联系而非个人的成就和个人的特征。事实上，在如中国、韩国和日本等崇尚自我谦虚的东亚国家中，人们认为那些完全考虑自己的个体是有点不正常或不正当的。

事实上，美国和日本青年对"我是谁"的回答，可以很清楚地表现自我概念的性质和内容上在文化间的差异。美国学生自我概念的核心大部分(59%)是私人、个体特征，而在日本学生的核心自我概念中这类特征仅占到19%。与之对应，日本学生比美国学生更愿意把社会、关系特征列为自我概念中最重要的成分。从发展趋势看，以个体特征对人加以划分的倾向，在日本和中国，青春后期的个体较青春期前的个体有所降低，而在美国这种倾向却会随年龄增加而加强。最后，研究还发现，那些家庭移居美国后还保持集体主义价值观的亚裔美国青少年比欧裔美国人更为看重他们的社会认同和与他人的联系。

很明显，个体所处文化的传统价值和信念对其自我概念形成有很大的影响。

（资料来源：David R. Shaffer 著，邹泓等译，《发展心理学——儿童与青少年》，中国轻工业出版社，2005 年）

自我概念在小学儿童发展的多方面有重要的作用，积极自我概念的养成在小学教育目标中具有特殊地位，自我概念的发展是儿童社会性发展的核心构成部分。自我概念是在经验积累的基础上发展起来的，最初它是对个人的简单抽象认识，随着年龄增长而逐渐复杂化，并逐渐形成社会的自我、学术的自我、身体的自我等不同层次的自我。

知识链接

年龄、性别和父母教养方式对小学生自我概念发展的影响

儿童自我概念反映了儿童对自己在环境和社会所处的地位的认识，是自我的主要成分；也反映自身的价值观念，是个体实现社会化目标、完善人格特征的重要保证，在人格结构中处于核心地位，与个体的学业成就、心理健康有密切关系。近年来，国内学者对自我概念进行了一系列的研究，但研究主要集中在幼儿期和青少年期，着重对小学生的研究较少。

刘军等学者采用 Piers-Harris 儿童自我意识量表(PHCSS)从小学生的行为、智力与学校情况、躯体与外貌属性、焦虑、合群、幸福与满足六个方面来评价小学生的自我概念状况，采用父母养育方式问卷(EMBU)所包括的6个父亲因子和5个母亲因子来评价其对小学生自我概念发展的影响。

研究结果发现，小学女生在PHCSS上的行为、智力与学校情况、躯体与外貌属性、合群因子上的得分及量表总分均高于男生，这说明小学女生的自我概念水平更高。小学生的自我概念发展随年龄段的不同呈现不同的水平，9～11岁年龄组自我意识有较高的发展水平，在8岁、12岁年龄组，自我意识水平较低。这说明，小学儿童自我意识的发展不是等速的，既有上升的时期，又有平稳发展的时期，也有下降的时期。

研究还发现，小学生的自我概念发展水平与父母的情感温暖和理解呈显著正相关，与母亲拒绝否认呈显著负相关。这说明，若父母对子女是温暖的、富于情感的，其孩子常能积极地评价自我；若母亲常采用拒绝否认等不良的教养方式，会使儿童体验到自己的无能和失败，丧失情感支持，心情沮丧，进而做出否定的评价，甚至产生行为或情绪问题。

(资料来源：刘军等，《年龄、性别和父母教养方式对小学生自我概念发展的影响》，《四川精神卫生》，2007年第20卷第2期，第71～73页)

3. 自我体验

自我体验是指自我意识中个体对自己情绪、情感的体验和态度。例如，自信、自卑、自满、自责、自我欣赏等都是自我体验。

研究发现，自我体验的发展与自我意识的发展总趋势比较一致。在小学阶段，自我体验和自我评价的发展具有很高的一致性，可见，在这个时期，自我体验的发展与自我概念、自我评价发展密切相关。随着儿童理性认识的增加和提高，他们的自我体验也逐步深刻。

三、自尊

在成长过程中，儿童不仅仅对自己越来越了解并建构起越来越复杂的自我形象，也开始评价那些他们认为自己具有的品质。小学阶段儿童自尊的发展非常重要，他们越来越多地将自己与他人进行比较，以评估自己在多大程度上符合社会标准。高自尊的小学生能意识到自己的优点，也能知道自己的缺点(常希望能克服它)，对自己的性格和能力感觉满意；相反，低自尊的小学生对自己不是那么喜欢，总是看到自己的缺点，忽视自己表现出的优点。

(一) 自尊的概念

自尊是指个体在整体上和特定方面对自我的积极和消极的评价，相比于自我概念，自尊有更多的情绪导向。研究表明，自尊是多维度而不是单维度的，小学三、四年级的儿童能区分自尊的五个方面(见图2-7)：学术能力(觉得聪明或在学习上很好)、社会接受性(在班上是受欢迎的)、行为举止(不易陷入困境)、运动能力(擅长踢足球等)和外表。并且儿童对自己不同领域的能力有很好的区分，而不仅是只有普遍高的或普遍低的自尊。

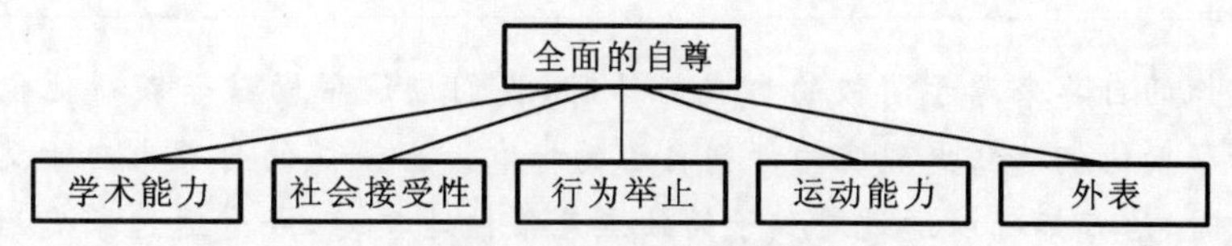

图 2-7 自尊的五个方面

研究还表明,自尊是按等级排列的。概念性的自尊在上,自尊的具体方面在下。

(二)自尊的变化和稳定性

在整个小学阶段,儿童自我评价的正确性越来越稳定。4～7 岁的儿童自尊分数除了反映他们的实际能力外,也反映了他们要求在不同的活动中被喜欢和做好的愿望。从二、三年级开始,儿童的自我评价变得更现实、更正确。例如,那些具有高学业自尊的儿童会被老师认为在学习上是很不错的,而那些具有高的运动自尊的儿童则常被同伴选出来参加运动会。

长期拥有低自尊的儿童面临着一条坎坷的道路,部分原因在于低自尊会让他们陷入一种逐渐无法摆脱失败的恶性循环之中(如图 2-8 所示)。例如,一名小学生的自尊一直很低,目前正面临期末考试,由于自尊很低,他预期自己会考砸,所以非常焦虑,过分的焦虑使得他不能很好地集中精力有效地学习;进而,他可能会觉得既然考不好又何必要学,于是决定不再努力;最后,这名小学生在期末考试中自然不会取得很好的成绩,他的预期强化了他的低自尊,使得失败的恶性循环持续下去。当然,父母可以通过提高孩子的自尊来打破这种失败的循环。

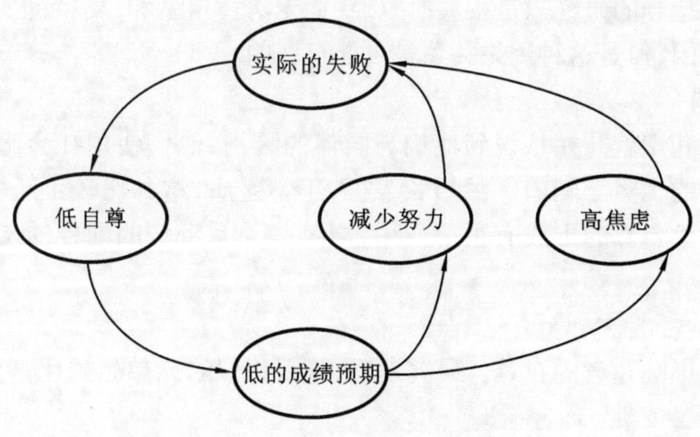

图 2-8 低自尊的恶性循环图

知识链接

提升自尊

Susan Harter 在 1999 年的研究表明,一些儿童拥有较低的自尊是因为他们在自己认为重要的领域里达不到要求,或者是因为他们观察社会镜像时感到自己不被生活中的重要他人所接受。心理学家和其他的专家们应该如何帮助这些孩子呢?

当较低的自尊来源于消极的自我评估时，我们应该帮助孩子获得他们想要的技能或者帮助他们建立更现实的评判自己的标准。当较低的自尊来自于父母的忽视或拒绝时，治疗师可以通过对孩子的缺点无条件地接受，或者通过家庭治疗使父母和孩子之间能够交流爱意来帮助他。当孩子觉得被同伴拒绝时，解决的方法可能是教给他们更有效的社交技能，或者使他们确信他们的同伴并不是他们所想象的那样拒绝他们。

William Damon 在 1994 年指出，不管孩子的天赋和行为如何，我们都试图使孩子自我感觉良好，这是不对的。他主张，自尊除非是由自己的成就而获得，否则就没有意义。

（资料来源：Carol. K. Sigelman、Elizabeth A. Rider 著，陈英和译，《生命全程发展心理学》，北京师范大学出版社，2009 年）

（三）影响自尊的因素

1. 父母养育方式

在儿童自尊的形成中，父母的作用至关重要。在早期抚养过程中，父母的敏感性会对婴幼儿建立积极或消极自我工作模型有明显的影响。而且，高自尊的学龄儿童和青少年，其父母一般也更温和、支持，为孩子树立了生活的典范，在有关孩子的决定中听取他们的意见。虽然这些有关儿童抚养的研究只是相关研究，我们无法肯定温和、支持的父母养育方式就是儿童自尊较高的原因，但是这种因果关系是可能存在的。

2. 同伴的影响

早在 4～5 岁，儿童就开始认识到他们与同伴的区别，他们使用社会比较信息获知在许多方面自己和同伴的优劣。随着年龄增长，进入小学之后，这种比较不断增加，而且变得微妙起来。这对小学生自尊的形成有重要作用，同某些关系密切的同伴的友谊是影响小学生自尊的重要因素。

3. 生理因素

基因可能也会影响儿童的自尊。研究发现，基因相似的兄弟姐妹比基因不同的，有更相似的自尊水平。

知识链接

小学儿童自尊的培养

1. 在家庭教育中培养儿童的自尊

儿童的健康成长，首先离不开家长的指导与教育，作为家长一定要掌握教育孩子的正确方法，为孩子创设一个和谐、愉快、宽松、安全的家庭氛围，采取温暖与理解的教养方式，多给孩子关心、鼓励，让孩子独立、自主，尊重他们的兴趣、爱好，包容孩子的不同见解和观点，正确对待孩子的学习成绩，尽量使孩子的生活更有意义和丰富多彩。

2. 在学习活动中培养儿童的自尊

帮助儿童分析学习成败的原因，建立合理的期望目标，培养儿童积极的自我观。在学习活动中，帮助儿童形成对学业成绩的正确归因，经常让儿童获得成功的体验。对能力较差的儿童，建立合理的期望目标，让他们做力所能及的事情，这样才会产生成功的体验。

3. 在交往活动中注意培养儿童的自尊

每个学生都渴望得到他人的积极评价和尊重，当他们感到自己在班集体中有地位、有价值、被尊重时，内心就会萌发自信。因此，一方面是师生关系协调，表现为教师尊重、爱护、信任、理解儿童，儿童尊重教师。教师对待每个学生都应一视同仁、平等对待，尤其要尊重后进生，不应恶意讽刺挖苦他们。教师对学生真诚的支持、关心、鼓励都会促进儿童自尊的发展。

另一方面是使儿童之间相互尊重、彼此信任。儿童在与同伴的交往中既可以了解自己的能力，培养竞争意识，也可以通过模仿学习同伴的优点、长处，找出自己的不足。儿童只有与同伴进行比较才能形成对自我的认知和评价，只有接近同伴，得到同伴的接纳，并与同伴进行积极的相互作用，儿童的自尊才能得到有效的发展。

（资料来源：陈威，《小学儿童心理学》，中国人民大学出版社，2009 年）

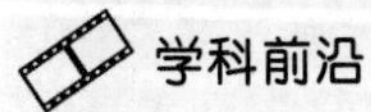

小学生家庭功能、自我概念对欺负行为的影响

家庭功能是指家庭从他的家庭系统、人际关系、相互关照、应对能力和艰难处理家庭生活过程中所反映出来的家庭生活质量。家庭功能是为家庭成员的生理、心理、社会性等方面的健康发展提供的一定的环境条件，包括满足成员衣食住行的生存需要的环境条件，适应并促进家庭及其成员的发育和发展的环境条件，应付和处理各种家庭突发事件的环境条件等。

研究发现，小学生家庭亲密度和适应性与其自我概念各维度及自我概念总分均呈现显著正相关，这说明小学生感受到的家庭亲密性和家庭适应性越好，其自我认同感越优越，对自我的满意度越高，即自我概念水平越高，对自己各方面的认知和评价越好。家庭是个体最早接触并与之发生互动的第一个环境，也是个体的第一课堂，俗话说“父母是孩子的第一任老师”，父母良好的个性特点能够对孩子的发展起到榜样示范的作用，于潜移默化中影响孩子的发展。另外，良好的家庭成员关系、和谐的家庭氛围，锻造了优良的家庭亲密度和适应性，为家庭功能的高质量运转提供了保证，为孩子提供了健康成长的立体环境，孩子在这个环境中建构了积极的自我概念。

对小学生自我概念和欺负行为的发生率进行相关分析发现，它们之间存在显著的负相关。欺负行为的发生率不仅和自我概念总分相关显著，还和自我概念各维度显著相关，但都是负相关。这说明越多的卷入到欺负行为中的被试，其自我概念水平越低。该结果说明，小学生的欺负行为与自我概念不仅密切相关，自我概念还能在一定程度上预测欺负行为的发生率，这也说明了个体的自我概念对自身行为起着调节与定向的作用。有着较高自我概念水平的学生，对自我的认识比较全面，自我评价也较高，在行为表现上可能较少地受到他人的威胁，较少表现出攻击性，因而能避免欺负事件的发生。

（资料来源：田峰溶，《小学生家庭功能、自我概念对欺负行为的影响研究》，辽宁师范大学，硕士学位论文，2013 年）

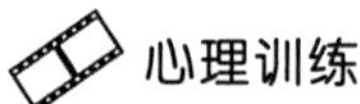

心理训练

各种感觉统合失调的训练方法

（1）触觉训练强化皮肤、大小肌肉关节神经感应，辨识感觉层次，调整大脑感觉神经的灵敏度。

使用器械：按摩球、波波池、平衡触觉板。

适应证：爱哭、胆小、情绪化、怕陌生、笨手笨脚、怕人触摸、发音不正确、偏食、挑食、注意力差、自闭、体弱多病等。

（2）前庭平衡觉训练调整前庭信息及平衡神经体系自动反应机能，促进语言神经组织健全、前庭平衡觉及视听能力完整。

使用器械：圆筒、平衡踩踏车、按摩大龙球、滑梯、平衡台、晃动独木桥、袋鼠袋、圆形滑车。

适应证：身体灵活度不足、姿态不正、双侧协调不佳、多动、爱惹人、语言发展迟缓、视觉空间不佳、阅读困难、自信心不足、注意力不集中、容易跌倒、方向感不明、学习能力以及习惯培养不起来。

（3）弹跳训练调整固有平衡、前庭平衡感觉神经体系，强化触觉神经、关节信息，促进左右脑健全发展。

使用器械：羊角球、跳床。

适应证：站坐无相、姿态不正、情绪化、身体灵活度不够、多动、注意力不集中、语言发展迟缓、阅读困难、胆小、情绪化、笨手笨脚、视觉判断不良、触觉发展不佳。

（4）固有平衡训练调整脊髓中枢神经和对地心吸力的协调，强化中耳平衡体系，协调全身神经机能，奠定大脑发展基础。

使用器械：独脚椅、大陀螺、脚步器、竖抱筒。

适应证：站坐无相、多动不安、容易跌倒、脾气急躁、好惹人、语言发展不佳、缺乏组织力及推理能力、双侧协调不良、手脚不灵活、自信心不足。

（5）本体感训练强化固有平衡、前庭平衡、触觉、大小肌肉双侧协调，使身体运动灵活，健全左右脑均衡发展。

使用器械：跳床、平衡台、晃动独木桥、滑板、S形垂直平衡木、S形水平平衡木、圆形平衡板。

适应证：语言发展迟缓、笨手笨脚、注意力不集中、多动不安、情绪化、组织力及创造力不足。

这些训练内容的意义是：

(1) 滑板游戏——姿势为飞机式、蜻蜓式两种，其主要作用是调节前庭和触觉功能。

(2) 平衡台游戏——训练平衡摇摆、匍匐摇摆、相互支持摇摆、被动站立摇摆、平衡台上蹲起、平衡台上抛接球等，主要作用是训练前庭功能。

(3) 滑梯——持划板俯卧式由高处划下推球，划下取球投球、划下投保龄球，主要作用是全身感统训练，以前庭功能为主。

(4) 趴地推球——主要训练协调性(如图 2-9 所示)。

(5) 独脚桥——单足站立，双手外展平身，两足轮换进行，主要训练平衡能力。

(6) 网揽——将患儿置于吊带中，以腹部为支撑点，前后摇摆，双手同时操作，将棋子放回棋盘中(如图 2-10 所示)。其作用是训练上肢协调能力，手眼协调能力，精细动作发展能力等。

图 2-9　儿童感觉统合训练——趴地推球

图 2-10　儿童感觉统合训练——网揽

(7) 袋鼠跳——将小儿放在跳袋中，双脚并拢，手提跳袋向前跳。其作用是训练下肢协调性，锻炼肌力等。

(8) 跳绳——连续跳 200 跳，主要训练协调性、方向感、方位感等。

(9) 平衡木——徒手走、正直走、侧身走、头顶物走，主要是锻炼平衡感。

(10) 拍球——单手拍球、双手拍球、跨腿拍球，主要锻炼协调性。

(11) 羊角球——小儿跨坐在羊角球上，目视前方，向前跳，主要训练全身协调、视觉、前庭觉。

(12) 圆桶——训练前庭觉，适用于多动症、身体协调不良。在摇动中进行手眼协调游戏，促进姿势运动协调、平衡能力及高度运动能力。

儿童感觉统合训练的课程安排：一个疗程 20 次，一次 1～1.5 小时，训练内容包括感觉统合训练和特殊脑力训练两部分。20 次后进行阶段测验。训练时间一般安排在孩子下课后和节假日，一星期应不少于2次，重度失调的儿童训练次数应更多一些。

训练的目的是提供给儿童感觉信息，帮助开发中枢神经系统；帮助儿童抑制和（或）调节感觉信息；使儿童对感觉刺激作出比较有结构的反应，最终目标是达到良好的结果，如组织能力、学习能力、集中注意的能力的改善和提高。

感觉统合训练的内容因人而异，由于每个孩子感觉统合失调的类型和程度不一样，各个孩子所进行的训练内容也就不一样。把不同的训练内容按照一定的程序和难度进行编排，儿童在训练人员指导下参与各种有针对性的活动，这对于训练的效果好坏是十分重要的。这些编排的活动对儿童能力是强有力的挑战，要求他们对感觉输入作出适当的反应即成功的有组织的反应。所设计的活动逐渐增加对儿童的要求，使他们产生有组织的反应更加成熟。在指导活动目标的过程中重点放在自动的感觉过程上，而非指导儿童如何作反应。在一个学习活动中，涉及的感觉系统越多，学习的效果越好。

（资料来源：新浪博客，http://blog.sina.com.cn/u/1135964742）

Chapter Three

第三章 中学生心理发展的一般规律

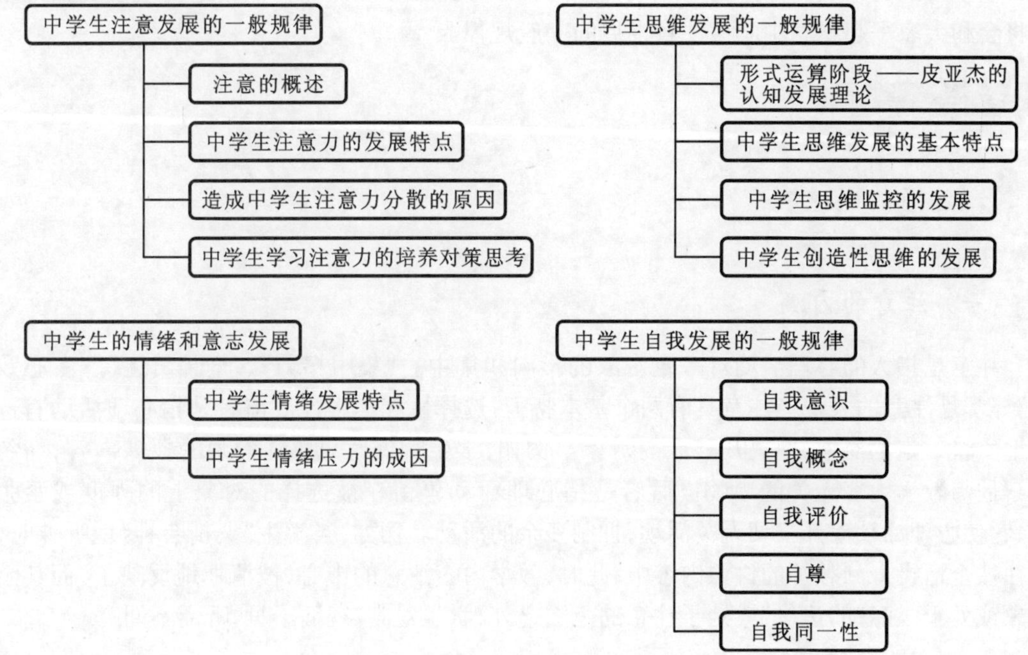

第一节　中学生注意发展的一般规律

案例分享

小峰是某中学初一学生，父母对其要求严格，家庭经济条件一般。刚进入初中学习时，他对新的生活充满了一种期待和希望，加之父亲就在他所读的学校任教并期盼着自己能好好学习，成绩优秀，不给父亲丢脸，得到老师的表扬和肯定。小峰刚开始时想到这些，对学习充满了信心。但没过一周，上课就不由自主地开起了小差，有时喜欢抠下手指，挠挠耳朵，抓抓头皮，时不时跟同学交头接耳，惹一下同桌。在老师讲课时，他也常提醒自己要认真，但就是这时也走神，以至于常受到老师的批评。可能因为老师们都是他父亲的同事的缘故，所以他们对小峰比较关注，特别是英语老师，对他的要求很严格，但英语却是小峰最不喜欢和最爱开小差的学科，以至于经常受到老师的特别照顾——到办公室完成作业、谈话、接受惩戒。而小峰特别害怕父亲知道这些，因为那意味着又是一顿训斥和打骂。一个月下来，同桌实在受不了小峰的骚扰了，几次三番和老师说要调座位，班主任老师也觉得小峰很难自控，于是把他调成了一人坐一桌，但他还是改不了不专注的毛病。

（资料来源：李洪，《初中学生注意力不集中案例分析报告》，心理健康辅导员论文（中级），2012 年）

小峰原本信心动力十足，可为什么到后来上课总是不由自主地开小差？为什么特别关心自己学习的英语老师却是让小峰最头疼的？小峰的不专注是因为他自己贪玩不听话？本节将会和大家一起探讨中学生注意发展的一般规律。

学习导航

一、注意的概述

（一）注意的内涵

注意是指人的心理活动对一定对象的指向和集中。“集中精力”、“全神贯注”、“专心致志”等都是注意的表现。注意具有两个基本特征：选择性和集中性。前者是指心理活动有选择地反映一定的对象，而离开其余的对象。例如，学生听课时只关注教师的授课内容，而忽略其他与教学内容无关的事物。后者是指心理活动停留在被选择的对象上的强度或紧张度，它使心理活动离开一切无关活动，抑制多余的活动。例如，当学生“聚精会神”地听课时，他往往全情投入到教师的讲课内容中，此时，教学内容注意的中心，被清晰地反映了，而其余对象或处于“注意的边缘”或处于注意的范围之外，学生对其“视而不见，听而不闻”。

（二）注意的分类

1. 无意注意

无意注意是指事先没有预定的目的，也不需要意志努力的注意。例如，课堂中，忽然有人推门而入，所有人都可能会不由自主地转头去看他，这就是无意注意。无意注意往往表现为人们不由自主地对那些强烈的、新颖的和自己感兴趣的事物的指向和集中。它主要取决于刺激物本身的性质和强度。从这个意义上说，无意注意是消极的注意，是注意的初级形式。但从另一个角度讲，正因为无意注意不需要意志努力，因此它具有的优点是不易使个体疲劳。

2. 有意注意

有意注意是指事先有预定目的,需要作一定意志努力的注意。例如,课堂中,学生专心致志地投入学习,聚精会神地思考问题,就是一种有意注意。有意注意是一种积极主动地服从当前目的任务的注意。它受人意识的控制、调节和支配,充分体现人的能动作用,是人类特有的注意种类,是注意的一种高级形式。由于需要意志的努力,因此往往容易使个体疲劳。

3. 有意后注意

有意后注意是指事先有预定目的,不需要意志努力的注意。它往往是在有意注意的基础上产生的。例如,一个人在开始做某种工作时,由于对它不熟悉,困难较大,花费的精力也较多,往往需要一定的意志努力才能把自己的注意保持在这种工作上。经过一段时间的努力后,对从事的工作已达到熟练并运用自如时,就不需要意志努力而继续保持注意,从而使有意注意发展为有意后注意。有意后注意是一种更高级的注意形态,它兼有无意注意和有意注意的优点。一方面,由于它的引起是以有意注意为先导,因此它具有潜在的目的性;另一方面,由于它不需要努力,因此个体不易产生疲劳感。

(三)注意的品质

1. 注意广度

它是指在同一时间内能清楚地把握对象的数量。知觉的对象越多,注意的范围越广;知觉的对象越少,注意的范围越小。研究注意范围,一般利用速示器来进行实验。在实验中,以 1/10 秒的时间向被试呈现刺激时,眼睛只能注视一次,在这段时间内,意识所能把握对象的数量就是注意的范围。根据实验,成人对黑色圆点的注意广度平均是 8 个左右,对于不相关字母的注意广度为 4～5 个。

影响注意广度的因素包括以下几个方面。第一,与知觉对象的特点有关。即注意的范围受到了被知觉的对象形态相似、排列整齐、颜色大小相同等因素的影响。第二,与个人的知识经验有关。文化水平越高、知识经验越丰富的人,越善于把知觉的对象组成一个整体来感知,其注意的范围就越大。第三,与个人活动任务有关。活动任务不同,注意的广度也不同。有明确目的任务的注意和没有明确目的任务的注意,两者的注意广度也会不同。

2. 注意的稳定性

注意的稳定性是指注意长时间保持在某一对象上。其标志是在某一段时间内注意力高度集中。这是注意在时间上的特征。如:学生在一节课的时间内,使自己的注意保持在与教学活动有关的对象上;医生在进行手术时,要连续几个小时高度紧张地工作;教师在讲课的过程中,思维高度集中。这些都是注意稳定性的表现。

影响注意稳定性的因素包括以下几个方面。第一,和对象本身的特点有关。如果注意对象内容丰富、复杂多变,注意就容易稳定。反之,对那些内容贫乏、单调和静止的对象,就难以维持稳定的注意。第二,和活动的内容及活动的方式有关。在复杂而持续时间长的活动中,必须适当变化活动的内容和方式,才能维持稳定的注意。第三,和主体状态有关。一个意志坚强、善于控制自己的人,一个对事物抱有积极态度、对活动内容有着浓厚兴趣、对目的任务明确的人,能与各种干扰作斗争,保持稳定的注意。

3. 注意的分配

注意的分配是指在同一时间内把注意指向几个不同的对象。在日常生活和活动中，人们经常被要求同时注意更多的事物，把注意分配到不同的对象上，所谓"眼观六路"、"耳听八方"就是形容这种状况的，又例如学生边听课边做笔记也是注意的分配(如图 3-1 所示)。然而在一般情况下，同一时间内的注意分配是有困难的。

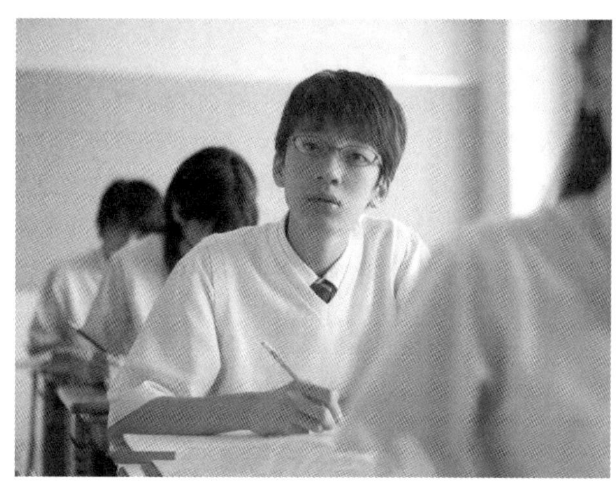

图 3-1 注意的分配

4. 注意的转移

注意的转移是指一个人根据新任务，主动地把注意从一个对象转到另一个对象上。例如，学生第一节课是外语课，第二节课是数学课，这就要求学生有目的地、及时地把注意从外语课转移到数学课上，这就是注意的转移。

影响注意转移的因素包括以下几个方面。第一，与原来注意的紧张程度有关。如果原来的活动注意紧张程度高，新的事物或新的活动不符合引起注意的条件，转移注意就困难和缓慢。如刚看完一篇生动有趣的小说，要将注意立刻转移到完成难度较大的习题时，注意的转移就较困难。第二，与对引起注意的新事物的意义理解程度有关。如果对引起注意转移的新事物的意义理解得很深刻，即使他原来从事的活动吸引力很强，也能顺利地较快地实行转移。第三，与神经过程的灵活性有关。神经过程灵活，注意的转移就来得快些；反之，则来得慢些。第四，与已有的习惯有关，一个学习或工作中养成长时间不集中注意习惯的人，很难有目的地、及时地从一个对象转移到另一个对象上。

二、中学生注意力的发展特点

学习的时候往往需要个体做到聚精会神，否则将影响其学习效果。通常，老师和家长在谈论某一位学生成绩不佳时会得出结论，孩子读书不专心。这无疑说明，注意力是决定学生学习结果的关键之一。注意是人的心理活动对一定对象的指向和集中。注意力则指的是心理活动有选择地反映一定事物而离开其他事物所达到的清晰和完善程度。当人们提高了注意力的集中程度，就会更容易地记住事物，如果中学生能很好地专注于学习任务，学习的效率就会更高。因此,在中学阶段,学生注意力的培养和锻炼显得尤为重要。

三、造成中学生注意力分散的原因

注意是一切心理过程的开始,并始终伴随着心理过程。人在注意着什么的时候,就在感知、记忆、思考、想象、体验、改造着什么。中学生一旦把注意力集中在学习内容以外更能满足自己需要和兴趣的地方,就会造成“身在曹营心在汉”,即所谓“读书不专心”,从而导致学习任务无法顺利完成。引起中学生学习注意力分散的现象在学校里时有发生,且原因不尽相同。因而教师应认真加以分析,有针对性地帮助学生尽快扭转这种不良习惯。

首先,学习目的任务不明确是学习注意力无法集中和稳定的主要因素。中学生对学习的意义和潜在作用理解得越清楚、越透彻、越具体,求知的愿望越强烈,那么一切与完成学习任务有关的事物就越能吸引其注意。有研究发现,一些在学习上长期得不到进步甚至成绩不断下降的学生大多胸无大志,不知道将来要干什么,现在需要学什么,他们平时常常表现出心不在焉、无所事事的样子,对读书缺乏热情和兴趣,故上课时无法做到注意听讲,常常出现睡觉、看与课堂内容无关的书籍、做小动作,甚至顶撞老师等情况,课后也不能专心自习、按时完成作业。可想而知,这类学生很难取得理想成绩。此外,还有一些学生虽然有理想,想读书,但由于对所学功课缺乏具体的学习要求和时间安排,对需要掌握的内容和所要达到的目标心中无数,即表现在对一门课程或一堂课的教学内容和目的缺少应有的心理准备。这类学生成绩提高的速度与质量往往不如意,有可能由此带来挫折感,从而影响其课堂的质量。

其次,不良环境因素的干扰是影响中学生学习注意力集中的重要原因。中学时代,正处于身心发育、世界观逐步形成的阶段。这期间,他们求知欲和好奇心旺盛,对其精心培育,就会使其将注意力集中于读书学习和参加有益活动,从而健康成长。但这种正常的学习生活总是会受到外界的不良刺激物的干扰。当这些干扰因素摧垮中学生的承受力之后,他们的意志会变得消沉,精力分散,从而耽误学业。教室周围环境嘈杂,班级纪律涣散,学风不正,都容易分散学生的注意力;家庭生活不和谐,父母吵闹,追求格调低下、不健康的生活方式,不仅无法照顾孩子,而且时常指责打骂之,都会使中学生整天在压抑苦恼中煎熬,无法集中精力学习;由于各式各样粗制滥造、缺乏独立思考,甚至淫秽凶杀的文艺产品屡禁不止,它们对青少年具有极大的诱惑力,一旦沉湎其中,必将严重影响学习与健康。

最后,教学主体行为偏差也是导致学习注意力分散的不容忽视的因素。在教学中,师生的关系是互动的,教师威信对学生心理产生着积极的影响。热爱教育、德才兼备的教师受到学生的尊敬,学生信赖教师,教师的要求就可以较容易地转化为学生自己的需要,从而专心学习。而一些工作责任心不强、教学能力较差、教育方法使用不当的教师,由于不认真备课,不能熟练和合理地组织教学,甚至对一堂课的教学要求与重点、难点都无法讲清,学生往往会觉得上课很无聊,上课时很容易出现“开小差”现象。当课堂纪律或教学效果不理想时,有的教师又常常采用简单粗暴的方式维护自己的“威严”,体罚、歧视学生,损伤学生的自尊心,从而更加激起学生强烈的逆反心理和对立情绪。另一方面,当今中学生大多数是独生子女,从小娇生惯养,缺少艰苦环境的磨炼,意志力不强,容易对学习产生厌烦。

图 3-2 所示为注意的分散。

图 3-2　注意的分散

四、中学生学习注意力的培养对策思考

注意是打开知识宝库的"门户",是掌握知识的必要条件。因此,教师在教学过程中,要注重积极培养中学生的学习注意力。

 知识链接

中学生注意训练方案研究现状

注意力是人的心理活动指向和集中于某种事物的能力。比如说,每个人的大脑时刻都会涌入各种信息,为了防止大脑超负荷工作,注意力必须过滤掉一些无关的信息,将全部的心理能量专注于重要或者自己感兴趣的事物,其中大脑前额页皮层的一个重要功能就是调控注意力的分配。我们知道,学习本身就是一种复杂而又繁重的脑力劳动,青少年必须合理地利用有限的注意力资源来防止无用信息和困难的干扰,否则,会造成大脑疲劳,学习精力不集中。

杨野(2012)通过对某校 100 名家长的问卷调查发现,这些家庭中 30%的孩子有注意力不集中、多动等倾向,造成这些注意力问题的原因包括生理原因、病理原因、环境原因、家长教育方式以及心理原因等。但是当一些青少年表现为注意缺陷、多动冲动等问题时,就有可能会患有注意缺陷多动障碍(ADHD),对这种疾病如果不进行积极有效的训练和治疗,会对青少年将来的身心健康造成极大的危害。

青少年注意力的测量一般需要两个步骤:评估和诊断注意力水平、建立个人注意力档案。目前,对于注意力的测量中,最常用的方法是家长或教师评定法以及行为观察法,但是这两种方法准确度低,而且带有较强的主观性。随着科技的发展和

研究的深入,出现了很多更加科学和灵活的测量手段和方法。仪器测量法是一种国内外使用比较普遍的传统测量手段,但是这种方法最大的缺点是使用不方便,价格昂贵,因此又出现了一些其他的测量方法。其中,国外目前较为流行的一种测量手段是持续性操作测试(CPT),这种方法主要用来测量学习困难儿童的注意稳定性;国内有学者采用"舒尔特方格"形式编制了注意力测验,但是目前应用较为普遍的是北京师范大学的殷恒蝉提出的青少年注意力测验。根据国内外对注意力的定义的普遍观点,心理学中注意力主要包含四个基本品质:注意的广度、注意的稳定性、注意的分配和注意的转移。因而,青少年注意力测验也使用四个测验分别对四种注意力品质进行测量。图形辨别测验(测量注意分配能力)、选圈测验(测量注意广度)、视觉追踪测验(测量注意稳定性)、加减法测验(测量注意转移能力)。这种方式由于具有科学、方便和实用的特性,在国内被心理学研究人员广泛使用。

目前国外对于基于电子计算机游戏的注意力训练研究是一大热门,当然在对注意力变化进行测量时,有时也需要借助权威和精密的心理学测量仪器。Jing Feng 等(2007)通过两个心理实验研究了注意的个体差异对认知训练的影响,证明使用动作视频游戏进行适当的针对性认知训练能够改变个体的选择性注意能力;Shawn Green 等(2006)的研究也发现,经常玩动作视频游戏的人和不玩动作视频游戏的人在视觉注意方面存在差异。同时,经过一段时间的游戏化训练后,不玩游戏的人注意力有明显的提高,表明动作视频游戏可以改善个体的视觉注意水平。可以看出,通过游戏的方式进行训练,可以明显提高青少年参与注意力训练的积极性,从而达到有效的训练效果。国内一些学者也提出了许多面向青少年的注意力训练方案,主要包括传统认知训练、舒尔特法、硬件辅助训练和基于游戏化软件的认知训练等。秦鹤轩(2013)总结了几种常用注意力训练方法,分别是圈数字训练法、数数训练法、听音训练法、盯视训练法、暗示训练法以及记录奖惩法;傅掀(2011)提出,乐器学习和舒尔特表的有效结合也是一种简单方便的注意力训练方法,同时这也可以作为用于学习障碍干预的有效解决方案;杜晓霞等(2011)在研究注意力训练与常规认知训练对脑卒中后认知功能障碍改善的效果时得出结论,注意力训练系统软件具有良好的临床应用价值;同时,在对患有注意力障碍病人进行康复训练时,会结合一些传统和专业的方法进行基本的技能训练,包括反应时训练、注意的稳定性训练、注意的转移性训练和注意的分配训练等。

(资料来源:金重振,《青少年注意力训练方案研究综述》,《现代营销》(下旬刊),2014 年第 1 期)

(一) 明确学习目的,培养中学生学习的自觉态度

人生的理想是一个人生命的动力,有了理想就等于有了奋斗的方向。对高中生来说更是如此,他们正处于人生转折的关键时期,如果没有理想和追求,怎能激发如饥似渴的学习热情?因此,建议教师通过各种活动对中学生进行理想、前途教育,培养学生自觉的学习态

度。一个人如果能拥有远大理想，将有利于其明确学习目的，更有利于其信心的增强，并对新鲜事物发生注意，保持注意力的稳定。例如，学习外语时，可能会感到记生字和学习语法是枯燥乏味的。但是当个体认识到外语是一门掌握知识技能、促进自身发展的工具，这将有可能促使其对学习外语产生浓厚兴趣，从而在学习过程中不断提高注意力。同时，在教学中，教师还应明确提出一门课、一堂课、一项作业、一个实验的目的任务和具体要求，调动学生的积极性、主动性，使之不打无目的之仗。

（二）加强班级管理，降低注意力分散现象的发生率

好的班风，是增强学生学习注意力的重要因素。一般情形下，中学生对周围情况模糊不清、缺乏明确判断标准时，往往产生从众行为，影响学习注意力。因此，在一个班级中，提倡和支持正确的东西，批评和抵制不正确的东西，使班集体成员思想和行为有正确的标准是形成良好班风和班级管理工作的出发点和落脚点。这需要以中学生守则为标准，认真培养学生的组织性和纪律性；要求学生按时作息和完成作业，维护学校秩序和班级荣誉；抵御和防止外界不良因素的侵袭和诱惑，养成遵守校纪校规、努力学习的好习惯。还可以通过组织适当且丰富多彩的课外活动，如体育比赛、文艺演出、学科竞赛、公益活动和劳动、演讲评优等，培养学生健全人格和健康的人际关系，锻炼意志，提高善于同注意的分散作斗争的能力。通过学校、家庭和社会的共同努力，营造浓厚的学习氛围，促使其全身心地投入到学习中去。

（三）科学有效地组织教学，保持学生稳定的注意力

教学内容丰富、条理清楚、层次分明，是引起和保持学生注意力的重要条件。反之，教学内容贫乏、条理不清、层次零乱就会涣散学生的注意力。因此，教师必须认真备课，科学地组织教材。教学内容应难易适当，太难或太易都将难以引起学生的兴趣和吸引学生的注意。建议在大部分学生已有知识经验的基础上讲述新教材，使学生感到学习新知识是个紧张而又愉快的劳动过程，既要付出一定努力，但学习目标又不是高不可攀。教学方式尽可能生动活泼，提倡启发诱导，这样就会激发学生的学习热情。教学的速度尽量保持正常，速度太快会使学生感到匆忙而注意力不集中；速度太慢，也会使学生由于有空闲时间而引起注意力分散。因此，教学速度的确定要根据教材的程度和学生的接受能力合理安排。此外，由于疲劳和信心不足是注意的大敌，这方面也应引起教师的高度重视。故教师一方面应使学生避免作业负担过重，另一方面要注意教育教学形式多样化。图 3-3 所示为集中注意。

图 3-3　集中注意

知识链接

中学生注意力集中训练

方法之一　运用积极目标的力量

要有一个目标，就是从现在开始集中注意力。不论做任何事情，一旦进入，能够迅速地集中注意力，不受干扰。这是非常重要的。比如，如果你今天对自己有一个要求：我要在注意力高度集中的情况下，将这一讲的内容都记忆下来。当你有了这样一个训练目标时，你的注意力就会高度集中，你就会排除干扰。在军事上把兵力漫无目的地分散开，被敌人各个围歼，是败军之将。这与我们在学习、工作和事业中一样，将自己的精力漫无目标地散开的人，永远是一个失败的人。学会在需要的时候将自己的力量集中起来，将注意力集中起来，是一个成功者的天才品质。培养这种品质的第一个方法，是要有这样的目标。

方法之二　培养对专心素质的兴趣

有了这种兴趣，学生就会给自己设置很多训练的科目、训练的方式、训练的手段，在很短的时间内，甚至完全有可能通过一个暑期的自我训练，发现自己和书上所赞扬的那些大科学家、大思想家、大文学家、大政治家、大军事家一样，有了令人称赞的注意力集中的能力。

学生在休息和玩耍中可以散漫自在，一旦开始做一件事情，如何迅速集中自己的注意力，这是一种才能。就像一个军事家迅速集中自己的兵力，在一个点上歼灭敌人，这是军事天才。我们知道，在军事上，要集中自己的兵力而不被敌人觉察，要战胜各种空间、地理、时间的困难，要战胜军队的疲劳状态，要调动方方面面的因素，需要各种集中兵力的具体手段。

方法之三　要有对专心素质的自信

千万不要受自己和他人的不良暗示。有的家长从孩子很小时就这样说孩子：我的孩子注意力不集中。在很多场合都听到家长说：我的孩子上课时精力不集中。有的同学自己可能也这样认为。不要这样认为，因为这种状态可以改变。对于绝大多数同学，只要有这个自信心，相信自己可以迅速集中注意力，能够掌握“专心”这方法，就能具备这种素质。我们都是正常人、健康人，只要我们下定决心，不受干扰，排除干扰，就肯定可以做到高度的注意力集中。希望同学们对自己进行训练，经过这样的训练，相信在集中注意力方面能够发生一个飞跃。

方法之四　善于排除外界干扰

要在排除干扰中训练排除干扰的能力。毛泽东在年轻的时候为了训练自己注意力集中的能力，曾经给自己立下这样一个训练科目，到车水马龙之处读书。为了什么？就是为了训练自己的抗干扰能力。一些优秀的军事家在炮火连天的情况下，依然能够非常沉着地、注意力高度集中地在指挥中心判断战略战术的选择和取向。这种抗拒环境干扰的能力，需要训练。

方法之五　善于排除内心的干扰

在这里要排除的不是环境的干扰，而是内心的干扰。环境可能很安静，比如，在课堂上，周围的同学都很安静，但是，自己内心可能有一种骚动，有一种干扰自己的情绪活动，有一种与这个学习不相关的兴奋。对各种各样的情绪活动的干扰，要善于排除。这时候，要学会将自己的身体坐端正，将身体放松下来，将整个面部表情放松下来，也就是将内心各种情绪的干扰随同这个身体的放松都放到一边。内心的干扰常常比环境的干扰更严重。

在课堂上，为什么有的同学能够始终集中注意力呢？为什么有的同学注意力不能集中呢？其原因在于是否有学习的目标、兴趣和自信，以及是否善于排除自己内心的干扰。有时候并不是周围的同学在骚扰你，而是你自己心头有各种各样浮光掠影的东西。要去除这些干扰，这个能力是要训练的。

方法之六　节奏分明地处理学习与休息的关系

我们看一下这种学习方式：一整天的学习任务就是复习功课，从早晨开始就在复习功课，书一直在手边，但是效率很低。十二个小时就这样过去了，休息也没有休息好，玩也没玩好，学习也没有什么成效。或者，一大早到公园念外语，坐了一个小时或两个小时，散散漫漫，却没有记住多少东西。这叫学习和休息、劳和逸的节奏不分明。

正确的态度是要学习和休息节奏分明。那就是从现在开始，集中一个小时的精力学习，比如背诵 80 个英语单词，高度地集中注意力，尝试着把这些单词记下来。学习完了，再休息，再玩耍。当需要再次进入学习状态的时候，再高度集中注意力。这叫张弛有道。一定要善于在短时间内集中注意力，高效率地学习。这样的训练能使自己具备集中注意力的能力。

方法之七　空间清静

这个方法非常简单，当你在家中复习功课或学习时，要将书桌上与此时学习内容无关的其他书籍、物品全部清走。在你的视野中，只有你现在要学习的科目。这种空间上的处理，是训练自己注意力集中的最初阶段的一个必要手段。

在做一件事情之前，首先要清除书桌上全部无关的东西，使自己迅速进入主题。有的人复习功课用了四个小时，其实那四个小时大多数在散漫中、低效率中度过，没有用；而有的人一开始学习，与学习无关的内容就全部置之脑外，这就是高效率。

（资料来源：含英学斋——应继祥工作站）

第二节　中学生思维发展的一般规律

案例分享

14 岁的 Leigh 正在思考一个问题，任何人看到座钟都会产生同样的问题：钟摆的摆动速度是由什么决定的？为了解决这个问题，她找到了一个单摆。Leigh 对这个单摆做了很多改变：变化线长、变化单摆的重量、变化对单摆的推力，以及变化释放单摆的高度等等。

Leigh 并不记得，在她 8 岁时，也曾被要求解决同样的问题。那时，她正处于具体运算阶段，不具备成功解决该问题的能力。她当时随意地解决这个问题，而没有任何系统性的行动计划。例如，她同时加大对单摆的推力、缩短线长，以及增加单摆的重量，这使得她无从知道究竟是哪个因素影响了单摆摆动的速度。

现在 Leigh 的思考变得更具系统性。她没有立刻推动单摆，而是思考一会儿到底要考察哪些因素，思考自己将如何对其进行检验。然后，她像一名科学家进行实验一样，每次只改变一个变量考察这一问题。

（资料来源：Robert S. Feldman 著，苏彦捷等译，《发展心理学——人的毕生发展》，世界图书出版公司，2007 年）

从 Leigh 的案例中我们发现，中学生的思维已经比小学生的思维有了明显的进步，在解决问题的过程中，其思维日益朝着科学家的探索思维前进。中学生思维发展的基本模式是由形象思维、抽象思维过渡到辩证思维，主要特点是思维逐步符号化。与具体运算阶段的儿童相比，他们发展了抽象的、科学的思维能力，思维的概括能力增强。

学习导航

一、形式运算阶段——皮亚杰的认知发展理论

知识链接

儿童对假设命题的反应

两组学生：一组是具体运算阶段的儿童（9 岁，四年级）；另一组是进入或即将进入形式运算阶段的儿童（11～12 岁，六年级）。研究组要求他们共同完成以下作业：假如给你第三只眼睛，你会选择放在身体的哪个部位，把它放的位置画出来，并说明你为什么这样放。

所有四年级的儿童都把第三只眼睛放在了两眼中间的前额部位，他们的理由

有:“第三只眼睛应放在两眼之间,因为独眼巨人的那只眼就在那儿。”“这样放的话,如果一只眼睛不行了,就可以用另两只眼睛来看。”“我想要另外一只眼睛,这样我可以看你三次。”“我想要第三只眼睛,这样我可以看得更清楚。”……

与之相比,六年级的儿童做出更为多样的反应,这些反应并不依赖于他们以前见过的事物形象,而且他们能考虑到这种假设情境的有利之处,并用相当有想象力的理由来解释第三只眼睛所放的独特位置:“把眼睛放在一束头发的顶部,这样我能转动这只眼睛看各个方向。”“把第三只眼睛画在左手手掌心里,我就能看到各个角落,并且当我从盒中拿饼干时,能看到那是什么饼干。”“我想让第三只眼睛在我口中,因为我想看到吃东西的过程。”

图 3-4 所示为儿童对假设命题的反应。

图 3-4　儿童对假设命题的反应

这些结果基本和皮亚杰的认识发展理论是一致的,年龄大的、处于或即将进入形式运算阶段的儿童,要比年龄小的儿童更有可能产生有逻辑性和创造性的回答。

(资料来源:David R. Shaffer 著,邹泓等译,《发展心理学——儿童与青少年》,中国轻工业出版社,2005 年)

皮亚杰认为,具体运算阶段儿童的思维是有局限性的,因为他们只能把运算模式应用到真实的或可以想象得到的事物、情境或事件上。例如,只有当物体真实存在时,具体运算者的逆转推理才可能是正确的。小学阶段的儿童还不能把这种关系推理运用到在代数中使用的 X、Y、Z 这些抽象符号上。与之相比,形式运算是一种对观念和命题的心理操作,它最早出现于初一、初二年级(11～13 岁左右)的儿童身上,这时儿童的思维不再局限于真实的或可观察到的事物上。因为形式运算者可以对或许没有显示基础的假设过程和时间进行逻辑推理。

皮亚杰认为,形式运算的标志是假设演绎推理。中学生可以进行假设演绎推理,他们可以从一般的理论出发,演绎出在特殊情境下特殊结果的解释。他们可以先提出假设,接着检验这些假设。但演绎推理本身不是一种形式运算能力,对具体运算期的儿童来说,如果给他们提供恰当的具体"事实"做依据,他们也能得出正确结论。中学生的思维与小学生的思维区别在于,这种演绎推理能力开始于抽象的可能性,然后应用到具体的情境中。

形式运算还包括归纳推理,即运用特殊的观察资料去确定一般规律。例如,中学生会开始观察自己所处地区四季早晚的规律,总结出自己所处地区每年的气候、天气的一般规律。这一推理能力是顺利通过多门高中课程所必需的。

中学生使用形式运算进行抽象推理的能力,导致了他们日常行为的改变。一般来说,青少年的"喜好争辩"现象,对其发展有利也有弊。

有利的一面是,形式运算可以帮助个体思考生活中的可能事件,形成稳定的同一性,获得对他人心理和行为原因的更丰富的理解。形式运算还可以帮助个体更好地处理个人决策,包括权衡各种行为过程及其对自己和他人可能造成的结果。因此,认知发展取得的进步为个体其他发展方面的改变奠定了基础。

不利的一面是,小学儿童往往能接纳世界的本来面目,并且听从权威人物的教导;而处于形式运算阶段的中学生开始对事情不分大小都进行习惯性的质疑(见图 3-5)。比如,小到

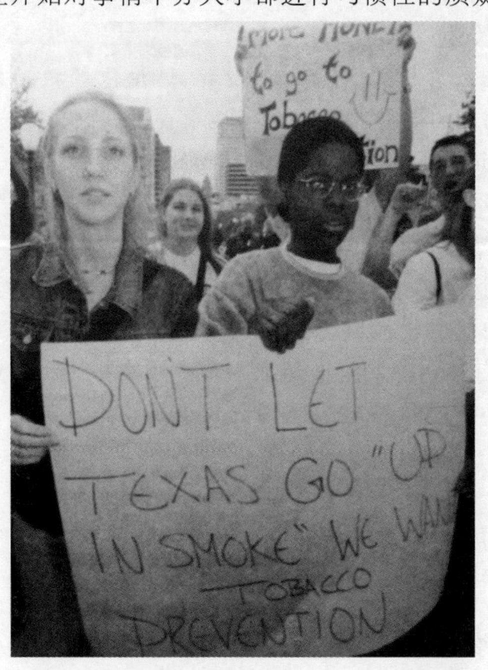

图 3-5　中学生的抽象推理能力使得他们对各种规则产生质疑

(图片来源:Robert S. Feldman 著,苏彦捷等译,《发展心理学——人的毕生发展》,世界图书出版公司,2007 年)

抗议运用权威严格限制自己的作息时间，大到议论或质疑各国政府的施政纲要等。实际上，青少年感受到的逻辑不一致和现实世界中的缺陷越多，他们常常表现出迷茫和失望，甚至会对执行者(如前文的父母和政府)表露出难以控制的怒气，认为他们应该对这些缺憾负有责任。皮亚杰把青少年的理想主义看做是他们新的抽象推理能力发展的结果，并认为形式运算是“代沟”产生的根本原因。

知识链接

皮亚杰在教育方面的贡献

皮亚杰在其研究生涯后期，论述了有关教育的问题，向教育工作者提出了许多建议，其中被广泛接受的观点如下：

1. 根据学生已有基础提供适当的教育

恰当的学习经验是建立在已有图式基础之上的。皮亚杰强调，学生最能从那些有适度新异性的教育中获益。这种教育能激发学生的好奇心，挑战其现有的理解能力，并促使他们对已有知识进行重新评价；但如果内容太难，学生就无法学到新知识了。

2. 慎重对待学生的个别差异

由于每个学生的智力发展水平不同，他们不可能同时学会同样的课程。教师应为单个学生或小群体设计活动，而不是全班一起来。

3. 提倡发现式教育

皮亚杰批评传统教育中强调的死记硬背、过度依赖被动的言语指导的做法。他认为只有学生参与到自己建构知识的情境中去时，他们才会学得更好。

(资料来源：David R. Shaffer 著，邹泓等译，《发展心理学——儿童与青少年》，中国轻工业出版社，2005 年)

皮亚杰认为，从具体运算阶段到形式运算阶段的转变非常缓慢。例如，虽然初一、初二的学生能够思考一些简单的假设命题，然而，他们还不能熟练地形成和验证假设，需要经过3～4 年的时间才能达到有计划的系统推理水平。皮亚杰指出，多数成年人可能只能在他们有丰富经验或是极感兴趣的少数领域中使用形式运算思维。然而，并非所有人都能达到形式运算阶段的水平。

二、中学生思维发展的基本特点

(一) 中学生的思维发展

1. 初中生思维的发展特点

(1) 抽象逻辑思维逐渐处于优势地位，但是在很大程度上还属于经验型，他们的逻辑思维需要感性经验的直接支持；

(2) 开始能初步理解矛盾对立统一的辩证思维规律,即开始认识事物的相对性;

(3) 抽象逻辑思维的发展进入关键期,即从初二到高二是抽象逻辑思维的关键期;

(4) 思维的独立性和批判性明显发展,但容易产生片面性和表面性的缺点。

2. 高中生思维的发展特点

(1) 总体而言,高中生的思维能力迅速发展;

(2) 抽象逻辑思维发展进入成熟期,其抽象逻辑思维属于理论型,已具有假设性、预计性和内省性;

(3) 形式逻辑思维处于优势,辩证逻辑思维迅速发展。

知识链接

互联网与青少年思维发展

互联网社会化的趋势在不断地加强。未来几年中国互联网用户的增加主要集中于高中阶段以下用户。青少年正处于心理行为发展的重要时期,他们正在成为互联网使用的特殊群体。青少年在使用互联网中的心理现象与行为活动逐渐成为发展心理学中新的研究课题。研究者发现,互联网使用对青少年思维活动、情绪情感活动以及行为活动产生了重要影响。

作为一种信息媒介,互联网对青少年的思维发展具有明显影响。在互联网中,信息组织遵循着非线性原则,这种特点是互联网自组织性的表现。对个体而言,互联网非线性信息组织原则可能会导致非线性思维方式的出现。青少年可以在互联网中发现有价值、感兴趣的信息,这些信息一旦被检索或发现则可能进入原有的认知结构,随着青少年使用这种非线性信息数量的不断增加,思维结构可能发生突变,产生一种新的思维模式——非线性思维方式。非线性思维方式主要是指思维的去中心性、思维多角度以及怀疑精神。这种非线性思维方式对人的社会性发展的影响相当明显。

(资料来源:李宏利、刘惠军,《互联网与青少年思维发展》,《首都师范大学学报(社会科学版)》,2004 年第 6 期,第 108～112 页)

(二) 抽象逻辑思维的发展特点

在整个中学阶段,学生的抽象逻辑思维能力得到了迅速的发展。这种发展有一个过程,初中生和高中生的思维是不同的。在初中生的思维中,抽象逻辑思维虽然已开始占优势,但是在很大程度上还属于经验型,需要感性经验的直接支持。而高中生的抽象逻辑思维则属于理论型,能在头脑中进行完全属于抽象符号的推导,能用理论做指导来综合分析各种事实材料,从而不断扩大自己的知识领域并解决各种问题。

初中生的逻辑思维发展的特点在其运用假设的能力上有所体现。事实和研究均表明,初中生在面临智力问题时,并不是直接去抓结论,而总是首先通过挖掘出隐含在问题情境中的各种可能性,再用逻辑分析和实验证明的方法对每种可能性予以验证,最后确定哪种可能性是事实。因此,对于初中生来说,他们已认识到了现实只是包含于由事实和假定构成的总体中的一个子集,它通常并不直接出现于人们面前,而需要用逻辑方法去搜寻。正是由于初中生已具有了这种建立假设及检验假设的能力,才使得他们的思想相对于小学生而言更具有深度、广度、精确度和灵活度。图 3-6 所示为中学生正在系统地解决问题。

图 3-6　中学生正在系统地解决问题

(图片来源:David R. Shaffer 著,邹泓等译,《发展心理学——儿童与青少年》,中国轻工业出版社,2005 年)

高中生的思维过程,既包括从特殊到一般的归纳过程,也包括从一般到特殊的演绎过程,即从具体提升到理论,又用理论指导去获得知识的过程。从高中阶段开始,学生在思维中运用假设的能力不断增强。抽象逻辑思维就是要求人们撇开具体事物,运用概念和假设进行思维活动。

整个中学阶段,个体的抽象逻辑思维逐渐发展并进入成熟期。中学生的思维成熟性主要表现在以下三个方面:首先是各种思维成分基本趋于稳定状态,基本上达到了理论型抽象逻辑思维的水平;其次是个体的思维差异,包括在思维品质和思维类型上的差异已基本上趋于定型;最后是从整体来看,思维的可塑性已大大减少,与成年期的思维水平基本保持一致,甚至在某些方面的思维能力还高于成人。

(三) 形式逻辑思维的发展特点

形式逻辑思维是个体抽象逻辑思维发展的初级形式。中学生形式逻辑思维的发展主要表现在其概念、推理和逻辑法则的运用能力这三个方面的发展上。

1. 概念的发展

进入中学之后,个体掌握了更多的抽象概念和更复杂的概念系统。初、高中学生理解字词概念的能力存在明显的年龄特征:

(1) 大多数初中一年级学生是从功能性的定义或具体的描述水平,向接近本质的定义或作具体的解释水平转化;

(2) 大多数初中二、三年级学生达到接近本质的定义或作具体的解释水平,或者是由这两类水平向对概念作本质定义的水平转化，其中初二是掌握字词概念的转折点；

(3) 高中学生能达到接近本质定义和本质定义水平，掌握字词概念的数量比初中生多；

(4) 高中生能较正确地对社会概念、哲学概念和科学概念做出定义。

2. 推理能力的发展

从初一开始，学生就开始具备各种逻辑推理能力。初中生逻辑推理能力的发展是不平衡的，总体来讲，归纳推理的能力高于演绎推理的能力。初三开始，学生的推理能力会有明显的发展。从高一开始，学生的推理能力有明显的进步，各种推理能力都得到了较好的发展。进入高二之后，学生的推理能力已基本成熟，各种推理能力都达到了比较完整的水平。

3. 运用逻辑法则能力的发展

初中生已经基本上掌握并能运用逻辑法则，到了高二，学生在掌握和运用逻辑法则方面已趋于成熟。

（四）辩证逻辑思维的发展特点

辩证逻辑思维是个体抽象逻辑思维发展的高级形式。中学生辩证逻辑思维的发展与其自身的实践活动有密切的关系。随其年龄的增长，在学习、生活、活动及人际关系等方面，都需要他们有新的思维形式和思想方法，需要他们用对立统一的观点去分析问题，需要他们发展辩证逻辑思维。

初一学生已经开始掌握辩证逻辑思维的各种形式，但水平较低；初三学生的辩证逻辑思维能力迅速发展，这一时期是一个重要的转折时期；高中学生的辩证逻辑思维已趋于占优势的地位。

知识链接

台湾学者 Yang 和 Huang 研究了互联网与历史学科的批判性思维的关系，他们在 33 名高中生历史课外活动学习中，为学习者提供历史学习的网络资源，并通过整合其他学者的学习模型，教给学习者批判性思维方式。最后，通过对调查问卷、自我评估和半结构访谈结果的内容分析，发现学生的历史学科的批判性思维能力有不同程度的提高，同时，学生在学习方面还发展了更加积极的和批判性的态度。

（资料来源：程建伟、刘华山，《互联网使用：促进还是抑制青少年思维发展》，《教育研究与实验》，2007 年第 5 期，第 51～56 页）

三、中学生思维监控的发展

（一）思维监控

思维监控是指，为了保证达到预期的目的，在思维过程中将思维个体作为意识的对象，不断地对其进行积极主动的定向、控制、调节的能力。

思维的自我监控是整个思维结构的统帅和主宰。思维的自我监控有六大功能：

(1) 确定思维的目的；

(2) 管理和控制非认知因素，有效地保护积极的非认知因素，努力将消极的非认知因素转化成积极的非认知因素；

(3) 搜索和选择恰当的思维材料；

(4) 搜索和选择恰当的思维策略；

(5) 实施并监督思维的过程；

(6) 评价思维的结果，检查当前的思维结果是否与既定的目标一致。

(二) 中学生的思维监控

随着年龄的增长，中学生会对自己的思维过程进行不断的反思，即中学生思维活动中的自我意识和监控能力逐渐明显化(见图 3-7)。思维监控的发展是青少年思维发展的一个显著特点，也是其思维发展趋于成熟的一个标志。

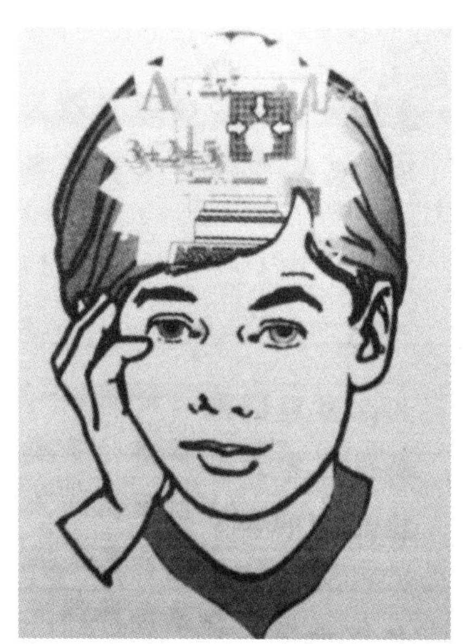

图 3-7　中学生的思维监控

(图片来源：David R. Shaffer 著，邹泓等译，《发展心理学——儿童与青少年》，中国轻工业出版社，2005 年)

在初一至高一期间，中学生自我监控能力的发展速度比小学生快得多，其计划性、准备性、方法性和反馈性得到了很好的发展。在解决问题过程中，中学生与成人的即时监控表现差异不显著，中学生的思维监控能力已经接近成人水平。中学生对自己思维的反思和监控是不断发展的。思维监控在整个思维活动中具有举足轻重的地位，中学生能否全面地、有效地发挥思维的自我监控功能，决定着他们思维的自我监控水平的高低。思维自我监控水平的高低会影响他们思维过程的效率和思维结果的优劣，进而影响到智力的个体差异。

四、中学生创造性思维的发展

（一）创造性思维

创造性思维是重新组织已有的知识经验，提出新的方案或程序，并创造出新的思维成果的思维活动。创造性思维是人类思维的高级形式，是多种思维的综合表现，如发散思维和辐合思维、直觉思维和分析思维等。

创造性思维的五个过程包括：

(1) 定向阶段——创造性思维的开始阶段，对问题进行定义和确定问题中的重要维度；

(2) 准备阶段——尽可能多地搜集与问题有关的信息；

(3) 酝酿阶段——在大多数问题的解决过程中出现的无奈期，即看似想不出新的方案，但实际上仍在继续思考；

(4) 顿悟阶段——思想火花的闪现阶段，一下子发现问题解决方案，顿悟的出现标志着酝酿阶段的结束；

(5) 验证阶段——检验并批判性地评价在顿悟阶段获得的问题解决方案。

知识链接

中学生的聚合思维发展

中学生的创造力研究在心理学界是一个非常活跃的领域。创造性思维是创造性的核心，这已经是不争的事实，然而随着该研究领域的不断拓宽，心理学家发现，创造性不仅仅指发散思维，还应该包括聚合思维。一个创造的过程往往既有发散思维的阶段，又有聚合思维的时期。

发散思维和聚合思维不是两个冲突的心理过程，将头脑中仅有的变化方案转换为有效的新颖物品需要通过发散思维来生成并且需要通过聚合思维来探索。缺乏聚合思维不仅会减少头脑中变化方案的生成，而且在通过发散思维进行变化的时候，可能会使思维产品陷入灾难性的改变或者过度自信的问题中。

研究表明，中学生聚合思维在整个中学阶段都呈现稳定的上升趋势，尤其是初中阶段进步速度较快，而高中阶段聚合思维进入了平缓发展的阶段。初二到初三是聚合思维发展的关键阶段。

（资料来源：沃建中、杨伟刚、林崇德，《中学生聚合思维发展特点的研究》，《应用心理学》，2006 年第 4 期，第 297～304 页）

（二）中学生的创造性思维

创造性思维的发展速度不是均匀的，高二是创造性思维发展的高潮期，初一和高三是创造性思维发展的低潮期。随着年龄的增长，高中生的创造性思维的流畅性呈下降趋势，变通性平稳发展，独特性逐渐提高。

总体而言，初中生的创造性思维能力随着年级的增长而提高。其中，发散性思维能力，男生的发展速度超过了女生。

高中生的创造性思维发展特点包括：

(1) 高中阶段处于创造性思维最佳发展期前段；

(2) 高中生创造性思维中现实性的特点突出，他们开始能创造性地解决现实中的问题；

(3) 高中生创造性思维的主动性和有意性增强，在解决各类问题时，常能激发他们极大的创造动力，并能主动、有意识地提出新的问题；

(4) 高中生创造性思维的能力迅速发展，表现为思路开阔、灵活、敏捷。

知识链接

法国学者 Lubart 从 4 个方面分析了计算机及网络使用对人类创造性活动的贡献：

(1) 提高对创造性活动的管理水平；

(2) 促进个体之间在创造性课题中的交流合作；

(3) 增加使用创造性活动的技巧；

(4) 通过整合人机合作提高思想产品的创造性。

他认为计算机和网络同时扮演了保姆、笔友、教练和同事 4 种不同的角色，为人们的创造性活动提供帮助。

(资料来源：程建伟、刘华山，《互联网使用：促进还是抑制青少年思维发展》，《教育研究与实验》，2007 年第 5 期，第 51～56 页)

第三节　中学生的情绪和意志发展

案例分享

某初二学生小文，上外语课时因为玩手机被老师发现，老师让他收起来。老师走开后，他又把手机拿出来发短信，要命的是不小心手机发出了音乐声。老师当时非常气愤，命令他把手机交出来。这部手机是他央求了父亲好久，且承诺努力学习后父亲才帮他买的，要是父亲知道了自己上课玩手机，那不死定了！所以老师要他交手机时他坚决不交，并产生了拉扯。事情发展到这个地步，外语老师只好去求助班主任。班主任当即联系了家长，让家长来学校一趟。不久，该生的父亲来到学校，气愤的父亲当时就要打儿子一顿，被老师阻止，儿子的情绪也很冲动，几次要跑。他认为自己并没有违纪，只不过手机发出声音是自己一时疏忽，忘记了修改设置，发出声音并不是自己有意的，而老师动手打他(只是要拉他出教室并非打)是犯法行为,老师应该向他承认错误!

(资料来源:许泽高,《赢在此时:青春期逆反心理分析与对策》,武汉大学出版社,2007年)

上述案例在处于青春期的中学生中屡见不鲜,你知道学生出现不良情绪背后的原因吗?在他们暴怒时,要采取什么样的措施让他们平息下来?

一、中学生情绪发展特点

中学生情绪情感发展的基本特点是矛盾性。由于中学生特别是初中生生理发育的迅速和现实中主客观矛盾的增多,情绪和情感的发展往往是强烈而狂暴的,甚至达到震撼人心的程度,但在某些场合下却表现出细腻和内向性的特点。中学生情绪情感发展的第二个特点是社会情感更加丰富和深刻。中学生的求知欲特别强烈,责任感、义务感、荣誉感、自尊心等道德感的自觉性明显提高。在美感方面,追求内容和形式的统一美,对艺术作品、社会现象和人物的评价方面有了自己独特深刻的情感体验。中学生情绪情感发展的第三个特点是友谊感的迅速增强,朋友关系在中学生的生活中日益重要,并出现了两性爱情的萌芽。从情绪智力与情绪发展来看,青少年的情绪比儿童期成熟许多,即使在青少年前期、中期与后期,情绪也有不同的变化。林崇德认为,此时期的发展有几个特征:①情绪的自我调整与控制能力逐渐提高;②情绪表达逐渐带有文饰、内隐的特点。

(一)初中生情绪发展特点

1. 情绪活动具有外露性

初中生的情绪活动相比之下还是外露的占多数,他们敞开心扉接受大千世界带给他们无穷无尽的信息,像海绵吸水那样吮吸着出现在周围的各种各样的知识,纯洁、单一是他们情绪活动的基本面,感到高兴、欢乐,他们无遮无拦、开口大笑;遇到困难,他们双眉紧锁、哭丧着脸。

2. 情绪体验具有迅速性

初中生情绪活动在反应时间上的特点是情绪体验迅速,他们的情绪反应来得快,平息得也快,维持的时间相对较短。尤其在初中低年级的学生身上,教师还经常见到他们像儿童那样“破涕为笑”的现象,可见初中生的情绪活动仍然存在着喜怒无常的不稳定性。

3. 情绪体验具有两极性

首先,情绪具有两极性。情绪的两极性,主要表现在初中生对同一事物,同时出现两种对立的内心体验。例如初中生面临考试,他们感到既兴奋又不安,既带有跃跃欲试的心情,又有一些担心。一旦考试完毕,学生感到一种轻松,同时,又难免对成绩好坏产生担忧。这种快乐与悲哀、愉快与忧愁、肯定与否定的情绪体验,从性质上说,应该是互相排斥、绝对对立的,然而在初中生的情绪活动中却同时表现,而且显示出协调与统一的一面,反映了每一件事物对初中生这个主体的不同意义，反映了主客体之间相互作用的无限生动性。

其次，情绪效能具有两极性。例如，恐惧与焦虑的情绪，可能使初中生出现旺盛的斗志，增加他们的活动力量；也可能减弱中学生的活动力量，在情境面前手足无措而丧失斗志。情绪效能上的两极性，主要表现在增力与减力的不同作用，这是由初中生当时的心理准备状况来决定的。

最后，情绪性质具有两极性。情绪两极性的另一种表现，是以情绪效能是不是有利于初中生身心健康，或者是不是有利于初中生当前活动任务的完成而区分为积极性情绪和消极性情绪。情绪的积极和消极性质，要求结合具体情境与需要加以确定，不能一概而论。例如，轻松的情绪状态可能有利于初中生的身体健康，却不一定有利于工作任务的完成。按照心理要求，适当的紧张度是出色完成工作任务所不可缺少的。

（二）高中生情绪发展特点

高中生的情绪模式可分为愉快的情绪和不愉快的情绪。不愉快的情绪如愤怒、恐惧、嫉妒、焦虑等较为常见；愉快的情绪如高兴、亲爱、乐趣、好奇等也经常出现。但是愉快情绪出现的次数与强度，一般不如不愉快情绪出现次数多、强度大。可见，高中生已处于典型的烦恼增殖期，在情绪表现和情绪体验上带有明显的年龄特征。

1. 高中生情绪表现的特点

高中生的情绪表现上有两大特点：一是内隐文饰性。随着高中生社会化的逐渐完成与生理的成熟，他们能根据一定的条件或目的表达自己的情绪，形成外部表情与内心体验的不一致性。如，有的学生对异性萌发了爱慕之情，却往往贬低、冷落人家。二是两极波动性。尽管高中生的自控能力提高了，但由于生理方面、学业方面以及心理的发展还未成熟等种种原因，情绪表现的两极性明显。顺利时得意忘形，受挫时垂头丧气；喜时花草皆笑，悲时草木流泪，情绪的反应强度大，很容易走极端。有人对100名高中生进行调查，发现70%的人情绪都经常处于两极波动中，而情绪不受刺激而变化的人数百分比为零。

2. 高中生情绪体验的特点

一是延续性。在小学、初中阶段，学生的情绪具有易激性、易感性、易表现性，但是到高中阶段，情绪爆发的频率降低，情绪的控制能力提高，情绪体验的时限延长、稳定度提高。

二是丰富性。高中生正处在多梦的年龄，几乎人类所有的情绪种类都可在高中生身上体现出来，并且各类情绪的强度不一，有不同层次。另外，在情绪体验的内容上也是丰富多彩。如“惧怕”的情绪，高中生所怕的事物主要与社会的、想象的、抽象的、复杂的事物和情形有关，与幼儿时期所惧怕的猫、狗之类的具体、单纯的实物不尽相同。尽管幼儿时期的惧怕经验可能遗留在他们身上，但高中生的惧怕多与社会文化等因素相联系，如怕考试、怕寂寞等。

三是特异性，高中生自我意识的迅速发展，为他们的情绪体验增添了一圈圈独特的“光晕”，这里面包含个性的差异、自我感知的差异、性别的差异。例如，同样是消极情绪体验，男生倾向于发怒，女生倾向于悲哀和惧怕。

（三）中学生不同阶段情绪发展比较

第一，情绪觉察方面：初中和高中没有差异。

第二,情绪表达方面:随着年龄的增长,情绪表达渐趋内隐、间接,情绪控制能力不断提升。具体表现为:初中阶段是“外显与内隐”两极化(例如生气以外显方式表达,难过以内隐方式呈现),高中阶段则是“文饰、内隐”,内心体验与外部表情不一致。

第三,情绪调整方面:初中生与高中生在“控制情绪冲动”与“使用调整策略”这两方面无差异;高中生虽然情绪调整上比初中生稳定,不易冲动,但是因为考虑因素比初中生多,反而导致情绪不稳。

第四,情绪应用方面:在“转移注意”、“自我激励”方面,初中生与高中生无差异;在“促进思考”方面,高中生优于初中生;在“反省成长”方面,二者无差异。

第五,就性别来说,女性情绪智力优于男性。

二、中学生情绪压力的成因

情绪影响个人身心健康、行为表现、社交关系与人格发展。中学生因为身心急速变化,各种发展压力接踵而来,因此容易导致情绪不稳。中学生情绪处理不当,会引发一些问题,包括个人生活问题(例如饮食、排泄、睡眠)、团体生活问题(例如打架、暴力)、不良行为(例如偷窃、旷课),以及精神疾病。具体分析如下。

1. 身心快速成长带来的压力

在身体方面,中学生在短短几年中,身高、体重、身体内部机能(内脏、肌肉、脂肪、脑、内分泌)急速成长,第一与第二性征成熟。中学生身体虽快速转换,心理上却无法快速适应。在心理方面,中学生因认知发展而改变对人对事的看法,会给自己带来一些困扰。

2. 亲子冲突增多

抽象思维认知能力细化了中学生的思考历程,让中学生拥有独立思考的能力,也使得父母的绝对真理成为有待辩驳的相对看法。因此,中学生在生涯抉择、政治理念、亲子互动、异性交往等方面,意见可能跟父母不同,这也让亲子冲突在某些时候增多。

3. 学习与升学的压力

“万般皆下品,唯有读书高”的观念,仍普遍存在于社会中。在父母与师长的期望下,大部分中学生长年挑灯夜战,长期缺乏足够的休息时间,身体四肢伸展不足。一些潜力不在于“智”育方面的学生,遍尝失败,独饮怀才不遇的苦闷。一些成为学校逃兵的中学生,虽然暂时没有学习及考试压力,却感到生活无所适从,不知未来何去何从。

4. 异性交往的压力

异性交往是中学生重大压力源之一。中学生通过与异性交往,了解自我及异性,学习跟异性互动,最后构筑出携手一生的异性图像。这样的历程,往往会因为青少年过于浪漫、现实感不足、准备不够,而酿造出意外事件,给自己及他人平添困扰。

5. 同伴相处的压力

中学生须脱离依赖角色,成为独立个体。在此过渡期中,同伴成为支撑中学生迈向独立的重要桥梁。中学生跟处境类似、境遇相同的同伴,容易成为同病相怜的一群。他们相互支持,彼此接纳,从中找到自尊、价值感和归属感,因此同伴关系在中学阶段格外重要。

交往技巧的获得需长期学习,良好个人特质的培养有赖磨炼及自我反省,这对于血气方刚、心浮气躁、好面子、以自我为中心的中学生来说尤其困难。因此，中学生的同伴关系不时被抹上疏离、冲突、排挤、沟通困难、知音难觅等灰暗色彩。

6. 社会期望的压力

中学生被要求延续国家命脉，承担社会荣辱的责任。成人对中学生给予厚望，却常感失望。今日，中学生在成人心目中是吃不了苦的“草莓族”、负债累累的“新贫族”、每月生活费花光光的“月光族”。

中学生认为成人的批判是杞人忧天，却不能以实际行动说服成人。中学生眼高手低的毛病，反而让自己陷入了“无力抬头，又耻于低头”的困境。

7. 一连串抉择的压力

中学生面对一连串跟现在、未来有关的抉择，并为抉择负责。这些抉择上的压力，让一些中学生倍感惊恐和无助。

8. 中学生的人格特质

中学生的人格特质影响其面对、诠释、评估及应对压力的方式，也影响其觉察、调适、表达及运用情绪的方法。中学生不良的人格特质，降低其应对压力的能力，也带来负面的情绪。

知识链接

如何应对情绪失控的学生

本节开始的“案例分享”部分的案例是武昌某中学的真实案例，我们可以参考一下其处理方式。

第一步，转移环境。

离开刺激他的学校环境和家庭环境，我们来到附近一座公园，这里很安静。在公园内湖边的椅子上坐下，湖中有几只野鸭戏水，我先让他平静一会，什么也不说。避免刺激源，安静的环境可以减弱他情绪活动的强度。

我在旁边边看报纸边观察他，开始时，他双目圆睁、粗气直喘，面部肌肉绷得紧紧的，两眼紧盯湖面，表现出极为愤怒的样子。大约过了六七分钟，他的神情有所缓解，两眼随着湖面上的鸭子而移动，我们谈话的时间到了。

第二步，让他宣泄。

强制性的压抑是不利于身体健康的，必须让他把自己的那股能量释放出来。我放下报纸，向他身边移了移，靠近他，微笑着问他(这种做法表达了自己诚恳、和蔼、亲近、友好)：

“今天的事，我想你肯定有你的想法跟理由，你不想被委屈，是吗？能不能告诉我呢？”

(采用认同技术，有利于接近、缩小和他的心理距离；开放式的问话方式为他提供宣泄机会，也让自己获得更多的信息；采用“委屈”词语可以引起情感共鸣。)

“完全是他们的不对！他们凭什么随便批评人、打人？他们总是对那些成绩好的庇护，那些成绩好的犯了再大的错老师也会原谅，还为他们找正当理由，成绩差的就不是人了？就不应该尊重吗？那个英语老师我就是看不惯，动不动就批评人，全班同学都很讨厌他……”

他一口气说了一大串，在他说的过程中我没有打断他，尽量让他把话说完。大约过了十几分钟，他的话少了一些，后来变成了我问他答。最后，我问他：“你说完了吗？”“目前没有了，等我想起来了再说。”

第三步，原因分析。

边和他谈话，边分析他的观念和情绪爆发的原因。从他的话中，可以看出主要有这几方面的问题：

其一，他成绩较差，在班上处于被忽视的地位，对老师有很大的成见，在诉说中包含了很大的怨气。

其二，他很不喜欢英语老师，也不喜欢学习英语，上课实在无聊，拿出手机玩，手机的音乐声可能是不小心发出的，并非他的本意。

其三，处于防御心理，他认为老师打他，这是责任外卸，另外也想借机发泄一下对英语老师的不满。

其四，情绪激烈，行为冲动，言语尖锐，甚至不计后果，这是青春期青少年心理行为反应的一个普遍现象。事后他们一般会认识到自己的错误行为，大多碍于面子不会亲自向老师或家长认错，但以后在行为上会得到解决改正。

其五，他也想表现自己好的一面，希望得到老师的关注，但自己的成绩很差，没有机会去表现自己。很多次他都能协助班干部展开活动，但这些并没有引起老师的关注。在一次班内活动中，他和班干部做的事一样，结果老师表扬了班干部而没有提到他，他心里很不平衡。

其六，家里父母关系长期不和，父亲性情暴躁，总认为他不争气，批评训斥是家常便饭。有几次父亲训斥他时，他都想离家出走。

第四步，认知改变。

改变他的观念，帮助他重建对事物的看法是调节情绪的关键。在认知改变过程中，就此案例，可以采用下面几项技术：

认同技术。作为一个人，如果受到不公平待遇的时候，表示愤怒与不满是正常的。我们每个人都有自尊，都有积极进取向上的一面，都希望得到别人肯定与赞扬。

合理化解释。一个老师，由于精力有限，在面对全班几十名同学的时候，难免会照顾不周，不可能对每个人都是一样的照顾。在师生沟通的时候，可能会出现一些误解，很多误解发生之后老师本人很可能还没有意识到，这就需要学生主动去和老师沟通，消除这种误解。如果时间长了，积累多了，会影响双方的感情。从根本上说，师生之间并没有什么深仇大恨，最多只是沟通顺畅与采取的方法是否恰当等问题。如果这种沟通不够或方法欠佳，发展到仇恨的地步，这就不应该了。

（资料来源：许泽高，《赢在此时：青春期逆反心理分析与对策》，武汉大学出版社，2007 年）

第四节　中学生自我发展的一般规律

案例分享

一位正在上初中的女生说："我有多喜欢自己这样的人呢？好吧，我喜欢自己的一些方面，但不喜欢其他的一些方面。我喜欢的是自己受大家欢迎，因为拥有朋友对我来说非常重要。但在学校中，我不如那些非常聪明的孩子。不过，这也没什么大不了，因为如果你太聪明，你就会失去你的朋友。所以聪明并不那么重要，除了对于父母而言。当我做的并不像他们所期望的那样时，我觉得自己令他们失望了。"

（资料来源：Robert S. Feldman 著，苏彦捷等译，《发展心理学——人的毕生发展》，世界图书出版公司，2007 年）

为什么初中生会有这样的想法？这似乎与我们所想的并不一样。也许许多人会认为，中学生都希望自己是最聪明的、班里学习成绩最好的，但案例中的女生的想法告诉我们事实并非如此。在日常生活中我们也不难发现，中学生在如何看待自己、如何评价自己等方面越来越受到他人的影响，因此会产生一些我们难以理解的想法。因此，了解更多关于中学生的自我发展的一般规律会对教师、家长有很重要的帮助。通过这一节的学习，我们可以了解，中学生的自我发展除了会受到同伴、同学的影响之外，还有很多其他重要的规律。

学习导航

我国中学生一般年龄为 12 岁至 18 岁，而青少年期是从 11、12 岁开始到 17、18 岁结束，历时 6 年。我国中学生正好处于青春发育期。11、12 岁到 14、15 岁这段时间可称为青春期、少年期，这个阶段的个体正处于初中阶段；14、15 岁到 17、18 岁可称为青年早期，这个阶段的个体正处于高中阶段。没有任何其他的阶段比青少年期对自我发展来说更重要了，因为，青少年期的中学生正处于一个"寻找自我"的时期。对于现在的中学生而言，普遍存在早熟现象，这使得他们的"寻找自我"的时期提前到来，但无论早熟或晚熟，都会对自我发展有一定影响，在理解中学生自我发展规律时，我们需要清楚这一点。

知识链接

青春期带来的众多快速变化使任何人都感到紧张。如果青春期到来得太早或太晚，其带来的冲击都可能会被放大，其中有好的一面，也有坏的一面。

对男生来说，早熟一般有好处，通常能使他们的自我形象得到加强，并在社交和运动中占优势。由于这些原因，早熟的男生往往更镇定、放松、有支配力、自信、在同伴中有人缘。但他们也更容易受到毒品、酗酒、斗殴和反社会行为的影响。很多晚熟的男生则对发育迟缓感到焦虑,但当他们赶上之后,会比正常成熟的男孩更热心、健谈、果断,对自己更宽容。

女孩早熟的优势不明显。在小学阶段,发育超前的女生在同伴中的威信往往较低,她们的自我形象也较差,这也许是因为她们在同学之中显得人高马大,不易合群。初中时期的早熟以第二性征的出现为标志,这会导致更积极的身材形象、更高的同伴威信和成人的支持。相比之下,晚熟女孩的优势通常是长得更高更苗条。一些有关调查结果表明,早熟的女孩较早开始约会,更独立,在学校更积极,同时她们在学校也更容易遇到麻烦。对所有女孩子来说,自信、外表形象、性成熟以及与家人和朋友之间的关系,是她们在这个时期都要遇到的普遍问题。

发育中的早熟、晚熟各有利弊。早熟的另一个代价是被迫形成早熟认同。当一个十几岁的孩子看起来像成年人时,就有可能被当作成人来对待。在这种情况下,如果有充分的心理准备,将可以促使个体更加成熟和独立,如果在情绪上没有准备好,则可能使青少年没有充分的时间寻求认同,最终不能形成健康的自我感。

(资料来源:Dennis Coon、John O. Mitterer 著,郑钢等译,《心理学导论——思想与行为的认识之路》,中国轻工业出版社,2008 年)

一、自我意识

许多心理学家认为,青春期是自我意识发展的第二个飞跃期。在个体进入青春期以前,曾出现过一次自我意识发展的飞跃期,年龄在 1～3 岁,以儿童可以用代词“我”来标志自己为重要特点。在接下来的若干年里,儿童的自我意识虽然还在继续发展着,但发展的速度相对平稳。进入青春期后,中学生的思想意识再一次指向自我,从而导致自我意识的第二次飞跃。

(一) 自我意识的分类

1. 生理自我、心理自我与社会自我

(1) 生理自我:这是对自己外表和体质状况的观察和认识,包括外貌、风度、健康状况等方面。例如:我是一个外表阳光的男生,身材消瘦,五官端正,个子较高。

(2) 心理自我:这是对自己精神世界的观察,包括对自己的智力、能力、兴趣、性格、爱好、特长等方面的观察和认识。例如:我是一个喜欢跳舞的女孩,虽然不太外向,但善于交际,有很多好朋友。

(3) 社会自我:这是对自我形象的观察和认识,考察自己在集体中的地位。对中学生而言,主要是自己在班级、年级、学校中的位置和作用,公共生活中的举止表现以及社会适应能力。例如:我是一个成绩一般的学生,在年级排名中等偏下,但我是班里的文娱委员,班里的大小文艺活动都由我负责承担和举办,同时我也是校合唱队的一员,为此,我的家里人感到

很骄傲。

2. 现实自我与理想自我

(1) 现实自我:即人对自己当前状况的评价。例如:我是一个成绩一般的学生,在年级排名中等偏下。

(2) 理想自我:即个体设想的“我”,包括对自己应该怎么样、将来怎么样、希望自己怎么样的认识。例如:我希望自己学习成绩能进入年级前 10 名,高考取得优秀成绩,考入“211”大学。

(二) 中学生自我意识的特点

知识链接

一项关于初中生对自身身体满意度的调查结果显示:该地区的初中生对自己身体的满意程度属于中等水平;男生对身体的满意程度明显高于女生;随着年级的升高,初中生对自己身体的满意度呈现下降趋势。

另一项关于初中生对理想身材的倾向性的调查结果显示:当代初中生对理想身材方面的期望反映了国际潮流趋向,即对“瘦”的身材的要求强烈;在理想身高方面,男女生之间并不存在态度上的差异;但在理想体质方面却存在显著差异,女生更倾向于要求“瘦”,男生对此态度更宽容。初中阶段,学生,尤其是女生的瘦身倾向严重,应引起重视。

(资料来源:许思安、聂衍刚、苏斌原,《粤澳初中学生身体自我满意度的比较研究》,《心理发展与教育》,2006 年第 2 期,第 100～103 页;许思安、郑雪、苏斌原、刘嘉,《广州和澳门地区初中生对理想身材的倾向性》,《中国临床康复》,2005 年第 36 期,第 45～47 页)

步入初中以后,由于身体的迅速发育,在学生的身上出现了成人的体貌特征。这些生理上的变化,促使初中生开始关注自己的主观世界,使思想意识再一次指向自我,从而导致了自我意识的第二次飞跃。在初中、高中阶段,正是一个人必须明确自己个性的主要特征,开始考虑自己的人生道路的时候,所以一切问题既是以“自我”为核心展开的,又是以解决好“自我”这个问题为目的的。这种主客观上的需求使得中学生的自我意识获得了进一步的发展。中学生自我意识的特点有以下几个方面:

(1) 自我意识中独立意向的发展。中学生已能完全意识到自己是一个独立的个体,因此要求独立的愿望日趋强烈。

(2) 自我意识成分的分化。中学生在心理上把自我分成了“理想自我”和“现实自我”两个部分。正是由于这种分化才形成了他们思维或行为上的主体性,产生了按照自己的想法判断和控制自己言行的要求和体验,同时也会出现自我矛盾。

(3) 强烈地关心自己的个性成长。中学生十分关心自己个性特点方面的优缺点,在对人、对己进行评价时,也将个性是否完整放在首要位置。

(4) 自我评价的成熟。中学生能独立地评价自己的内心品质,评价行为的动机与效果一致性情况等,其自我评价在一定程度上达到了主客观的辩证统一。

(5) 有较强的自尊心。中学生在其言行受到肯定和赞赏时,会产生强烈的满足感;反之,受到否定和批评时,则会产生挫折感。

(三) 初中生的自我意识发展

(1) 初中生关注着自己的外部世界,感受着来自生理变化给自己带来的冲击。

(2) 初中生对人的内部世界、内心品质发生了兴趣,开始要求了解别人的和自己的个性特点,了解自己的体验和评价自己。

(3) 初中生能够更自觉地评价别人的和自己的个性品质。

(4) 同青年或成人比较起来,初中生评价别人的和自己的品质的能力不高、不稳定。

(四) 高中生的自我意识发展

(1) 高中生对独立的要求是建立在与成人和睦相处的基础上的,相对于初中生而言显得比较成熟。

(2) 高中生努力尝试实现"理想自我"与"现实自我"、"主体的我"与"社会的我"的有机统一。

(3) 自我形象受到了空前的关注。无论男生还是女生,都关注自己的形象,关心别人对自己的评价,关注自己的相貌和性格的优缺点。

(4) 由于抽象逻辑思维的进一步发展、知识经验的日益丰富,高中生逐渐学会了较为全面、客观、辩证地看待自己、分析自己、自我评价的能力变得全面、主动而且日趋深刻。

(5) 高中生的自尊心快速发展,这使得他们的思想相对较为固执,极易影响其人际交往。

知识链接

中学生自我意识与心理健康的关系

彭以送、聂衍刚等学者采用自编的青少年自我意识量表(量表包括体貌评价、能力评价、品德评价、自尊心、自信心、自觉性、情绪自控、自制力与坚持性8个因素)与症状自评量表(SCL-90)对初一、初二与高一、高二学生进行研究,结果发现自我意识量表中的自觉性、自信心、能力评价、体貌评价和自尊心5个因素与中学生心理健康关系密切。总体而言,中学生自我意识越高,其心理症状就越少,心理健康水平就越高。

(1) 自觉性比较高的中学生对自身言行的目的有更为正确的认识,为达到预期目标能主动启动自己的行为,积极协调,适应环境。

(2) 充满信心的中学生往往对一切满怀希望,具有更多积极、丰富而持续的心理体验,能摆脱自卑感,形成积极向上的自我形象,促进心理健康。

(3) 对自身能力评价高的中学生，具有更强的独立感和“成人感”，能更好地表现自己、实现自己，带动个体不断接触新事物，加强自身与环境的联系，从而更多体会成功的喜悦。

(4) 体貌变化往往是青春期的敏感问题，他们意识到自己的生理特征和身体功能的巨变，对自身的体貌显得更为关注，这种对身体的感受很可能影响他们自我接受、自我认可的程度，高体貌评价的中学生具有更为积极的情感反应。

(5) 中学生对自尊尤其敏感，高自尊的中学生具有较强的主动性和良好的自我感觉，更能感受到别人对自己的在乎和尊重。

(资料来源：彭以松、聂衍刚、蒋佩，《中学生自我意识发展特点及与心理健康关系的研究》，《内蒙古师范大学学报(教育科学版)》，2007 年第 20 卷第 20 期，第93～97 页)

二、自我概念

从小学到中学，个体的自我概念变得更加心理化、更抽象化、更加完整一致。中学生变成了经验丰富的自我理论家，对其人格能真正加以反省和理解。

中学生对“自己是谁”，即自我概念的理解日益深刻，而其中一个方面就是以更广阔的视角看待自己。他们可以同时看到自己的不同方面，而且，这种关于自己的观点变得更有组织性和一致性。他们以心理学家的视角看待自己，不仅将特质看做是具体的实体，还看做是抽象概念。

然而在某种意义上，这种更广的、更为多面地自我概念让人喜忧参半。中学生，尤其是初中生可能为他们个性的复杂性所困扰。例如，如果一个初中生认为自己是一个“好交际的人，喜欢和他人待在一起”，当他想一个人独处的时候，他可能会因为自己的行为与观点不一致而变得焦虑。

具体而言，中学生的自我概念在以下几个方面与早期个体的自我概念存在显著差异。

1. 自我概念更加抽象

皮亚杰的理论认为，个体在 11 或 12 岁的时候，其思维从具体运算思维向形式运算思维转变，进入青春期的个体已经不再用很具体的词语描述他们的自身特征，而是更经常用概括性的词语来描述。个体进入高中后，其自我概念则更抽象，不仅关注人格特点，同时也关注重要的价值观和意识形态及信念。

2. 自我概念更加具有整合性和组织性

中学生在进行自我描述时，不仅仅像早期儿童一样列出自我各方面的特点，而且将自我知觉(包括那些看起来是互相矛盾的方面)整合成更具有逻辑性和连贯性的统一体。

3. 自我概念的结构更加分化

中学生不再像小学生那样概括地使用某些特质描述自己，而是认识到自我在不同的情景下会有不同的表现。例如，青少年会区分自己父母、朋友同伴以及恋人等不同交往对象来对自我进行描述，而且他们也会根据自己的不同社会角色分化出不同的自我概念。

知识链接

我国中学生自我概念的发展特点

赵必华使用多维自我概念量表(MSCS)对我国安徽省的初一至高三的约1000名学生进行研究，其研究发现：

1. 我国中学生自我概念水平比美国学生低

由于文化传统与背景的差异，中国人比较内敛，崇尚中庸之道、谦让妥协、虚心隐忍，因此我国中学生自我概念表达的水平会低于西方学生。在低水平的自我概念中，“学业自我”概念水平最低，这可能与我国教育制度，特别是教育评价有关。中国社会一贯看重学生的学业考试成绩，长期以来，这种以升学为唯一价值取向、以考试为唯一方式、以甄别筛选为目的的应试教育，使得学生不断经历考试带来的失败体验。另外，长期以来，我国中学教材“繁、难、偏”的问题没有得到很好的解决，强灌硬注的教学方式并未根本改变，中学生学习的难度大，学业负担重，被称为中国社会“最忙最累”的一族，享受不到学习带来的乐趣，也逐渐失去了对学习的自信。而低学业自我概念可能会产生一种弥散作用，影响到中学生对整体自我的评价，造成我国中学生自我概念的水平普遍偏低。

2. 我国中学生自我概念的发展大致呈U形分布

与国外研究得到的结果相似，我国中学生自我概念的发展大致呈U形分布。但我国中学生自我概念水平的最低点出现后移现象：初一最高，后逐级下降，到高一到达最低点，然后又缓缓上升。中学阶段是青少年身心发展的一个重大转折时期，伴随着身体的逐渐成熟与知识的逐步积累，学生的抽象逻辑思维开始占主导地位，思维的独立性和批判性增强，对自己的评价更为客观，初中一、二年级阶段自我概念评价“虚高”的成分逐渐较少；另外，随着身体的成熟，他们迫切期望获得成人社会的认可，享受成人社会的权利，但客观的现实又每每使他们的愿望落空，身体发展与心理发展的不对称，使他们对自我的满意度下降；特别到了高一年级，学生经历了一次从初中到高中的学生环境的转换，学业难度增大，承载的家庭与社会责任也逐步增大，从而使自我概念进入一个“低潮期”；但随着对生活的适应及各方面能力的迅速增强，自我概念又开始回升。

3. 城市中学生在能力自我和情感自我上水平高于农村学生

中国正处于社会转型时期，城市与农村在经济、教育、文化、生活环境、生活方式等许多方面存在较大的差异，城市学生有较优越的物质、环境和良好的学习条件，接受各种信息快、渠道多，文化生活丰富多彩，人际交往方面也很主动、多元。这些可能是我国城市中学生在自我概念的能力自我与情感自我水平高于农村学生的原因。

(资料来源：赵必华，《中学生自我概念的结构与发展特点》，《安徽师范大学学报(人文社会科学版)》，2008年第36卷第1期，第96～100页)

影响中学生自我概念的因素很多,其主要因素有下述四方面:

(1) 生理因素。主要是身体外观形态上的特点,这种特点可以影响到中学生自我概念的积极或消极方面。

(2) 认识水平。具有较高认识水平及成熟的形式逻辑和辩证逻辑思维特点的中学生往往具有更恰当、更稳定的自我概念。

(3) 父母的影响。父母的自我概念倾向对中学生自我概念的影响是同方向的。

(4) 经验。成功及失败经验的累积也是影响自我概念性质的重要因素。

知识链接

中小学生自我概念发展的影响因素研究

郗浩丽运用社会关系问卷、Song-Hattie自我概念问卷等对高年级小学生及初中学生自我概念发展的影响因素进行了考察。研究发现,在小学高年级和初中两个阶段,对自我概念具有显著影响作用的变量虽然大致相同,但它们对两个阶段自我概念的影响作用及影响模型却迥乎不同。

1. 同伴接纳对自我概念的影响从小学高年级阶段的决定性影响下降为初中阶段的重要影响源之一

同伴关系满足了少年期的人格发展需求。青春期发育的预期迹象和逐渐成熟,使自我概念成为显性因素。中小学生要求脱离成人的影响,但是他们的社会性还不完全,自我还处于不安和动摇之中,需要一个由同龄伙伴组成的团体作为依存对象以求得自我的安定。而且,被同伴接纳会产生归属感和胜任感。高年级小学生自我概念的形成主要来自他人尤其是同伴的直接、间接的反馈,因而同伴接纳的影响远远超过其他因素的影响,而初中生因为思维的抽象与可逆性更强,可以通过比较与反思获得自我,独立评估自己的能力增强了,表现为自我概念受同伴影响的强度大大降低。

2. 学业成就对自我概念的影响从小学高年级至初中有显著上升

学业是学生生活的主要方面,考试分数体现着对受教育者价值的一个重要方面所作的公开、权威的评估,因此在学生的学业成绩和自我概念之间有一种积极肯定的联系。但是,尽管素质教育逐步推进,但应试和升学的压力依然困扰着初中学生,学业成绩成为父母、师长的态度,社会评价以及自我评价的重要而独立的标尺,因此,初中生自我概念受学业成绩影响的程度高于小学高年级学生。

3. 父子关系和师生关系的影响从小学高年级至初中稍有降低

即将或已经进入青春期,中小学生与父母、教师的关系逐渐变得疏远,希望通过与父母、老师的疏离、对立达到所谓的“独立”,但事实上他们依然在心理上依赖着父母和老师,父亲的尊重理解、友好亲近以及教师的支持关爱、鼓励期望等特征对中小学生自我概念依然具有显著的影响作用。初中学生随着社会经验的丰富、心理发展需求的多样化,愈加需要获得内在的力量进行自我整合,他们自信的平均得分显著高于高年级小学生。这表明,初中阶段运用内在线索认识、评价自己的能力增强,作为“重要他人”的父母、教师的影响作用则比小学高年级的有所降低。

(资料来源:郗浩丽,《中小学生自我概念发展的影响因素研究》,《南京师大学报(社会科学版)》,2002 年第 5 期,第 97～103 页)

三、自我评价

自我评价是与个体认识能力发展相关的一种自我意识的表现,是一种包含社会行为准则的知识和主观经验的复杂的心理和行为。具体指个体对自身的思想、能力、水平等方面所作的评价,它是自我调节机制的主要成分。自我评价的能力只有在中学阶段才开始成熟。虽然个体在童年时就开始产生了一些简单的自我评价,但那时的自我评价多是由别人的态度和反应折射到自身而产生的,缺少内省性。进入中学,尤其进入高中后,由于抽象逻辑思维的进一步发展、知识经验的日益丰富,中学生逐渐学会了较为全面、客观、辩证地看待自己、分析自己,自我评价才会变得全面、主动,而且日趋深刻。

自我评价能力的增长及对自我分析要求的提高,不仅是青少年个性高度发展的重要标志,而且也是有目的地进行自我教育的前提。青少年进行自我评价不完全是由于外力的推动,而在相当程度上是出自于实现理想自我的愿望,或是对失败和挫折的反省。所以,自我评价能力发展的最终结果将导致青少年更好地实现自我监督和调控及自我改造和完善。

中学生在自我评价的发展上表现出个体差异。大部分中学生能够进行适当的自我评价,但相对而言,部分中学生,尤其是初中生容易出现自我评价“虚高”的现象,因而导致他们行为表现上的自负,常常听不进去别人的意见。但随着年龄的增长,这种情况会得到改善,自我评价与其实际表现会日趋一致。

知识链接

中学生自我评价与学业成绩的关系

中学生的学业成绩一直以来都是心理学家和教育工作者密切关注的课题。Kenny 和 Bledsoe 的研究发现,个体感知的家庭支持和同伴支持会对学业障碍的感知有影响。Marsh、Relich 和 Smith 的研究发现,数学和语文成绩与它们各自的自我概念高度相关。

李晶等学者使用自我问卷(about me questionnaire)及长处和困难问卷(strength and difficulty questionnaire,SDQ)来研究自我评价与学业成绩的关系。其中自我问卷包括同伴认同、家庭认同、学校认同、学业努力程度、学业能力、学业重要性和总体自我价值感等 7 个因素;SDQ 是用于测量自我评价的负性方面的,包括情绪障碍、品行问题、多动/注意障碍、同伴关系问题、亲社会行为等 5 个因素。

李晶等学者的研究发现，中学生自我评价的学业努力程度与语文、英语成绩之间存在显著的正相关；自我评价的学业能力与各科(语数英)成绩都存在正相关；多动/注意障碍和同伴关系问题与数学成绩之间存在显著负相关。以语文成绩为因变量的回归分析发现，学业能力和总体自我价值感的解释率依次为3.8%和1.0%；以数学成绩为因变量的回归分析发现，SDQ总分、学业能力和总体自我价值感的解释率依次为2.5%、2.5%和3.5%；以英语成绩为因变量的回归分析发现，学业能力和总体自我价值感的解释率依次为8.6%和0.5%。

(资料来源：李晶、张杰、朱莉琪，《中学生自我评价的发展及其与学业成绩的关系》，《心理科学》，2011年第34卷第3期，第619～624页)

四、自尊

“知道自己是谁”和“喜欢自己是谁”是两回事。虽然中学生在理解自己是谁(自我概念)方面越来越准确，但这种知识并不能保证他们是否更喜欢自己(自尊)。事实上，中学生在理解自己方面越来越准确的知识使得他们可以全面地看待自己、如实描绘自己，他们根据这种知觉去行事，正是这种知觉引导他们发展出他们的自尊。

进入中学阶段，个体对自我价值的判断集中到人际关系方面。随着人际关系重要性的增加，好友间的关系对总体自尊变得非常重要就不足为奇了，虽然它影响男生和女生自尊的方式有所不同：女生高自尊的获得往往是因为他们在与朋友的交往中获得了支持，而高自尊男生则往往是因为他们在朋友中有很强的影响力；低自尊的女生和其无法赢得朋友的赞同有很高的相关性，而对于男生而言，造成低自尊的主要原因是缺乏对异性的吸引力。

影响中学生自尊的因素主要有以下几个。

1. 同伴影响

早在4～5岁，儿童就开始认识到他们与同伴的区别，他们使用社会比较信息获知自己和同伴在许多方面的优劣。例如，发下试卷后会问别人：“你这次考了多少分？”或者在跑步比赛获胜后说：“我跑得比你快！”随着年龄的增长，这种比较不断增加，而且变得微妙起来，这对中学生自尊的形成有重要作用。进入初中后，同伴群体对自尊的影响变得更加明显，与某些关系密切的朋友的友谊质量是影响中学生自我赞许的最重要因素。

2. 性别差异

许多研究发现，进入初中之后，女生的自尊往往比男生更低、更脆弱。其中一个原因是，与男生相比，除了学业成就外，女生往往对身体外表和社交成功更加在意。虽然男生在这些方面也很在意，但他们的态度更为随意。而且，许多社会信息暗示着女性的学业成就是社会成功的绊脚石，这就将女生置于一个艰难的困境中：如果她们学业非常好，那么就阻碍了她们在社交上的成功。

虽然一般而言，中学男生的自尊高于女生，但男生也有他们自己脆弱的地方。例如，社会的性别刻板印象可能使男生感觉到，他们应该总是表现出自信、坚强和无所畏惧。男生面临困难时，由于没能满足社会的性别刻板印象，可能不仅会因失败而感到痛苦，还会感到自己无能。

3. 社会经济地位

社会经济地位和种族因素也会影响自尊。社会经济地位较高的中学生比社会经济地位较低的中学生有着更高的自尊，在高中阶段尤其如此。这可能是因为社会地位因素显著地提升了个体的地位和自尊，例如，有昂贵的衣服或有机会出国留学等在高中阶段会变得更引人注目。

五、自我同一性

埃里克森将青少年期定义为一个人形成同一性的关键期，并且认为青少年经历了同一性对角色混乱这一心理冲突。

（一）自我同一性的概念

自我同一性是指个体在特定环境中的自我整合与适应之感，是个体寻求内在一致性和连续性的能力，是对“我是谁”、“我将来的发展方向”以及“我如何适应社会”等问题的主观感受和意识。为了获得自我同一性，青少年必须在某种程度上整合自我知觉的许多不同方面，使其成为一致的自我感。

知识链接

埃里克森的发展阶段理论见表 3-1。

表 3-1 埃里克森的发展阶段理论

阶　段	年　龄	正 性 结 果	负 性 结 果
信任对不信任	0～1.5 岁	从周围环境的支持得到信任感	对他人感到害怕和不安
自主对羞愧怀疑	1.5～3 岁	如果探索得到鼓励，会有自我效能感	怀疑自己，缺乏独立性
主动对内疚	3～6 岁	发现发起行动的方式	对行为和想法感到内疚
勤奋对自卑	6～12 岁	能力感的发展	自卑感、缺乏掌控感
同一性对同一性混乱	青春期	自我独特性的觉知、获得生活中应扮演角色的知识	不能识别在生活中所应扮演的角色
亲密对疏离	成年早期	亲爱关系、性关系和亲密友谊的发展	对和他人之间的关系感到恐惧
繁衍对停滞	成年中期	对生命连续性贡献的觉知	个人行为的琐碎化
自我完善对失望	成年晚期	对人生成就的统一感	对人生中所失机会的后悔

（资料来源：Robert S. Feldman 著，苏彦捷等译，《发展心理学——人的毕生发展》，世界图书出版公司，2007 年）

埃里克森的理论认为，在青春期，青少年试图弄清楚他们自己的独特性。他们努力发现他们独特的优点和缺点，以及他们在未来生活中能扮演的最好角色。这种发现过程常常包括“尝试”不同的角色或选择，以发现这些角色和选择是否符合自己的能力和观点。

在埃里克森的观点中，青少年如果在寻找合适同一性的过程中遇到阻碍，可能会以某些方式脱离同一性形成过程。他们可能通过扮演社会所不接受的角色作为表达他们所不想成为的那种人的一种方式，或是在形成和维持长期亲密关系上出现困难。一般而言，他们对自我的感觉变得“分散”，无法组织起一个集中的、统一的核心同一性。另一方面，那些成功地形成了适当同一性的人为自己设置了一条路线，为未来的心理发展奠定了基础。他们了解自己独特的能力，并相信这些能力，然后发展出对自己是谁的准确感知。他们已准备好铺设出一条将充分利用他们独特力量的道路。

（二）影响中学生自我同一性形成的因素

中学生的自我同一性形成过程至少受以下四个因素的影响：

(1) 认知发展水平对中学生自我同一性的形成具有一定的影响，对形式运算思维掌握牢固并且以复杂和抽象的方式思考的中学生，比那些不那么成熟的中学生，更有可能提出和解决自我同一性问题。

(2) 与父母关系的远近以及父母的教养方式会影响到中学生自我同一性的建立。

(3) 和同伴群体的相处以及友谊的建立，对中学生自我同一性的形成有重要作用。

(4) 学校、社会以及更广泛的文化背景同样会对自我同一性的建立以及发展产生影响。

（三）社会压力和对同伴的依赖

许多中学生常常被父母和朋友反复提醒“你学什么专业?”和“当你毕业时，你打算做什么?”，他们常常立刻感受到来自家庭和社会的压力。直到他们进入中学校园为止，他们接受的教育生涯是由国家和社会安排的，国家和社会为他们铺设了一条统一的教育路线，然而，这条路线在高中，甚至是初中时就终止了，因此初中生或高中生将面临对未来道路的选择。

在中学阶段，个体越来越依赖于他们的朋友和同伴作为信息来源。同时，他们对成人的依赖程度有所下降。对同伴的依赖有助于青少年明确自我同一性并学习建立关系，这正是埃里克森所提出的这一心理发展阶段与下一阶段“亲密对疏离”之间的桥梁。

（四）心理的延缓偿付期

由于“同一性对同一性混乱”阶段的压力，埃里克森认为，很多青少年追求一种“心理的延缓偿付期”。心理的延缓偿付期是青少年推迟承担即将面临的成人责任、探索各种角色和可能性的时期。例如，很多高中生会用一个学期或一个暑假旅游、工作或寻找其他的方式来考察他们的优先选择。

另一方面，尽管这种心理的延缓偿付期使得青少年能够对各种同一性进行相对自由的探索，但由于现实的原因，很多青少年无法追求这种心理的延缓偿付期。有些青少年由于经济原因，必须在放学后去打工，并且在高中毕业后就必须立即参加工作。结果，他们很少有时间去探索各种同一性，从而进入心理的延缓偿付期。

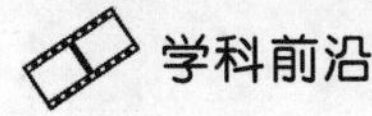

中学生情绪管理与自伤行为关系

自伤行为是指个体在没有自杀意图的情况下，故意、直接地损害自己身体组织的一种行为。国外研究结果显示，情绪管理和多种行为的发生呈显著相关。国内外研究表明，普通儿童青少年人群的自伤行为发生率为14%～56%，严重影响青少年的身心发育和社会适应性发展。有研究结果显示，中学生自伤行为的发生率为14.6%，"偶有自伤行为"的发生率为16.6%，自伤行为者和偶有自伤行为者情绪管理能力得分显著低于无自伤行为者。

自伤行为是一种极为复杂的行为，可受多种因素影响。生态因素模型认为，在家庭、学校、同伴、社会等综合因素的影响下，孤独感、自卑感、抑郁症、强迫、家庭矛盾和冲突等均可导致自伤行为的发生。但这一模型对于处于同样社会心理条件下却未发生自伤行为不能给予充分的解释。说明在这些社会、心理因素与自伤行为之间还存在其他影响因素，精神和心理学界最关注的是情绪调节能力这一中间变量。

多个实证研究也表明，负性事件会使机体的消极情绪增加，并且对消极情绪有协同作用，如果机体的消极情绪不能得到合理的宣泄和调节，当消极情绪的累积达到不能调节的水平时，机体会采用某种极端的方式来宣泄或调节，如自伤行为、自杀行为、攻击行为等。从以上分析来看，自伤行为是机体调节情绪的一种方式，且这种方式会在机体情绪调节过程中得到加强，这也解释了自伤行为为什么会在个体身上重复发生。此外，近年来，国内外有研究从脑成像和神经递质方面证实了自伤行为和情绪调节的相关性。如自伤行为与情绪调节的脑部活动区域有重复部分，内源性阿片肽和多巴胺等与情绪调节有关的神经递质水平也与自伤行为的发生呈显著相关性等。综上所述，提高儿童青少年的情绪调节能力可以预防或减少自伤行为的发生，对青少年进行心理教育、心理辅导和心理弹性训练可提高青少年的情绪调节能力。

（资料来源：唐杰、马颖、郭勇等，《广东省中学生情绪管理与自伤行为的相关性》，《中国学校卫生》，2014年第7期，第967～969页）

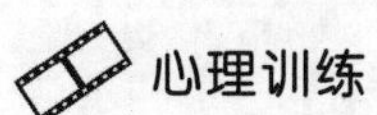

帮助中学生应用形式运算

(1) 继续使用具体运算阶段使用的教学策略和教具。例如：

① 使用视觉辅助材料，如图表和图示，必要时，特别是在教授新内容时，还可以使用更为复杂的曲线图和图表；

② 比较故事中的人物的经历和学生的经历。

(2) 为学生提供探索许多假设性问题的机会。例如：

① 让学生就当今的社会问题——环境、经济等撰写有明确立场的论文，然后和意见相

反的一方交换观点并展开讨论；

② 让学生描写他们自己的乌托邦，或描写没有性别差异的世界，或描写人类灭绝之后的世界。

(3) 为学生提供解决问题和作出科学推论的机会。例如：

① 组织小组讨论，让学生设计一些实验来回答相关的问题；

② 给出有关动物权益的两种对立观点，要求学生应用逻辑辩论来论证每一种观点。

(4) 尽可能地教一般概念而不是只教事实，尽可能使用与学生生活有关的物质和观点。例如：

① 在讨论美国内战时，要求学生考虑从那时起就分裂美国的种族主义或其他问题；

② 在教诗词时，让学生在流行歌曲中找出能说明诗的结构的歌词，并讨论这些结构能否有效地传达音乐创作者想表达的思想和感觉。

（资料来源：Anita Woolfolk 著，何先友等译，《教育心理学》，中国轻工业出版社，2008年）

Chapter Four

第四章 个别心理辅导的技术

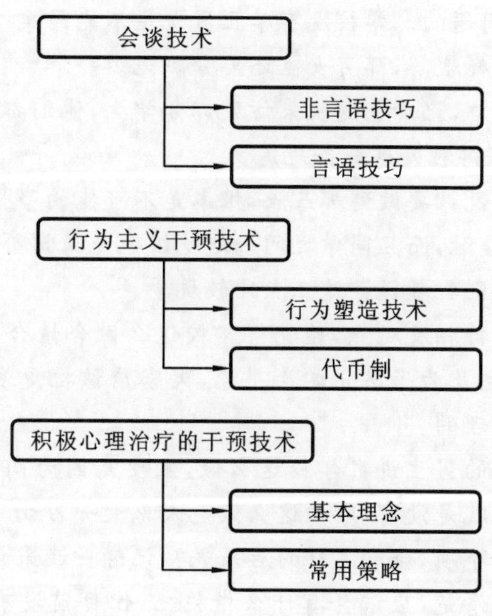

第一节 会谈技术

杭州一中学规定男女生交往距离不得小于半米

钱江晚报讯：前几天，一个男孩子打进本报热线96068，说了一件他不太能想明白的事："3月28日，长河高级中学给高二年级开了年级大会，会上制定了几条规矩。我给你们说几条，有一条规定，男女同学平时距离不能小于50厘米。还有两条是男女生不得同桌吃饭，男女生不得成对单独出现在校园里。”这个男孩顿了顿，加了自己的评论：“我觉得学校制定这些制度的出发点是好的，因为高二这个年纪嘛，很难把持，也是为了防止早恋。但是呢，你有没有觉得这几条稍微过头了一点？”

学校：禁令只有一条，男女生不独处

记者随后向杭州长河高级中学核实情况。3月28日给高二年级开年级大会的，是副校长袁老师。

袁老师说：“那天年级大会的主要内容是，马上面临高三了，同学们该如何调整自己的学习。关于男女生交往是最后很小一部分内容，主要也是出于提醒，因为现在春暖花开，为防止男女同学交往过密，给他们打个预防针。”

要说禁令，只有一条，即男女生不独处。这也是出于提醒。

其余两条，袁老师说：“可能学生误解了。学生误解成男女生平时距离不能小于50厘米这点。有专家说，男女生交往的最好距离是大于等于50厘米，不得小于50厘米。对男女生不得同桌吃饭这一点，我是在讲的时候举了个例子，我说，如果固定的一对男女生经常单独在一起吃饭，那肯定是有问题的。学校没有禁止男女生不能同桌吃饭，学校食堂里男女生一起吃饭的很多。如果照这样理解，那男女生还要分班呢。”

在长河高级中学校门口，记者也随机采访了部分学生，他们都知道男女生距离不能小于50厘米、不得同桌吃饭、不得独处这三条规定。

一位姓沈的高二男生说：“要做到那三点，根本是不可能的事情。在教室里聊聊天、借个笔什么的，怎么样都会有接触，而且同学之间一起吃饭也是正常事情啊。”

在他身边的一位同伴则打趣说：“这三点比较坑爹。”

一位姓邵的女同学则持相反观点，她觉得学校这么做合情合理：“毕竟高中是人生重要的一个阶段，学校这么做也是为了防止学生早恋，大家应该把更多精力放在学习上，所以我个人认为这三点是比较合理的。”

一位刚要去上晚自习的男生说：“学校这么做，主要是因为高二学生早恋的比较多。但早恋这事，有就是有，没有就是没有，学校这么做也未免太一刀切了。”

如果违背了这些注意事项，会有怎样的后果呢？记者一连采访了几名学生，他们都摇摇头，表示不知道。“我不太清楚，应该会有什么措施吧，但目前没有听说，我们班主任也只是强调了一下而已。”一位姓刘的男同学说。

专家：不宜抹上浓重的强制色彩

杭州市教科所副所长韩似萍，是青春期孩子心理方面的专家。

“青春期的孩子确实是渴望交往的。但作为学校，如果把‘男女生不能独处一处’定为纪律，我认为是欠妥当的。我更希望的是学校通过一些教育活动，让孩子了解自己，把这些外部规约转化为自己行为的自觉选择，而不是学校纪律。”韩似萍说，“学校把它定为规矩，孩子在老师面前是规避了，但跑到校园外就不能保证了。”

“老师更不能把男女生距离小于50厘米或者男女生独处作为标准，来判断他们之间是否有问题。心理学上有50厘米交往线一说，它指的是人与人之间交流的最好距离是50厘米，如果相距太远，让人产生距离感；如果小于50厘米，会产生压迫感，以当事人的感觉为主。”

杭州12355青少年服务台宋健男台长说：“学校规定学生社会交往中要有一定距离，我认为有一定道理。但把男女生交往的物理距离精确到厘米，我觉得过于理论化。男生、女生交往是必要的社会生活技能，不宜抹上浓重的强制色彩，否则适得其反。”

记者又采访了杭州高级中学、杭州学军中学等学校，他们均表示没有相关的规定制约男女生交往。

学军中学的张老师说：“我们对男女生交往没有特殊要求，要相信孩子们能把持住。”杭高的李老师也表示：“我想男女生交往应以学生自觉为主，老师适当加以引导。如果个别学生有异常，老师会用巧妙的方式加以引导和提醒。”

（资料来源：浙江在线-钱江晚报，http://www.legaldaily.com.cn/index/content/2012-04/05/content_3479306.htm?node=20908）

在案例中，学校为何规定男女学生间相处的距离要不得少于“50厘米”？校方、学生、专家纷纷分享了他们的观点。你是否认同？对此，你有何见解？“50厘米”这一数字的背后，隐藏了一个怎样的知识背景？让我们一起来了解一下这些相关内容吧。

学习导航

一、非言语技巧

（一）会谈中的非言语信息

知识链接

意动效应

曾听说有这样一个传说：传说发生在古老的欧洲，这个故事的主角是一匹马，马的名字叫汉斯。它是一匹德国马，它和主人一起靠街头卖艺为生。它的主人发现汉斯很聪明。比如，它会在表演时从观众中找出主人要它寻找的人、会用蹄子在地上敲出主人出的加、减题的答案，甚至能运算乘法。这一现象，在当时的社会中引起了很大的轰动。很多人认为，这是主人和宠物的巧妙配合。于是，有人跳出来重新出题，而结果更让人惊讶，因为汉斯的回答依然无误。这甚至引发了科学家们的争论：“‘动物没有思维’这一论断是否有误？是否已经被汉斯超越了？”……汉斯的神话最后还是被打破了，出题的人是一名侦探。他出的题目是：伦敦到巴黎有多远？汉斯没能回应这个问题。

如何解释上述的现象？有人甚至总结了一个很有趣的结论：凡是出题人知道答案的算术题，汉斯就能得到答案。这听起来似乎有点玄，事实上汉斯并不是真的懂得思维，整个事情给学者们带来了一个很有意思的效应，被称为“意动效应”，它向我们揭示了这样一个道理：一个人的内心状态，必定会通过种种微妙的途径流露于外，但在人们试图不表现这种内心状态时，这种流露过于细微，不易被通常只关心行动方向和态度指向的人们发现。当年，真正指挥汉斯的人并不是观众眼中看到的是“主人”，而是藏在观众中的某人，他以轻敲膝盖的方式，向汉斯传递着信号，汉斯因此而做出“正确的反应”；侦探的题目过于“前卫”，当时的人们的确还不清楚“伦敦到巴黎究竟有多远”，所以……

（资料来源：许思安，《中学政治学科课堂教学心理》，广东高等教育出版社，2014 年）

在与学生进行会谈时，我们常常可以观察到这样的一些细节：比如，一个学生在我们面前长时间地低着头，这中间传递着哪些信息？他是因为自卑而低头？是因为不想参与我们的话题而低头？是内疚？是有别的心事？又如，在谈话中，学生频繁用手挠头、不停地看表，偶尔出现稍稍撅起的嘴唇或紧绷的嘴唇；再如，对话中，我们发现学生的瞳孔放大、眼睛发光，而且头逐渐向一边倾斜……如何解读这些肢体语言？它们的背后隐含了哪些重要的心理信息？让我们一起来了解一下吧。

非语言信息指的是人们在沟通过程中，不采用语言作为表达意见的工具，而运用其他非语言的方式传递信息，即俗称的“肢体语言”。非言语信息一般可以分为两种。静态非语言信息，包括容貌、体态、声调、衣着、服饰以及仪表。动态非语言信息，可根据所使用的符号系统分为四类：①动觉系统，包括手势、表情、体态等；②超语言（额外语言），包括音质、振幅、音调、停顿、流畅、语气、速度等；③时空接近，包括时间、空间、朝向、距离等；④视觉沟通，包括目光接触等。图 4-1 所示为肢体语言解读范例。

耸肩表示顺从、妥协

双臂交叉抱于胸前，他不会轻易地走出自己的世界，而你也很难融入其中

图 4-1　肢体语言解读范例

知识链接

心理距离效应

你是否曾观察过以下的现象：在电梯运行的过程中，许多人的习惯是把目光盯着楼层的显示屏；在挤公交车、地铁的时候，许多人选择了背靠背；公园里闲置的长椅，往往首先被占据的是两端……何以如此？这其实是“心理距离效应”的体现。“空间也会说话”，这是来自学者爱德华·霍尔对人际空间的研究结果。所谓心理距离效应是指，在人际交往中，一般情况下的空间距离与心理距离产生倒U形关系的现象。爱德华·霍尔提出，假如用厘米来衡量人际空间的距离，那么，我们至少可以分出“非正式交往区域”与“正式交往区域”。前者包括了“亲昵区”和“个人区”，后者包括了“社交区”和“公众区”。在“亲昵区”中，大概是15厘米到46厘米的距离，在这个区域里往往是一些与该个体较为亲密的亲人和好友。在“个人区”里，则是46厘米到120厘米的空间范围，这里活跃着我们的朋友和熟人。而在120厘米到370厘米之间，大多是我们的同事、客户、集体活动等，这是“社交区”；如果超出370厘米以上，那么这往往是公开演讲时的距离，俗称“公众区”。我们不妨留意一下，在自己的生活中，你与他人、他人之间的这种物理距离是多少？他们的关系又如何？假如做进一步的分析，那么是什么影响了这种人际空间的距离？有学者认为，这与人际互动中的亲密程度、文化因素、社会地位、性别差异有关。

（资料来源：许思安，《中学政治学科课堂教学心理》，广东高等教育出版社，2014年）

（二）会谈环境的营造①

1. 穿着打扮

原则上，辅导者的穿着应比当事人稍微正式一些，但不宜变化太大。一般而言，辅导者的衣着不宜过于鲜艳，鲜艳的色彩有运动感和扩张感，会使当事人感到不安，甚至产生恐惧、焦虑等情绪，衣着也不宜色彩过深，如纯黑色、纯蓝色等，因为蓝色、青色属冷色调，使人看后有寒冷感，让人难以接近，容易加剧当事人的不安和拘谨，影响会谈时的气氛。

辅导者宜穿中性色彩（如浅紫色、浅绿色）偏保守款式的衣服。同时，注意保持衣着的整洁，打扮上要大方得体，不宜过于突出，如男性辅导者戴耳环、扎马尾辫或戴粗大的金项链、戒指，女性辅导者吊大耳环、戴多个戒指，以及珠光宝气的项链、花哨的服装、背心、汗衫、紧身运动衣和拖鞋等都是不适宜的。

2. 发型

作为辅导者，其发型应是趋向大众化的，容易为人们所接受的。辅导者的发型不应过于

---

① 全国心理咨询职业资格考评委员会编写，《心理咨询师教程——知识技能》，暨南大学出版社，2007年。

突出，如光头或留极短的头发、过长的头发、奇异的发型、染成五颜六色的发型或过于发亮(由于使用发胶)等。这些发型在心理辅导过程中，容易产生不良的影响。

3. 外形魅力

国外有研究表明，如果辅导者要去影响一个当事人，其自身必须让对方看起来配得上做一个影响他人的人。因此，在辅导初期，辅导者可通过得体的打扮、良好的气质和风度、恰当的非言语信息，如身体前倾、微笑点头、适度的自我开放等行为来增加当事人对辅导者的认同感并融洽咨访关系。

4. 辅导者的姿势

一般而言，辅导者较好的坐姿是：双手弯曲，手心向上，放松拳头，目光注视当事人，坐时身体前倾，靠紧双腿，身体不要过度摆动。值得注意的是两个细节：第一，在辅导中要保持相当稳定的目光接触；第二，在辅导中，注意手部动作中所蕴含的心理信息。如：双手弯曲、手心向上表示接受、同情；双手放平、手心向下表示拒绝、强加；双手抱胸表示拒绝、不同情、轻视；双手内勾表示接受；双手直切表示强迫对方接受；双手摆幅大表示不耐烦；双手有小动作表示不关心当前的环境或事件；手指紧闭程度表示辅导者对当事人的开放程度。

5. 会谈室的布置

会谈室也称辅导室或治疗室。会谈环境对当事人的影响也很重要。会谈环境应具有适度唤醒水平，以使当事人感到舒适、轻松，从而能够探索自己的问题及自我暴露。若当事人对环境的反应是低度警觉和中等愉悦，则说明会谈环境的唤醒水平是适度的。若当事人觉得太过舒服或不够舒适，表明环境的唤醒水平较低或较高，那样会抑制当事人探讨问题的愿望，甚至可能出现过度应激反应。这时应当考虑通过家具、色彩、光线等来调控环境唤醒水平。

二、言语技巧①

（一）会谈中的常用言语技巧

1. 封闭式问答

该技巧的特征是，问题中带有肯定或否定两种选择，而当事人的回答要么是“肯定”的回应，要么是“否定”的回应。比如，你现在提起他，你还是很生气，是吗？其作用在于：对当事人的口述进行条理性分析；用于终止目前所讨论的内容，重新讨论新的问题；终止当事人讨论与他无关的问题。

2. 开放式问答

该技巧的特征在于常运用包括“为什么”、“如何”、“什么”、“怎么样”等词在内的语句

① 王志超，《中小学生心理问题个别辅导》，暨南大学出版社，1997年。

发问,而当事人对有关的问题给予较为详细的回应。例如:“可以告诉我,你是怎样想的吗?”等。其作用在于可以促使当事人作自我剖析,促进问题的讨论。值得注意的是:该技巧必须在已建立了相对良好的辅导关系时才可使用(在不信任情况下,可能会引起当事人的怀疑,甚至对立);问题应注意语气语调的运用,以免咄咄逼人;使用不当可能会限制当事人发挥。

3. 隐喻鼓励

该技巧的特征在于:对当事人所说话的内容作选择性的重复或以某些词语如“是这样”、“后来呢”来鼓励对方进一步讲下去或强调对方所讲的某部分内容。其作用在于:促使讨论能深入;促使双方对一些思想情绪进行深入的研讨;可控制谈话内容和方向。

4. 释意

该技巧的特征在于:针对当事人言谈的主要内容、主要思想,加以综合整理,再复述反馈给当事人。其作用在于使当事人对事件有一个更清楚的条理化认识。

5. 情感反映

该技巧的特征在于:用情感的方式把当事人的情感反映给他。常用的语根有“你觉得……”、“你似乎感觉……”。该技巧的作用在于能把当事人混乱的情绪进行分化、区别,并可增强或减弱某些情绪。

6. 摘论

该技巧的特征在于:把当事人的口述、行为、情绪以提纲的方式综合整理出来,并以提纲方式反馈给当事人。例如:“从我们前面的谈话可以看出你现在主要有这样几个问题……”当摘论作出,即意味着会谈的结束,可转入下一阶段或其他内容。值得注意的是:一般来说,摘论都要经过两次以上的试探默许后才能定出。如果摘论不被当事人认可的话,那么这个摘论是没有意义的。

7. 自我开放

该技巧的特征在于:主动地对当事人说出一些相同的经验、经历、感受、体验或观点。其作用在于能缩短人与人之间的心理距离。

(二)言语技巧运用中的心理学原理①

1. 同理心

即设身处地以别人的立场去体会当事人心境(当事人的感觉、需要、痛苦等)的心理历程。简而言之,同理心就是能“穿着别人的鞋走别人的路,用别人的眼光来看世界”。

(1) 原级同理心。即仅仅把当事人的表达形式及内容进行复述。多采用参与性的技巧,如释意、情感反映等技巧。如“你妈妈把你的画都烧掉了,你感到很难受,很生气!”

(2) 高级同理心。即在复述当事人的表达时,附加个人的情感。多采用影响性的技巧,如自我开放、指导等技巧。如“听了你说的事,我都为你感到气愤!”

---

① 杨国枢,张春兴,《咨询与心理治疗》,桂冠图书股份有限公司,1975年。

知识链接

基于同理心来增强利他行为的方法

提高人们助人可能性的一个方法是：教会他们对他人的处境产生更高的同理心。如何培养这样的同理心呢？一个简单的方法是让个体更频繁地与需要帮助的人接触。那么，一旦个体真的开始去体会受助者的态度和动机，这种洞察力会打破原来那种按照“我们对他们”的方式来看待人际事件的倾向。

另一种提高同理心的方法是，指出与另一个人之间存在的不明显的相似性，这些相似性就像生活在同一个国家、从事同类型的工作、经历过同样的苦难这么简单。人们之间的共性常常比我们意识到的要多得多，这些生活状况的相似性让人们懂得我们都是同一段“伟大旅程”的一部分。

提高同理心的最后一种方法是，与那种非常想要把自己看做与他人不同的人一起工作。独特性是大多数人在某种程度上都很渴望的东西，但是过于极端的话，这样的人就很难与他人接触和交往。这种人必须知道，他们与他人有共性，他们的这种独特性错觉可能会阻碍他们从与他人的交往中获得快乐。你可以自己做一个小实验，想一想你身边的一个人，然后列出你和这个人的所有共同点(身体的、心理的，等等)。根据我们的实验，这种练习会增强个体感受他人处境的倾向——从而产生更强的同理心。

(资料来源：C. R. 斯奈德、沙恩·洛佩斯著，王彦、席居哲、王艳梅译，《积极心理学——探索人类优势的科学与实践》，人民邮电出版社，2013 年)

2. 正向关怀的需求(或正面关注需求)

指个人在生活中得到有关的人的温暖、同情、关心、尊敬和认可等情感的需求。而这种需求可以使得儿童为了获得该需求的满足而牺牲其他事情。辅导中的“正向关怀”，往往指对当事人的语言和行为的正向性趋向或观点给予一种选择性的注意。这是对当事人人格、能力等的重视和挖掘。

3. 无条件积极关注

指辅导者对当事人表示真诚和深切的关心、尊重和接纳。这种关心是无条件的，不包括对当事人情感、思想、行为的任何好的或者坏的评价或判断。表达的方式是尊重和温情。在此，尊重是检查正向关怀是否得到落实的方式，而在此过程中不断给予口头的鼓励，即为“温情”的表达。

4. 具体性

一般而言，情绪和刺激事件之间应有一定的对应关系。而一定的事件引起一定的情绪反应。在辅导中，当事人如果只有情绪反应而说不清刺激事件，这意味着当事人缺乏具体性。因此，辅导中，我们要把当事人含糊不清、抱怨的口述给予澄清(条理化)，找出具体事件和事件的现实感觉间的关系。

5. 即刻性

指的是过去式、现在式、未来式等时态的运用。辅导中要求当事人以现在的思想、体验去认识过去发生的一些事情，以产生新的感觉。

6. 对立性

指直接地对当事人以口语和非口语行为指示出一些差异的所在，它们可能是一些混合的信息、冲突以及矛盾的想象等。

7. 真实性

指在辅导中，与他人相处时，应表现出真实的自我。

知识链接

会谈节选

辅导者：是否可以把这段内容进行录音？

当事人：当然，这样很好。

辅导者：嗯，你真是笑容满面。

当事人：今天，我觉得很不错。

辅导者：你今天觉得很不错，这令我很高兴，从我们上次谈话以后，又发生了些什么事？

当事人：现在情况好些了，许多原有的困扰，我都一一想办法去解决，我比较轻松些了。

辅导者：你比较轻松些了，你觉得自己比较好些了，我也感到轻松了点，并且，我似乎听你说到你已经把一些未处理完的事情加以解决了，是不是？

当事人：呃……

辅导者：上一次，我们曾经谈及你所感受到的各种压力：你的姊妹、许多问题、老友、新朋友，都是你的压力，而这些因素都已成为你终生的包袱，以致你无法为自己的事情操心了。你希望把自己视为一个随心所欲的人而能摆脱掉一成不变的生活。我十分钦佩你对家庭付出的一切贡献。我十分庆幸认识了你，你表现出关爱的精神，我很高兴你现在境况好些了。你是否能告诉我一些你所遭遇的事？你是否能谈谈如何使情况更为好转？

当事人：嗯，例如，在过去三四个月里，我开始去……当我太太死时，我什么也没有表示，现在，我觉得如果做点什么或许会好过些……以我自己的方法，其他与我有关系的人仍然迫使我做超出能力的事，我不知道如何去拒绝他们，他们似乎很需要我的协助，我一开始就使自己忙碌于这些事以致不常想起我太太来，然而，我是如此的孤独。

辅导者：你现在感觉很孤独，啊，我觉得你是一直都感到很寂寞而孤独……

当事人：是的！

辅导者：……你认为这些活动将可达成填补空虚时光的目的——如果这些时间都能够填满了，你也就不会寂寞了。你是否认为如此？我所说的对不对？

当事人：是的，就是如此，呃……或许我走错了方向，那些新朋友认为他们在协助我，他们因为我寂寞而帮助我，任我做点事对我有好处，然而，他们根本不了解，我情愿自己选择去做些什么。

辅导者：呃……朋友们认为他们在帮你，我想那些人是喜欢你的，他们乐于与你在一起，也需要你的友谊。现在，如果他们当中恰好了解你也拥有选择行事的权力……

当事人：以及何时行事的权力。我希望能鼓起勇气去拒绝别人……但是我只在想……总会有个解决的办法的(笑)……

辅导者：你在笑，但是我可以从你的笑声以及你的脸色之中，看出来这的确并不是个轻松好笑的事。

当事人：不，实际上…… 并不好笑。

辅导者：我觉得你生气了。

当事人：是的，这令我很困扰……

辅导者：……令你困扰……

当事人：呃，当我太太在世时，和她在一起总有很多事做，因此没有这种困扰。现在，这两三个月以来，我一直面对着这些困扰，我真有了麻烦。

辅导者：我听到你说的，这些新朋友侵占你的时间，此外我知道某人对你的时间是个威胁，你不得不逼迫自己去做不愿做的事，对不对?

当事人：是的，就是如此，你说对了。

辅导者：你感觉到为人所控制，你希望能完全地主宰自己的生活。我也不喜欢受别人的控制，如果别人要控制我时，我会感到愤怒，还有挫折感。

当事人：我希望冲出牢笼，我要选择“何时做何事”，而不受时间的限制，硬性规定“今天做某事”、“明天做某事”，这就是压力的所在。

辅导者：呃……压力……当你提及压力时，我感觉到你此刻正感受到了。你对压力采取什么反应? 你能告诉我压力是如何地影响你吗?

……

(资料来源：杨国枢，张春兴，《咨询与心理治疗》，桂冠图书股份有限公司，1975年)

第二节　行为主义干预技术

案例分享

【案例描述】

小芮，12 岁，某小学六年级学生。个子矮胖，皮肤较黑，双眼先天斜视，在校成绩一般，较喜欢语文,爱奇思异想。父亲系某空军部队干部,母亲系某商店售货员。4岁前与母亲生活在家乡河南某市,之后母女随军到某市,就读幼儿园及小学。小芮性格内向,自尊心很强,特别敏感,与人相处显得任性、霸道,易生气,经常讽刺挖苦同学,甚至动手打与其开玩笑的男同学。人际关系不好,常与同学闹别扭,教师问其原因,她说得最多的话是"我讨厌他们!"因而,独来独往,不合群,也不愿意参加集体活动。常自言自语,或与草木交谈,边抚摸草木边喃喃自语。

【案例分析】

小芮系独生子女,幼时得到其母及其长辈的万般宠爱,加上其先天性的斜视,使得其母因愧疚而给予其极大的怜爱,只要小芮需要,都会无条件地去满足,久而久之,促使其任性、刁蛮、霸道、自私性格的养成,造成与人相处时斤斤计较,吃不得一点亏,否则就要大发脾气,因此,难以与他人友好相处。爱美是人的天性,特别是女孩,随着年龄的增长,小芮日渐感受到自己长相的缺陷,与同龄人相比,自惭形秽。这样,她慢慢地滋生了自卑的心理,觉得自己低人一等,不主动邀别人玩,总是一个人呆呆地坐着或者望着某处出神,同时,心理也逐渐变得脆弱和敏感起来,总怀疑同学们都瞧不起自己,私底下在议论自己的长相。所以,与同学之间产生了很大的距离,当其自我感觉他人言行是有意伤害自己时,马上以攻为守,对同学进行讽刺挖苦,以达到自我保护的目的。

【辅导依据及方法】

●行为主义认为行为大部分是他们所经历的环境刺激的结果。因此,教师可以采取以下辅导方法。

★加强个别面谈交流:建议教师常与小芮个别面谈,时间地点不限,及时全面地了解小芮的家庭状况和心理状况,以及她的思想动向和心理需求,并与其家长沟通,了解情况,促使家长重视,携手一起对小芮进行正面引导,建立一种平等、民主、和谐的师生关系,营造一个良好有爱的成长环境。

●斯金纳的操作性条件作用中,强化是最主要的自变量。行为之所以发生是因为强化的作用,而强化分为正强化和负强化。在教育中,教师应对学生进行正强化,强化学生表现好的一面,发现问题学生的优点,从而鼓励、刺激其积极的行为。因此,作为教师,我们一定要去强化那些我们想要学生获得的行为,注意不要强化那些不恰当的行为。因此,可以采取以下辅导方法。

★利用日记作文,师生进行情感交流:抓住小芮在日记作文中表露出的积极情感,给予夸张式的书面肯定及鼓励。如"瞧!你是一位多么富有爱心的女孩啊,大胆地把你的爱化为大家可以看到的行动吧!其实同学们比你想象的还要热情得多呢!只要你乐意加入他们的游戏,他们将会非常欢迎,试试看吧!""你有着同学们难以比拟的丰富的想象力。"发掘其闪光点,帮其树立自信心。

★创造机会,展现自己:案例中的小芮虽然在校成绩一般,但是较喜欢语文,爱奇思异想,因此教师可以充分发挥其爱好语文、爱想爱写的优势,多次给她提供在班上当众读自己文章中精彩片断的机会,或要她介绍写作经验,帮助其在同学们面前树立全新的形象,使同学们改变对她"刁蛮、任性、霸道、自私"的看法,缩小与同学之间的心理距离。同时使其得到被他人认可后的成功经验,从而增强自律意识,发扬长处,改正缺点。

★对小芮与同学之间的关系，同样运用强化的作用，对小芮与同学心理形成的敌对情绪，要及时对双方进行辅导。多与小芮个别沟通，教育其宽厚待人，要看到同学们的长处，多做自我批评；在班上引导同学一分为二地评价小芮，并强化其长处，消除同学们对她的偏见；做好班级干部的工作，促使班队干部积极主动地邀请小芮参加各种娱乐活动和各类集体活动。

【辅导效果】

通过辅导，小芮变得活泼开朗起来，整天笑呵呵，与同学们的关系也融洽了，课间时时蹦出几句风趣幽默的话语，逗得大家哈哈大笑。如今，通过手术，小芮的斜视也得到了矫正。

（资料来源：田宝、戴天刚、张扬，《教育心理学案例》，首都师范大学出版社，2007 年）

什么是操作性条件作用论？运用该理念操作时有哪些需要注意的细节？请关注本节中相关内容的介绍。

一、行为塑造技术

（一）行为主义学习理念[①]

1. “斯金纳箱”

学者斯金纳(如图 4-2 所示)是新行为主义的主要代表之一。他延续了桑代克的研究，用自己发明的学习装置“斯金纳箱”(如图 4-3 所示)进行了系列实验。研究过程如下：一只小白鼠被放置于“斯金纳箱”中，该箱子是一个迷宫。小白鼠可以自由活动，基于偶然，它将碰触箱子的内置机关，而一旦触及机关，连接机关的通道将打开，一个食团将被输送至箱子里。小白鼠因此而获得了食物。当小白鼠被观测到主动地触动“机关”时，斯金纳说，这只小白鼠已经“被操作了”。即此时，操作性条件反射已经建立。

图 4-2　斯金纳

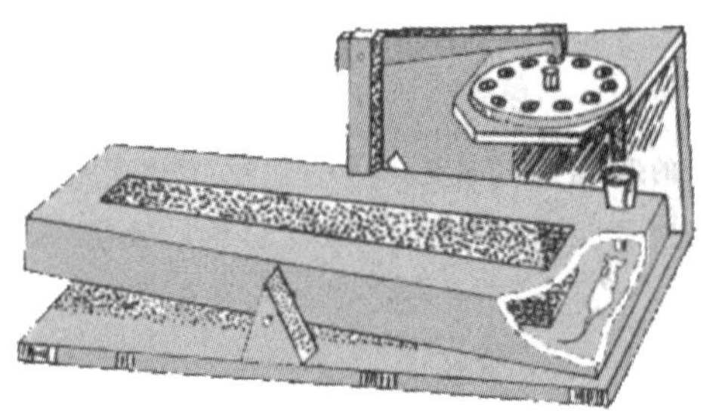

图 4-3　早期的斯金纳箱

① 许思安，《中学政治学科课堂教学心理》，广东高等教育出版社，2014 年。

2. 学习观

斯金纳认为,学习的实质在于:学习是指有机体在某种自发行为由于得到强化而提高了该行为在这种情境发生的概率,即形成了反应与情境的联系,从而获得了用这种反应应付该情境以寻求强化的行为经验。操作学习的过程,即操作性条件反射的形成过程,也就是反应→强化的过程。

所谓的强化,是指在一种刺激情境中动物的某种反应后果有使该反应出现的概率提高的作用。强化物能起到强化作用。强化物每在相应的操作反应之后出现一次,这一操作反应就得到了一次强化。斯金纳区别了两种类型的强化。①正强化。当环境中的某种刺激增加而行为反应出现的概率也增加时,这种刺激就是正强化,如白鼠按压杠杆得到食物,食物就是正强化物。②负强化。当环境中的某种刺激减少而行为反应出现的概率增加时,这种刺激就是负强化,负强化物通常是一种厌恶刺激,是有机体力图回避的,它同样能增加动物的压杆反应。

在实际生活中,正强化和负强化都是经常被应用的方法。如教师给予微笑、赞扬、奖品,提供学生喜欢的活动等都可以对希望学生学会的某种行为或本领进行正强化,而收回批评、停止打骂、取消学生不感兴趣的活动等都是在对上述行为进行负强化。

(二)行为塑造理念

1. 基本理念

行为塑造的基本理念:一切的行为都是学习而来的;从纯心理学的观点来看,行为本身无善恶之分,全由与情境的适应与否而定,且行为是受制于环境因素的;行为的改变是依据行为的后果而来的;行为本身就是要处理的对象,只要行为改变,不论内在动机感受如何,即完成治疗。[①]

知识链接

我给女儿发"奖金"

早在女儿出生的时候,我们就决心把她培育成一个出类拔萃的人才。为此,我翻阅了许多育儿书籍,学习了很多教育方法。女儿在大约4岁的时候,就表现出对钱的喜好。发现了女儿的这个特点后,我自创了一套教育方法——"金钱奖励法",常以钱为"诱饵"鼓励女儿。如果女儿听话、学习认真作业整洁,家务活干得好,我就发"奖金";如果女儿犯了错误,我便开出"罚单"。

关于具体奖与罚的兑现,我专门有个记账本。比如,洗碗:5角;拖地:1元;作业整洁:1元;成绩满分:5元……就这样,当女儿完成了我们交代的任务,就奖她5角或1元不等,女儿对此表现出很高的热情,做家务事也带劲多了。比如,去楼下买早点回家,一般可获得找零的所有权,少时5角,多时一两元。去买一些物品时,

---

① 王志超,《中小学生心理问题个别辅导》,暨南大学出版社,1997年,第157页。

女儿还会自己盘算着买哪个东西比较划算。

每隔一段时间，女儿就把储蓄罐里的钱倒出来数。我知道，那里头也藏着她的很多美梦，比如我不同意买给她的玩具或动漫书。我说过，想买你自己挣钱去买。所以，她对每一次的赚钱机会都很珍惜。从这个方法中，我观察到女儿的生活能力越来越强，也具备了初步的理财观念。

不过，这几年下来，我有时也对自己的“金钱奖励法”产生一些困惑。比如，女儿渐渐长大，思想也渐渐在改变，她现在爱美了，很喜欢化妆品，于是就常拿自己的钱去买。我刚表示了一下反对意见，她就气呼呼地撅起了嘴说：“‘工资’本来是我挣来的，我有权力自己花。”每当这时，我就暗暗担忧，我不知道自己的这种教育方式在以后是否还行得通。

（资料来源：《家庭教育：“金钱奖励法”》，《广州日报》，2007 年 10 月 1 日）

2. 操作要点

1）强化对象的选择

行为塑造是通过强化手段，矫正人的行为，使之逐步接近某种适应性行为模式的强化治疗技术。那么，在行为塑造过程中，如何选择强化的对象？其中的关键在于，干预者本人对于“什么是我所期待的行为”要有非常清晰的定位。

知识链接

假如一个中班的幼儿在班里乱扔玩具，弄得“砰砰”响，而老师正在组织小朋友们上课。这时，老师可能采取以下几种方法：

A. 当着全班同学的面，狠狠地批评他。

B. 把他领出课室，带到一个单独的小房间，让他在里面自己待上一段时间。

C. 老师不理会他。

针对上述三位老师的处理方法，分析如下：

A 方法是一种批评，是一种惩罚的信号。即给予幼儿强烈的否定或警告言语，以阻止或消除不良行为。

B 方法是隔离。即把幼儿与正在享受的某种权利分开。

C 方法是消退，即对不良行为不予理会，不给予注意，使之在“自讨没趣”的情况下不再出现。

（资料来源：郑雪、刘学兰、王玲，《幼儿心理健康教育》，暨南大学出版社，2006 年）

2）强化相倚原理

强化相倚原理即所谓的“小步子渐进原则”。斯金纳认为，只要我们把复杂行为分解成一系列循序渐进的小步骤，精确地安排强化的组合方式，使有机体逐步向目标逼进，则学习的目的总会达到。

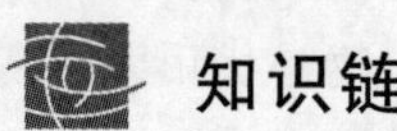

知识链接

养成习惯的21天

将手掌张开，十指交叉合起来。重复一次，再重复一次，再重复一次。打住，看一看，是你的左手大拇指在上，还是右手大拇指在上？即使再重复几次，会不会是同样的结果？肯定是。这表明什么？

实验结论一：人的行为是按习惯行事的。

继续游戏。现在请刻意反过来交叉，即刚才左手拇指在上的改成右手拇指在上，反之亦然。有什么感觉？——不舒服。这又表明什么？

实验结论二：改变习惯是一个不舒服的过程。

再继续游戏，请按照刻意反过来的交叉动作，稍稍用力重复一次，再重复一次……重复21次以上。请问现在又什么感觉？是不是习惯了一点？

实验结论三：习惯是可以改变的，只要不断重复。

行为心理学中有一个效应称为"21天效应"，它指一个人的新习惯或理念的形成并得以巩固至少需要21天的现象。这就是说，一个人的动作或想法，如果重复21天，就会变成一个习惯性的动作或想法。习惯的形成大致分成三个阶段。

第一阶段，1～7天。此阶段的特征是："刻意、不自然"。我们需要十分刻意提醒自己改变，而我们也会觉得有些不自然、不舒服。

第二阶段，7～21天。不要放弃第一阶段的努力，继续重复，跨入第二阶段，此阶段的特征是："刻意、自然"。我们已经觉得比较自然、比较舒服了，但是一不留意，我们还会回复到从前。因此，我们还需要刻意地提醒自己改变。

第三阶段，21～90天。此阶段的特征是："不经意、自然"，其实这就是习惯。这一阶段被称为"习惯性的稳定期"。一旦跨入此阶段，我们已经完成了自我改造，这项习惯就已成为我们生命中的一个有机组成部分，它会自然而然地不停为我们"效劳"。

（资料来源：易发久，《成功一定有方法》，世界图书出版社，2001年）

二、代币制[①]

（一）代币制的构成

代币制是由一系列相互联系的要素组成的一个有机的系统，主要包括代币、目标行为、后援强化物、奖惩系统表等。代币是直接对接受干预的个体给予期望行为的奖励。它的形

① 许思安、莫清瑶，《小学心理健康教育实务》，清华大学出版社，2013年。

式是多种多样的,可以是具体的事物,也可以是标示出来的具体事物的形象。代币可以根据被干预者的兴趣、操作的实际情况等来确定。而后援强化物是与代币相联系的具有激励目标行为再次出现的其他刺激物,也就是代币能够换取的东西。后援强化物是代币背后实质的增强物,因此它是具有维持与支援代币而增强力量的实际依据,它的形式可以包括消费品、活性的强化物(如看电视、玩电脑)或是一些特权等。后援强化物的明确与否、是否能够引起被干预者的兴趣直接关系着整个代币制的治疗效果。

(二) 代币制的实施步骤

1. 确定目标行为

实施代币制的首要任务,就是要确定被干预者获取代币的行为规范,然后界定目标行为,借助代币的力量矫正与塑造其行为。作为奖励与惩罚的依据,目标行为相应地也包括两个方面,包括正性的奖励强化行为和负性的惩罚行为两种。目标行为拟定之后,要清楚地告知被干预者,征得其同意后,与其签订行为契约,规定好奖励与惩罚的条款,以备依约行事。

2. 用代币约束行为

确定目标行为以后,就可以用代币对目标行为进行约束。要是代币制的效果显著,就要在代币与目标行为之间建立起一种明确的关系。如果被干预者出现了我们所期望的合格行为,则马上给予代币奖励;同样,如果被干预者出现了我们所不希望的需要纠正的负性目标行为,则给予一定的惩罚,扣除一定数量的代币,这样就可以阻止这种行为的继续发生。

知识链接

6岁的小飞在家非常懒惰,父母想通过代币制训练他干家务活,于是拟定了一个代币交换系统(见表4-1)。父母告诉小飞,每当他完成一件家务后,就可以获得一定数量的代币,代币可以用来交换不同的强化物。

表 4-1　小飞的代币交换系统

我的日常工作表:	代币数
①早晨铺好床	1
②晚餐后抹桌子	1
③给花浇水	2
④晚上把玩具放在抽屉里	2
我的报酬表(我赚的代币可以用来交换下列物品或活动):	
①看最喜欢的电视节目一小时	4
②去吃麦当劳	20
③获得一把玩具枪	25

续表

④获得一块巧克力	2
⑤去游乐场	40
⑥短途旅游两天	120

（资料来源：郑雪、刘学兰、王玲，《幼儿心理健康教育》，暨南大学出版社，2006年）

3. 确定并提供代币的后援强化物

代币是一种次级强化物，对于被干预者来说，代币本身没有什么价值，它所换来的后援强化物才是真正吸引他的刺激物。所以，对被干预者有诱惑力的是代币所表征的后援强化物。代币的作用就在于它能够换取被干预者所需要的东西，若代币制的实施没有后援强化物，代币的功率将降低并最终消失。

4. 消除代币

通过一定时间的强化与矫正，被干预者的良好行为由强制到最后形成一种良好的个性习惯，在自然情况下得到了保持，这时，代币制对于其生活行为也就没有了意义。因为，代币制的目的只是为了使被干预者养成良好的行为习惯。因此，一旦期望的行为目标得到巩固和保持，我们就要考虑消除代币制。消除代币制的途径有以下几个。

1）逐渐减少代币

对于已巩固或已形成习惯的行为方式，就不再给予代币强化，或是行为出现的频率增加到一定数量才给予代币强化。但不给予代币强化并不意味着对目标行为的出现不给予强化，我们可以采取社会鼓励的形式对目标行为进行强化，如表扬、鼓励等。

2）削弱代币的价值

在行为巩固之后，换取同样数量后援强化物的代币的数量逐渐增加，这样可以逐渐削弱代币在良好行为塑造中的作用。

知识链接

承接前述“小飞”的案例，在干预的后期，需要调整相应的代币交换系统。如表4-2所示。

表4-2　小飞的代币交换系统（干预后期）

我的报酬表（我赚的代币可以用来交换下列物品或活动）：	代币数
①看最喜欢的电视节目一小时	20
②去吃麦当劳	50
③获得一把玩具枪	80

续表

④获得一块巧克力	10
⑤去游乐场	100
⑥短途旅游两天	500

（资料来源：郑雪、刘学兰、王玲，《幼儿心理健康教育》，暨南大学出版社，2006年）

（三）注意事项

(1) 用后援强化物对儿童进行奖励时一定要注意不能完全满足。

(2) 代币的价值在制度刚刚建立之初要稳定，获得代币的行为标准不可定得过严。

(3) 后援强化物的范围要广，而且要明确，不能含糊。

(4) 奖励必须及时。在给予儿童代币奖励时，一定要注意：良好的行为一出现就马上给予奖励。

(5) 儿童行为难易程度必须与获得代币的数量相当，对难度大的目标行为多给予一些代币奖励，对难度低一些的行为少给一些代币；惩罚亦如此。

第三节　积极心理治疗的干预技术

案例分享

高自卑个案

【辅导对象基本情况】

小明，男，8岁。该当事人原就读于四川省汶川县映秀镇某小学一年级，由于5·12地震，他家房子倒塌，其就读的学校也还没有建好，2008年9月，他被妈妈从映秀接到都江堰市某小学就读二年级。

当事人综合表现：该生转来这个学校之后，不能适应该校的教学进度，各科成绩都不能达到班上的平均水平。平常的学习中，当学习一些新知识的时候，如果他掌握得不好，老师鼓励他去完成作业的时候，他就会说：他“做不了”；在做早操的时候，他没有学过新一版的早操，老师让他跟着别的同学做，他也是说“做不了”。上课的时候，该生在前五到十分钟能够集中精神听课，十分钟以后就开始发呆或者和同桌讲话；在遇到老师讲授的知识他听不懂的时候，也容易走神，然后开始不专心听课、发呆或和别人说话。

【分析与诊断】

通过观察,发现该生主要的问题是学习上具有较大的自卑感,这种自卑感导致其在学习上存在一定的障碍。

所谓自卑感,即一个人对自己的能力、品质等作出偏低的评价,总觉得自己低人一等并因此悲观失望、惭愧、羞涩甚至畏缩不前。这是自我评价的一种重要体现。

自卑感的形成受到主客观两方面因素的制约。但小学生处于人生早期的不成熟期,无论从生理角度还是从心理角度看,都处于依赖成人的地位。因此,外部世界对他们的评价和态度,对其心理造成很大影响。经过观察分析,小明的自卑感来源于三方面:第一是主观因素,他在各科学习上都比不上班上大多数同学,他自己有种低人一等的感觉,由此产生了其自卑感;第二个因素是对新环境适应不良,小明是由于地震才从映秀转到都江堰某小学,在那里无论是环境还是生活学习的规律都不一样,身边没有亲人,他一下子要面对许多新的东西,所以适应不良,但是由于他只是二年级的小学生,他还不能够表达这种情绪,虽然表面看来他在和同学交往上适应得很好,但是从他的上课和学习上就可以看出他还不适应新的环境;第三是老师的态度,某些科目的老师对待学习差的同学态度比较恶劣,不是耐心教导而是贬低或偶有辱骂学生,这种情况也发生在小明身上,让他的自卑感愈加强烈,表现出对学习没有兴趣。

【辅导过程】

1. 积极关注

积极的关注能够让关注对象感受到你对他非常注意,觉得你非常重视他。

在刚开始的时候,我就经常关注小明,无论课堂上、课间、午餐或是午间活动时间,只要我走进该班我就会关注小明的表现,对其做得不好的地方给予纠正。具体来说,在早读时间,小明不读书,而是在发呆,无精打采,我见到这样的情况就会以各种方式提醒他认真早读;在他做作业不集中精神或者行为习惯上有不好的地方,我都会向他指出、让他纠正过来。而他在学习上有什么不懂、在学校的生活上有什么问题,我也会耐心地教导他或者帮助他解决问题。

这样的做法能够让小明知道,老师对他是很重视很关心的,让他对老师产生信任感和可靠感。小学生在老师面前大多有爱表现的特点,老师的关注会让他注意到自己有没有做好,以博取老师的表扬和称赞。

2. 语言暗示

积极的语言能够使人产生积极的情绪,改变消极的心态。

对于小明,我会有意识地使用“你很厉害”、“你一定行”、“你真棒”这类称赞的词语。我会通过积极关注找出他做得好的地方,并收集其很多有进步的方面,即使是一点点的进步,也会给予他赞扬性的语言。在表扬他的时候,我还在表情、动作和语调上表现出我真的觉得他很厉害。例如,他做作业的时候有一道题不会做,通过我的教导,他会做了,我就会做出很惊讶的表情,提高语调,说“哇,你真的很厉害啊!”

语言上的暗示能够进一步地增强小明的自信心。他从老师绘声绘色的赞赏中觉得自己做得很好很棒，这会增强他的自信心，让他相信自己能够做好，激发他对学习的兴趣。

3. 发挥长处

消除孩子的自卑心理，要善于发现他们的长处和优势，并为他们提供发挥长处的机会和条件，这也是帮助孩子克服自卑心理的关键。

在对小明的多日观察中，我了解到小明有一个很明显的优点——善于模仿别人。小明学习上不能很快接受老师所教授的知识，但是我发现他在做课堂作业的时候，如果他看着旁边学习比较好的同学如何做，他会跟着那位同学去做，学了一遍之后他就懂多了。了解到他这个优点，我向班主任提出建议，让他和一个学习好的同学坐在一起，并让那位同学在学习上帮助小明。这样小明就能够在一定程度上提高其接受知识的能力，也使他更融入这个班级，适应新的学习环境。

4. 逆向比较

没有比较就没有鉴别，要认识自己就得拿别人来做比较。虽然我们通常不提倡逆向比较，即用自己的长处去比别人的短处，但对于"羡人之长，羞己之短"的孩子来说，采用逆向比较，选择别人的短处作为比较好对象，对于消除自卑心理、达到心理平衡能收到意想不到的效果。

在学校的时候，我特别关注小明有什么地方做得比较好，有什么方面他能够做得到而别的同学不能做到。如果发现了有这样的方面，我就会拿他来和其他同学比较，然后鼓励他，增加其自信心。例如老师教大家"5"的口诀的时候，小明比较快地学会了背诵"5"的口诀，我就采用了逆向比较的方法，我说："你看，他们都还不会背，你就能够背出来了，真棒！"

这样的逆向比较能够比较快速地增强小学生的自信心，特别是小男孩的自信心，让他觉得他在同伴之中也算是比较厉害的，使他更有自信心。

5. 个别辅导

针对小明在学习上的进步比该班的其他同学慢的情况，我时常在课余时间给小明提供个别辅导。对他在学习上不会的问题，耐心地教导他，并教授他学习的方法，让他在学习上能够尽快地赶上班上的教学进度。

【辅导效果】

经过两个月对小明的辅导，小明在学习、行为习惯上都有所进步。

学习上，字写得比较端正了，作业做得比较好了，难度不大的作业有时候还能够做得全对。考试成绩也在提高，特别是数学，本来他在班上是倒数第一名，但是最近一次考试他前进到班上的倒数第五名，分数从 73 分提高到 86 分。

学习的习惯更好了，也更积极地学习了。早读时，他以较饱满的精神来读书，上课和做作业都更认真了。

总的来说，这两个月对小明的辅导，效果还是比较明显的。说明采用的方法正确，具有针对性，对辅导对象起到了一定的作用。

（资料来源：许思安，《青少年十种常见问题行为的矫治》，暨南大学出版社，2012 年）

一、基本理念

(一) 源起

在心理治疗的领域,一直存在着"八仙过海,各显神通"的局面。不同的流派,不同的创始人,他们基于自己的思考和实践提出了迥然不同的心理干预策略:有的流派关注人的本能,重视无意识层面对个体意识与行为的重要影响;有的流派强调人是社会互动中的载体;有的流派只看重人的"行为"本身;有的流派重视遗传在其成长中的重要作用;还有的流派则强调人的"想法"在其行为抉择中的价值与地位。在这种各执一词、百家争鸣的状态下,造成了多种心理治疗和心理卫生理论并存的局面,甚至还出现了互相"对立"的局面。德国学者佩塞施基安博士(Nossrat Peseschkian)认为上述流派大多基于以问题为核心而提出病理性心理治疗的理念,他提出了自己的构想,希望能寻求一种普遍的、跨文化的、看到问题本质的和全面的心理疗法。而产生这种构想的重要假设是,佩塞施基安博士相信,任何民族、任何宗教信仰的人都一定有自信、自尊、满意、追求快乐等积极品质,即彼此之间存在着共性。

知识链接

关于"积极"的理解

在积极心理治疗的理念中,核心概念是"积极"。该词来源于拉丁文的positum,意为:"给定的","全面的","已有的";包含"+"(正)与"-"(负)两个方面。比如,"抑郁"一词,既含有"被动的情绪低落"的意思,同时也可理解为"能对冲突做出深刻的情绪反应"。可见,每样事物至少具有"+"与"-"两个方面,无论表面上看起来多么消极的东西,也依然含有积极的闪光点;而平常我们所看重的那些似乎充满了积极面的东西,其光芒的覆盖度也不能用"全"来概括。佩塞施基安博士关于"积极心理治疗"的基本内涵可概括为:每一个来访者同时具备了生病的能力与保持健康的能力,而治疗应把注意力集中在增进和培养来访者自身的积极力量,通过挖掘或发展这些积极力量以帮助来访者摆脱心理问题,或者是抑制心理问题的产生。在此,所谓"积极力量"包括了勇气、人际交往技能、理性思维能力、洞察力、乐观、诚实正直、坚持、能多角度思考问题、对未来充满希望等。

(资料来源:郑雪,《积极心理学》,北京师范大学出版社,2014年)

(二) 治疗的原则

第一个原则是"希望"。佩塞施基安博士认为,无论种族、民族、区域,人类都具有两种基本能力:①"爱"的能力,包括"去爱"和"被爱"。从"爱"的能力发展出"原发能力":爱、榜样、耐心、时间、交往、性、信任、自信、希望、信仰、怀疑、坚定、整合等;②“认知”的能力,“学习”和“表达”能力从“认知”能力发展为“继发能力”:准时、清洁、条理、顺从、礼貌、坦白、忠诚、公正、成就、节俭、信赖、谨慎、精确等。

知识链接

适应性潜能——飓风幸存者案例

情绪表达和工具有情绪趋近的适应性潜能。所谓情绪趋近,指主动地靠近而不是远离应激源。

飓风来袭后的许多幸存者在排队等待救援物资时,我(洛佩斯)亲眼见到一些人回避所有的情绪,而另一些人则努力趋近他们的情绪,一些人因体验到的情绪而不堪重负。我猜测,现在那些趋近情绪的人要比没有趋近情绪的人恢复得更好。我访问了灾区,我母亲的家也被毁,但还好她很安全、很健康。我们同她的许多家园被毁的邻居攀谈,这些邻居正在努力振作起来面对生活。

我和一位跟我年纪相仿的小伙子谈话,我想我高中的时候就认识他了。特德来自新奥尔良,离这儿240公里。他和家人是卡特里娜飓风的幸存者,但他家已经不再适合居住。于是,他举家搬到了新伊比利亚,接着飓风丽塔又袭击了那个小镇。特德给我讲述了整个故事。他听说,卡特里娜飓风将他在新奥尔良的家淹在了1.5米深的水中,但是出于安全考虑,他被禁止回家查看。他到了新伊比利亚,为他的两个男孩和妻子租了一间公寓。然后,特德说:“丽塔袭来时,真把我家人都吓坏了。”他告诉我,他觉得很害怕,因为他可能永远都无法给妻子和孩子安全感。特德用简单、诚恳的语言表达情绪,里面有深深的恐惧和悲伤。

特德和我聊了一些,显而易见他和妻子花了不少时间来应对情绪。我问他,孩子们是如何应对的。他大笑:“孩子们很令人惊奇啊!”他们不清楚自己的生活会有哪些改变,但是对起起落落都应对得很好。当时,他对我说:“昨天,我们为孩子买了双层床,晚上我把双层床支了起来。我把儿子放在上铺,然后,你知道他说什么?‘爸爸,现在开始好像我们又有家了。’”特德流着泪说:“我希望生活能继续下去。”

(资料来源:C. R. 斯奈德、沙恩·洛佩斯著,王彦、席居哲、王艳梅译,《积极心理学——探索人类优势的科学与实践》,人民邮电出版社,2013年)

第二个原则是“平衡”。在我们每个人的心灵深处都存在着一种实现自我和寻找人生意义的内在需要。但是,我们又常常陷入困境,因为我们习惯了从某一个角度看问题,并坚信这就是“事实”,看不见“别的可能”。

首先,我们探讨关于“意义”的寻求问题。笔者在求学年代,曾倾听王志超老师对该问题的讨论,现将其中要点梳理如下[①]:为何有众多的人在努力地寻求并力求证明自己存在的价值与意义?其根源何在?也许,这要追溯到人类的共性问题。人怕什么?也许每个人怕的

① 许思安,《中学政治学科课堂教学心理》,广东高等教育出版社,2014年。

具体内容是存在差异的，那么，其中是否存在着共性话题？比如，怕“死”这个问题。面对死亡问题，古往今来的人都在做什么？假如进行归纳的话，有的人走的是“逃避死亡”之路，他们力求通过养生、锻炼、保养等各种方式，让自己的生命更长一些；而有的人，则走了“对抗死亡”之路，他们力图证明自己存在的价值与意义。这一话题也因此而来。那么，对于这群努力寻求人生意义的个体，他们找到了意义所在吗？他们在何时会感受到这种意义的存在？其中颇为有趣的是，“意义不在当下”，即要证明一件事的意义，往往不在事件发生的当下和过去，而在于此事发生以后和此后发生的事与此相关的程度。

其次，关于“困境”话题的思考。有一种效应称为“心理定势效应”，是指人们接受了一个刺激物或刺激信号以后，马上根据以往的经验或习惯而建立起一种相应的心理准备状态。它既有助于人们解决问题，使人们在进行某项活动时能够非常熟练，同时这种优势也有可能成为心灵的枷锁，限制人们思考问题、解决问题的思路。正如对“人云亦云”这个词汇的解读，其本意是指“人家怎么说，自己也跟着怎么说”，即俗称的“跟屁虫”现象。如果尝试换一个角度，我们对这个词汇也许将得到另外一种解释：“较之独树一帜的人，因为少了与别人针锋相对的锋芒，所以往往在一个集体中更容易被接受。从这个角度来说，人云亦云可形容一个人善于融入集体。”由此可见，学会多元视角，懂得运用“平衡”的视角处理问题，有时也是解决问题的一种角度或策略。

知识链接

十八只狐狸与葡萄

有一个古老的故事：在一位农夫的果园里，紫红色的葡萄挂满了枝头，令人垂涎欲滴，当然，这种美味也逃不过安营扎寨在附近的狐狸们，它们早就想享受一下了。

第一只狐狸来到了葡萄架下，它发现葡萄架要远远高出它的身高。它站在下面想了想，不愿就此放弃，机会难得啊！想了一会儿，它发现了葡萄架旁边的梯子，回想农夫曾经用过它。因此，它也学着农夫的样子爬上去，顺利地摘到了葡萄。(这只狐狸采用的就是问题解决方式，它直接面对问题，没有逃避，最后解决了问题。)

第二只狐狸来到了葡萄架下，它也发现以它的个头这一辈子是无法吃到葡萄的。因此，它心里想，这个葡萄肯定是酸的，吃到了也很难受，还不如不吃。于是，它心情愉快地离开了。(这只狐狸运用的是心理学当中经常提到的“酸葡萄效应”，也可以称为文饰作用或合理化解释，即以能够满足个人需要的理由来解释不能实现自我目标的现象。)

第三只狐狸来到了葡萄架下，它刚刚读过《钢铁是怎样炼成的》，深深地被主人公的精神打动。它看到高高的葡萄架并没有气馁，它想：我可以向上跳，只要我努力，我就一定能够得到。“有志者事竟成”的信念支撑着它，可是事与愿违，它跳得越来越低，最后累死在葡萄架下，献身做了肥料。(这只狐狸的行为，在心理学上我们称为“固执”，即反复重复某种无效的行为，有时我们也称它为强迫症。它说明，不是任何事情的最佳方案都是解决问题，要看自己的能力、当时的环境等多种因素。）

第四只狐狸来到了葡萄架下，一看到葡萄架比自己高，愿望落空了，便破口大骂，撕咬自己能够得着的藤，正巧被农夫发现，一铁锹把它拍死了。（这只狐狸的行为我们称它为“攻击”，这是一种不可取的应对方式，于人于己都是有害无利的。）

第五只狐狸来到了葡萄架下，它一看自己的身高在葡萄架下显得如此的渺小，便伤心地哭起来了。它伤心为什么自己如此矮小，如果像大象那样，不是想吃什么就吃什么吗？它伤心为什么葡萄架如此高，自己辛辛苦苦等了一年，本以为能吃到，没想到是这种结果。（这只狐狸的表现我们在心理学上称之为“倒退”，即个体在遇到挫折时，从人格发展的较高阶段退到人格发展的较低阶段。）

第六只狐狸来到了葡萄架下，它仰望着葡萄架，心想，既然我吃不到葡萄，别的狐狸肯定也吃不到，如果这样的话，我也没什么好遗憾的了，反正大家都一样。（这只狐狸的行为在心理学中称之为“投射”，即把自己的愿望与动机归于他人，断言他人有此动机和愿望，这些东西往往都是超越自己能力范围的。）

第七只狐狸来到了葡萄架下，它站在高高的葡萄架下，心情非常不好，它在想为什么我吃不到呢，我的命运怎么这么悲惨啊，想吃个葡萄的愿望都满足不了，我的运气怎么这么差啊？它越想越郁闷，最后郁郁而终。（这只狐狸的情况是“抑郁症”的表现，即以持久的心境低落状态为特征的神经性障碍。）

第八只狐狸来到了葡萄架下，它尝试着跳起来去够葡萄没有成功，它试图让自己不再去想葡萄，可是它抵抗不了，它还试了一些其他的办法也没有见效。它听说有别的狐狸吃到了葡萄，心情更加不好，最后它一头撞死在葡萄架下。（这只狐狸的下场是由于它心理不平衡造成的，在现实生活中我们经常会遇到类似的“不患寡，患不均”的现象。很多人在与别人比较的时候，因为心理不平衡选择了不适当的应对方式。）

第九只狐狸来到了葡萄架下，同样是够不到葡萄。它心想，听别的狐狸说，柠檬的味道似乎和葡萄差不多，既然我吃不到葡萄，何不尝一尝柠檬呢，总不能在一棵树上吊死吧！因此，它心满意足地离开去寻找柠檬了。（这只狐狸的行为在心理学上我们称之为“替代”，即以一种自己可以达到的方式来代替自己不能满足的愿望。）

第十只狐狸来到了葡萄架下，它看到自己的能力与高高的葡萄架之间的差距，认识到以现在的水平和能力想吃到葡萄是不可能的了，因此它决定利用时间给自己充下电，报了一个进修班，学习采摘葡萄的技术，最后当然是如愿以偿了。（这只狐狸采用的是问题指向应对策略，它能够正确分析自己与问题的关系和性质，找到最佳的解决方案，是一种比较好的应对方式。）

第十一只狐狸来到了葡萄架下，它同样也面临着相同的问题。它转了一下眼珠，把几个同伴骗了来，然后趁它们不注意，用铁锹将它们拍昏，将同伴摞起来，踩着同伴的身体，如愿以偿地吃到了葡萄。（这只狐狸虽然最后也解决了问题，但它是在损害他人利益的基础上来解决的，这种应对方式不可取。）

第十二只狐狸来到了葡萄架下，这是一只漂亮的狐狸小姐。它想：我一个弱女子无论如何也够不到葡萄了，我何不利用别人的力量呢？因此，它找了一个男朋友，这只狐狸先生借助梯子给了狐狸小姐最好的礼物。（这在心理学上称为“补偿原则”，即利用自己另一方面的优势或是别人的优势来弥补自己的不足，这种方式在一些情境下也不失为一种好方法。）

第十三只狐狸来到了葡萄架下，它对葡萄架的高度非常不满，这导致了它不能尝到甜美的葡萄，于是它就怪罪起葡萄藤来。说因为葡萄藤太好高骛远，爬那么高，说葡萄的内心其实并没有表面看上去那么漂亮。发泄完后，它平静地离开了。（这只狐狸的行为在心理学上我们可以称之为“抵消作用”，即以从事某种象征性的活动来抵消、抵制一个人的真实感情。）

第十四只狐狸来到了葡萄架下，发现自己无法吃到自己向往已久的葡萄，看到地上落下来已经腐烂的葡萄和其他狐狸吃剩下的葡萄皮，它轻蔑地看着这些，作呕吐状，嘴上说：“真让人恶心，谁能吃这些东西啊。”（这只狐狸的行为在心理学上我们称之为“反向作用”，即行为与动机完全相反的一种心理防御机制。）

第十五只狐狸来到了葡萄架下，它既没有破口大骂，也没有坚持不懈地往上跳，而是发出了感叹，美好的事物有时候总是离我们那么远，这样有一段距离，让自己留有一点幻想又有什么不好的呢？于是它诗兴大发，一本诗集从此诞生了。（这只狐狸的行为在心理学上我们称之为“置换作用”，即用一种精神宣泄去代替另一种精神宣泄。）

第十六只狐狸来到了葡萄架下，它发现想吃葡萄的愿望不能实现后，不久便产生了胃痛、消化不良的情况。这只狐狸一直不明白一向很注意饮食的自己，怎么会在消化系统出现问题。（这只狐狸发生的情况在心理学中我们可以称之为“转化”，即个体将心理上的痛苦转换成躯体上的疾病。）

第十七只狐狸来到了葡萄架下，它发现了同样的问题。它嘴一撇，说：“这有什么了不起的，我们狐狸中已经有人吃过了，谁说只有猴子才能吃到果子，狐狸也一样行！”（这只狐狸所表现的言行是一种情绪取向的应对方式，在心理学中我们可以称之为“傍同作用”，即当自我价值低于他人价值时，寻找与自己有关系的人来实现自我价值。）

第十八只狐狸来到了葡萄架下，它心想，我自己吃不到葡萄，别的狐狸来了也吃不到葡萄，为什么我们不学习猴子捞月的合作精神呢？前有猴子捞月，现有狐狸摘葡萄，说不定也会传为千古佳话呢！于是它动员所有想吃葡萄的狐狸合作，搭成狐狸梯，这样大家都吃到了甜甜的葡萄。（这只狐狸采取的是问题取向的应对方式，它懂得合作的道理，最终的结果是既利于自己，又利于大家。）

（资料来源：http://www.u148.net/tale/11515.html）

第三个原则是“磋商”，即对心理治疗的整体研究、理解和把握。当事人是对自己的生活和状态了解最全面的人，我们的分析和解释起到的是补充和启发的作用。治疗要致力于帮助当事人抛弃对自己古怪行为的传统认识，使当事人建立起一种积极认识，并使他在日常生活中对这种积极的解释抱有始终的坚定性。

知识链接

积极心理治疗与当事人中心疗法的异同

当事人中心疗法由人本主义学者罗杰斯创立。罗杰斯认为，每个人都以独特的方式感知世界，个体能对感知过、经验过的事物赋予一定的意义，这些知觉和意义的整体便构成了个人的现象场，其中包括有意识感知和无意识感知。行为的最重要的决定因素是有意识的或能够变成有意识的感知。因此，罗杰斯假设：人的行为由独一无二的自我实现倾向引导着；所有人都需要积极地看待。他认为，我们每一个人都有朝着健康、积极的方向发展、成长、变化的潜能，这种潜能是独一无二的，且会引导所有人的行为。

在罗杰斯的理论中，有一个核心概念“自我”，并提出了“现实自我”与“理想自我”的分类。前者是指人对自己当前状况的评价，即“我”的现实；后者是指个体在意识中希望将自己塑造成的那个“我”。而人在对自身进行审视时，往往掉进三大误区：第一种，仅有现实自我。有的人，只看重“当前”与“现实”，而完全不考虑自己前行的目标。第二种，仅有理想自我。有的人，完全不考虑自己当前的现实状态，而一味地想象着自己的所谓“将来”，常常沉浸在白日梦之中。第三种，现实自我与理想自我之间差距过大。有的人，往往因为“现实”与“理想”之间的差距过大，而无法实现自己的目标，常常把自己陷于失败的境地之中。有鉴于此，罗杰斯提出，可以把“理想自我与现实自我之间的差距”作为衡量一个个体心理是否健康的重要指标，并指出，如果现实自我与理想自我能和谐统一，那么，这就是“自我实现”。

罗杰斯提出自我的形成和发展有赖于个体和环境互动的许多因素。第一，正向关怀的需求。他认为，个人在生活中都有渴望得到有关的人的温暖、同情、关心、尊敬和认可等情感的需求。第二，价值的条件。在寻求正向关怀的过程中，儿童经常尝试着做一些事情，渐渐地了解到有些事情他们是可以做的，而有些事情是不许可他们做的。通常，大多数父母总是赞许儿童的好行为，给予正向关怀；不赞许儿童的不好行为，并收回对他们的爱。第三，无条件的正向关怀。罗杰斯认为，每一个人都应当被爱、被认为是有价值的。当父母以言语或行为表示他们的爱取决于儿童的行为要符合父母的愿望时，儿童就不可能得到全部的自我实现。儿童所需求的是无条件的正向关怀（或无条件积极关注），即无论儿童做什么都给予全部的、真正的爱。第四，自我的一致性和威胁。与自我概念相一致的经验会被知觉到并被整合到自我结构之中。此时，如果出现与自我概念不一致的或有价值条件的经验，那么自我概念就受到了威胁。面对这种威胁，个人常会拒绝将其纳入自我结构之中或扭曲其意义。

基于上述的思考,罗杰斯提出了当事人中心疗法的基本理念:把人的意愿、选择和决策放在治疗的中心地位;治疗的方法都是试图帮助当事人承认自己对选择自己的生活负有责任;强调"顿悟"和"意识"在治疗中的价值与作用。而有效的治疗必须具备下列条件:当事人和治疗者须有心理上的沟通,即他们须对对方的现象场产生影响;当事人处于失调状态,因而是脆弱和焦虑的;治疗者须给当事人以无条件的正向关怀;治疗者须对当事人的内部参照系作同理心的了解并传达给当事人;当事人须领悟到来自治疗者所给予自己的这种无条件关怀和同理心。

由此可见,积极心理治疗与当事人中心疗法均注重当事人在治疗过程中的主体地位,均注重良好的治疗气氛。而两者的差异性主要集中在治疗的侧重点上。当事人中心疗法更注重"共情"的发生,而积极心理治疗更侧重让当事人来感受治疗者的积极认识和积极情感。何以如此?佩塞施基安认为,人的心灵深处都有着一种实现自我和寻找人生意义的内在需要。而人们常常因现实的困扰而把这些需要压到无意识层面。因此,治疗的基本方向是促使无意识过程向有意识转化。其中,转化中的难点是"两级获益"的存在。所谓"两级获益",是指病人借助生病从两方面获得了好处。第一级获益又叫内部获益,指的是症状满足了病人的无意识欲望,使无意识冲突得到变相的虚幻的解决。第二级获益是指病人借助生病,从家人、朋友和其他人那里获得支持、同情、安慰,从而减低应激压力,所以也叫外部获益。

(资料来源:郑雪,《积极心理学》,北京师范大学出版社,2014 年)

二、常用策略

在积极治疗中,常用以下策略来引领当事人。

1. 引导积极认知

首先,我们来看一项关于抑郁症患者的干预研究。这是来自马丁·塞利格曼(2005年)的研究。我们先来看看抑郁症患者的共性。他们大多存在着这样的普遍性:他们往往失去对生活与工作的兴趣,他们感觉虚弱而无力,他们看不到生存的希望;他们沉溺于自责、自罪之中,看不到自己"生存的价值与意义"。面对这样一个群体,如何引领他们看到希望,感受到生活中还存在着积极的一面?马丁·塞利格曼首先让 577 名抑郁症患者完成一份调查问卷:"如果摆脱了抑郁的困扰,你可能想去做些什么?"这群号称自己"虚弱无力和绝望"的人的回答大多千篇一律:"慵懒,很难融入周围世界,做什么事都提不起劲,甚至没有力气让自己享受快乐。"随后,塞利格曼要求被试坚持写一周的日记。日记只需要写:如果他们有更多的精力,他们会去做什么。结果,"奇迹"发生了,一周后,被试纷纷报告:“自己变得更加活跃了……”在整项研究中,马丁·塞利格曼巧妙地转移了抑郁症患者的注意焦点,关注点放在“做什么”,而不是“怎么做”。根据塞利格曼的解释,当人们还没引发足够的动机去想做某事,而是马上去关注该事情怎么做的时候,人们往往会在无意识中“加重”对要去做这件事情的难度。因为畏难情绪的存在,而往往使人们望而止步。因此,当关注的焦点发生变化时,我们的心态也在发生着变化。因此,倡导“积极认知”,其实质在于引导个体关注自身的话题焦点,通过该焦点的变化而引发积极情感。在治疗中,治疗者“选择”了何种“观点”或“情感”反馈给当事人,那么该“观点”或“情感”将会被强化。因此,当人们选择了“积极点”予以关注,那么这个“小点”有可能因为不断地被累积,而最终因“量变”促使“质变”的发生。

知识链接

驳斥消极信念

用积极信念去反驳消极信念,第一步就是要写关于心境或冲动改变事件的日记,这些事件包含以下三个内容:

- 引起心境或冲动改变的活动;
- 引起心境或冲动改变的信念;
- 活动之后心境或冲动的等级在十点量表上的结果。

回顾这样的日记,使我们了解到:是我们对事件的解释造成消极心境,或者造成我们冲动的改变。这为学习“驳斥—测试—奖赏”(CTR)程序提供了基本原理,CTR是用来驳斥消极信念的。驳斥消极信念包括产生可供选择的积极信念,这种积极信念能够被保持在一个特殊的情景中,在这一情景中消极信念出现,我们会开始寻找证据去检验这些选择的有效性。当消极信念被证实是无效的,我们会奖赏自己。举例来说,某人在心中有一种想法,即“他不和我说话是因为他不喜欢我,或者,他不和我说话是因为他害羞”。如果有证据证明问题中的那个人在此前从未伤害过我,并且在一些场合还对我微笑,那么更可靠的陈述就是“这个人害羞”。我可能会因为驳斥并检验了自己的消极信念而奖励自己,即告诉自己在检验自己的消极信念时,做得很好。通过坚持使用CTR程序,我们可以逐渐训练自己放弃那些会加强抑郁、焦虑和愤怒情绪的消极信念,取而代之以可供选择的、积极的信念。

(资料来源:Alan Carr著,郑雪等译,《积极心理学:关于人类幸福和力量的科学》,中国轻工业出版社,2008年)

2. 促发积极情感

常用的策略包括:唤起对好的事件和不好的事件的回忆,鼓励来访者表达愤怒和痛苦,引导来访者宽恕、感恩和祝福;学会满足,设计对个人的满意计划;引导来访者从不幸中学习乐观和希望;学会爱和处理关系,了解家庭成员中的优点;做愉快的事,并享受愉快。

知识链接

积极情绪的拓展和建构效应

弗雷德里克森等人假设，鉴于积极情绪的拓展和建构效应，快乐和满足可能是消极情绪的解药。为了检验这一假设，研究者在他们的研究中，先唤起所有参与者的消极情绪(由影片唤起其情绪)，然后迅速将参与者随机分配到不同的情绪条件中。唤起的情绪包括从中等程度的快乐到悲伤。心血管恢复代表抵消过程，其操作性定义——从随机分配影片开始直到最初的消极情绪所引起的生理反应回到基线水平的时间。抵消假设得到了支持。与其他条件下的参与者相比，快乐和满足条件下的参与者能更快地抵消消极情绪的作用。这些结果表明了积极情绪和消极情绪的不相容性，消极情绪体验产生的副作用能被快乐和满足这样的积极情绪所抵消。图 4-4 所示为积极情绪的扩展—建构模式。

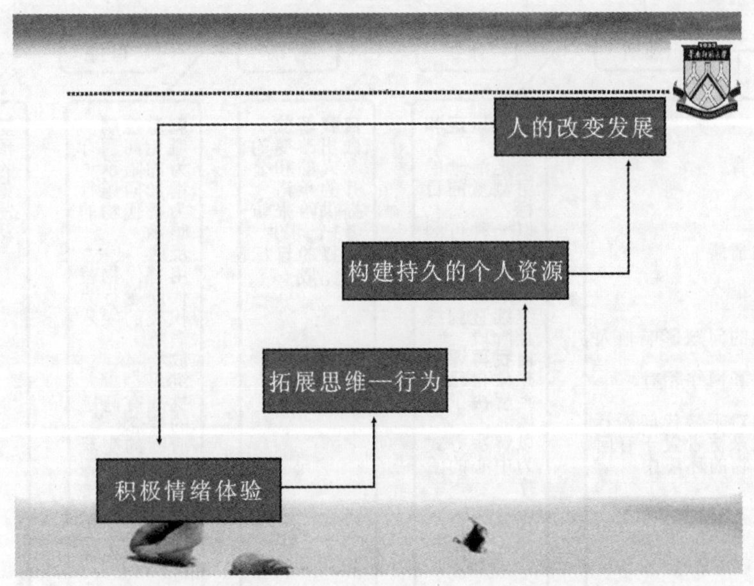

图 4-4　积极情绪的扩展—建构模式

(资料来源：C. R. 斯奈德、沙恩·洛佩斯著，王彦、席居哲、王艳梅译，《积极心理学——探索人类优势的科学与实践》，人民邮电出版社，2013 年)

3. 积极自我暗示

常用的策略包括：通过做一些有意义的事定期证明自己的优点；回忆自己的进步，获得并保持充实的生活。

知识链接

积极治疗的“五个阶段”

学者 James Prochaska、Carlo DiClemente 和 John Norcross 在分析与整理了 24 个心理治疗的流派之后，发现：对于所有形式的心理治疗和所有发生在心理治疗之外的自我改变进程来说，存在着共性；即个体内部和外部的成长和改变大多经历了“前预期、预期、计划、行动、保持和终止”这几个基本阶段，如图 4-5 所示。把这些阶段与积极治疗的过程进行对比，其中的确存在着较为接近的版块，如“前预期与预期”阶段可与“观察和保持距离”阶段相对应；“计划”阶段相当于“调查”阶段；“行动”阶段则对应于“处境鼓励”阶段；“保持”则与“言语表达”阶段相对应；“终止”阶段对应于积极治疗中的“扩大目标”阶段。

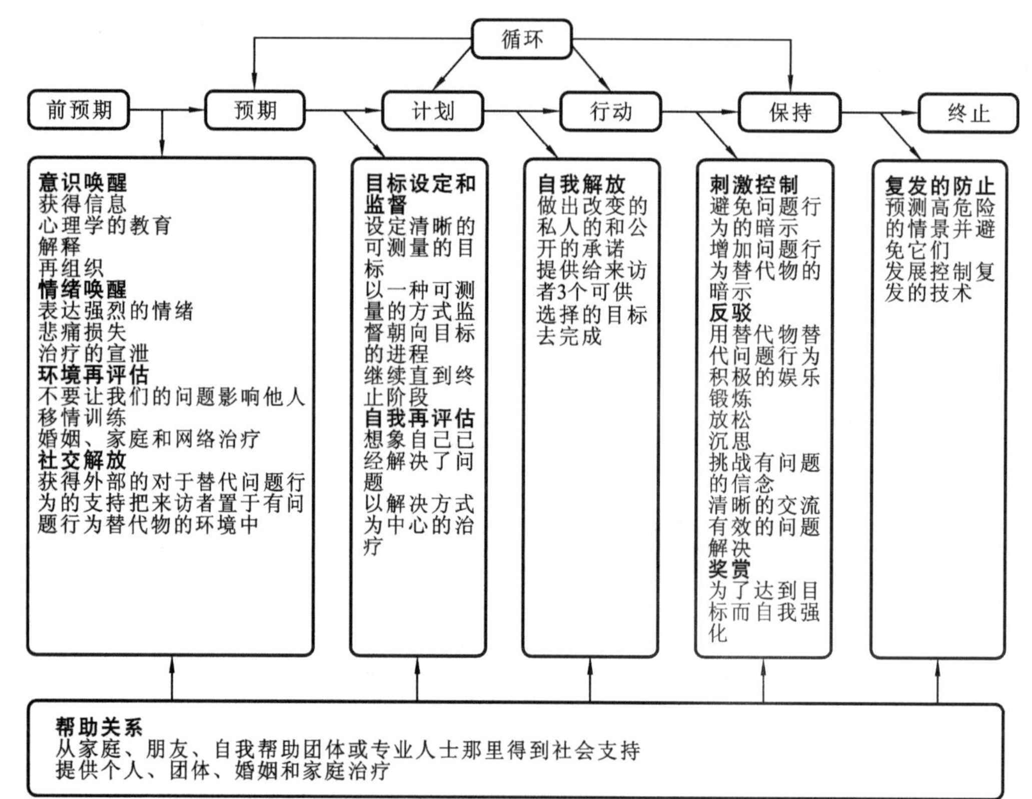

图 4-5 治疗的阶段

（图片来源：Alan Carr 著，郑雪等译，《积极心理学：关于人类幸福和力量的科学》，中国轻工业出版社，2008 年；郑雪，《积极心理学》，北京师范大学出版社，2014 年）

课外拓展

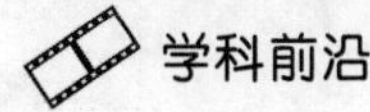

学科前沿

“房树人测验”技术

“房树人测验”可以从不同的角度予以研究:①从非言语性、创造性的角度。绘画基本上是无结构性的。②从言语的统觉的角度来认识,被测者的绘画又具有一定构造性的形式,被测者所描绘的形象也涉及环境关系,具有一定联想性作用。一般而言,对被测者所描绘的房、树木、人物并没有具体的指示,不限定被测者应该描绘什么样的房子、树木和人物。有关房屋的大小、类型的表现方法,树木的种类、大小、树龄的表现方法,人物的年龄、性别、朝向、行为的表现方法等都没有任何的限制,描绘的画面主要是被测者自己的见解,或者从身边环境中体验到并从众多的事物中选择出一个或数个房屋、树木或人物的形象综合而成,由此形成测验中的绘画。所以在指导语中所提到的房、树、人是一种有关事物的分类语,不是一种具体化的事物。因此被测者在描绘过程中,会把情绪状态在画面上描绘下来,甚至通过画面可以反映出他们的愿望(喜怒哀乐、人际关系等各个方面)。因此,该测验带有某种特定的“投射”成分。具体可从以下角度重点考察:

(1) 在测验中所描绘的房、树、人是一种特定的形象,是一种心理上的“自我像”,因为测验者总是在描绘中考虑要把最重要的特征表达出来,而这些特征可以说是被测者内在心理特征的再现。

(2) 被测者对房、树、人的描绘,部分与部分之间的组合、比例、结构,在画面上的位置,是表达描绘对象的部分还是整体等,都具有特别的意义。一般来说,绘画会显示出以下两方面:①被测者积极地进行表达,他们在描绘前进行积极的思考、设想:所描绘的对象部分与部分之间如何结合,哪些应该先画,哪些应该后画。另外,在表现手法上也显示出各种差异性。为了积极地表达,他们有的会反复地涂擦,或对某一部分在线条上进行强化,还把有的部分画得很浓、很重,有些部分甚至花费时间过长,这都可以显示出他的积极性;有的绘画还表现出刻板性、固执性和一些奇怪的特点,甚至对画面进行文字上的描述说明)。②被测者消极性地进行表达,他们对所描绘的对象,在整体和局部之间表达不完整,尤其对一些本质性的部分表现出省略、遗漏,如不画门、窗、树叶,人物缺少耳朵、鼻子等主要器官,还有的在表达手法上表现出矛盾、古怪的形象,图形结构不完整,描绘时间过短而草率等。

(资料来源:http://baike.baidu.com/view/1993104.htm)

根据上述介绍,请分析组图4-6的绘画者的心理状态(作品作者均为小学一年级学生)。

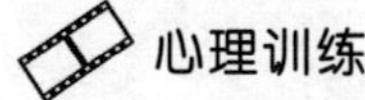

心理训练

体验“平衡”

在图4-7所示的自我检验数轴中:

“身体”,指你为自己的身体健康投入了多少,如营养食品、运动、按摩等;

“关系”,指你在人际交往方面投入了多少精力;

图 4-6　房树人测验组图

"成就",指你在成就方面投入多少精力,如为工作、为工作而参加的聚会等;

"精神生活",指你为自己的精神层面的提升投入了多少,如信仰、读书、自我对话、积极想象等。

如果满分是 100 分,请根据自己的实际情况,计算出你在每一个维度上所花的精力是多少,并在图 4-7 的相应数轴中标出具体的数值。

最后,把这四个点连接起来,成为一个四边形。

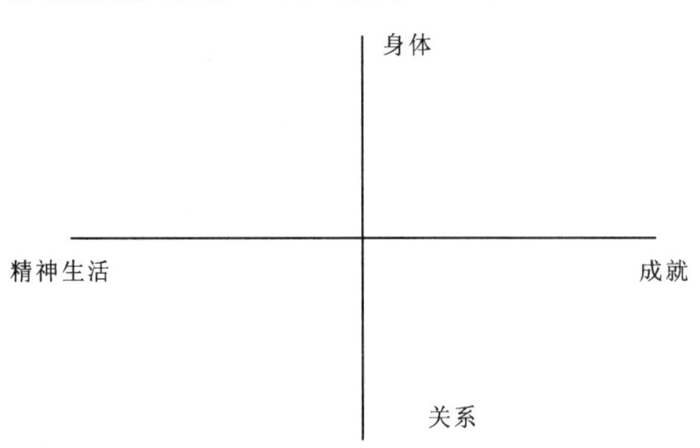

图 4-7　自我检验

Chapter Five

第五章

中小学生情绪与行为问题的识别

本章结构

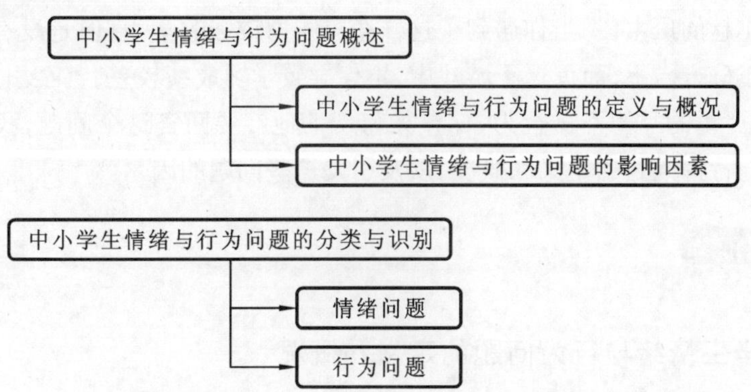

第一节　中小学生情绪与行为问题概述

案例分享

小赵的品德行为较差，因沉迷于游戏而经常旷课逃学(平均每周有一到两天不来学校上课)，自控能力极差，一旦手头有钱就去玩游戏，甚至发展到没钱时想方设法骗取父母的钱，偷拿祖父母的钱。父母给的早饭钱，宁愿饿肚子，也会用在打游戏上，是一个地道的游戏迷。打游戏耗去了他大部分的精力，导致学习成绩一天天下降，懒散的习惯逐步形成而且愈演愈烈，最终在学习上完全失去了信心。初二下学期期末考试的成绩是：语文 46 分，数学 21 分，英语 39 分，政治 45 分，语数英三门总分 106 分，全班倒数第二名。

小赵的父辈兄弟三人，到了小赵一辈，只有他一个男孩，也就是在农村中称为“三二房合一子”。他是祖父母的宝贝孙子，是父母亲的宝贝儿子，又是叔叔的宝贝侄子，因此从小备受溺爱。加上祖父在县城工作，经济条件优越，养成小赵随意散漫的习惯。小赵的父母在镇上私企打工，上班早，下班晚，常常加班，对小赵疏于教育和关心。在小学阶段，小赵的各方面表现都不差，出现问题之后，脾气急躁且缺乏正确的教育观念的父亲，动不动就对小赵一顿毒打，而母亲采取袒护的办法，把小赵的问题隐藏起来。时间久了，小赵的不良习性更是越来越差。

小赵平时表现内向，不善言谈，看上去有点老实，思维能力尚可。他在学校的咨询中心进行了《卡特尔16种人格因素量表》(简称16PF)的测试(华东师范大学戴忠恒、祝蓓里主修，全国十三所院校协作提供)。结果显示，该生偏于内向，情绪比较稳定，待人随和，略带忧郁，心理健康水平一般，创造力分数一般；但这个学生在"专业而有成就"与"在新的环境有成长能力"这两项的分数比较高，前者为66分，超过平均分11分，后者为38分，超过平均分16分。

(资料来源：新浪博客)

假如你是小赵的班主任，当你遇到了这样适应能力较强的学生，但是没有把心思用在发展自己能力的正确方向上，而沉迷于游戏中，不仅导致学习成绩较差，甚至引起连锁反应，比如说谎、偷窃等严重的品德不良行为，你该如何帮助他？要回答这个问题，我们首先要了解中小学生情绪与行为问题的定义和概况，以及引发这些问题的因素。

学习导航

一、中小学生情绪与行为问题的定义和概况

中小学生的情绪与行为问题是指那些在没有智力障碍和精神失常的情况下，与其所处的社会情景及社会评价相违背，在情绪上和行为上显著地异于常态，且妨碍个人对正常社会生活的适应的问题。这些问题不但会影响个人的学习和智力的发挥，影响社会适应和人际交往，甚至可能危害他人、危害集体、危害社会。

情绪与行为问题在中小学生中的检出率相当高，并且呈现迅速上涨趋势。据世界卫生组织估计，2020年前全球儿童精神障碍将会增长50%，成为五个最主要的致病、致死和致残的原因之一。我国中小学生情绪与行为问题的现状也令人担忧：北京医科大学精神卫生研究所对北京市2432名中小学生进行抽样调查，发现情绪与行为问题的发生率为18.2%；而中国小公民道德建设暨全国"双合格"家庭教育宣传实践活动领导小组第四次会议上的报告更显示，目前我国中小学生情绪与行为问题检出率高达22%。

中小学生是情绪与行为问题的高发人群。这主要是因为：

第一，中小学生处于成长的时期。在知识快速增长的同时，也形成和发展着个人的品德和个性。但是由于他们的社会理想、信念、人生观尚未形成或没有定型，他们的社会意识和个性不成熟，还没有形成稳定的内部环境，还缺乏对行为的定向和调节能力，因而容易受到

变动不安的外部环境的影响。他们缺少知识和经验，对社会政治道德规范、行为规则还有许多不理解，对各种社会影响的性质及自身的利害关系还不善于辨别，加之他们都好奇、好动、好模仿、好探索、急于行动，还没有三思而后行的能力和习惯，所以中小学生面临知与不知、会与不会、正确和错误的矛盾时，会直接在情绪和行为中表现出来。

第二，中小学生处于生理上的半成熟时期，生理的成熟与心理的滞后发展相互矛盾，自我认知和评价尚不稳定，自我控制力较差，一旦遭受到困扰挫折，容易引发紧张不安与焦虑，进而可能形成适应不良。

此外，中小学生的情绪与行为问题往往具有多发性的特点，即在同一个人身上表现出几种问题症状。这可能是多种问题症状交互作用的结果，或是各种问题背后共有同一影响因素。因此在了解主要情绪与行为问题的同时，要了解其影响因素，这样才能准确了解中小学生情绪与行为问题的发生规律，制定有针对性的干预策略。

二、中小学生情绪与行为问题的影响因素

知识链接

小刘，高一学生，班长，参加高中篮球联赛时所在球队赢多输少，却输掉了一场明明该赢的球，有些懊恼。随后参加了学校组织的考试，在考场上出现反常现象。一见到试卷，小刘就浑身发抖，大脑一片空白，特别是在做数学试题时，更是莫名紧张，没做完试题就退出考场。此后几天，一直感到心烦意乱，白天上课走神，晚上睡不好觉，噩梦连连，对学习失去兴趣。到医院求治，也没查出有什么疾病。现在，篮球教练要求不能中断篮球训练，所以小刘每周末还要参加篮球联赛，他担心这样会影响学习，心里很矛盾。学习成绩下降对他产生很大压力，让他觉得对不起父母和老师。身为班长，成绩不理想，在班里同学们面前也很没面子，一直提不起精神，从而导致学习缺乏主动性，成绩进一步下降。

（资料来源：新浪博客）

假如你是小刘的老师，班级里的明星学生在面对一次小失败之后一蹶不振，究竟该如何帮助他从困扰中走出？本章接下来将要介绍关于情绪与行为问题的主要影响因素，追本溯源方能有效解决问题。

学生是一种独特的社会存在，中小学生是介于儿童和成人之间的“半”社会成员。学生作为一个社会性未成熟者，生活在一个由家庭、学校、同伴群体构成的三重社会当中。这三重社会各自或交互影响着学生。图 5-1 所示为应对方式图解。

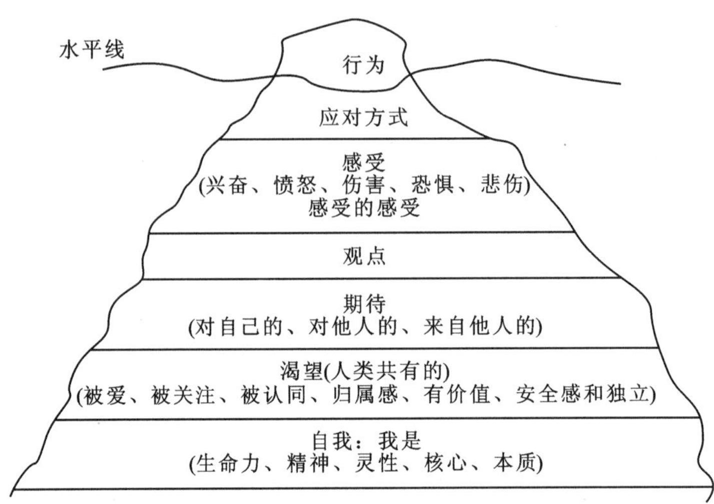

图 5-1　应对方式图解

(一) 家庭环境

知识链接

吴某(16 岁)在 2004 年五一期间在武汉网吧里连续玩了 7 天网络游戏，在与陶宏开教授两次长谈之后再也没去网吧了，而且自己主动拆卸了电脑的鼠标和键盘，陶宏开教授到底有什么魔法能让一个有三年网龄并曾企图砍杀阻止自己上网的父亲的瘾君子戒掉网瘾？请看央视主持人柴静与陶宏开教授的一段对话。

柴静：我们也很费解，因为在跟你谈之前，四个小时之前，他还完全是另外一种想法。

陶宏开：我就说挖根子啊。

柴静：这个根，你指的是……

陶宏开：上网成瘾是个果，而产生上网成瘾这个果的根，首先是家庭教育、学校教育还有社会文化的影响，三个根中主根还是家庭这个根。我希望父母孩子之间有一种真正的爱，在这个基础上再去沟通，而不是互相指责。

柴静：你所说的真正的爱，它包含的意味是什么呢？

陶宏开：理解。

柴静：理解需要的是什么？

陶宏开：父母理解孩子的内心世界想的是什么，而不是表面上的，对他指责啊或者批评啊……

在陶教授和母亲的共同努力下，吴某已经重返校园，对于今天这样的结果，吴某的母亲感慨万千。

(资料来源：访谈类节目《看见》)

人来到世上,大家都是一样的纯洁无瑕。让这些纯洁无瑕的孩子染上瑕疵的,只能是那些孩子周围的人,当然,这其中最重要的就是孩子最亲近的父母。没有一个学生是天生的问题学生,有的只是不幸的学生,而不幸的根源则是他们的家庭和他们的父母。一个问题学生背后一定有一个问题家庭或者问题家长。英国教育家约翰·洛克曾说:"我们幼小的时候,所得的印象,哪怕是极其微小的,小到几乎察觉不出,却有着极大且长久的影响。正如江河的源泉一样,水性很灵,一点点人力便可以把它导入它途,使河流的方向发生根本的改变。"家长是儿童的第一任教师,父母的教养方式及父母的婚姻状况,是儿童及青少年产生情绪与行为问题的重要影响因素。

1. 父母教养方式

父母的教养方式是父母在教育、抚养子女的日常生活中所表现出来的一种行为倾向,是其教育观念和教育行为的综合体现,是父母与孩子进行交往的形式。父母的教养方式对中小学生的心理健康、自我意识、自信、自尊、自我效能、学习成绩等都有重要影响。研究发现,不良的教养态度和行为与孩子的反社会行为有因果关系,即父母不良的教养态度与行为是致使子女发生情绪与行为问题的决定因素。父母采用暴躁且随意的管教,很少监控儿童的行为,较少与孩子互动,或较多采用惩罚、干涉、过度保护等方法,难以与孩子形成良好的亲子关系,从而导致中小学生容易出现情绪调节以及人际交往等问题。

 **知识链接**

四种父母教养方式

(1) 权威型父母,他们主要是以引导代替控制,对孩子提出合理的要求,适当地限制其行为,并为孩子设定合适的目标,对孩子的成长给予足够的关注和爱,并且能够给孩子诉说的机会,鼓励孩子参与家庭的决策,在对孩子的约束上会以父母子女之间的理解为前提。权威型父母的教养方式是最有助于孩子的成长的,但同时也是最费时费力的。

(2) 专制型父母,注重家长的权威形象,孩子必须服从父母的权威。他们对孩子有严格的要求但缺少热情,通常采用较为绝对的标准去塑造、评价孩子的行为,要求孩子无条件地服从,不赞同父母子女之间的相互沟通,很少奖励表扬孩子,强制,从不妥协。因此这种教养方式往往会忽视孩子的想法从而压抑了孩子独立性的发展。

(3) 溺爱型父母,父母对孩子给予积极肯定的情感,常对孩子妥协,较少利用权威压制孩子,对孩子的行为规范要求较少,让孩子自我管理,给予孩子空间让他们行动自由。在孩子违反要求的时候,很少发怒训斥纠正孩子。在这种教养方式之下成长起来的孩子在心境上是积极的,但在冲动性的控制上以及社会责任感和自信心方面不够成熟,而且常伴有攻击倾向。

(4) 忽视型父母,父母对孩子的关注很少,对孩子的要求回应较少,缺乏爱的情感和积极的反应。亲子之间的交往很少,较少履行作为父母应尽的义务。在这种父母教养方式下长大的孩子常常表现为情绪不稳定，很难集中精神，控制力比较弱，在逃学以及吸毒的青少年中较为常见。

（资料来源：蒋奖，《父母教养方式与青少年行为问题关系的研究》，《健康心理学杂志》，2004年第1期，第72～74页）

2. 父母婚姻状况

随着社会的不断变迁，离婚家庭、单亲家庭、再婚家庭等家庭结构类型的数量不断增加，不完整或不和睦家庭的家长往往无法全身心地照顾孩子，使孩子长期处于家庭的纠纷中，体验不到家庭的温暖和关爱，没有安全感，因而比较容易出现孤僻、自卑、抑郁等情绪问题和打架、违纪等行为问题。研究表明，在单亲、离异家庭的学生中，情绪与行为问题的检出率高达40％，其中男生为36％，女生为44％，比健全家庭的孩子的检出率高出很多。这些情况说明：温暖的、令人愉快的家庭关系可以促进中小学生健康的情绪和行为的发展。

（二）学校环境

学校是中小学生的主要活动场所，中学生情绪与行为问题的产生不可避免地会受到同伴、教师以及学业压力的影响。

1. 同伴的影响

同伴是大多数学生，尤其是中学生，倾诉和乐趣分享的首选对象。同伴的影响比父母的影响更容易导致青少年的情绪与行为问题。一方面，同伴之间的暴力，如欺负、欺骗、诽谤等容易导致个体产生自卑、抑郁等情绪问题，或报复等攻击性行为，或社会退缩等人际交往问题；另一方面，中小学生倾向于将同伴的不良行为，如抽烟等，看成是成熟与“酷”的表现，再加上学生缺乏足够的判断力，因而容易模仿同伴的不良行为。

2. 教师的影响

在学校里，教师自身在教学中出现的情绪与行为问题，是引发学生情绪与行为问题的主要原因。如有的教师放弃管教的责任，对学生不管不问，放任学生；或是对学生的情绪与行为问题作出过激反应，动辄对学生大加训斥，甚至滥用惩罚。这些态度和行为都会给学生造成不良影响，有些学生因此产生自卑、退缩等情绪问题以及逃课、厌学、撒谎等行为问题。

3. 学业压力的影响

在当前的教育体制下，学校过于强调竞争、考试分数和成绩排名。这给处于人格、自我概念与创造力发展中的中小学生带来了巨大的压力，导致他们出现各种情绪与行为问题，作为应对学业压力的方法。

知识链接

班杜拉的攻击行为实验

社会学习理论家认为：学习是人格发展的主要因素，并且这种学习发生在与他人的相互作用之中。比如，在人的成长过程中，父母、老师等重要人物强化某一行为而忽视或者惩罚其他行为。班杜拉认为，除直接的鼓励和惩罚之外，行为的塑造还有一种重要的方式，即可以通过简单地观察、模仿其他人的行为而形成。为验证这一假设，阿尔卡特·班杜拉和他的助手多萝西娅·罗斯以及希拉·罗斯于1961年在斯坦福大学完成了在心理学界被称为“芭比娃娃”的研究。(见图5-2)。

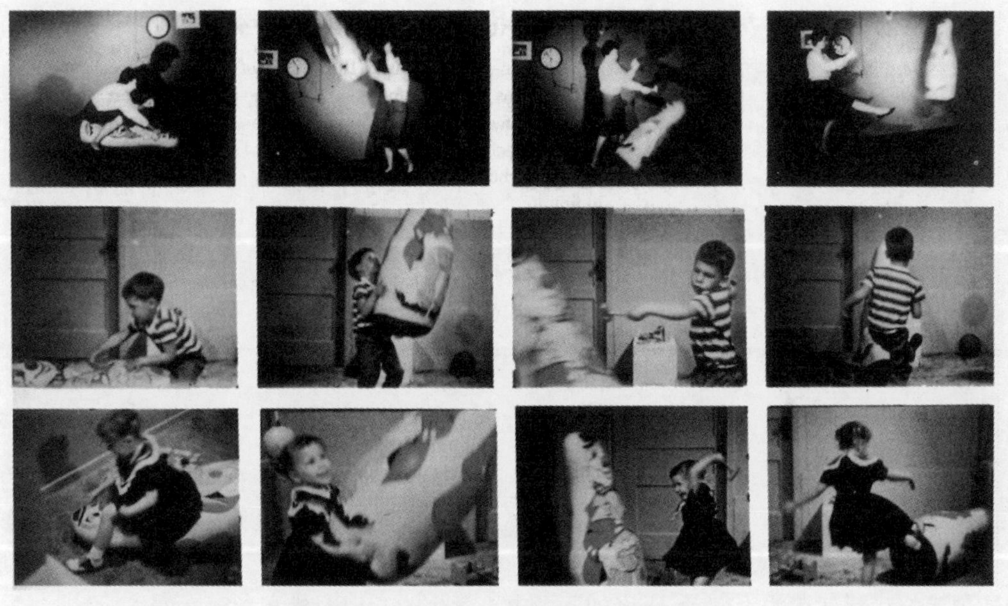

图5-2 班杜拉的攻击行为实验

24名儿童被安排在控制组，他们将不接触任何榜样；其余的48名被试先被分成两组：一组接触攻击性榜样，另一组接受非攻击性榜样，另一半接触异性榜样。这样最终得到8个实验组和一个控制组。

每个儿童分别接触不同的实验程序。首先，实验者把一名儿童带入一间活动室。在路上，实验者假装意外地遇到成人榜样，并邀请他过来“参加一个游戏”。儿童坐在房间的一角，面前的桌子上有很多有趣的东西。有土豆印章，和一些贴纸，这些贴纸颜色非常鲜艳，还印有动物和花卉，儿童可以把它们贴在一块贴板上。随后，成人榜样被带到房间另一角落的一张桌子前，桌子上有一套儿童拼图玩具、一根木槌和一个1.5米高的充气芭比娃娃。实验者解释说这些玩具是给成人榜样玩的，然后便离开房间。

无论在攻击情境还是在非攻击情境中，榜样一开始都先装配拼图玩具。1分钟后，攻击性榜样便开始用暴力击打芭比娃娃。对于在攻击条件下的所有被试，榜样攻击行为的顺序是完全一致的：

榜样把芭比娃娃放在地上，然后坐在它身上，并且反复击打它的鼻子。随后榜样把芭比娃娃竖起来，捡起木槌击打它的头部，然后猛地把它抛向空中，并在房间里踢来踢去。这一攻击行为按以上顺序重复3次，中间伴有攻击性语言，比如"打他的鼻子……"，"打倒他……"，"把他扔起来……"，"踢他……"，以及两句没有攻击性的话："他还没受够"，"他真是个顽强的家伙"。

这样的情况持续将近10分钟，然后实验者回到房间里，向榜样告别后，把孩子带到另一间活动室。

在无攻击性行为的情境中，榜样只是认真地玩10分钟拼图玩具，完全不理芭比娃娃。班杜拉和他的同事们努力确保除要研究的因素——攻击性榜样对非攻击性榜样以及榜样性别——以外的所有实验因素对每一名被试都是一样的。

结果发现：若被试看到榜样的攻击性行为，他们也就倾向于模仿这种行为，男性被试每人平均38.2次、女性被试平均12.7次模仿了榜样的身体攻击行为。此外，男性被试平均17次、女性被试平均15.7次模仿了榜样的言语攻击行为。这些特定的身体和言语攻击行为，在无攻击行为榜样组和控制组几乎没有发现。

（资料来源：心理学空间，http://www.psychspace.com）

（三）社会文化

中小学生正处于自我同一性的危机当中，在当前社会变革的震荡中经历着最强烈的社会心理阵痛和价值观冲突引发的迷茫。在信息污染和经济诱惑以及不良家庭环境的影响下，中小学生面临着越来越多的挑战。我国社会转型时期的价值多元化导致的冲突和矛盾，原有熟悉的生活环境的大变动，无疑加剧了中小学生的心理困惑和冲突。

社会文化的不良影响主要通过两条渠道影响中小学生：一是社会文化生活中各种消极的、不健康的因素对学生常起腐蚀作用，比如，学生接触到暴力视频却误认为是英雄行为，因模仿而形成行为问题；二是社会上具有各种恶习的人的影响。

知识链接

我们都有称为"恶魔"的潜能

在心理学史上最著名的具有争议性的实验，是1971年斯坦福大学的监狱实验。它从微观上展现出社会环境会怎样影响人的行为。由心理学家Philip Zimbardo领导的研究者们，在斯坦福的心理大楼的地下室设立了一个模拟监狱，并且挑选了24名大学生（没有犯罪记录以及被视为心理健康）去扮演囚犯和监狱的警卫。然后研究人员通过使用隐蔽摄像头观察囚犯(必须每天 24 小时留在监狱里)和狱警(每 8 小时轮班)。实验原本打算持续两周,但因为狱警的虐待行为,实验在第六天就被迫中止——有时候他们甚至让囚犯遭受心理折磨——从囚犯展现出极度的情绪紧张和焦虑情绪就可以看出。

"狱警对囚犯的攻击升级,让他们脱得赤裸裸的,把袋子套在他们头上,最后强迫他们做一些让人羞辱的关于性的行为,"Zimbardo 这样对《美国科学家》说。"6 天之后我不得不结束实验,因为这个实验实在是失控了——除了担心警卫会怎么对待囚犯之外,我晚上都睡不着觉。"

(资料来源:罗杰·霍克著,白学军等译,《改变心理学的 40 项研究》,人民邮电出版社,2010 年)

(四) 学生的主体因素

除却外界的影响因素,中小学生的主体因素也是其产生情绪与行为问题的原因。这其中包括个体的遗传因素、人格因素、归因方式与应对方式等。

1. 遗传因素

遗传在促进个体行为和人格的形成方面起着重要的作用。父母或其他家庭成员有情绪和行为问题的孩子更容易出现情绪和行为问题。对双生子的研究也发现,同卵双生子比异卵双生子更可能同时出现情绪与行为问题。

2. 人格因素

人格特征对中小学生的情绪和行为会产生巨大的影响。采用艾森克人格问卷的研究发现:具有神经质和精神质人格特质的中小学生更容易出现情绪与行为问题;采用卡特尔 16 种人格因素量表的研究发现:中小学生的行为和情绪问题都与消极情绪有关。有行为问题的学生在努力控制上得分较低,而在冲动性上得分较高;有情绪问题的学生在聪慧性、稳定性、有恒性、世故性、忧虑性、试验性、独立性、自律性等个性特征上得分低于正常学生,而在乐群性、恃强性、兴奋性、敢为性、敏感性、怀疑性、幻想性、紧张性等个性特征上的得分高于正常学生。

3. 归因方式

归因是指个体从其本身经验归纳出行为或事件的原因。美国心理学家韦纳把归因分为三个维度:内外倾、稳定性和可控性。内倾归因指个体将行为或事件的发生归结为与个体内部有关的因素,如人格、品质、动机、态度、情绪、心境等;外倾归因指个体将行为或事件的发生归结为外在因素,如机遇、他人影响、工作任务难度等。稳定归因指将事件发生的原因归结为稳定的、不会轻易改变的因素;与之相对应的,暂时归因指将事件发生的原因归结为不稳定的、可改变的因素。可控性归因指认为事件发生的原因是自己能够控制的;不可控归因指将事件的发生归结为自己不可控的因素。

研究表明:抑郁和焦虑情绪与对正性事件的外在的和暂时的归因相关较高。稳定性维度与个体对未来成败的期望有关。如果将成败归于稳定的因素,则可期待下次的成败;若将成败归因于不稳定的因素,则可望改变成败格局。可控性维度与情绪体验和未来的成败预期都有关系,如果将成功归结为可控因素,则感到满意,并期待通过自己的控制而获得下一次成功;如果将成功归结为不可控的因素,则感到庆幸,但无法预期下次的成功,不能产生学习的动力;如果将失败归结为不可控因素,则感到庆幸,下次的成功与否取决于下一阶段的努力;如果把失败归结为不可控因素,则感到失望,自甘下次失败。一个总是失败并把失败归于内部的、稳定的和不可控的因素的学生,会形成一种习得性无助的自我感觉。

4. 应对方式

应对方式是指在压力事件或情境下个体如何调控自己的情绪、认知、行为、生理反应等,来应对当前压力。虽然压力是导致个体适应不良的可能原因,但并非所有处于高压状态下的个体都会出现身心疾病,主要的差别就在于面对压力时的心态以及应对方式。良好的应对方式有助于青少年形成良好的行为习惯,促进其人格健康完善的发展。Lazarus 从应对方式的功能进行分类,主要是以问题为焦点和以情绪为焦点的应对方式。以问题为焦点的应对方式是指通过解决问题来缓解和降低事件对自身的压力。这类应对方式包括解决问题、寻求社会支持、积极的合理化解释等。以情绪为焦点的应对方式指的是个人通过调适情绪和心理,改变原来的想法,重新对压力事件赋予意义,以此来减轻压力的影响。这类应对方式包括忍耐、逃避、发泄情绪、幻想和否认。

应对方式影响中小学生在面对压力时的调控结果:采用以问题为焦点的应对方式的学生会主动分析问题,并经由外显的行动或心智活动来缓解压力,使问题得以解决从而获得良好的适应;而采用以情绪为焦点的应对方式的学生可能短期内个体感觉良好,但长期来看,更容易使情况变得更加糟糕从而导致适应不良,产生诸如吸烟、喝酒、暴饮暴食、攻击、违纪等行为问题,或者是有严重的情绪困扰,例如自责、焦虑、抑郁等。

知识链接

长处和困难量表(自评版)

指导语:请根据你过去6个月内的经验和事实,回答以下问题。请从题目右边的三个选项:“不符合”、“有点符合”、“完全符合”的空格中,勾选出你觉得合适的答案。请不要遗漏任何一题,即使你对某些题目并不是十分确定。

序号	项　目	不符合	有点符合	完全符合
1	我尝试对别人友善,我关心别人的感受	0	1	2
2	我不能安定,不能长时间保持安静	0	1	2
3	我经常头痛、肚子痛或身体不舒服	0	1	2
4	我常与他人分享东西(食物、玩具、笔)	0	1	2
5	我常觉得非常愤怒并常发脾气	0	1	2
6	我经常独处,我通常独自玩耍	0	1	2
7	我通常按照吩咐做事	0	1	2

续表

序号	项　目	不符合	有点符合	完全符合
8	我经常担忧，心事重重	0	1	2
9	如果有人受伤、难过或不适，我都乐意帮忙	0	1	2
10	我经常坐立不安或感到不耐烦	0	1	2
11	我有一个或几个好朋友	0	1	2
12	我经常与别人争执，我能使别人依我的想法行事	0	1	2
13	我经常不快乐、心事重重或流泪	0	1	2
14	一般来说，其他与我年龄相近的人都喜欢我	0	1	2
15	我容易分心，我觉得难以集中精神	0	1	2
16	我在新的环境中会感到紧张，我很容易失去自信	0	1	2
17	我会友善地对待比我年少的孩子	0	1	2
18	我常被指责撒谎或不老实	0	1	2
19	其他小孩或青少年常作弄或欺负我	0	1	2
20	我常自愿帮助别人（父母、老师、同学）	0	1	2
21	我做事前会想清楚	0	1	2
22	我会从家里、学校或别处拿取不属于我的东西	0	1	2
23	我与大人相处比与同辈相处融洽	0	1	2
24	我心中有许多恐惧，我很容易受惊吓	0	1	2
25	我总能把手头上的事情办妥，我的注意力良好	0	1	2

（资料来源：滕艳霞，《儿童心理虐待对中小学生应对方式及情绪行为问题的影响》，中南大学，硕士论文，2012年）

第二节　中小学生情绪与行为问题的分类与识别

案例分享

小李，男，15岁，初中三年级学生。该生身体瘦小，皮肤偏黑，眼睛近视，身体素质差，体育成绩常排在全班最后一名；性格内向，参加班级活动不积极，人际关系不和谐。同学都认为他为人过于敏感，不好相处。一天，全班上体育课，内容是100米跑，两人一组，由于男生的人数是单数，而他又排在最后，老师只好让他和一名女生排在一组，结果他没有跑赢这名女生。这种场面自然引起在场同学的哄笑。从这以后，该生变得更加沉默和孤僻。一天夜晚外出未归，第二天早晨发现他已经在学校的后山上吊死亡。

（资料来源：地方新闻网）

每个班级总有几个不爱说话、不爱参加活动的孩子，是否他们不积极主动表现就代表他们没有融入群体的需求呢？假如你是小李的班主任，你会怎样对待像小李这样的学生呢？是听之任之、见怪不怪，还是主动接近小李帮助他融入班级呢？下面我们介绍中小学生情绪与行为问题的分类，以及如何识别这类问题。

学习导航

一、情绪问题

情绪是个体对外界刺激的主观有意识的体验和感受。情绪不仅包括主观感受，还包括认知、行为和生理反应。中小学生主要的情绪问题有焦虑、恐惧、抑郁、嫉妒等。图 5-3 所示为学生情绪自评状况。

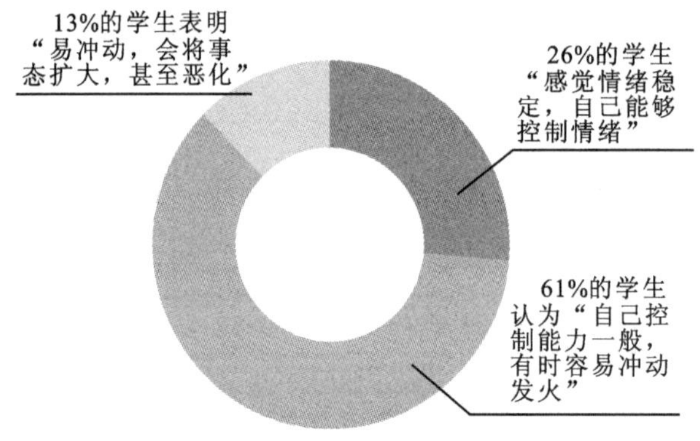

图 5-3　学生情绪自评状况

（一）焦虑

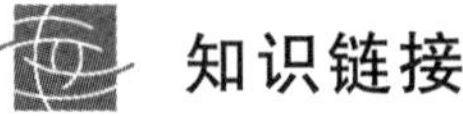

知识链接

14 岁的女孩李某，被父母寄予厚望。父母为了确保她能集中精力学习，一切生活琐事都替她包揽了。她的一切要求都很容易得到满足。她也不负父母期望，学习成绩一直名列前茅。除了学习之外，她的兴趣很少，也很少参加活动。由于营养有保证，身体发育也很好。但她就像暖房里精心培育养护的花朵，经不起风雨。

初中三年级上学期期末考试，她意外地没有进入前五名。拿到成绩单时，她突然眼前一黑，昏厥倒地。

回到家后，她仍感到头昏，阵阵心悸，此后常无故紧张，有时注意力不集中，夜里也睡不好，常常心悸发作，尿频，月经紊乱。

（资料来源：百度文库）

李某生理上的过度反应是由于异常看重成绩导致的过度焦虑，李某父母对学习成绩的不正确观念也是致使李某出现焦虑问题的因素之一。

焦虑是指面对即将发生的事情时，心理上出现的一种惶惶不安、心神不宁、手足无措的心态。中小学生的焦虑往往表现为担心学习成绩差，对陌生环境反应敏感、担心害怕，甚至恐惧不安、哭闹不停；对老师的批判、同学的看法非常敏感，常常担心被别人嘲笑；对尚未发生的情况过分关注，并伴有毫无根据的烦恼；对日常的一些微不足道的小事也显得过分焦虑。

这类学生还可能伴有睡眠问题，比如做噩梦、说梦话，以及恶心呕吐、缺乏食欲、腹痛及多汗、头昏、乏力等身心症状。

常见的焦虑分为以下几种类型。

(1) 特质性焦虑：这类学生心理素质较差，对外界的许多细微变化比较敏感，容易对各种事情产生焦虑情绪。

(2) 环境性焦虑：这种焦虑多发生在陌生的环境中。

(3) 境遇性焦虑：这种焦虑多是因为遭遇突发事件，如父母遭遇不测或离异，学生的心理无法承受。这类学生常出现心烦意乱、担心灾难再次降临等焦虑情绪。

(4) 期待性焦虑：由于父母对孩子的过高期望超过了孩子的实际能力，使孩子无法达到父母要求，担心父母责备，造成心理压力过大、紧张、不安。

（二）恐惧

知识链接

小周是一名初三的男生，16岁，独生子，与父母同住，身体健康，未患过重大疾病。母亲为小学教师，父亲经商。小周上学期间学习成绩一直很好，且乐于助人为乐，深受同学和老师的喜爱，并成为班里的小干部；由于各方面表现都好，从没有被老师批评过。小周父亲工作繁忙，在一起的时间少，母亲溺爱儿子但更关心儿子的学习，对他要求严格。小周从小内向，处处严格要求自己，做事力求尽善尽美。

在四个月前，小周在一次上课时打瞌睡，把书从桌子上推到地上，自己吓了一跳，惹得同学们哈哈大笑，还受到老师的严厉批评。他当时羞得满脸通红，心怦怦直跳，双腿发抖。第二天上学时，他走到校门口就感觉紧张害怕、心里发慌，但还是鼓起勇气走进学校。还没上课，其他同学又在笑话他，上课老师也没正眼看他。他心里难受，结果一天的课都没听进去，回家饭也不想吃，晚上觉也睡不好。后来老师上课向他提问，他一紧张，没回答好，之后更怕回答问题了。后来，母亲知道了这件事，回家批评了他。当天晚上他心里非常难受，一个人蒙着被子小声地哭，彻夜未眠，心里感觉委屈。第二天走到校门口，他心跳加速，双腿打战，走进教室突然觉得头晕目眩，心慌胸闷，呼吸急促，全身发抖，大汗淋漓；被送到医院后症状消失，各项检查未发现器质性病变。出院后，只要父母提起与上学有关的事他就很害怕，情绪低落，惊慌，呼吸急促，发抖；如果不想上学的事，则一切正常。他自己感觉长此下去，也不是办法，也想再次回到学校去，主动寻求帮助，希望咨询师能够帮助其克服对上学的恐惧心理。

（资料来源：百度文库）

小周从小性格内向，听话，从不与人发生冲突或争执，爱帮助人，认识的人也都比较喜欢他。他做事特别认真但速度较慢，老师家长多次催促他，但他就是快不了。小周学习还算不错，自从被老师批评后，一提起上学就不高兴，身体就不舒服。但他能在家学习，与亲友交往正常。他对上学表现出明显和持久的恐惧，恐惧的程度与实际危险不相称；发作时伴有显著的植物神经功能障碍，如一想到上学就会出现惊慌、呼吸急促、发抖等感觉恐惧的症状；出现这些恐惧症状有三个月的时间，且与创伤事件有关；对恐惧的处境(学校)有回避行为，已经基本不能去学校，造成社会功能严重受损；自己明知道惧怕上学过分、不合理、没必要，但仍无法控制。因此小周被诊断为上学恐惧症。

恐惧症，又叫恐惧性神经症，它是指对某些特殊环境或事物所产生的强烈恐惧或紧张不安的内心体验，并出现回避反应的一种神经症。恐惧症的主要特点是对某一特定事物、活动或处境产生持续的和不必要的恐惧，并不得不采取回避的态度。患者虽然认识到这种恐惧是过分的和不必要的，却不能控制。恐惧的类型包括以下几种。

(1) 广场恐惧症。患这种恐惧症的病人害怕到各种公共场所或人多拥挤的地方，如去商场购物等，即便是乘公共汽车、火车等交通工具也非常害怕、紧张。

(2) 社交恐惧症。这种恐惧症通常起病于青春期，可能表现为与某些人在一对一的社交情境境下产生强烈的恐惧，也可能表现为在做公众发言、演讲，甚至是写字、饮食时产生恐惧。恐惧发作时可伴有头晕、恶心等躯体反应。这种恐惧也可能泛化到熟人身上。严重者拒绝与任何人发生社交关系，把自己与世隔绝开来。

(3) 动物恐惧症。这种恐惧症患者惧怕猫、狗、鼠、昆虫等动物，并往往以害怕一种动物为限。

(4) 境遇恐惧症。患者害怕登高、临渊、黑暗、暴风、雷电等，而且对所害怕的对象目标恒定，从不改变。

(5) 学校恐惧症。学校恐惧症(见图 5-4)主要表现在：一是害怕去学校，害怕参加考试，害怕当众出丑；二是如果强迫患者去学校，他们会产生焦虑情绪和焦虑性躯体不适；三是倘若同意患者暂时休息不去学校，焦虑情绪和躯体症状很快得到缓解；四是患者多数是好学

图 5-4 学校恐惧症

生、优秀学生,甚至是三好学生。

(6) 鲜血/注射/外伤恐惧症。患者害怕去医院,害怕看到伤口,害怕打针,见到鲜血就紧张,严重者甚至见到绷带,听别人谈起相关话题都会产生恐惧反应。

(三) 抑郁

知识链接

小明是一名初三的学生,智力中上,近两个月心情低落,有自杀想法。她在小学时成绩总是在前几名,性格比较活泼开朗,但上中学之后,因为一次数学考试没有考好,便情绪低落一蹶不振,成绩直线下滑。老师有时会说她不用功。在家中,父母对她的期望很高,考得不好就会责骂她,甚至会暴力相向。小明的同学中有人以前功课不如她但现在比她好的人对她冷嘲热讽,令她非常不能接受。因为小明很在意别人对自己的看法和评价,她慢慢变得不敢与人交往,不愿向人吐露心事,心情十分低落,甚至出现幻听,感觉周围的人都在说她不好,对周围的人产生了敌对的情绪,干什么事情都提不起劲,烦躁、疲惫、失眠、心悸,变得悲观,食欲也不正常,有时大吃大喝,有时完全没有食欲。

(资料来源:全国心理咨询职业资格考评委员会编写,《心理咨询师教程——基础知识》,暨南大学出版社,2007 年)

小明还没能完全适应小学到初中的过渡阶段,由于父母只关注成绩,小明也将这种想法内化,认为只有成绩好才表示自己有价值。然而在她最擅长的学习方面,她也无法做到像以前那样游刃有余,因此引起小明极度的抑郁,社交行为减少,甚至出现幻听等严重影响正常生活的症状。

中小学生的抑郁多表现为在遇到一些事件时,闷闷不乐(见图 5-5)。也有少数学生由于遗传素质不良,或者早期生活经历坎坷,抑郁的表现可长期持续。这种长期存在的严重抑郁情绪即构成儿童抑郁症。

图 5-5 抑郁的他

中小学生抑郁问题的特点是情绪持久抑郁，心境不佳，并常常伴有自责、易怒、孤独、退缩以及自暴自弃等，甚至出现自残、自杀念头和行为。抑郁也可能伴有其他的行为问题，如多动、攻击性行为、逃课、学习成绩不良以及反社会行为等，还会有多种身体症状，如疲乏无力、头昏头痛、心悸、胸闷、食欲低下、睡眠障碍等。

中小学生的抑郁问题通常可以分为急性抑郁、慢性抑郁、隐匿性抑郁三种。

(1) 急性抑郁。这一类中小学生发病前常有明显的精神诱因，如父母突然死亡，遭受意外灾害，或因病住院而离开父母等。这类中小学生病前精神正常，发病时抑郁症状明显，如整天流泪、动作迟缓、声音低、缺乏食欲、乏力、失眠、做噩梦、日渐消瘦，常常独进独出，不与其他孩子交往，有时会流露出绝望感。

(2) 慢性抑郁，这一类中小学生过去常有与父母分离的经历，或有其他的精神创伤的病史，但并无重大突然的诱因。病前适应能力差，抑郁症状逐渐加重，表现为胆小、害羞、容易受惊、不合群、学习成绩下降，睡眠少而浅。检查时可发现其行为退缩、表情淡漠，并有厌世观念和自杀企图等。

(3) 隐匿性抑郁，这一类中小学生的抑郁症状常常相当隐匿，多表现为其他方面的问题，如不听话、多动、执拗、反抗、有攻击性行为、不守纪律、学习困难、冲动捣乱或其他不良行为；也可出现头痛、呕吐、腹痛、腹泻、厌食、暴食、大小便失禁等身心问题。

（四）嫉妒

知识链接

广州一名小学生在班上成绩不错，但为了保持自己在班里的好名次，竟然千方百计使坏，撕“对手”的书本，还偷偷往人家的水壶里放安眠药让人家上课睡觉。

有两个女生，从幼儿园起就形影不离，到了小学，语文老师选她们两人当课代表。一、二年级时友谊深厚，但随着年龄的增长，彼此间的差距也慢慢拉开，一位女生成绩稳步上升，另一位却缓缓下降。遇到这种情况，成绩下降的那位女生不但不思进取，还对她的“死党”的进步视而不见、听而不闻，还觉得别人的进步只是偶然的，自己实际上远远强过对方。

（资料来源：豆丁网）

嫉妒是因他人的优越地位而产生的不愉快的情感，俗称“红眼病”。由于看到别人的长处，自己却无力或不愿改变现状，于是就会对对方表示不满、愤恨，甚至加以伤害。在当前学业竞争压力巨大的环境下，嫉妒是中小学生常见的情绪问题。且随着年级的升高，嫉妒心理也逐渐加重。嫉妒问题表现在以下方面。

(1) 不承认别人的进步和成绩。别人明明成绩好，进步大，或某方面发展比较快，却视而不见，不予承认。

(2) 贬低别人的成绩和进步。常见的贬低的方式，是把别人的成绩、进步的取得说成是偶然的、投机的，如说某位同学之所以取得好成绩是由于“运气好，题目给他猜中了”；有时候，采用明褒暗贬的方式，话讲得好听，而其中的味道却是酸溜溜的。

(3) 对成绩好、进步比自己大的人表现出怨恨。有时甚至不惜使坏，阻碍别人的进步。中小学生出现嫉妒的原因：一是缺乏自信，二是心胸狭窄。从起因上看，主要有因竞争受挫而产生的嫉妒心理；有因教师对他人的表扬而造成的嫉妒心理；有因自己容貌欠佳、身材欠佳而对生理条件优越的同学产生的嫉妒心理；有因自己家境贫寒而对家庭社会、经济地位高的同学产生的嫉妒心理等等。

学者们认为，嫉妒心理的长时间存在会导致内分泌系统功能失调，神经功能紊乱，从而影响身体健康。嫉妒是一种不良的情绪，它会使一个人变得自卑、褊狭；也会使人放弃自我追求，而去用仇视的目光贬低他人的成功，从而成为一个庸人。

二、行为问题

据某调查结果显示，30％左右的城市青少年有不同程度的行为问题，这对其个性和社会性的发展将产生深远的影响。因此对行为问题应尽早发现，及时采取措施。中小学生的行为问题主要包括：说谎、多动症、攻击性行为、违纪行为、品行问题等。

(一) 说谎

知识链接

某小学生，每逢期末考试快要来临时，就谎称自己生病了，头疼得厉害。父母带他去看病，医生给他做了许多检查也没有查出什么异常。后来，父母带他去看心理医生。心理医生了解到，孩子的父母很疼爱孩子，但是在学习方面对孩子的要求很严，一旦孩子考不好，父母就会把他大骂一顿，甚至痛打一顿。这个小学生后来向心理医生承认，之所以说自己有病，是想逃避期末考试。

(资料来源：新浪博客)

我们把说谎行为分为无意识和有意识两种情况。

无意识的说谎主要发生在学前儿童。这往往由于儿童混淆了想象与真实造成的。幼儿常常把自己想象的事情当作真实的事情，也常常把自己的强烈愿望当作真实的东西。幼儿混淆想象与真实的表现，常常被成人误以为是说谎。比如 4 岁的宁宁玩了开飞机的游戏后，就对同伴说:“明天爸爸会带我去坐飞机。”明明迷上了动画片《奥特曼》,爸爸答应以后会给她买奥特曼玩具,第二天来幼儿园后,她却对小伙伴说:“我有一个奥特曼玩具了。”还会对小伙伴说,她的玩具怎么好玩,本领很大……

而有意识的说谎大多是在儿童上了小学开始出现,基本上已经过了生理性说谎的年龄,这个时候的说谎是真正的说谎,可以称之为欺骗。

导致儿童说谎的原因是多方面的,但归纳起来,不外乎以下三种。

1. 因害怕训斥、打骂而说谎

儿童对周围的一切事物都感觉好奇,尤其是家里刚买回来的东西,非要亲自动手拿一拿,仔细看一看,往往一不小心,就会弄坏。这时幼儿由于内心紧张而产生恐惧心理,害怕受到父母的训斥和打骂,而不知不觉地开始说谎。例如:明明是他把盘子打碎了,却说盘子是自己掉下来的。由此可见,儿童在做错事情以后,内心会受到一种压迫,担心受罚,从而产生恐惧心理,进而说谎。这种说谎是一种逃避惩罚、推卸责任的说谎。

对于这种说谎,父母和老师要多站在孩子的角度考虑问题,多给予关爱和理解,态度要温和、慈爱。当然任何一位父母或老师看见孩子撒谎,心理都会很难过、失望。父母、老师不妨把真实的感受告诉孩子,但不要过分斥责或威胁。父母可以说:“我知道你没有说实话,你一定是怕受到惩罚,对吧!我理解你的心情,但我不喜欢你撒谎,再发生的这样的事,你要告诉我实情。”

2. 因父母的教育不当而说谎

(1) 说谎是一种不诚实的行为,发现幼儿说谎时父母应及时教育。但是,有时造成幼儿说谎的原因,往往就是平时父母言行不当。

比如有时成人会出于各种各样的理由而说谎。儿童模仿性很强,父母的不诚实行为,不仅会对孩子产生潜移默化的影响,还会在他们的心灵播下自私自利、损人利己的种子。当然,成人有时是出于善意而说谎,有时说的是无害的谎话,这时要向孩子解释清楚,使孩子理解这种举动的真正含义,只有这样,才不至于对孩子造成消极影响。

(2) 放任不管的教育方式会导致孩子说谎。

父母过于忙碌没时间照顾孩子或者因父母离异而没有对孩子承担养育责任,这样的孩子常常为生存、逃避、自我保护甚至恶作剧而撒谎。

(3) 家长要求太高、管教过严也会导致孩子爱撒谎。

如果孩子犯了一点小错,便受到严厉的责骂,甚至处罚,这可能会加剧幼儿的撒谎行为——孩子不得不撒谎以逃避惩罚。

3. 为了达到某种目的而撒谎

譬如不想吃饭,却说肚子疼;想吃冰淇淋,却说好口渴等等。父母对此要保持平常心,不去理会他,或者以听不懂为理由,让孩子再说一次。当这样的行为无法引起家长的注意时,“说谎”的行为会慢慢消失。

（二）多动症

知识链接

小李，8岁，三年级男生，父亲是汽车司机，母亲是纺织厂工人。小李在幼儿园时就比其他孩子明显表现出多动行为。上小学以后，这种情况有增无减。主要表现在：上课时不遵守纪律，用笔乱写乱画，小动作不断，一会儿玩文具，一会儿咬指甲，一会儿做鬼脸，常大喊大叫地打断老师讲课，甚至在课堂上乱跑，不听管教，喜欢晃椅子，经常惹怒同学，注意力不集中，东张西望，老师批评或暗示后没有什么效果；课余活动中不大合群，好搞"恶作剧"，如有时用头把几个同学撞倒，自己却满不在乎；在家里则表现得任性、冲动，遇到想做的事情而父母不能满足时，便大喊大叫，甚至在地上打滚；此外精力显得特别充足，对看电视也不感兴趣，做作业时却边做边玩，注意力难以集中。他在生活中几乎做任何事情都杂乱无章、虎头蛇尾。自己房间里的东西乱七八糟，文具课本容易损坏，玩具扔得到处都是，等等。图5-6所示为多动症的表现。

图5-6　多动症的表现

注意缺陷多动障碍，在我国简称为多动症，是儿童期常见的一类心理障碍。表现为与年龄和发育水平不相称的注意力不集中和注意时间短暂、活动过度和冲动，常伴有学习困难、品行障碍和适应不良。国内外调查发现，多动症患病率约为3%～7%，男女比为(4～9)∶1。部分患儿成年后仍有症状，明显影响患者学业、身心健康以及成年后的家庭生活和社交能力。

多动症的主要表现有以下几种。

1. 注意缺陷

表现为与年龄不相称的注意力集中困难和注意持续时间短暂，这是本症的核心症状。

患者常常在听课、做作业或其他活动时注意难以持久，容易因外界刺激而分心；在学习或活动中不能注意到细节，经常因为粗心发生错误；注意维持困难，经常有意回避或不愿意从事需要较长时间持续集中精力的任务，如课堂作业或家庭作业；做事拖拉，不能按时完成作业或指定的任务。患者平时容易丢三落四，经常遗失玩具、学习用具，忘记日常的活动安排，甚至忘记老师布置的家庭作业。

2. 活动过多

表现为患者经常显得不安宁，小动作较多，不能安静地坐着，在座位上扭来扭去；在教室或其他要求安静的场合擅自离开座位，到处乱跑或攀爬。难以从事安静的活动或游戏，一天忙个不停。

3. 行为冲动

患者在信息不充分的情况下快速地做出行为反应，表现冲动，做事不顾及后果，凭一时兴趣行事，为此常与同伴发生打斗或纠纷，造成不良后果；在别人讲话时插嘴或打断别人的谈话，在老师的问题尚未说完时便迫不及待地抢先回答，不能耐心地等候。

4. 学习困难

因为注意障碍和多动影响了患者在课堂上的听课效果、完成作业的速度和质量，致使其学业成绩差，常低于其智力所应该达到的学业成绩。

5. 神经系统发育异常

患者的精细动作、协调运动、空间位置觉等发育较差。如翻手、手指运动、系鞋带和扣纽扣都不灵便，左右分辨困难。少数患者伴有语言发育延迟、语言表达能力差、智力偏低等问题。

（三）攻击性行为

知识链接

佳佳和莎莎正在画画，佳佳缺一支红色的蜡笔，看见莎莎笔盒里有一支，伸手就去拿，嘴里还说："这是我的。"莎莎不肯给他，佳佳气得把莎莎画画的东西全扔掉，还用脚去踢莎莎。

佳佳的行为属于攻击性行为。攻击性行为的发展不仅影响儿童的品德和人格的发展，也是儿童社会化的重要标志。攻击性行为包括辱骂、殴打同学，破坏物品，虐待他人和动物，抢劫等。攻击性行为是中小学生经常出现的不良行为。就攻击的频率而言，3～6 岁儿童的攻击性是最高的，一般表现为打人、踢人等身体的直接攻击，也有间接攻击，如从面部表情、姿态、手势等表现出来的攻击倾向。这种攻击性行为发生的频率随着年龄的增长呈线性下降。但到青春期，攻击性行为会出现第二个高峰。总体来说，男孩以暴力攻击居多，而女孩以言语攻击居多。图 5-7 所示为攻击性行为的表现。

攻击性行为会妨碍孩子今后一生的发展，如果攻击性行为延续至成年，就会出现人际关

图 5-7 攻击性行为的表现

系紧张，社交困难，甚至犯罪。有研究表明，70%的青少年暴力罪犯在儿童期就被认定有攻击性行为。

中小学生的攻击性行为按攻击的目的可分为三类。

(1) 工具型：即非人际定向的，不以达到伤害为目的的攻击性行为。比如：从其他同学那里抢夺某物。

(2) 敌意型：即针对某一特定对象而做出故意伤害他的行为，譬如：因不喜欢某人而故意找机会欺负他。

(3) 防御型：即面对威胁或挫折时所产生的一种防御性的攻击，例如：当自己的安全受到威胁时，所产生的一种自我保护行为。

攻击行为的影响因素有以下几类。

1. 儿童的教养环境

对攻击性儿童的家庭调查结果表明，家庭的情感气氛和教育方式与儿童攻击性行为有极大的关系。被愤怒和惩罚笼罩着的家庭，容易"创造"出一个"失去控制"的儿童。身处沉重生活压力下的父母(比如经济上有困难或者婚姻不幸)，对孩子往往进行强制性的训导，如果该儿童还具有某些性格缺陷，那么往往会导致儿童攻击性行为的发生。如果家长本人富于攻击性，经常使用家庭暴力，为孩子提供攻击性行为的原型，则更容易使孩子习得相应行为。

2. 社会认知的缺陷和歪曲

社会认知缺陷和歪曲增加了攻击性行为产生和延续的可能性。具有攻击性行为的孩子，往往对攻击行为的后果有一种错误的认知。在他们看来，攻击性行为能有效地减少他人的挑逗、取笑和其他令人不愉快的行为。因此，他们倾向于以攻击性行为作为保护自己的手段。富有攻击性的儿童，在社会认知上的另一个偏见是自尊过强。尽管他们在学业上和社会上遭到失败，但他们的自我高度膨胀且很脆弱，认为自己是优秀的、有能力的。当他们的某一行为遭到挫折或不被他人理解时，就会生气转而攻击他人。

3. 文化与媒体影响

当同龄人的群体氛围是紧张的、有竞争性的，而不是友好的、合作的时候，敌对性更有可能发生。这种群体特点在那些压力较大的贫困地区更普遍。这些压力包括低质量的教学、有限的娱乐和就业机会以及负面的成人角色模范。社区文化氛围也是影响攻击性行为的重要因素。在一个把攻击性行为当作维护个人利益有效手段的社会里，或在一个以武力决定个人威望的社会中，儿童热衷于攻击性行为是不奇怪的。

此外，电子游戏机对儿童的攻击性行为具有更大的强化作用。过多地接触暴力视频游戏会增加儿童的攻击性行为。有研究表明，玩暴力视频游戏的时间与真实世界里的攻击性行为有中等程度的正相关。因为玩暴力游戏的人，会积极地投入到攻击性行为的计划和实施中去。象征性暴力的成功也会对他们真实世界里的攻击性行为起强化作用。在我国社会中也发生过青年学生沉溺于网吧数日不归家的案例，甚至发生网吧纵火案，造成惨重损失。

（四）违纪行为

知识链接

五年级的学生庞某在下午第二节音乐课时，调皮捣蛋，违反班级纪律，经老师批评教育后拒不悔改，被老师赶出教室。庞某孤单在外，很无聊，下课后找到五年级另外一个同学梁某，说第7节课就不上了，去河里游泳。梁某书包也没拿，随着庞某爬出围墙，来到河边，几个猛子扎下去之后，梁某发现庞某不见了，急得不知如何是好，来来回回走了几趟，没找着，就急忙回家去了。到了晚上，庞某的妈妈一直没见儿子回家，赶紧给学校打电话，学校说不在，最后找回梁某查清真相，学校和家长才知道不好了，直到第二天才在河下游几里的地方找到庞某尸体。

（资料来源：豆丁网）

庞某在课堂上违反了纪律，被老师赶出教室，但谁也不曾想到他会不请假离校去河边游泳，发生了让人备感伤痛的事情。学生的违纪行为不仅包括扰乱课堂纪律等行为，还包括打架斗殴、私自离校、考试作弊、谈情说爱越轨、偷盗、抽烟喝酒、勒索同学钱物等等，这些行为让老师和家长都烦恼不已。

我国对中小学生违纪行为的调查资料显示，轻度违纪的占84%，比较严重的占14%，非常严重的占2%。

学生违规违纪行为的特点包括以下几个。

(1) 团伙性。在打架斗殴事件中，单打独斗的很少，大多数是团伙斗殴，抽烟酗酒、考试作弊也大多是团伙进行。

(2) 社会性。在中学生团伙斗殴中，常有社会上的不良青年参与。有的学生之间发生矛盾时，不是主动找老师或学校领导反映情况和解决问题，而是一方或是双方请社会上的“哥们”来把事情摆平，结果使事情越闹越大，性质越闹越严重。

(3) 多发性。有的违纪事件多次发生，特别是打架斗殴，具有多发性。考试作弊、私自离校等也具有多发性。

(4) 规律性。有些违纪现象呈一定的规律性，比如打架斗殴、考试作弊一般发生在学习成绩较差的学生身上；盗窃一般发生在周六晚上，抽烟酗酒一般发生在宿舍；勒索同学钱物一般是在校内校外里应外合。

对于课堂纪律，老师一般有严格要求，但课堂上往往出现种种违纪现象，如打瞌睡，看小说，说话，听 MP3，做小动作。中小学生违纪现象的背后往往是由于一些严重违纪的学生的法律和纪律观念淡薄，认为知法、学法、守法是成人的事，与自己无关，常常违法乱纪而不自知。一些中小学生由于社会阅历不足，对复杂的社会现象缺乏辨别能力，对一些丑恶的东西不加识别地盲目崇拜模仿，特别是某些不良文化无时无刻不在影响着青少年学生本来纯洁的心灵。概括来说违纪行为的影响因素有以下几点。

1. 生理发育的影响

青少年时期，伴随着身体的发育成熟，青少年精力旺盛、充满活力，容易兴奋和激动，一旦校园中的正常学习活动无法满足他们的需要时，就有可能寻找与学习无关的活动来宣泄，消耗过剩的精力；同时青少年心理稳定性较差，自我控制能力弱，难以忍受长时间的单调活动，容易在课堂上通过恶作剧等方式排遣不良感觉。另外，随着性意识的萌发，个别学生渴望用一些超常的举动引起异性的关注和好感。

2. 心理成熟的影响

主要表现为心理发展的不平衡性。首先是心理发展与生理发展的不平衡，青少年生理基本发育成熟，但在理智、情感、道德与社会交往等方面均未完全成熟，带着许多童年期的幼稚。其次是心理发展与社会关系方面发展的不平衡，青少年学生已经开始接触社会，适应与他人之间的关系，但心理发展水平的不成熟使他们还不能很好地处理复杂的社会关系，因此这个时期是一生中矛盾冲突发生最多的时期，如果认识和处理不当，很容易导致违纪行为发生。

3. 学习困难的影响

主观上的不努力造成一些学生学习不适应，丧失学习兴趣，出现学习障碍和困难，表现出上课听不懂、下课抄作业、考试作弊、早退、旷课等不良现象，进而引发消极的心理状态，如自卑心理、逆反心理、惰性心理、嫉妒心理、报复心理等，逐渐导致学生个性心理的变异，出现违纪行为。

4. 学校教育的影响

一些地方"应试教育"及"片面追求升学率"的倾向依然存在，学校只重视教科书的知识教育而轻视思想道德和心理健康教育，忽视了学生素质的全面提高。同时，一些教师的教学不能很好地激发学生的学习兴趣，使学生感到枯燥乏味，在课堂上消极应付，进而影响教学效果和学生的学习成绩，导致学生学习困难，而学习困难又会引发其他的校园违纪行为。

另外，青少年不仅要学习文化知识，还要学习生活技能，掌握处理生活中遇到的问题的技能和方法，形成良好的生活态度。长期以来，我们的学校教育普遍忽视了这些方面，致使学生们在遇到问题时缺乏建设性的解决方法。加之个别教师职业道德素质不高，责任心不强，教育方法不当，导致一些学生通过不良行为去解决问题。

5. 家庭环境的影响

家庭教育环境对学生成长有非常重要的作用。家庭经济的变化、家庭自然结构的破坏、家庭成员参与社会活动的不良方式、家庭教育水平低下等都会对子女产生不良影响。有调查显示，几乎所有严重违纪的学生的家庭都存在着不同程度的不良环境问题，如有的父母文化程度低，不会管教孩子；有的父母离异（或两地分居），孩子没人管，致使他们缺乏家庭温暖；有的家庭对子女教育方法不当，要么娇纵溺爱，要么粗暴生硬，要么放任自由。因此，不良的家庭环境是导致违纪学生心理行为发生偏差的主要原因之一。

6. 社会环境影响

中小学生违纪虽然是以个体行为显现出来，但其背后有着深刻的社会原因。我国社会转型时期的无序性引发了人们思想上的某些混乱，对社会各阶层的冲击十分猛烈。高消费意识、追求金钱物质的欲望及腐朽思想严重侵蚀了意志力较弱的青少年的身心健康；一些非主流文化和不同背景的西方文化、港台文化、日韩文化乘虚而入，使得青少年的人生观处于较为严重的“后天失调”的环境中。尤为突出的是网络媒体的负面影响日益严重，各种文化思潮令人目不暇接，导致青少年价值失衡、理想失落、精神茫然等现象产生，严重误导了青少年的人生观、价值观和道德观。

（五）成瘾行为

知识链接

一名16岁的高中男生，因为上网迷到废寝忘食的地步，连三餐都不肯花时间，造成极度营养不良，终于体力不支，倒在地上，被家人送医急救。

急诊室里送进一位满脸鲜血的高中男生，他因为跌倒摔伤额头，伤势不严重，但他的身材却吓坏医生：还在发育阶段的高中生，瘦到只剩皮包骨，医生还以为是家暴。该男生身高170厘米，体重不到40公斤。追究原因令医生气结，原来该高中生沉迷网络，上课以外的时间全部都用来上网，连吃饭都舍不得花时间，致使长期营养不良，造成低血钾低血钠，差一点就要引发肾衰竭，甚至可能猝死。

（资料来源：新浪博客）

中学生的网络成瘾行为已经严重影响到他们的生活和学习，甚至威胁生命。成瘾行为是一种额外的超乎寻常的嗜好和习惯性行为，这种嗜好和习惯是通过刺激中枢神经而造成兴奋或愉快感而形成的。成瘾的概念来自于药物成瘾，是指个体不可自制地反复渴求从事某种活动或滥用某种药物，虽然这样做会给自己或已经给自己带来各种不良后果，但仍然无法控制。一些嗜好对人体无害，甚至有益，如有人酷爱读书，在烦躁、头痛难耐的时候，一读书就不头痛了。然而某些有害的嗜好，如处方药滥用成瘾、吸毒、吸烟、酗酒、赌博及网瘾等却会导致严重的心理问题并危害社会，属于病态的成瘾。

1. 中小学生中常见的成瘾行为

在中小学生中常见的成瘾行为包括以下几类。

1）网络成瘾

网络成瘾的标准为平均每日连续使用网络时间达到或超过6个小时，且符合以下症状标准已达到或超过3个月。①对网络的使用有强烈的渴求或冲动感。②减少或停止上网时会出现周身不适、烦躁、易激怒、注意力不集中、睡眠障碍等戒断反应。③下述5条内至少符合1条:为达到满足感而不断增加使用网络的时间和投入的程度;使用网络的开始、结束及持续时间难以控制,经多次努力后均未成功克服;固执使用网络而不顾其明显的危害性后果,即使知道网络使用的危害仍难以停止;因使用网络而减少或放弃了其他的兴趣、娱乐或社交活动;将使用网络作为一种逃避问题或缓解不良情绪的途径。

2) 吸烟

天津市的一项调查表明,中学生的吸烟率正在以每年4%的速率递增,其中女生的吸烟率也在增高。由于学校不允许学生吸烟,所以学生大多数都在厕所吸烟或者是在学校附近的居民区偷偷地抽烟,大多数学生认为冒险的行为比抽烟本身更刺激,性格叛逆的学生更多有吸烟行为。

3) 酗酒

中学生处于青春期阶段,好奇心旺盛,由于父母及周围朋友的影响,一些学生的生日会、毕业宴都少不了酒,有些学生认为喝酒可以排除苦闷,一醉解千愁。但过量饮酒会严重影响生活学习,甚至会导致胃溃疡等疾病。

2. 对成瘾行为的干预和治疗方案

学生的成瘾行为不仅对中小学生当前的社交和学习有严重的影响,甚至是导致其成年后犯罪的主要因素,因此家庭、学校都应对学生的成瘾行为进行积极的关注,以下是几种主要的干预和治疗的方案。

1) 认知行为疗法

认知行为疗法主要可以用来治疗网络成瘾,例如成瘾者可能是被同学攻击取笑或被老师批评才逃到网络世界里的,治疗者就可以针对这些情况设计不同的应对方法,提高成瘾者的社交技能或情绪管理能力。此外,针对网络成瘾者的时间管理问题,治疗师可以教会成瘾者以下策略。

(1) 逆向操作:把上网改成回家后第二或第三件事情,例如:先吃完晚餐、看新闻,再去上网。

(2) 外在停止器:用闹钟或电脑设定时间提醒,叫自已停止,或定时关机。

(3) 限制时间:设定每周或每天的使用时数。

(4) 列出事情的优先顺序:重新安排日常生活的节奏。

(5) 使用提示卡:把使用网络的好处与坏处写在卡片上,然后贴在电脑旁,或列出五项网络成瘾带来的坏处,戒瘾的五项好处,高危险情境的应对策略。

(6) 活动日程表:提醒自已不要因为上网而忽略其他的事情。

2) 焦点解决取向的团体治疗

该方案强调成功经验及个体的可能性,在明确目标的指引下,以解决问题为核心,使成员在支持性互动中建构解决问题的方法,改变无效的退缩行为,找到正向的行为模式。

3) 治疗式游憩

治疗式游憩是一种有目的的介入,透过休闲和游憩的设计协助当事人成长,并帮助他们预防和纾解问题。休闲活动可以带来包括表达性补偿、智能上的刺激、宣泄、适当的安全感、美感的表达等多种心理效益。正当的休闲活动可以提供人们自愿从事某些事情的机会并满足其内在需求。简而言之，治疗式游憩可以提供多样化的机会，提供内在奖赏，让人产生自我决定、有能力和愉悦的感受。

知识链接

延迟满足很困难——但如果延迟满足，我们会更成功

斯坦福大学的研究人员在19世纪60年代末有一个很著名的实验，是测试学前儿童抗拒诱惑的延迟满足能力的实验。这个实验引申出很多关于意志力和自制力的观点。在这个实验中，4岁的孩子们进入到一个房间里，在他们面前的碟子上有一块棉花糖。研究人员告诉他们要不就马上把棉花糖吃掉，要不就等15分钟研究人员回来后，他们会获得两块棉花糖。

虽然大部分的孩子都说他们会等，但是他们很多都难以抗拒面前的吸引而屈服了——在研究人员回来之前就把棉花糖吃了。《时代》周刊进行了跟踪报道：成功延迟整整15分钟的孩子一般采取了回避策略，例如别过头去或者盖着自己的眼睛。孩子们的行为意义很深远：能够延迟满足的孩子在青年时期很少会有过于肥胖、毒瘾或其他行为问题，他们将来的生活也会更成功。图5-8所示为抵制诱惑与延迟满足。

图5-8　抵制诱惑与延迟满足

（资料来源：360doc图书馆）

课外拓展

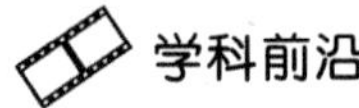

学科前沿

多动症儿童的脑电变化机制

研究者根据对30名多动症儿童和匹配年龄组的正常儿童的认知测验的研究，在三种实验条件下，相关条件（牛-马）、不相关条件（土-书）以及假字字对（石-肨），得出如下的研究结论。

ERP是人脑对某一刺激认知加工时在头颅表面记录到的电位变化，通过叠加技术得到的，反映了认知过程的大脑的高级思维活动，ERP波形中的N400被认为是语义处理的特征性成分，N400的波幅反映了一个词到其识别阈限所需的资源量，同时也反映了词汇理解中的语义加工过程，即反映了将词汇语义整合到上下文的语义表征过程。在相关条件下，在Cz、Pz导联上，正常儿童的N400的波幅低于多动症儿童，可以说明：多动症的语言发育问题不是因为中枢神经明显的器质性损害、感觉缺失、精神发育迟滞或环境等因素引起的，而是由于中枢神经系统功能发育延迟引起的语言发育障碍，因此这种功能发育的延迟导致多动症儿童记忆和注意功能缺陷，也许直接导致多动症儿童的词汇储备没有正常儿童丰富，语义的联想效应和加工变得困难，需要更多的注意资源的参与和有意识的思考。

ERP波形中的P300反映了决策和工作记忆的更新，多动症伴有学习障碍者有显著的P300波幅降低，重度多动症儿童较轻度多动症儿童的P300波幅更低。脑干诱发电位晚成分研究也证实多动症儿童注意集中困难，认知功能有缺陷。不相关条件下的多动症儿童的P300波幅低于正常儿童的，这些研究进一步说明儿童的神经功能发育迟滞导致了其大脑的激活没有正常儿童广泛，注意缺陷程度和随之而来的各种心理障碍是引起多动症儿童不同程度认知功能缺陷的重要原因。

图5-9所示为多动症儿童与正常儿童间的脑电差异。

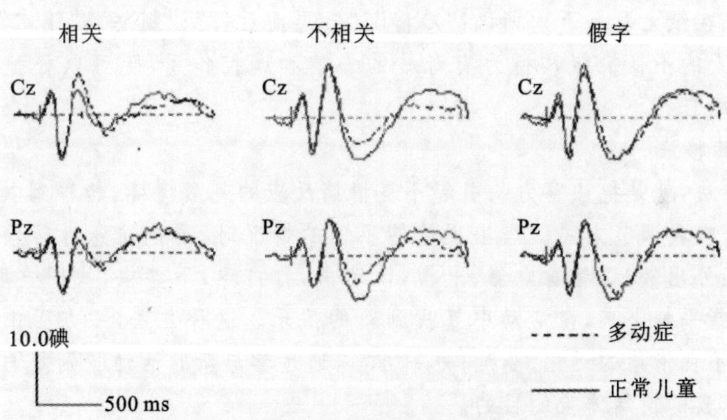

图5-9 多动症儿童与正常儿童间的脑电差异

（资料来源：李全业，《正常和多动症儿童汉字认知的事件相关电位研究》，苏州大学，硕士学位论文，2008年）

心理训练

亚里士多德曾说："任何人都会生气，这没什么难的，但要能适时适所，以适当方式对适当的对象恰如其分地生气，可就难上加难。"情绪管理就是善于掌握自我，善于调节情绪，对生活中矛盾和事件引起的反应能适可而止地排解，能以乐观、幽默的态度及时地缓解紧张的心理状态。情绪的管理不是去除或压制情绪，而是在觉察情绪后，调整情绪的表达方式。自我管理情绪有以下几种方法：

1. 心理暗示法

从心理学角度讲，就是个人通过语言、形象、想象等方式，对自身施加影响的心理过程。这个概念最初由法国医师库埃于1920年提出，他的名言是“我每天在各方面都变得越来越好”。自我暗示分消极自我暗示与积极自我暗示。积极自我暗示在不知不觉之中对自己的意志、心理以至生理状态产生影响。积极的自我暗示令我们保持好的心情、乐观的情绪、自信心，从而调动人的内在因素，发挥主观能动性。心理学上所讲的“皮格马利翁效应”也称期望效应，就是讲的积极的自我暗示。而消极的自我暗示会强化我们个性中的弱点，唤醒我们潜藏在心灵深处的自卑、怯懦、嫉妒等，从而影响情绪。

与此同时，我们可以利用语言的指导和暗示作用，来调适和放松心理的紧张状态，使不良情绪得到缓解。心理学的实验表明，当个人静坐时，默默地说“勃然大怒”、“暴跳如雷”、“气死我了”等语句时心跳会加剧，呼吸也会加快，仿佛真的发起怒来；相反，如果默念“喜笑颜开”、“兴高采烈”、“把人乐坏了”之类的语句，那么他的心里面也会产生一种乐滋滋的体验。由此可见，言语活动既能唤起人们愉快的体验，也能唤起不愉快的体验；既能引起某种情绪反应，也能抑制某种情绪反应。因此，当我们在生活中遇到情绪问题时，我们应当充分利用语言的作用，用内部语言或书面语言对自身进行暗示，缓解不良情绪，保持心理平衡。比如默想或用笔在纸上写出下列词语：“冷静”、“三思而后行”、“制怒”、“镇定”等等。实践证明，这种暗示对人的不良情绪和行为有奇妙的影响和调控作用，既可以松弛过分紧张的情绪，又可用来激励自己。

2. 注意力转移法

注意力转移法，就是把注意力从引起不良情绪反应的刺激情境，转移到其他事物上去或从事其他活动的自我调节方法。当出现情绪不佳的情况时，要把注意力转移到使自己感兴趣的事上去，如：外出散步，看看电影、电视，读读书，打打球，下盘棋，找朋友聊天，换换环境等，有助于使情绪平静下来，在活动中寻找到新的快乐。这种方法，一方面中止了不良刺激源的作用，防止不良情绪的泛化、蔓延；另一方面，通过参与新的活动特别是自己感兴趣的活动而达到增进积极的情绪体验的目的。

3. 适度宣泄法

过分压抑只会使情绪困扰加重，而适度宣泄则可以把不良情绪释放出来，从而使紧张情绪得以缓解。因此，遇有不良情绪时，最简单的办法就是“宣泄”。宣泄一般是在背地里、在知心朋友中进行的。采取的形式或是用过激的言辞抨击、谩骂、抱怨恼怒的对象；或是尽情地向至亲好友倾诉自己认为的不平和委屈等，一旦发泄完毕，心情也就随之平静下来；或是通过体育运动、劳动等方式来尽情发泄；或是到空旷的山林原野，拟定一个假想目标大声叫骂，发泄胸中怨气。必须指出，在采取宣泄法来调节自己的不良情绪时，必须增强自制力，不要随便发泄不满或者不愉快的情绪，要采取正确的方式，选择适当的场合和对象，以免引起意想不到的不良后果。

4. 自我安慰法

当一个人遇到不幸或挫折时，为了避免精神上的痛苦或不安，可以找出一种合乎内心需要的理由来说明或辩解。如为失败找一个冠冕堂皇的理由来安慰自己，或寻找理由强调自己所有的东西都是好的，以此冲淡内心的不安与痛苦。这种方法，对于帮助人们在大的挫折面前接受现实、保护自己、避免精神崩溃是很有益处的。因此，当人们遇到情绪问题时，经常用“胜败乃兵家常事”、“塞翁失马，焉知非福”、“坏事变好事”等词语来进行自我安慰，以摆脱烦恼，缓解矛盾冲突，消除焦虑、抑郁和失望，达到自我激励、总结经验、吸取教训之目的，有助于保持情绪的安宁和稳定。

5. 交往调节法

某些不良情绪常常是由人际关系矛盾和人际交往障碍引起的。因此，当我们遇到不顺心、不如意的事，有了烦恼时，主动地找亲朋好友交往、谈心，比一个人独处胡思乱想、自怨自艾要好得多。因此，在情绪不稳定的时候，找人谈一谈，具有缓和、抚慰、稳定情绪的作用。另一方面，人际交往还有助于交流思想、沟通情感，增强自己战胜不良情绪的信心和勇气，使自己更理智地去对待不良情绪。

6. 情绪升华法

升华是改变不为社会所接受的动机和欲望，而使之符合社会规范和时代要求，它是对消极情绪的一种高水平的宣泄，是将消极情感引导到对人、对己、对社会都有利的方向去。如一位同学因失恋而痛苦万分，但他没有因此而消沉，而是把注意力转移到学习中，立志做生活的强者，证明自己的能力。

Chapter Six

第六章 学校危机干预的技术

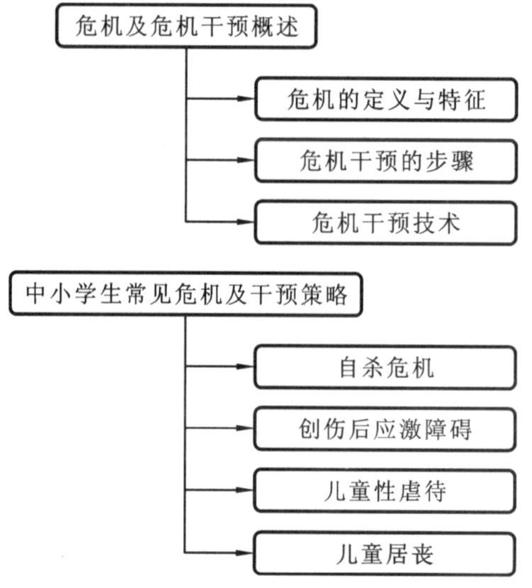

第一节　危机及危机干预概述

小希是一个 12 岁的女孩，刚读完小学。在数月前，小希的阿姨因为家庭的问题自杀，妈妈带她参加了阿姨的葬礼；7 月份的时候小希的姥爷因病去世；9 月份的时候，小希的睡眠开始出现问题，经常早上 3 点钟就醒来，再也无法入睡；而且小希最近有一些自伤的行为，同时和同伴诉说了自己的自杀念头。自从姥爷去世、阿姨自杀，小希感觉到家里的气氛变得非常低沉，她开始担心家人会一个个地离开她。近一个月来，小希早上经常早醒，有时候会打听阿姨自杀的

细节，比如遗书上写了什么、自杀的方式、自杀之后的场景等。阿姨自杀之后，小希开始思考生与死的问题，比如人为什么要活着，如果自己死了会怎么样。也是近一个月以来，小希出现自伤行为，会拿裁纸刀在自己的胳膊上划一些细小的刀痕等。小希会和同学、朋友讨论死亡的问题，甚至和班主任老师诉说了自己的担忧和烦恼，希望班主任能帮助自己走出困境。

当遇到了这样的危机事件时，假如你是小希的同学或者亲近的朋友，你将如何帮助小希摆脱自己的烦恼，以及帮助小希改变自己的行为？假如你是小希的班主任，当她向你求助的时候，你认为如何才能更好地帮助她？而要处理这类的危机事件，我们首先要了解危机的定义与特征、危机干预的步骤，以及掌握基本的危机干预技术。

学习导航

一、危机的定义与特征

（一）危机的定义

危机是社会工作的一个焦点，是人们生活的转折点，当人们遇上突如其来的危险事件时，痛苦会激增，稳定状态会被颠覆。危机是指人们在实现重大生活目标时受到阻碍，这种阻碍在一定的时间内通过一般的方法不能消除，继之就会出现崩溃和沮丧，且许多试图解决自身问题的努力都流于失败。

通常的心理危机包括两个方面：一是指突发事件，它是出乎人们意料发生的，如地震、水灾、空难、疾病爆发、恐怖袭击等；二是指人所处的紧急状态。当个体遭遇重大问题或发生变化使个体感到难以解决、难以把握时，心理平衡就会被打破，正常的生活受到干扰，内心的紧张不断积蓄，继而出现无所适从甚至思维和行为的紊乱，进入一种失衡状态，这就是危机状态。危机意味着心理平衡的破坏，引起混乱、不安。危机出现是因为个体意识到某一事件和情景超过了自己的应付能力，而不是个体正在经历的事件本身。

（二）危机的特征

1. 普遍性和特殊性共存

每一个危机都伴随着不平衡和解体。危机的普遍性是指在特定的情况下，没有人能够幸免；危机的特殊性是指即使面对同样的情况，有些人能够成功地战胜危机，而另一些人则不能。相信一个人能够免于遭受心理打击，能够稳定、冷静地处理任何危机是不明智的。

2. 危机与机遇并存

一方面，危机是危险的，因为它可能会导致个体严重的病态或过激的行为，包括杀人和自杀。另一方面，危机也是一种机会，因为它带来的痛苦和焦虑会迫使当事人寻求帮助，这就有可能打破个体原有的定势或习惯，提高适应环境的能力。如果当事人可以利用这一机会，则危机干预能帮助个体成长和自我实现。

3. 危机具有复杂性

主要是指危机症状的复杂性，它不遵循一般的因果关系规律。不同性格、地区、年龄阶段、文化水平的人面临相同的危机产生的症状各不相同，危机的症状就像一张网，个体环境与大环境相互交织。一旦危机出现，就会有许多复杂的问题需要危机干预工作者进行直接的干预。而且，个体的环境决定着处理危机的难度。

4. 危机解决的困难性

当个体处于危机中时，其可供利用的心理能量降到最低点，有些深陷危机的个体会拒绝成长。危机干预者需要帮助处于危机当中的个体建立新的平衡。常用的心理学方法有支持治疗、焦点解决短期心理治疗、家庭治疗、认知行为治疗等。但无论哪种方法都有其适应性，没有解决危机的万能方法。

二、危机干预的步骤

危机干预可分为六个步骤(见图 6-1)。

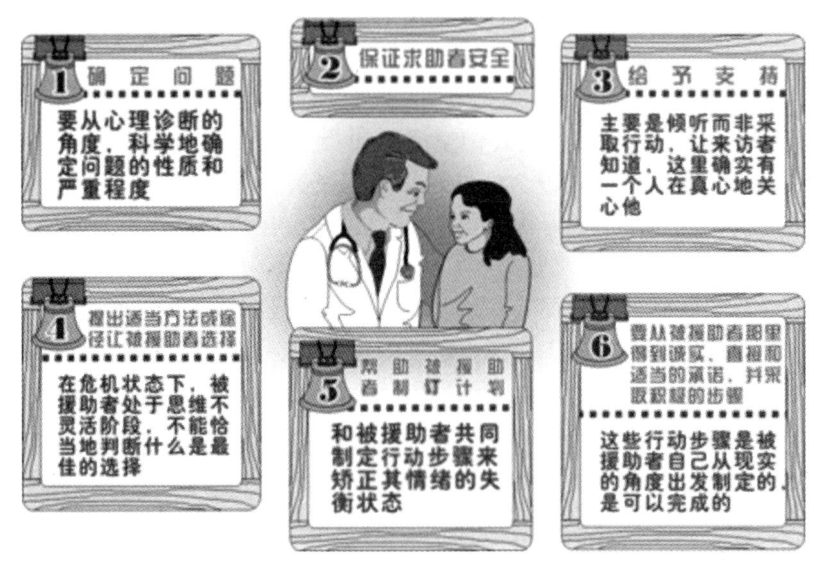

图 6-1 心理危机干预的一般程序

1. 第一步:确定问题

危机干预的第一步，是从求助者的角度，确定和理解求助者本人所认识的问题。如果工作人员所认识的危机境遇并非求助者所认同的，那么工作人员所应用的全部干预策略和付出的努力都可能失去重点，甚至对求助者而言没有任何价值。在整个危机干预过程中，工作人员应该围绕所确定的问题来倾听和应用有关技术。为了帮助确定问题，我们推荐在干预开始时，使用核心倾听技术:同情、理解、真诚、接纳以及尊重。

每个人对严重事件都会有所反应，但不同的人对同一性质事件的反应强度及持续时间不同。一般的应对过程可以分为三个阶段:

第一阶段(立即反应)，当事者表现麻木、否认或不相信;

第二阶段(完全反应)，感到激动、焦虑、痛苦或愤怒，也可能有罪恶感、退缩或抑郁;

第三阶段(消除阶段)，接受事实并为将来做好计划。危机过程不会持续太久，如亲人或朋友突然去世的居丧反应一般在6个月内消失,否则可视为病态。

因此,危机干预工作者在干预的初期,必须全面了解和评价求助者产生危机的有关诱因以及寻求心理帮助的动机,同时与求助者建立工作关系。在这一阶段,危机干预工作者需要了解求助者目前存在的问题是什么;诱因是什么;首先需要解决的问题是什么,然后再解决什么;如果不及时处理,什么问题会导致非常严重的躯体或心理损害;什么问题最容易立即解决;除了危机干预工作者之外,还有什么人能帮助求助者处理危机;妨碍干预效果的影响因素可能有哪些,什么方式可以减轻它们的影响;使用什么技术和方法能在短时间内达到最佳的干预效果。另外,需要评价求助者自杀或自伤的可能性,如果有严重的自杀或他杀倾向,可考虑精神科会诊,必要时进行住院治疗。

2. 第二步:保证求助者安全

在危机干预过程中,危机干预工作者应将保证求助者安全作为首要目标,这是非常必要的。我们所讲的求助者安全,简单地说就是将对自我和对他人的生理和心理危险性降到最低程度。虽然我们将保证求助者安全放在第二步,但在整个危机干预过程中都应该将这一点作为重点。在工作人员的检查评估、倾听和制定行动策略的过程中,都必须对安全问题予以足够的关注。

3. 第三步:给予支持

应强调与求助者的沟通和交流,使求助者知道工作人员是能够给予其关心和帮助的人。工作人员不要去评价求助者的经历与感受是否值得称赞,或是否是心甘情愿的,而是应该提供这样一种机会,让求助者相信"这里有一个人确实是很关心我的"。

在这里,提供帮助和支持的人是工作人员,就是说,工作人员必须无条件地以积极的方式接纳所有的求助者,不在乎报答。能够在危机中真正给予求助者以支持的工作人员,就能够接纳和肯定那些无人愿意接纳的人,表扬那些无人会表扬的人。

4. 第四步:提出可变通的应对方式

这一步侧重于求助者和工作人员常会忽略的一面——有许多适当的方法或途径可供求助者选择。多数情况下,求助者处于思维不灵活的状态,不能恰当地判断什么是最佳的选择。有些处于危机中的求助者甚至认为无路可走了。

这一步中,工作人员有效的工作能帮助求助者认识到,有许多可变通的应对方式可供选择,其中有些选择比别的选择更为适宜。应该从多种不同的途径思考变通的方式:①环境支持,这是提供帮助的最佳资源,求助者要知道有哪些人现在或者过去关心自己;②应付机制,即求助者可以用来战胜目前危机的行动、行为或环境资源;③积极的、建设性的思维方式,可用来改变自己对问题的看法并减轻应激和焦虑水平。如果能从这三方面客观地评价各种可变通的应对方式,危机干预工作者就能够给感到绝望和走投无路的求助者以极大的支持。当然,这里工作人员需要注意的是,处于危机之中的求助者不需要太多的选择,他们需要的是能摆脱其境遇的适当选择。

5. 第五步:制订计划

在全面了解求助者发生危机的诱发时间和目前的危机水平之后,着手制订干预计划。这一步是从第四步逻辑地、直接地发展而来的。危机干预不注重人格的塑造,而在于帮助求助者恢复到危机前的心理平衡水平。在这一阶段需要了解危机对求助者的生活造成的损害程度以及这种损害对他人及求助者周围环境所产生的影响;要肯定求助者的长处(优点),确定他所用的有效应对技巧,以及能够给他帮助的家庭成员或社会支持系统,明确干预目标。

危机干预的计划包括危机干预工作者和求助者共同制定行动步骤来矫正求助者情绪失衡状态的整个过程。计划应该确定有另外的个人、组织团体和有关机构能够提供及时的支持;还应该提供应付机制——求助者现在能够采用的、积极的应付机制,确定求助者能够理解和把握的行动步骤。根据求助者的应付能力,计划应着重在切实可行和能系统地帮助求助者解决问题,可以让求助者与危机干预工作者的共同配合,如使用放松技术。

计划的制订应该与求助者合作,帮助求助者决定他应该做什么,让其感受到这是他的计划,这一点很重要。制订计划的关键在于让求助者感到他们没有被剥夺权利、独立性和自尊。有些求助者可能不会反对帮助者帮他们决定应该做什么,但此时这些求助者往往过分地关注自己的危机而忽略自己的能力,他们甚至会认为将计划强加给他们是应该的,让受情绪困扰的求助者接受一个善意强加给他们的计划往往很容易。因此在计划制订过程中主要应强调求助者的控制性和自主性,让求助者将计划付诸实施的目的是恢复他们的自主能力和保证他们不依赖于支持者,如危机干预工作者。

实施计划主要包括以下四个步骤:①帮助求助者正确理解和认识自己的危机。求助者往往没有看到生活中发生的危机与自己的心理失衡所出现的不适之间存在关系,工作人员可以采取比较直接有效的方法使求助者认识这两者之间的关系。②帮助求助者疏泄和释放被压抑的情感。部分求助者由于压抑了一些非常现实的情感(如愤怒、爱和恨等),或者对悲伤的心理否认和自责,从而发生危机。干预的目的就是要及时减轻求助者的痛苦和紧张,疏泄被压抑的情感。可以采用交谈、疏泄等技术。③学习应对方式,帮助求助者总结和学习过去成功的应对危机的技巧和新的应对方式,减轻危机对心理平衡的影响。④建立新的社交天地。如果危机是由于失去亲人(如死亡、分离等)所造成,建立新的人际交往和人际关系则是干预的有效方式之一。

6. 第六步:得到保证

控制性和自主性问题也存在于得到恰当的保证这一过程中。如果制订计划这一步完成得较好的话,则得到保证这一步就比较容易。多数情况下,得到保证这一步比较简单,可让求助者复述一下计划:“现在我们已经商讨了你计划要做什么,下一步将看你如何向他表达自己的愤怒情绪。请跟我讲一下你将采取哪些行动,以保证你不会大发脾气,避免危机的升级。”在这一步,危机干预工作者需要明确,在实施计划时求助者是否同意合作的协议。

一般经过 4~8 周的危机干预,大多数求助者的情绪危机会得到解决或缓解,此时应及时中断治疗,以减少求助者对危机干预工作者的依赖性。在结束阶段,应该注意强化求助者应用刚刚学会的新的应对技巧,鼓励和支持他在今后面临逆境或重大挫折时,应用新的应对方式和有关社会支持系统来独立解决和处理问题,避免或减少危机的发生。

三、危机干预技术

危机干预是一种特殊形式的心理咨询和治疗,心理咨询的基本技术如倾听技术、提问技术、表达技术、观察技术是完全需要的(见图 6-2)。简单地说,干预的基本策略为:主动倾听

图 6-2　危机干预中的支持技术

并热情关注，给予心理上的支持；提供疏泄机会，鼓励求助者把自己的内心情感表达出来；解释危机的发展过程，使求助者理解目前的处境，理解他人的情感，建立自信；给予求助者希望，使其保持乐观的态度和心情；培养求助者的兴趣，鼓励其积极参与有关的社会活动；注意发挥社会支持系统的作用，使求助者多与家人、亲友、同事接触和联系，减少孤独和隔离。

可根据求助者的不同情况和危机干预者擅长的领域，采取相应的心理干预治疗技术，如行为疗法、认知疗法、短程动力学治疗等技术。一般来说，危机干预包括以下两大类技术。

（一）支持技术

危机干预工作者要为求助者营造一个安全的氛围，这样求助者出现积极情绪的可能性就会增加。工作人员需要做到以下几点。

1. 尊重

在价值、尊严、人格等方面与求助者平等，把求助者作为有思想感情、内心体验、生活追求、具有独特性与自主性的活生生的人去对待。应当体现出对求助者现状、价值观、人格和权益的接纳、关注和爱护。

2. 真诚

工作人员在咨询过程中对求助者应真挚诚恳，不特意取悦对方，不因自我防御而掩饰，不回避自己的失误和短处，直截了当地表达自己的想法。真诚能换取信任和喜爱，还能给求助者一种安全感；但要注意，不能把真诚理解为简单地说实话，工作人员的言行要有助于求助者的成长。

3. 共情

共情是指体验别人内心世界的能力。它包括三方面的含义：工作人员借助求助者的言行，深入对方内心去体验他的情感、思维；工作人员借助于知识和经验，把握求助者的体验与他的经历和人格之间的联系，更好地理解问题的实质；工作人员运用技巧，把自己的共情传达给对方，以影响对方并取得反馈。“共情”不代表乱用同情心，共情需要理性，而不能代替当事人做感性判断。

只有当工作人员以这样的态度与求助者沟通，才能获得求助者的信任，从而让他们愿意向工作人员讲述自己的经历，并希望能获得工作人员的帮助以走出困境。接下来我们会介绍有关的参与性技术，在交谈中对求助者的相关信息进行评估，从而为下一步制订计划做准备。

1）倾听

倾听既可以表达对求助者的尊重，同时也能使对方在轻松和互相信任的氛围中诉说自己的烦恼。倾听的第一步不需要说什么，更多的是应注视对方、倾身、专心地听对方的叙述。在初期阶段，求助者除了危机造成的应激反应之外还带有对治疗本身的一些焦虑和紧张。害羞、自责、愤怒和悲伤虽然存在，但很少会表现出来，这些情感有时会表现为愤怒、气势汹汹，或者被精心掩饰起来。这需要危机干预工作者细心认真地观察才能发现。危机干预工作者应真正关心求助者，与之建立良好的互相信任的关系；注意求助者的面部表情和身体姿势的变化；通过点头、保持眼神接触、微笑、给予适当的言语反馈、与求助者保持较近的距离（也不能太近）等，向对方传达出关心、参与和信任的态度。工作人员要认真、有兴趣、设身处地去听，并适当地表示理解，不要有偏见，不作价值评价。

图 6-3 所示为不良倾听的肢体语言。

图 6-3　不良倾听的肢体语言

2）开放式提问与封闭式提问

有效地提问不仅可以帮助危机干预工作者尽快地获得求助者的相关资料，也可以有效地帮助求助者解决问题。

（1）开放式提问。

开放式提问一般是以“什么”或“如何”来进行，或者是要求求助者进行深入和详细的表达。开放式提问鼓励求助者完整地叙述经过并深入表达其内涵。开放式提问常用来引出有关求助者感情、思维和行为方面的内容。这里举例来说明如何组织开放式问题。

① 要求叙述：“请告诉我……”“请跟我谈谈……”“在什么情况下……”。

② 围绕计划："你打算……""你将如何使它发生？"

③ 避免问"为什么"，这样的问题一般不利于收集到更多的资料，因为它会使求助者注意防御自己的言行。

(2) 封闭式提问。

封闭式提问用于向求助者了解特别的或具体的资料，以对某些特别的资料进行确认，以"是"或"否"来回答。封闭式提问的常用词有"是否"、"能否"、"有没有"、"会不会"或"曾经"等等。封闭式提问常在危机干预的初期阶段使用，用来确定某些特定资料，可以帮助危机干预工作者进行判断。

① 要求回答特殊的问题："这种情况第一次发生在何时？""你回去过那儿吗？"

② 得到担保："你愿意与人合作去做……""你同意……"。

③ 否定式提问：常用来作为听者和讲话者趋于认同的一种微妙的方式。

（二）表达技术

表达技术可以分为内容表达和情感表达，内容表达主要是指工作者传递信息、提出意见、提供忠告、给予保证，要注意措辞和尊重求助者；情感表达是工作者告诉求助者自己的情绪、情感活动状况。

1. 言语性的沟通

即在交谈中对求助者所讲的内容做出言语上的反馈，帮助求助者认识自己目前的状态。

2. 非言语性的沟通

非言语的内容可以用多种方式来表达，如身体的姿势、动作、语调、眼神变化、手臂和腿的动作、面部表情等，这些需要工作者仔细观察。求助者可能会通过不同的身体动作来表达自己的情绪，如愤怒、恐惧、犹豫、怀疑、拒绝、情绪应激和绝望等。应关注求助者的这些情况与言语表达是否一致。

危机干预工作者的职能是：帮助求助者正视危机；帮助求助者正视可能应对和处理的方式；帮助求助者获得新的信息和知识；可能的话，在日常生活中提供必要帮助；帮助求助者回避一些应激性境遇；避免给予不恰当的保证；督促求助者接受帮助和治疗。

因为危机具有复杂性，危机症状具有多样性，对于不同类型的危机，不同年龄阶段的人群采用相应的危机干预技术效果会更好。常用的危机干预方法有合理情绪疗法、暴露疗法、系统脱敏疗法、游戏疗法等，后面的一节将会结合案例详细介绍这些干预技术。

知识链接

教育系统公共卫生类突发事件应急预案

1　总则

1.1　目的

有效预防、及时控制和妥善处理教育系统突发公共卫生事件，提高快速反应和应急处置能力，将各类突发公共卫生事件对学校师生员工造成的危害降低到最低程度，确保学校师生员工的健康与生命，保证正常的教育教学和生活秩序，维护学校和社会稳定。

1.2　编制依据

《中华人民共和国突发事件应对法》、《中华人民共和国传染病防治法》、《中华人民共和国食品安全法》、《突发公共卫生事件应急条例》、《国家突发公共卫生事件应急预案》及《教育系统突发公共事件应急预案》等法律法规。

1.3　适用范围

本预案适用于教育部、省级及以下教育行政部门、各级各类学校（幼儿园）应对各类突发公共卫生事件的应急处置工作，包括发生在学校内以及学校所在地区发生的，可能对学校师生健康与生命安全造成危害的重大传染病、群体性不明原因疾病、食物中毒等公共卫生事件的应急处置工作。

1.4　工作原则

1.4.1　统一领导，快速反应。教育部与省级及以下教育行政部门、学校分别成立突发公共卫生事件应急处置工作领导小组，在领导小组统一领导下，与卫生部门密切配合，全面负责本区域教育系统应对突发公共卫生事件的处置工作，形成处置突发公共卫生事件的快速反应机制，确保发现、报告、指挥、处置等环节的紧密衔接，做到快速反应，正确应对，果断处置。

1.4.2　分级负责，属地管理。教育系统发生突发公共卫生事件后，应遵循属地化管理原则，省级及以下教育行政部门和学校应在当地党委和政府的统一领导下，及时采取应急响应措施，并逐级及时报告上级教育行政部门。

1.4.3　预防为主，及时控制。立足于防范，抓早、抓小，各级教育行政部门和学校要认真排查各类卫生安全隐患，强化信息的广泛收集，对各类可能引发突发公共卫生事件的情况及时进行分析、预警，落实各项防范措施，做好人员、技术、物资和设备的应急储备工作，做到早预防、早发现、早报告、早处理，把事件危害降低到最低程度。

1.4.4　系统联动，群防群控。发生突发公共卫生事件后学校（幼儿园）负责人要立即深入第一线，掌握情况，开展工作，控制局面。教育行政部门要及时与学校联系，协助并指导应急处置工作；或赶赴现场直接参与实施应急处理。学校和教育行政部门要迅速与卫生、食品药品监管等部门联系，形成各级各部门系统联动，群防群控的有效处置工作格局。

1.4.5　以人为本，生命至上。处置突发公共卫生事件中，要坚持以人为本的原则，始终把保护师生健康和生命安全放在第一位，特别是对危重病人要不惜代价地迅速组织救治。

2　应急组织指挥体系及职责

2.1　教育部突发公共卫生事件应急处置工作组及职责

2.1.1　教育部突发公共卫生事件应急处置工作组

组长:分管副部长

副组长:体育卫生与艺术教育司司长

成员:教育部办公厅、体育卫生与艺术教育司、发展规划司、财务司、基础教育一司、基础教育二司、职业教育与成人教育司、直属高校工作司、高等教育司、教育督导团办公室、思想政治工作司等司局(单位)负责人。

工作组办公室设在体育卫生与艺术教育司,办公室主任由体育卫生与艺术教育司负责人兼任。

2.1.2 主要职责

在国务院的统一部署下,在卫生部的指导下,负责全国教育系统突发公共卫生事件的应急处置工作;及时收集与分析全国教育系统突发公共卫生事件的相关信息,并适时向各地教育行政部门通报情况,发出预警,提出紧急应对学校突发公共卫生事件的政策、措施;指导各地教育行政部门和学校应对和处置突发公共卫生事件;督促各地教育行政部门和学校落实突发公共卫生事件应对措施;及时总结和推广各地、各校应对突发公共卫生事件的经验和做法;督促各地根据突发公共卫生事件的性质对有关责任人进行责任追究。

2.1.3 运行机制

按照教育部突发公共卫生事件应急处置工作组的部署和要求,体育卫生与艺术教育司具体负责学校突发公共卫生事件应急处置工作。发生特别重大(Ⅰ级)突发公共卫生事件时,教育部立即按照应急预案,启动应急响应措施,组成教育部突发公共卫生事件应急办公室,并调集工作组成员单位相关人员实行集中办公。

2.2 省级及以下教育行政部门突发公共卫生事件应急处置工作领导小组职责

省级及以下教育行政部门在当地政府的统一领导下,成立与教育部突发公共卫生事件应急组织指挥体系相对应的应急处置工作领导小组,具体负责指挥与落实本辖区内教育系统突发公共卫生事件的应急处置工作。

主要职责包括:建立健全应对突发公共卫生事件的工作责任制度,并将责任分解到部门、落实到人;在当地卫生部门的指导下,制定符合本地区实际的应对突发公共卫生事件的对策、措施及应急预案;落实突发公共卫生事件的信息报告人并及时上报相关信息;配合卫生部门,严密监测所辖学校突发公共卫生事件发生情况,并适时做出预警;指导下级教育行政部门和学校紧急应对和处置突发公共卫生事件;协助卫生部门和学校组织救治工作;检查督促所辖学校落实各项应对突发公共卫生事件的措施;总结推广学校应对突发公共卫生事件的经验与做法;协调有关方面的力量对突发公共卫生事件进行调查和处理;根据突发公共卫生事件的性质督促地方教育行政部门和学校对有关责任人进行查处。

2.3 各级各类学校(幼儿园)突发公共卫生事件应急处置工作领导小组职责

学校成立由主要领导负责的突发公共卫生事件应急处置领导小组,具体负责落实学校突发公共卫生事件应急处置工作。

其主要职责包括：在卫生部门指导下，根据当地政府和上级教育行政部门的突发公共卫生事件应急预案，制定本校的突发公共卫生事件应急预案；建立健全应对突发公共卫生事件的工作责任制度，建立一把手负总责与分管校长具体抓的责任制，并将责任分解到部门、落实到人；明确并落实突发公共卫生事件的信息报告人；具体实施对突发公共卫生事件的应对与处置工作，配合卫生部门对事件原因进行调查；及时向上级教育行政部门及卫生等有关部门报告学校突发公共卫生事件的进展与处置情况。

3 事件分级标准

根据《国家突发公共卫生事件应急预案》，结合教育行政部门实际，突发公共卫生事件按严重程度，从高至低划分为特别重大（Ⅰ级）、重大（Ⅱ级）、较大（Ⅲ级）和一般（Ⅳ级）四级。

具体分级标准由国务院卫生行政部门和各级地方卫生行政部门按照职责分工分别确认，教育系统参照执行。

学校所在地区发生的、可能对学校师生员工健康造成危害的突发公共卫生事件，各级教育行政部门和学校应在当地政府的统一领导和卫生行政部门具体指导下，根据突发公共卫生事件的严重程度，做好相应的应急处置工作。

4 信息报送与信息发布

建立畅通的信息传输渠道和严格的信息上报机制，完善快速应急信息系统。

4.1 信息报送原则

4.1.1 迅速：学校应在第一时间（2小时内）向当地教育行政部门和卫生部门报告，不得延报。

4.1.2 准确：信息内容要客观详实，不得主观臆断，不得漏报、瞒报、谎报。

4.1.3 直报：发生Ⅰ级（特大）事件，可直接报教育部。

4.1.4 事件情况发生变化后，应及时续报。

4.2 信息报告

4.2.1 突发公共卫生事件的责任报告单位

责任报告单位：各级各类学校（幼儿园）和各级教育行政部门；

责任报告人：各级各类学校和各级教育行政部门指定的信息报送人员。

4.2.2 突发公共卫生事件报告时限及程序

(1) 初次报告。

各级各类学校（幼儿园）发生突发公共卫生事件后，应在第一时间（事件发生后2小时内），向主管教育行政部门、当地（县）卫生部门进行初次报告。

县级及以上教育行政部门接到学校初次报告后，应及时与同级卫生部门核实，在2小时内逐级报告上一级教育行政部门及同级政府，直至教育部突发公共卫生事件应急处置工作组办公室。

特别重大(Ⅰ级)或者重大(Ⅱ级)突发公共卫生事件发生后,省级教育行政部门必须在3小时内报告教育部突发公共卫生事件应急处置工作组办公室。

特别重大(Ⅰ级)突发公共卫生事件,学校或基层教育行政部门可以直接报告教育部突发公共卫生事件应急处置工作组办公室。

(2) 进程报告。

Ⅰ级和Ⅱ级突发公共卫生事件处置过程中,学校每天应将事件发展变化情况报告上级教育行政部门,地方教育行政部门要逐级每日报告上级教育行政部门直至教育部突发公共卫生事件应急处置工作组办公室。

Ⅲ级和Ⅳ级突发公共卫生事件处置过程中,学校应及时将事件发展变化情况报告上级教育行政部门,地方教育行政部门要逐级报告上级教育行政部门和当地政府。

(3) 结案报告。

事件结束后,应将事件处理结果逐级报告上级教育行政部门直至教育部突发公共卫生事件应急处置工作组办公室。

4.2.3 报告内容

(1) 初次报告内容:事件发生时间、发生地点、患病(中毒)人员症状、患病(中毒)人数、事件经过、可能的原因等。

(2) 进程报告内容:患病(中毒)人员治疗与病情变化情况、事件控制情况、造成事件的原因、已经或准备采取的整改措施。

(3) 结案报告内容:事件处理结果(包括事件性质与发生原因)、整改情况、责任追究情况等。

4.3 信息发布

4.3.1 根据《突发公共卫生事件应急条例》,全国突发公共卫生事件的信息由国务院卫生行政部门负责向社会发布;省、自治区、直辖市人民政府卫生行政部门经国务院卫生行政部门授权向社会发布本行政区域内突发公共卫生事件的信息。

4.3.2 各级教育行政部门不得自行向社会发布突发公共卫生事件的信息。

4.4 突发公共卫生事件信息报送程序

5 预防预警

各级教育行政部门和学校应建立健全卫生防疫与食品卫生安全工作责任制,并将责任分解落实到部门和具体责任人。

将卫生防疫和食品卫生安全教育以及其他突发公共卫生事件的预防与应急知识贯穿在日常教育之中,增强广大师生员工公共卫生意识和自我保护能力。

严格食品卫生安全管理,食堂必须取得餐饮服务许可,食堂从业人员必须持有健康合格证,加强食品原料采购与贮存、食品加工、餐饮具消毒、食堂的安全保卫等各环节卫生安全管理工作。

加强饮用水卫生管理,为师生提供符合卫生要求的饮用水。

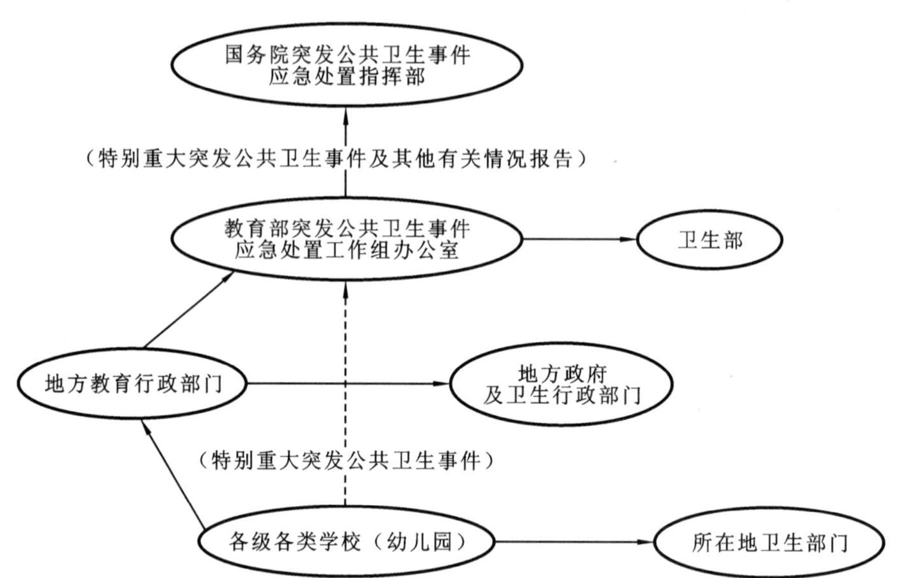

加强厕所卫生管理，做好粪便的无害化处理，防止污染环境和水源。

加强学生宿舍卫生管理与安全保卫，改善宿舍卫生与通风条件。

落实学生定期健康体检制度、晨午检制度、因病缺课登记追踪制度和儿童入托、入学查验接种证制度，及时发现传染病患者并采取相应的隔离防范措施。

加强学校实验室安全管理，存放有毒、有害试剂、药品及物质的物品柜必须设置双锁，并双人管理。

建立健全校内有关部门和人员、学校与家长、学校与当地医疗机构及教育行政部门联系机制，完善信息收集报送渠道，保证信息畅通。

建立与卫生部门信息联动机制，及时收集所在地区突发公共卫生事件发生信息，对各类可能引发学校突发公共卫生事件（传染病、食物中毒等）的情况及时进行分析并发出预警。

加强应急反应机制的日常性管理，在实践中不断运用和完善应急处置预案。加强人员培训，开展经常性的演练活动，不断提高应对突发公共卫生事件的能力。

做好应对学校突发公共卫生事件的人力、物力和财力方面的储备工作，确保突发公共卫生事件预防、现场控制的应急设施、设备和必要的经费。

6　应急处置措施

6.1　一般突发公共卫生事件的应急反应

6.1.1　学校的应急反应

一般突发公共卫生事件发生后，现场的教职员工应立即将相关情况通知学校突发公共卫生事件责任报告人及学校领导。

学校领导接到报告后，必须立即赶赴现场组织实施以下应急措施。

(1) 食物中毒应急措施:

联系当地卫生部门(医院),对中毒人员进行救治;

通知有关人员停止食用可疑中毒食品,或追回已出售(发出)的可疑中毒食品;

停止出售和封存剩余可疑的中毒食品;

控制或切断可疑水源;

与中毒人员(特别是中小学生或病情严重者)家长、家属进行联系,通报情况,做好思想工作,稳定其情绪;

组织人员对共同进餐的学生进行排查;

积极配合卫生部门封锁和保护事发现场,对中毒食品取样留验;或配合公安部门进行现场取样,开展侦破工作;

按照当地政府和卫生部门要求,认真落实其他紧急应对措施;

对学校不能解决的问题及时报告主管教育行政部门和当地政府以及卫生行政部门,并请求支持和帮助;

在学校适当的范围通报突发公共卫生事件的基本情况以及采取的措施,稳定师生员工情绪,并开展相应的卫生宣传教育,提高师生员工的预防与自我保护意识;

学校在采取上述应急措施的同时,应向当地卫生部门和教育主管部门报告。

(2) 传染病应急措施:

及时隔离患病的学生,并送至医院进行治疗;

教室、宿舍等人员集中的室内场所应经常开窗,做到有效通风透气,确保室内的空气流通(主要针对呼吸道传染病);

暂停组织室内场所的大型集体活动(主要针对呼吸道传染);

控制或切断可疑水源(主要针对肠道传染病);

协助卫生部门对患病人群所在场所进行彻底消毒;对病人接触过的人员,包括同学、老师进行随访,并配合当地政府或卫生行政部门采取必要的隔离观察措施;

加强每日晨午检工作,对缺勤的师生员工逐一进行登记,并查明缺勤的原因,对患有传染病的师生劝其及时就医或在家医学观察,暂停上学或上班;

每日对患病师生进行追踪和记录,了解疾病转归;

密切关注传染病流行情况,必要时经当地卫生行政部门组织专家进行疫情风险评估后,可报请所在地教育行政部门并经当地(县级以上)人民政府批准,采取临时停课等特殊措施;

与患病学生(特别是中小学生或病情严重者)家长、家属进行联系,通报情况,做好思想工作,稳定其情绪;

按照当地政府和卫生行政部门要求,认真落实其他紧急应对措施;

对学校不能解决的问题及时报告主管教育行政部门和当地政府以及卫生行政部门,并请求支持和帮助;

在学校适当的范围通报突发公共卫生事件的基本情况以及采取的措施，稳定师生员工情绪，并开展相应的卫生宣传教育，提高师生员工的预防与自我保护意识。

学校在采取上述应急措施的同时，应向当地卫生部门和教育主管部门报告。

(3) 预防接种(或服药)造成的不良反应或心因性反应的应急措施：

联系当地卫生部门(医院)，对出现不良反应的学生进行救治；

停止预防接种或预防性服药，封存剩余接种疫苗或药品；

组织人员对预防接种或预防性服药的学生进行排查；

与家长、家属进行联系，通报情况，做好思想工作，稳定其情绪；

配合卫生部门排查原因，对引发反应的药品、疫苗取样留验；

按照当地政府和卫生部门要求，认真落实其他紧急应对措施；

对学校不能解决的问题及时报告主管教育行政部门和当地政府以及卫生行政部门，并请求支持和帮助；

在学校适当的范围通报突发公共卫生事件的基本情况以及采取的措施，稳定师生员工情绪，并开展相应的卫生宣传教育，提高师生员工的预防与自我保护意识；

学校在采取上述应急措施的同时，应向当地卫生部门和教育主管部门报告。

(4) 其他突发公共卫生事件的应急措施

6.1.2　地方(地、县、区)教育行政部门的应急反应

发生地教育行政部门尤其是县(区)教育行政部门的主管领导接到学校报告后应立即赶赴事发学校了解情况并组织实施以下应急措施：

协助学校做好对中毒或患病人员的救治工作，或到医院看望中毒或患病人员；

对学校必须采取的各项应急措施进行检查核实；

协调和帮助学校解决突发公共卫生事件处理过程中的有关问题和困难；

根据突发公共卫生事件性质、发展变化情况，及时指导学校实施相应的应急措施；

按照突发公共卫生事件报告要求，向上级教育行政部门及同级政府进行报告；

协助学校做好家长思想工作，加强舆论引导，稳定家长及学校师生员工情绪，维护学校教学秩序等；

协助卫生等有关部门对突发公共卫生事件进行调查处理；

根据突发公共卫生事件的性质对有关责任人进行查处。

6.1.3　省级教育行政部门的应急反应

接到下级教育行政部门的报告后，立即与卫生、食品药品监督管理部门沟通，并向省政府及教育部进行报告；

与发生地教育行政部门保持密切联系(必要时派员到现场)，了解事件的进展情况，指导与督促发生地教育行政部门落实各项应急措施；

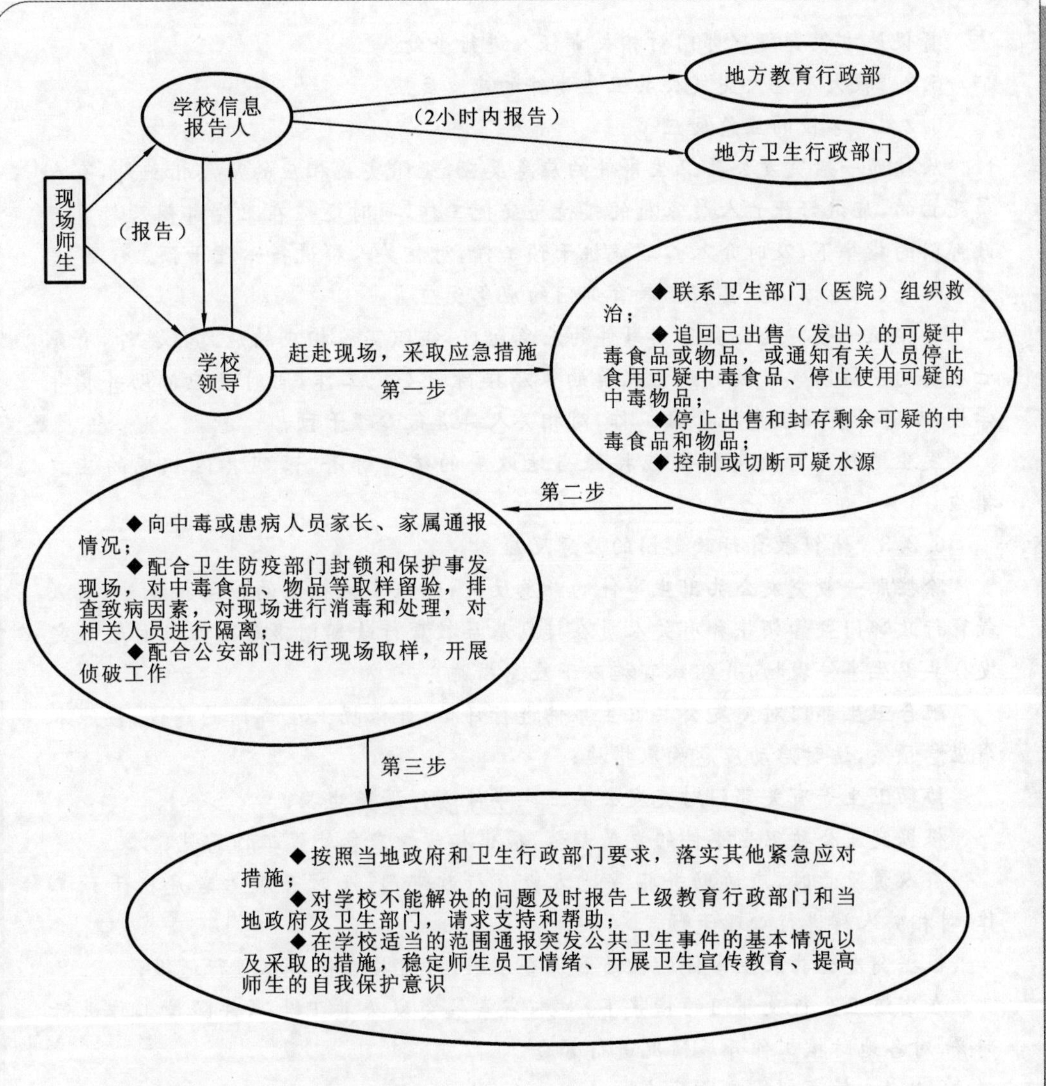

协助解决突发公共卫生事件处置工作中存在的问题与困难；

根据突发公共卫生事件性质对所属学校的责任人进行查处，或督促地方教育行政部门对相关责任人进行查处；

将事件的进展情况及处理结果及时报教育部。

6.1.4　教育部的应急反应

接到报告后，与省级教育行政部门保持密切联系，随时了解突发公共卫生事件相关信息；

指导和督促发生地教育行政部门和学校迅速采取相应应急措施；

协调和帮助基层教育行政部门和学校解决突发公共卫生事件处理过程中遇到的特殊问题与困难；

督促地方教育行政部门对相关责任人进行查处。

6.2　较大及重大突发公共卫生事件的应急反应

6.2.1　学校的应急反应

除按照一般突发公共卫生事件的应急反应，组织实施相应的应急措施外，有人员死亡的，应做好死亡人员家属的接待与安抚工作，同时还应在卫生部门及教育行政部门的指导下，及时介入心理危机干预工作，对相关人群进行心理干预。

6.2.2　地方(地、县、区)教育部门的应急反应

除按照一般突发公共卫生事件的应急反应，组织实施相应的应急措施外，有死亡人员的应协助学校做好死亡人员的家属接待与安抚工作，同时还应协助并指导学校，及时开展心理危机干预工作，对相关人群进行心理干预；

发生地教育行政部门还应按照当地政府的统一部署，落实其他相应的应急措施。

6.2.3　省级教育行政部门的应急反应

除按照一般突发公共卫生事件的应急反应，组织实施相应的应急措施外，省级教育行政部门主管领导和有关人员在接到基层教育行政部门报告后应及时赶赴突发公共卫生事件现场，并组织实施以下应急措施：

配合卫生部门对突发公共卫生事件进行评估，并根据卫生部门的建议，按照本省应急预案，适时启动应急响应措施；

协助卫生等有关部门对突发公共卫生事件进行调查处理；

根据突发公共卫生事件的发展趋势，提出相应的应急处置工作意见；

有人员死亡时，应协助并指导地方教育行政部门，及时开展心理危机干预工作，对相关人群进行心理干预。

根据突发公共卫生事件的性质和调查结果，对有关责任单位进行通报；

在省级卫生行政部门的指导下，对本省学校突发公共卫生事件防控工作进行部署，对各地防控工作开展情况进行督查。

6.2.4　教育部的应急反应

除按照一般突发公共卫生事件的应急反应，组织实施相应的应急措施外，应协调解决突发公共卫生事件处置过程中存在的问题与困难；必要时联系专家赶赴现场指导应急工作；及时向有关各省、自治区、直辖市通报突发公共卫生事件相关信息，并督促各地认真开展防控工作等。

6.3　特别重大突发公共卫生事件的应急反应

6.3.1　学校的应急反应

除按照重大突发公共卫生事件的应急反应，组织实施相应的应急措施外，每日必须向主管教育行政部门报告突发公共卫生事件的发展变化情况。

6.3.2　地方教育行政部门的应急反应

除按照重大突发公共卫生事件的应急反应，组织实施相应的应急措施外，信息

报告人每天应按照报告要求进行突发公共卫生事件的信息进程报告。

6.3.3 省级教育行政部门的应急反应

除按照重大突发公共卫生事件的应急反应，组织实施相应的应急措施外，信息报告人每天应按照报告要求进行突发公共卫生事件的信息进程报告。同时，应根据当地政府的统一部署和教育部的要求，根据本省教育系统突发公共卫生事件应急预案，采取应急响应措施。

6.3.4 教育部的应急反应

按照国务院的统一部署，指挥教育系统突发公共卫生事件的防控工作；

根据卫生部专家组对突发公共卫生事件的研判和教育系统突发公共卫生事件应急预案，采取应急响应措施，成立教育部突发公共卫生事件应急办公室，实行集中办公并24小时值班；

必要时启动全国教育系统突发公共卫生事件每日“零报告”制度；

必要时派主管人员或专家赴突发公共卫生事件发生地，指导并协助处理突发公共卫生事件；

协助国务院卫生行政部门参与地方突发公共卫生事件的处置工作；

及时对突发公共卫生事件相关信息进行分析，并根据突发公共卫生事件的发展趋势，及时调整学校突发公共卫生事件防控及应急措施；

协调解决发生突发公共卫生事件的地方教育系统防控工作中存在的问题与困难；

根据突发公共卫生事件的性质和调查结果，对事件及有关责任单位进行通报；

督促各地根据突发公共卫生事件的性质对有关责任人进行责任追究；

对各地教育系统突发公共卫生事件防控工作进行督导检查等。

6.4 地方教育行政部门快速应急处置工作程序

7 善后与恢复工作

突发公共卫生事件应急处置完成后，工作重点应马上转向善后与恢复行动，争取在最短时间内恢复学校正常秩序。

尽快恢复学校正常教学秩序。对因传染病流行而致暂时集体停课的，必须对教室、阅览室、食堂、厕所等场所进行彻底清扫消毒后，方能复课；因传染病暂时停学的学生，必须在恢复健康，经有关卫生部门确定没有传染性并出具有效的病愈证明后方可复学；因水源污染造成传染病流行的学校，其水源必须经卫生部门检测合格后，方可重新启用。

根据调查结果，对导致事件发生的有关责任人或责任单位，依法追究责任。

学校和当地教育行政部门应认真做好或积极协调有关部门做好受到突发公共卫生事件损害的相关人员的善后工作。

对突发公共卫生事件反映出的相关问题、存在的卫生隐患问题及有关部门提出的整改意见进行整改。

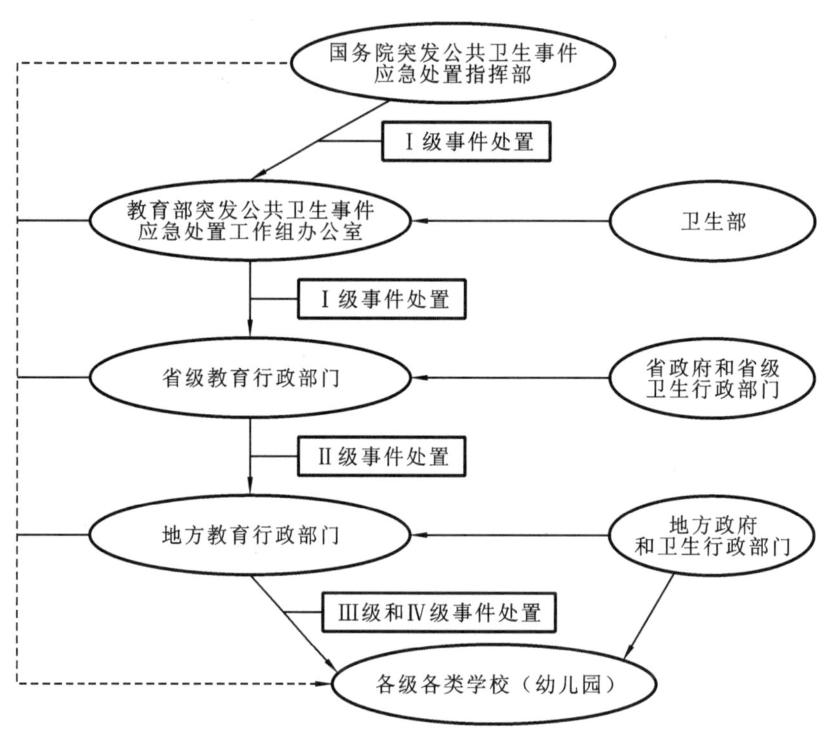

8　应急保障

8.1　信息保障

教育部、各地教育行政部门和学校要建立健全并落实突发公共卫生事件信息收集、传递、报送、处理等各环节运行机制，完善信息传输渠道，保持信息传输设施和通讯设备完好，保持通讯方便快捷，确保信息报送渠道的安全畅通。

8.2　物资保障

各地教育行政部门和学校，特别是高校和寄宿制中小学校应建立处置突发公共卫生事件的设施设备（如传染病隔离场所、紫外线灯等）、消毒药品储备，为妥善处置突发公共卫生事件提供物资保障。

8.3　资金保障

各地教育行政部门应急资金纳入各地统一财政预算。各高校应安排充足的应急资金，保证突发公共卫生事件应急处置所需。

8.4　人员保障

各地教育行政部门和学校应加强卫生队伍建设，定期开展突发公共卫生事件防控的专业知识培训，为应急预案的启动提供人员保障。

8.5　培训演练保障

各地教育行政部门和学校应配合卫生部门，组织开展应急演练。

9 附则

9.1 鉴于学校集体食物中毒、传染病流行事件涉及青少年健康安全,社会关注度较高,对未达到本预案Ⅳ级突发公共卫生事件标准的,学校除应按照《食品卫生安全法》、《传染病防治法》等相关规定,向当地卫生部门报告外,还应参照Ⅳ级突发公共卫生事件应急措施进行处理。

9.2 名词解释

教育系统是指各级教育行政部门、各级各类学校(包括幼儿园)。

重大传染病疫情是指某种传染病在短时间内发生、波及范围广泛,出现大量的病人或死亡病例,其发病率远远超过常年的发病率水平的情况。

群体性不明原因疾病是指在短时间内,某个相对集中的区域内同时或者相继出现具有共同临床表现病人,且病例不断增加,范围不断扩大,又暂时不能明确诊断的疾病。

重大食物中毒:是指由于食品污染害的原因而造成的人数众多或者伤亡较重的中毒事件。

9.3 本预案自印发之日起实施。原《教育系统突发公共事件应急预案》中公共卫生类突发事件应急处置相关规定与本预案不一致的,依照本预案规定执行。

9.4 未尽事宜由教育部负责解释。

(资料来源:http://www.ln.gov.cn/zfxx/yjgl/yjya/201007/t20100706_548866.html)

第二节 中小学生常见危机及干预策略

案例分享

案例1:1992年6月,北方某市发生3名女中学生一起自杀的事件,她们死后3天才被发现。这3名女生平时学习成绩好,家庭条件也较优越,那么是什么原因促使她们自杀的呢?在她们给学校的信中写明了原因——再也无法承受繁重的学习,因此决定走向大海。

案例2:2008年4月5日,恩施州建始县汇富民族小学六年级一班女生杨雪莲,用家里喷洒苞谷时剩下来的一小勺甲胺磷结束了自己13岁的生命。在遗书中,杨雪莲对父母说:"仿佛分数才是你们的女儿,我背负的压力太重……我累了,想要休息了,13年来我都在为你们而活,现在我要为自己活一回。"

(资料来源:赵钦瑞,《青少年自杀行为与社工介入》,《社会工作下半月(理论)》,2007年第9期,第23页)

在人生的不同阶段,危机无处不在。针对年龄小、人生经验少的中小学生,社会和学校如何预防并消除潜在的危机,如何对处于危机中的中小学生进行干预,具有十分重要的现实意义。本章将结合案例详细介绍几种常见的中小学生危机:自杀、创伤后应激障碍、儿童性虐待和儿童居丧。

一、自杀危机

自杀可能发生在人生的任何阶段,但自杀问题在青少年时期有特别的意义。青少年最具生命的活力,最憧憬丰富多彩和激动人心的未来,可是,在这样的美好年龄的青少年选择自杀,不免引起人们的思考:谁该负主责?是社会环境太残酷?家庭教育太严苛或太冷漠?个人抗压能力太差?这不仅是个人和家庭的悲剧,也是社会潜能的损失。应对青少年自杀是不容忽视的问题。图 6-4 所示为"重重"压力。

图 6-4 "重重"压力

在美国 10~24 岁的青少年中,自杀是第二大死亡原因(意外身故是第一大原因)。就青少年的自杀率来看,1980 年的自杀率是 1950 年的三倍多,85%的青少年想过自杀,其中 50%的人制订过自杀计划。日本 15~24 岁的女子的自杀率更高于美国。我国的研究表明,自杀未遂的发生年龄为 17~56 岁,平均年龄是 29.01 岁,25 岁以下者占 34.27%。青少年自杀的预防和干预已经成为社会关注的焦点和研究热点。

知识链接

人们对自杀的误解

对于自杀,普遍存在着大量的误解,危机干预工作者在评估求助者潜在的自杀危险时应仔细考虑。有关自杀问题的误解有:

(1) 宣称要自杀的人,不会真正自杀。相反,自杀的人八九成自杀前会出现自杀意念和求助信息。

(2) 自杀危险性高的人抱持着必死的决心。其实他们经常很矛盾,绝望、痛苦地求死,但仍有求活之心。

(3) 自杀者都患有精神病。事实上,仅有少部分自杀未遂者或自杀成功者患有精神疾患,他们中大多数人是有严重的抑郁、孤独、绝望、无助、被虐待、受打击、深深的失望、失恋等情感状态的正常人。

(4) 一个人一旦有自杀的想法,他就会永远被这样的想法纠缠。事实上,自杀的想法通常只出现在特定的一段时间内,自杀倾向只是暂时的状态。大多数人可以从当中恢复过来,学会适应与控制,长久地生活。

(5) 谈自杀是危险的;一旦谈到自杀,不想自杀的人也会想自杀。事实上,一般应该与可能想自杀的人谈论自杀,这样可以使其产生相信有人可以帮助他的信念。

(6) 自杀总是一种冲动性行为,是不可预测的。事实上,自杀有些是冲动行为,有些则是在仔细考虑之后才实行的。自杀有其潜在的一些因素,这些因素是可以去介入与预防的。自杀不能百分之百预防,但自杀危险性是可以降低的。

(7) 自杀危机之后当事人出现情绪好转,意味着自杀风险已经过去了。事实上,大多数自杀都发生在"好转"开始的 3 个月内,当个体已经恢复了部分能量能将病态想法付诸行动时!

(8) 6 岁以下的儿童不会自杀。相反,5～14 岁儿童自杀死亡的相当多,近年来儿童和青少年的自杀率正在上升。

(9) 从认知和躯体的角度看,儿童不可能成功地完成自杀计划。事实上,大量有关儿童自杀率的上升数据,说明这种看法是错误的。

(资料来源:詹姆斯、吉利兰著,高申春等译,《危机干预策略》,高等教育出版社,2009 年)

(一) 青少年自杀风险因素

研究表明,生物、心理和环境因素都会不同程度地影响自杀意念和行为。

1. 生物因素

这其中包括遗传因素和神经生物学因素。研究表明:自杀的遗传作用是独立于其他精神病性障碍的遗传传递的,自杀企图的遗传力约为 55%。从神经生物学的角度来讲,青少年出现自杀行为可能是由于其大脑血清素系水平过低。

2. 心理因素

心理因素主要包含心理特质和精神疾病两个方面。很多研究表明，青少年的人格、自我价值感、冲动性、社会胜任力、认知风格等心理特质与自杀风险之间存在显著相关，自尊水平较低的国家自杀现象也较为普遍。很多不同的心理问题或精神疾病都可能导致自杀危机，有98%的自杀死亡者至少患有一种心理障碍。世界卫生组织(WHO)在报告中指出，在欧洲和北美洲，心理障碍特别是抑郁症、神经性厌食症和酒精滥用是最主要的自杀风险因素；而在亚洲国家，冲动性是主要的自杀风险因素。此外，在加拿大所有的自杀死亡者中，有2%～12%的人被诊断为精神分裂症，自杀成为患精神分裂症个体非正常死亡的首要原因。

3. 环境因素

青少年的自杀风险不仅与遗传和心理因素有关，还与环境因素有关。每个青少年的自杀原因都是遗传、心理和环境因素的独特组合。

环境因素包括社会环境和生活环境两个方面。社会环境与自杀意念、自杀行为有着密切联系。如今社会物质财富极大丰富，人们往往过度强调物质利益，而忽略了人文价值的建设和对高尚道德情操的追求，人们失去对生命价值的追求，对青少年人群也造成了不同程度的负面影响。另外，学校方面可能较多关心学生的成绩而无暇顾及学生身心健康需要。在对自杀行为处理不当的社会环境中，尤其是具有社会影响力的人物的自杀，可能会导致青少年对自杀行为的模仿，即自杀传染。青少年的成长环境对以后的自杀行为也会产生影响，如不和谐的家庭环境，感受不到父母的关怀，与父母发生冲突等，都与青少年的自杀密切相关。

此外，无论是中小学还是高校的学生，由于其青春期的身心发展的特点，心理发展尚未完全成熟和稳定，情绪具有两极性等特点，他们受到家长和学校的约束，感受到同辈群体的压力，他们要寻求社会的接受并在社会中寻找自己的位置，必须努力发展自己独特的个性，有时这些努力会遭遇不可克服的困难，让人绝望，这些都可能会引发心理危机。青少年在学习、生活乃至今后的工作中，承载着来自社会、学校和家庭过高的期望和压力，当压力超过其生理、心理的承受阈限时，就可能出现心理困扰、心理障碍乃至自杀危机。

（二）青少年自杀的征兆

深感矛盾或内心冲突的大多数自杀者，不仅会提供一些自杀线索，而且会以某种方式请求帮助，因此自杀是有迹可循的，主要表现在一些可见的行为或表现中，既包括口头的和书面的，也有行为方面的迹象，它们预示着青少年可能产生了自杀的想法或准备采取自杀行动。主要的征兆包括以下几点。

(1) 行为的改变：活泼外向的人变得内向离群，小心谨慎的人开始冒险，出现抓伤、划伤、撞伤等自伤行为，慢性逃避或拖拖拉拉，离家出走或逃学。

(2) 出现抑郁的症状：焦虑，烦躁不安，吃得很少或暴食，失眠或嗜睡、疲劳，流露出绝望或无助以及对自己或这个世界感到气愤，对任何事都没有兴趣。

(3) 表达死亡主题：在日记、文章、画作中表达出想要结束自己生命的愿望，听重金属音乐；收集与自杀方式有关的资料并与人探讨；说一些隐含死亡主题的话语，如“如果没有我你们会更好”“我希望我已经死了”“你以后要注意身体，好好照顾自己”“我要出远一趟门，不要想我”等。

(4) 孤立:突然地性格改变、反常的中断,表现出攻击性或闷闷不乐,或者新近从事高危险性的活动;内向,回避,不跟同学接触,不参加班级、学校活动;与以往不同,对所有人和事都充满敌意。

(5) 躯体症状:如慢性头痛或胃痛,月经不规律等。

(6) 课堂中出现问题:课堂表现反差过大,上课时睡觉,情绪突然强烈爆发或出现很少有的行为;学习成绩突然显著恶化或好转。

(7) 日常生活问题:日常生活习惯被打破,自理能力显著下降;物质滥用;酗酒或服用毒品;有条理地安排后事,把东西送人,决定要自杀的人可能会把自己珍贵的东西送人,比如最喜欢的衣服、收藏品等。

(8) 思维混乱:思考和推理能力出现混乱,注意力不能集中。

(9) 情绪突然高涨:自杀者认为自己可以轻松了,因为困扰他的一切问题都将“消除”。

(三) 自杀预防策略和建议

(1) 相信你的怀疑,青少年可能自杀。

(2) 告诉处于危机状态的儿童、青少年你很担心他们,然后倾听他们说话。

(3) 直接提问,包括青少年是否正在考虑自杀,是否有自杀计划。

(4) 不要对青少年所告诉你的表现出震惊,不要与他们辩论自杀是对还是错,或问他们你自己是否称职。不要承诺保守自杀企图的秘密。

(5) 如果你认为自杀的危险随时可能发生,应让人守护着。自杀的想法会来来回回、反反复复。通常,一瞬间自杀冲动就会过去,但当他感到孤独、抑郁,或者发生了新的意想不到的负面事件而触发了强烈的情绪波动时,自杀冲动又会回来。

(6) 如果有必要,可以从经历丰富的咨询者、治疗师或其他能够做出反应的成年人那里获得帮助。

(7) 确保他们的安全,通知对青少年负责的合适的成年人,积极地与他们待在一起,关注他们。

(8) 使青少年确信他们的自杀企图是真正紧急的,这种紧急状况迟早将会过去。建议他们不要期盼这种紧急状况马上消失。如果有必要,告诉他们,解决的办法是一步一步、一天一天地进行的;告诉他们自己随时可以提供帮助,无论什么时候,当自杀企图变得强烈时,以直接的方式请求帮助是很有必要的。

(9) 假定一个积极的并且具权威性的角色用于保护处于危机状态的青少年。他们可能需要这样一种指导性的行动,使他们能充分地得到支持者的关怀从而恢复他们的自我责任感。

(10) 当处于危机状态的儿童、青少年已明显地解决了危机后,仍应密切地关注他们。有许多人在似乎恢复、坚强起来后又突然自杀。

对自杀传染的预防可通过下列活动进行:①电视和其他媒体应强调负责任的行为,并且应宣传地方服务,如热线电话;②媒体教育节目不应描述真实的或虚构的自杀方法和自杀完成的过程;③班级讨论应强调合适的应对行动和资源。

（四）如何提供帮助和进行自杀干预

知识链接

当事人是小雨，高中二年级，父母是10年前从部队转业到地方工作的中层干部。小雨喜欢交朋友、读书、文学，但是脾气比较犟，待人比较热情，最好的朋友是同在一个单元住的倩倩。小雨性格独立豪爽，倩倩性格随和温顺，所以她们俩很能互补，很合得来，关系十分密切。随着时间的推移，一些闲话也开始在同学中流传，认为她们是“同性恋”。小雨不在乎这些闲话，但是倩倩的父母很在意，他们不允许倩倩和小雨玩。出事的那天下午，小雨去倩倩家里问一件事情，倩倩怕父母责备，不敢理会。倩倩父母以为小雨死死纠缠倩倩，不禁怒火中烧，狠狠骂了小雨一顿。小雨回到自己家，一怒之下，在卫生间里拿起父亲刮脸用的刀片，在左手手腕上划了3刀，接着又吞下大量的安眠药，倒在卫生间的地板上。幸好小雨父母发现得及时，将小雨送到医院。但小雨醒后一直流泪，不愿见人，也不愿说话。

小雨的父母对此感到无奈，请咨询师来帮助小雨。

在父亲的劝说下，小雨终于从卧室跌跌撞撞地走出来，她个子中等，打扮洒脱，但精神面貌极差。

心理咨询师欠身站起来，礼貌地招呼她，让她隔开一点距离并排在长沙发上落座。

她低头坐下，姿态像是受审。一会儿，她微微抬头，发现正前方没有“法官”，于是她的坐姿就稍微有点放松。但她依然紧紧抿着嘴，准备这样沉默下去。

“休息得还好吗？”咨询师开始打破沉默。

小雨点点头，稍微侧侧身子，暗暗的目光懒懒地向咨询师一扫，算是回答。

“我有很多中学生朋友，初中生、高中生都有，他们许多方面和你一样。”

小雨只是微微抬头看看咨询师，但可以看出她在听，在揣摩咨询师想要说什么。

“从你的穿着给我的印象看，你的精神状态好的时候一定像我认识的许多中学生朋友那样活跃。”咨询师绕开了敏感的话题，尽量让谈话轻松一些。

（资料来源：新浪博客）

咨询师首先采用支持技术，营造安全的氛围，与小雨建立信任感，使小雨降低情感的张力和焦虑水平。咨询师充分地保持冷静和耐心，让小雨完全信任咨询师之后，再深入了解事情的经过和原因，让她倾诉自己的感受，而且认可她所表露出的情感，不试图说服她改变自己的感受，对小雨不作批判，然后进一步评估再次自杀的危险性。这种评估需要多方进行，包括家长、同学和其他老师。咨询师还请家人一起陪伴小雨，杜绝她在家中自杀的可能性；同时还请其他老师一起协助，留意小雨的情绪状态、谈话和行为。自杀危机干预的重点在于重建小雨对生活的希望，减少自杀的可能性。

二、创伤后应激障碍

知识链接

一天，一对母子来到心理关怀站。快走到门口的时候，8岁的小铭突然停住，一溜烟儿躲到妈妈身后，紧紧抱住妈妈的腿，不肯往前一步。妈妈哄他好半天，他才开口问了一句话："这个房子会塌吗？"尽管后来他还是进来了，却始终没松开妈妈的手，也没开口说过一句话。

妈妈回忆说，那天中午小铭和小朋友们一起在小学里午睡。地震发生时，老师们赶紧把孩子们都转移到操场上，保护了他们的生命安全，可是这突如其来的巨大震动还是把孩子们吓得不轻，哇哇哭成一片。随即家长们纷纷冲向学校寻找自己的孩子，而小铭的妈妈因为路上耽误，晚到了一点，让小铭在等待的过程中更加恐惧惊慌。由于妈妈自己也受到惊吓，在急奔到学校接到小铭后，已经无力抱起小铭，只能紧紧地拉着小铭的手，往家的方向奔去，那里还有爷爷奶奶。一路上小铭紧紧拽着妈妈，也目睹了两边楼房倒塌甚至压住人的场景。后来，小铭颤巍巍地问妈妈："那些人好可怜哦，爷爷奶奶也会被压住吗？"妈妈却无言以对，因为这时已经无法联系到爷爷奶奶了……

自那以后，小铭跟着爸爸妈妈睡过马路、住过帐篷、去医院找过亲人和朋友，没有一步离开过妈妈或者爸爸，同时他也目睹了大量的悲惨甚至血腥的场面。渐渐地，小铭很少开口说话了，除了跟爸爸妈妈还有简单的交流，在见到他人时都是回避躲藏，在进入任何建筑物之前都要跟父母确认好几遍："这个房子会塌吗？"

（资料来源：新闻晨报《灾难后，学会向前看》）

如果小铭是你班级上的学生，作为小铭的班主任，你该采取何种方法帮助他走出创伤，恢复以往开朗活泼的性格？作为小铭的朋友，你觉得用何种态度对待小铭，他才能欣然接受？作为学校的心理老师，面对这么多经历了创伤的学生，该采取何种方式帮助这些同学？要回答这些问题，我们首先要了解有关于创伤后应激障碍的诊断标准、发展阶段、影响因素以及相应的干预技术。

（一）创伤后应激障碍的定义及诊断标准

创伤后应激障碍(posttraumatic stress disorder, PTSD)开始于创伤性事件，如战争、殴打、袭击、强奸或看到他人受到严重伤害或暴力死亡。之后，当所面临的事件情境与创伤性事件的某部分类似或具有象征意义时，如经过一个与曾经遇袭的小巷类似的小巷时，个体会有强烈的心理和生理反应。图6-5所示为PTSD的表现。

创伤后应激障碍的症状特点包括以下几个。

(1) 重新体验到这种创伤事件：

图 6-5　PTSD 的表现

① 反复闯入性地痛苦地回忆起这些事件，包括印象、思想或知觉；

② 反复而痛苦地梦及此事件；

③ 创伤性经历的闪回。

(2) 对此创伤伴有的刺激作持久的回避，对一般事物的反应显得麻木（在创伤前不存在这种情况）：

① 努力避免有关此创伤的思想、感受或谈话；

② 努力避免会促使回忆起此创伤的活动、地点或人物；

③ 不能回忆起此创伤的重要方面；

④ 明显地很少参加有意义的活动或没有兴趣参加；

⑤ 有脱离他人或觉得他人很陌生的感受；

⑥ 情感范围有所限制（例如，不能表示爱恋）；

⑦ 对未来没有远大设想，例如，不期望有一个好的职业、婚姻、儿女，或正常生活享受。

(3) 警觉性增高的症状（在创伤前不存在）：

① 难以入睡，或睡得不深；

② 易激惹或易发怒；

③ 难以集中注意力；

④ 警觉过高；

⑤ 过分的惊吓反应。

(4) 上述这些症状持续超过 1 个月，并导致明显的临床痛苦或使患者在社会、职业以及其他生活领域的功能受损，例如不能持久地拥有一份工作，失败的婚姻或成为一个吸毒者或酗酒者。

当然,PTSD并不是成人独有的,儿童也可能患PTSD,也可能有与成人相似的症状,但儿童也有与成人相区别的症状。例如:孩子的创伤性再体验可表现为通过重复的游戏来再现创伤,关于创伤的噩梦也可转变为恶魔或拯救他人的情景;躯体的症状可能是头痛、胃痛等,但这些症状在事件发生之前是不存在的;有回避症状的儿童常表现出分离焦虑、黏人、不愿离开父母;高度警觉的症状在儿童身上表现为过度的惊跳反应、高度的警惕、易激惹或暴怒、难以入睡等。此外,学龄前儿童对创伤的反应还包括害怕、担心、回避、强迫、倒退、失眠、狂躁、恼怒、敌意、好斗、不良的人际关系、学校恐惧、慢性悲伤、抑郁、自卑等。青少年则会出现性格的变化,如冷漠、紧张以及行为出格。

PTSD对儿童的影响不仅在于其本身所造成的伤害,更为重要的是可能在成年以后表现出后遗效应。儿童时期的精神创伤可导致成年期出现性格问题、焦虑、精神病态思维、分离症状、对自己和别人有暴力倾向、自杀意念和行为、吸毒以及不良人际关系等后果。

(二)创伤后应激障碍的影响因素

影响创伤后应激障碍的主要因素包括生物因素、心理因素和社会因素。

1. 生物因素

生物因素包括遗传因素和神经内分泌因素。遗传因素是指当个体具有一定的易感素质时,即使遇到强度较低的应激因子也很有可能出现PTSD。此外有酒精依赖等其他精神障碍家族史的人也更容易出现PTSD。PTSD的神经内分泌因素主要指,人体处于应激反应时,将产生"下丘脑-垂体-肾上腺皮质"(HPA)轴激活现象。PTSD将有可能带来HPA轴系统的功能紊乱。比如,创伤事件后,受害者的皮质醇水平降低,对巩固创伤事件的记忆有加强作用,使患者产生强烈的痛苦感觉。图6-6所示为HPA轴系统。

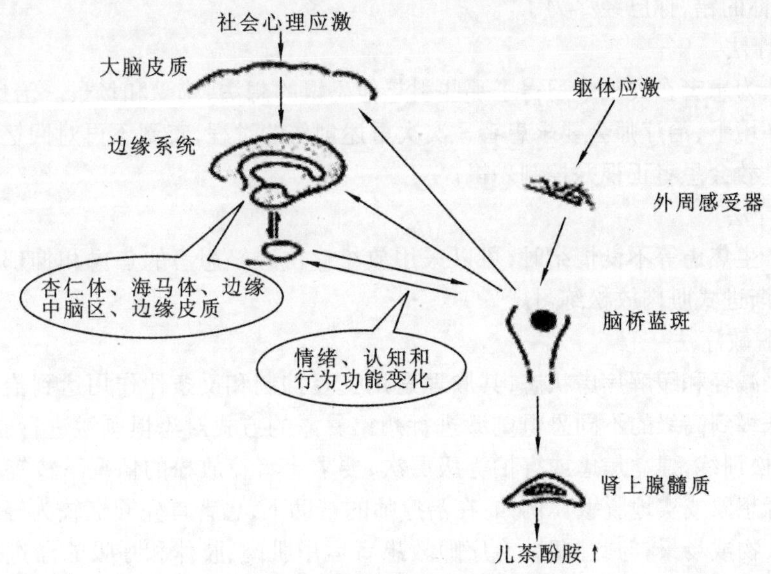

图6-6 HPA轴系统

2. 心理因素

心理因素主要是指童年时代的心理创伤、性格内向及有神经质倾向、创伤性事件前后有其他负性生活事件、家境不好、躯体健康状态欠佳，以及个体人格特性、教育程度、智力水平、信念和生活态度等形成的个体易感体质。

3. 社会因素

创伤后患者的应激状况和患者的性别、年龄、职业、收入等有密切关系，通常，女性、年龄较大、收入较低者更容易患 PTSD。若一个人可以通过社会联系获得精神上的支持，就能减轻应激反应，缓解情绪，提高适应能力。

（三）针对创伤后应激障碍的干预技术

PTSD 目前在治疗上主要是药物辅以心理治疗。药物治疗主要是利用某些抗焦虑类和安眠镇静剂等药物对症处理，心理治疗主要采用认知行为疗法等手段，提高患者心理健康水平，进一步提高患者的躯体治愈速度和程度。另外，心理治疗时还应给患者讲解有关创伤后的心理卫生知识，帮助患者了解自身身体状况，减少错误认识，了解心理对身体的促进作用；同时，心理治疗还应帮助患者完善社会支持系统，促进人际关系的建立和巩固。

1. 几种常用的 PTSD 治疗方法

1）合理情绪疗法

该疗法认为引起人们情绪困扰的并不是外界发生的事情，而是人们对事件的态度、看法、评价等认知内容。因此要改变情绪困扰不是致力于改变外界的事件，而是改变认知，进而改变情绪。治疗师在治疗 PTSD 时，需要和患者一起分析创伤性事件发生期间及之后的思维活动，找出错误的认知和评价，消除患者创伤后的不良情绪和行为。比如：当患者把失去家人的伤痛归咎于自己没有照顾家人时，合理情绪疗法可以扭转这种信念，比如，告诉患者“这并不是你的错，你已经尽力了”。

2）暴露疗法

该疗法认为患者在灾难中习得了那些引起他恐惧的想法、感受和场景。治疗过程中，在安全可控的环境下，治疗师会要求患者一次次重述创伤的过程，直到不再对回忆产生恐惧为止。其目的是教会患者正视并控制恐惧。

3）放松疗法

当患者产生焦虑等不良情绪时，可以采用放松疗法减轻患者的焦虑和抑郁，比如：采用腹式呼吸，或渐进式肌肉放松练习。

4）系统脱敏疗法

主要用来减轻和缓解焦虑状态，其原理是用交互抑制和反条件作用达到治疗目的。该疗法通过由低级到高级的不同恐惧刺激进行想象暴露的方式对恐惧刺激进行脱敏，主要有三个部分：放松训练，建立焦虑或害怕等级层次，要求患者在放松的情况下按等级层次中列出的项目进行想象或实地脱敏。例如：在治疗师的帮助下，患者首先回忆较为轻微的创伤性记忆、事件、人物或场景；与此同时，治疗师教患者运用肌肉、肢体和呼吸的渐进放松法调节情绪上、身体上和心理上对于这些创伤性记忆的反应；然后，治疗师再引导患者逐步回忆越来越强烈的创伤性经历，并让患者使用放松技术调节身体和心理的反应。

5）眼动脱敏技术(EMDR)

其程序是:要求患者双目睁开，眼睛追随治疗师移动的手指向双侧快速移动;同时，要求患者想象创伤情景，注视着这段创伤性记忆;重新体验负性的认知，并将与创伤相关的认知和情感语言化。EMDR 加速了信息的处理，导致创伤性记忆的适应性解决，在 EMDR 治疗中产生了一种与快速眼动睡眠很类似的神经生物状态，这种状态可以减轻关于创伤记忆的反复体验发作强度，同时也可减轻负性情感。图 6-7 所示为海马体对记忆的调节。

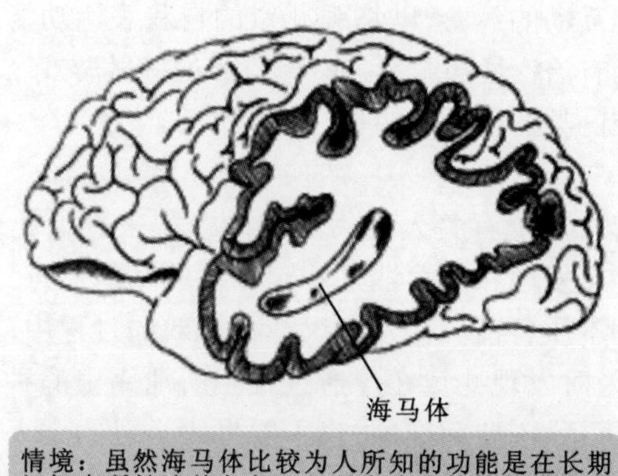

图 6-7　海马体对记忆的调节

6）团体治疗

该疗法要求与组员一起分享经历，加深理解，讲述自己的故事和感受，互相支持，讨论如何应对，面对现实而不是过去。

2. 几种针对儿童 PTSD 的治疗方法

1）游戏疗法

儿童的天性决定了游戏是他们生活中必不可少的部分，游戏对儿童身心的发展具有重要的意义。游戏是儿童天然的语言，玩具是儿童最自然的文字。让儿童通过游戏来表达自己是最自然不过的了。伴随着游戏治疗的进程，儿童会逐渐表现出正向行为，而不良的症状会随之减少。

(1) 玩偶游戏、玩偶剧对于治疗儿童 PTSD 是非常有效的，特别是在协助儿童表达他们的心理苦恼、内心挣扎，以及重新建构他们的正向能力与力量的时候。并且，这个方法特别适用于幼儿到学龄期的女生，因为学龄期的男生通常玩的是军队、战士、战车等和打仗有关的游戏。全过程往往分两个步骤。第一步，组织儿童与玩偶进行游戏。在玩偶游戏中，让儿童在表演“别人”中进行情绪表达。第二步，组织儿童开始以“自己”为核心，表演属于“自己”的故事。建议在操作中为儿童营造一个安全、温暖和支持性的环境，让他们从情绪、认知与动作等方面，重新演绎他们的创伤经历。对于经历自然灾害、受虐、亲人去世等的儿童，玩偶游戏能有效帮助他们演出亲身经历，将被压抑的情感和冲突转移到玩偶身上。这样，儿童能将他们自己投射到游戏里，而儿童自身内在的治愈创伤的能量将得以展露。

(2) 棋类游戏:棋类游戏适用于学龄儿童。儿童进入学龄中期后，越来越具有现实取向，此时可以用较有组织性的游戏取代幻想性的游戏。在玩棋类游戏时，一方面，儿童可以从中学习控制感，学习以不被惩罚的方式来表现攻击性；另一方面，玩这类游戏时需要自我控制(等待轮到自己)、与别人合作以及遵守规则的能力。大部分棋类游戏最后要判断输赢，儿童面对输赢时的反应以及企图改变规则或耍赖等表现都是在治疗中可以讨论的主题。棋类游戏能有效提供观察和互动的经验，以增强儿童的自我表达功能。治疗师可以把市场上的某个棋类游戏改编成为有治疗性的游戏，如"感觉和做一做游戏"，让儿童转动罗盘并说出与指针所指的情绪相对应的具体生活事件等。

2) 沙盘疗法

主要是指使用沙、沙盘，以及有关人或物的缩微模型来进行心理辅导与治疗的一种方法。强调创造过程本身的自发性和自主性是沙盘疗法的基本特点，充分利用非言语交流和象征性意义是沙盘疗法的本质特征。在儿童玩沙盘游戏的过程中，治疗师通常要坐在一个离沙盘较近的地方，以便及时发现儿童在建造过程中所泄露出的种种信息。在沙盘游戏完成之前，治疗师最好不要插话，不要问问题，也不要发表自己的个人意见，只是静静地观看。当沙盘游戏完成之后，治疗师要询问一些惹人注意的举动的特殊含义，询问每一个模型代表的具体含义，或提出一些其他的问题。沙盘疗法的功效来自生成沙盘布景的过程本身，正如积极想象技术那样，它并不关注完成的产品。沙盘布景的含义一般在创作过程中不给予解释，这样可以使儿童贴近自己正经历着的体验并展开丰富的想象。儿童在这种独立的创作中往往能缓解创伤后应激障碍的症状，释放自己的不良情绪体验，使自己得到治疗。当然，咨询师在儿童进行沙盘创作时，要适宜地给予共情，适时地围绕主题与儿童展开对话和讨论。图 6-8 所示为沙盘游戏图例。

图 6-8　沙盘游戏图例

三、儿童性虐待

知识链接

新华网堪培拉2014年1月11日电(记者王小舒)　澳大利亚儿童性虐待调查皇家委员会10日公布了成立一年以来的调查结果。这一皇家委员会成立于上届工党政府执政时期,时任澳大利亚总理吉拉德在2012年11月宣布设立这个专门的皇家委员会负责调查发生在澳大利亚的教堂和学校的性虐待儿童案件。该委员会的调查从2013年年初开始。

这份公布的调查结果显示,在过去一年里,该委员会调查了1000多名儿童性虐待受害者。这些曾经的受害者中,超过七成年龄在50岁以上,其中最多的受害者集中在50至59岁年龄段(60%),而有10%的人已经超过70岁。在性别构成方面,向委员会讲述受害经历的人中,男性占64%,女性占36%。调查还发现,性虐待主要发生在儿童家中,而施虐者中有70%来自宗教团体。

当你的身边出现了类似的案例,你会有怎样的感受?会觉得不可思议甚至怒发冲冠还是觉得不相信会有这样的人存在?接下来的内容将介绍儿童性虐待的含义和危害、儿童性虐待对受害者心理的影响、如何帮助受伤害的儿童以及关于儿童性虐待预防的知识。图6-9所示为性虐待现象。

图6-9　性虐待现象

(一)儿童性虐待的定义和危害

儿童是社会的希望,儿童能否健康地成长关乎祖国的未来。儿童时期是人的生理、心理发展的关键时期,也是身心脆弱易受伤害的时期;儿童由于其弱小的特征,极其容易受到伤害，使儿童成为社会中最需要保护和帮助的弱势群体。因此，需要成年人更多地关心和保护儿童。

儿童性虐待现象在人类古文明史及神话传说中都有记载与描述，但作为科学研究的课题则是从19世纪末开始的。我们认为儿童性虐待包括两个层次：①接触性的性活动，包括抚摸、亲吻和生殖器接触及性交等；②非接触性的性活动，如露阴、窥阴、观看色情影视片、目睹成人性交行为等。儿童性虐待的严重程度可分为三个等级：①重度性虐待，包括各种暴力的或非暴力的生殖器或肛门性交，以及对生殖器和肛门的口交，而不论是否成功；②中度性虐待，包括以各种暴力或非暴力的手段对生殖器的触摸，如接触乳房、男性生殖器等，而不论是试图如此还是业已成功；③轻度性虐待，包括暴力或非暴力的带性色彩的亲吻、抚摸大腿、臀部，或隔衣抚摸乳房和生殖器等，以及非接触性的性活动。

性虐待会对儿童产生严重的危害，主要表现在几个方面。

1. 生理（身体或性器官）伤害

儿童身体发育尚未成熟，性器官呈幼稚型或向成熟过度，性行为极易造成暴力性损伤、怀孕、流产、感染疾病等。受虐者可能出现头痛、头晕、长期腹痛、胃痛等，以及生殖器或肛门附近疼痛或撕裂出血现象。有一部分性虐待者同时具有人格障碍，甚至可能会对受虐者加以身体的摧残和虐待。

2. 心理伤害

（1）造成受害者心理障碍。儿童常听到性虐待者这样恐吓："不听话就杀了你！""要是说出去，学校就开除你，你妈妈就会死！"等等，甚至当众责备和贬低儿童。儿童会为保护黑色的秘密而感到内疚和羞耻，在相当长的时间里，不同程度地表现出一系列精神症状，如恐惧、焦虑、抑郁、暴饮暴食，不喜欢自己的身体，对身体有异样感，以及低自尊、注意力不集中、厌学等。当受性虐待的事实被发现之后，受害者往往认为自己不如别人，心中存有羞耻感和罪恶感，并经常出现自责、自卑、自罪心理，对周围人往往报以负面反应，儿童更觉得自己是一件受损的物品。

（2）信任感丧失。当儿童受到所信赖的父母或者抚养者的性虐待时，他们期望自己得到爱和保护的幻想破灭，对父母或抚养者的信任也随之而丧失，并继续泛化到他人，可能会导致受害者对他人普遍的敌意或愤怒。

（3）行为反常。受害者可能会过早出现性行为，包括手淫、性好奇、暴露外生殖器等，甚至从事色情服务或活动，有的会发生同性恋行为。也有些受害儿童可能出现学习困难、逃学、离家出走、吸毒、斗殴、攻击性行为、自暴自弃、厌食，甚至出现自残自杀行为。这些后果往往在受害后不久突然出现，让家长和老师摸不着头脑。

3. 对性虐待儿童家庭和社会的影响

每个受虐待的儿童背后都有一个痛苦的家庭，性虐待不仅造成儿童的创伤经历，也会成为整个家庭挥之不去的阴影，很多家庭会因此而产生巨大的变故，父母可能为了摆脱环境的影响而让孩子转学、举家搬迁、调动工作等，由此带来的经济损失和生活适应问题，都是社会不稳定的因素。

儿童性虐待对受害者的危害不仅仅在于对受害儿童直接的或急性的短期伤害，而且更在于它对受害者心理状态和社会适应功能长期而久远的不良影响。许多研究发现，在有性虐待史的那些人中,出现各种心理的、人际关系的问题比没有这种经历的人多。虽然通过回顾性研究远不可能真正确定这些问题与性虐待之间的因果关系,但有关这方面的研究仍具有很高的一致性和实际意义。因而,我们认为儿童性虐待是成年生活发生各种心理问题的主要危险因素之一。

在成年人的痛苦中,我们总可以找到童年不幸遭遇的影子。像受虐儿童一样,许多有童年受虐史的成人常将与性虐待有关的痛苦内化,同时也将其外化。内化则产生情感症状,如焦虑、抑郁等;外化则产生行为和人际关系等问题。不论是情感症状还是行为问题,它们与儿童时期的表现既有相似之处也有不同点。但性虐待对成年生活的影响是不一致的,差异性更大,可表现在以下几个方面:影响正常的人际关系,给将来的婚姻带来不幸,在对孩子的抚养上也会出问题。另外,在症状表现上还存在性别差异:男性常用外化痛苦的方法应付虐待,如愤怒、攻击他人等;女性则多用内化痛苦的方式应付虐待,如抑郁、自杀等。在成人的症状中,虽然许多表现与受虐儿童急性期或近期的表现一样,但有些症状却不一样。这些不同的症状包括性功能障碍、慢性焦虑、物质滥用、进食障碍等,它们与受害人的年龄和心理发育水平有关。有些症状是童年时期症状的延续或遗留,如慢性焦虑、抑郁等;也有些症状是后来出现的,如焦虑发作、延迟性 PTSD 和癔症症状等。

(二)儿童性虐待的产生因素

1. 儿童忽视

儿童忽视是指由于成人忽视而未履行对儿童要求的满足,以致危害或损害了儿童的健康。主要包括身体忽视、情感忽视、医疗忽视、教育忽视、安全忽视和社会忽视。具体表现就是,忽视儿童成长发育各方面的需求。儿童忽视导致儿童向成人的发育过程中产生不良社会或情感反应,造成体格与心理行为的失常或变态,这样的人易成为施虐者;再则,由于儿童忽视,受虐儿童的情感变化未被及时发现,导致其再次成为受虐者或长期受虐。

2. 家庭

家庭暴力受害者多为女性和儿童。有的家庭成员语言不检点、性行为无遮掩,更有甚者将儿童视为实施淫威的对象。

3. 学校

校园性虐待多半是师德不佳的教师借助教学之便实施的。发生在学校的性虐待,学生往往敢怒不敢言。从儿童和家长的角度讲,爱面子,怕说出来名声不好,更怕给自己上学带来负面的影响,怕老师报复,所以不敢讲。从学校角度讲,扩大影响对教育、名声和学校声誉不好,所以事件发生后,校方都是尽量缩小影响范围。

4. 性虐待者心理变态

由于社会的发展,心理障碍和性变态者日趋增多。性骚扰乃是心理问题,儿童作为弱势群体,没有反抗能力,所以常成为心理变态者的主要虐待者。

5. 性教育匮乏、法制观念淡薄、互联网的负面影响

受害者没有性知识,缺乏法律常识,不懂得用法律保护自己;对于虐待者来说,由于性教育空白导致其心理发育发展不正常,使之做出违反道德法律的事情。

（三）如何帮助受伤害的儿童和干预策略

知识链接

Lucy是一个8岁的女孩儿，在家排行居中，她有个哥哥11岁，有个妹妹5岁，他们同妈妈以及继父生活在一起。她妈妈和继父大约两年前结婚，Lucy的继父起先是对她进行抚摸，这样的情形持续了几个星期。尽管Lucy感到迷惑、恐惧，但无人知道此事。最近，当其他人都不在家的时候，继父强奸了她。他威胁说如果她把此事告诉任何人，他将杀死Lucy、她哥哥和妹妹。第二天早上，Lucy告诉了哥哥，哥哥又把事情告诉了妈妈，妈妈发现Lucy内衣上的血迹，于是就带她上了医院，同时提出离婚，并且要起诉Lucy的继父。

（资料来源：詹姆斯、吉利兰著，高申春等译，《危机干预策略》，高等教育出版社，2009年）

在事发当即，要对受害者进行医疗评估和处理。同时，危机干预工作者应该鼓励受害者及其家属诉说自己的气愤，鼓励她们保持自我，不应该为被强暴感到自责。

此外，还应在6个月或更长时间以后更多地关注家庭危机。这种乱伦关系的发生将整个家庭置于危机之中，父亲可能被判有罪，失去他的家庭，以及受到道德的谴责；母亲也会在丈夫和女儿之间徘徊；而女儿觉得自己丢人，羞愧，而且可能仍然没有得到保护。

孩子遭受性虐待是令家长极其痛心的事情，家长切莫因愤怒万分而做出过分的反应，尤其应当记住：孩子是受害者，不能痛责或处罚他们，那样做只会适得其反，进一步伤害孩子。应该做到以下几点。

1. 积极安慰

孩子大多不愿向父母讲出实情，担心失去父母的爱，父或母可避开他人单独与孩子沟通，鼓励孩子坦述事实经过。同时，要及时安抚和解除孩子的紧张和不安，劝慰孩子不要对所发生的事情感到羞愧，不必过于内疚和自责，而应吸取教训，提高警惕，振作精神，增强自我保护意识。

2. 及时检查

一旦发现儿童受到性虐待，除应检查生殖器的创伤（可作为处置罪犯的证据）、疏导儿童心理外，还应去医院检查是否染上性病，如确定患有性病则应做正规治疗。在事后3个月内，还须注意生殖器有无异常情况出现。

3. 心理治疗

及时的治疗，尤其是心理抚慰有助于使受害者建立更现实、更积极的自信心，有助于减轻或缓解痛苦，使儿童期遗留下的问题得到解决。要尽可能减轻对性伤害事件和施暴者的焦虑和恐惧，就必须使孩子重新暴露于创伤中，此时最好的方法是游戏疗法，利用玩偶、布娃娃以及绘画材料，使他们安全地远离创伤。游戏疗法是一种推荐用于儿童性伤害的治疗方法。受到性伤害的儿童在游戏时可能出现破坏性和侵略性的行为，如充满敌意或者在游戏过程中对其他孩子进行身体的或性的伤害等。这些行为是其内心焦虑、痛苦等情绪的表达，研究表明，再次的“暴露”将有利于其创伤的恢复。

（四）儿童性虐待的预防

防患于未然是我们减少和杜绝类似的悲剧发生的最好的手段。因此我们要做到以下几点。

1. 重视预防儿童性虐待教育工作

在互联网信息发达的时代，当今的学生也正处于大量信息的刺激下，回避性教育是不切实际的，相反会使他们产生强烈的好奇心，从其他渠道接受片面的性知识。因此要适时开展性生理、性心理、性卫生、性道德和性法律的教育。要明确告诉儿童，身体是属于自己的，他人无权侵犯；身体隐私部位，是不许大人包括父母有意识触摸的。应特别警惕以下 4 类人：有性犯罪史且道德品质不佳者；对儿童表现出过分特殊兴趣和亲热者；爱阅读、收集儿童色情品者；不论儿童愿意与否，经常找借口单独带他们出去玩的成年人。

2. 建立家庭支持系统

半数左右的家庭在儿童性虐待问题上存在明显误区，与孩子交流不够。父母对儿童进行性知识、性道德教育有义不容辞的责任。要做到以下几点：家长要掌握青春期性心理、性生理知识，配合学校性教育，根据孩子的特点施教；尊重孩子的异性交往，做孩子的知心朋友，指导孩子男女交往要适度、自然；正确对待孩子早恋现象，循循善诱，切忌简单、粗暴。家庭环境对青少年的影响最直接、最深刻。要创造和睦、温馨的家庭环境，以利于青少年身心正常发展。

四、儿童居丧

知识链接

小丽曾经是一个十分快乐幸福的女孩，爸爸、妈妈、奶奶都很疼她。可是在小丽 9 岁那年，爸妈整日吵架，整个家里没有了以往幸福的气氛。接着爸妈很快离婚而且各自再婚。接下来的日子，小丽便和奶奶相依为命。然而不幸还是发生了，在小丽 12 岁那年，奶奶因为癌症去世。之后小丽便整日独自一人拿着奶奶的照片看，情绪低落，不能专心学习，经常失眠、头晕。至今小丽也不能相信奶奶已经走了。

心理评估包括四个方面。①情绪反应：当事人在表现出高度的焦虑、抑郁、紧张、丧失感的同时，可能伴随愤怒、悲伤、烦恼等情绪。②认知方面：一个人的认知方式影响着对他人的知觉、人际关系及对不同类型的心理治疗手段的反应。③行为方面：不能专心学习、工作，回避他人，拒绝帮助，认为接受帮助是软弱无力的表现，行为和思维情感不一致等。④躯体方面：出现失眠、头晕、缺乏食欲等不适症状。

> 此案例中，小丽在情绪上，悲伤，抑郁，无助，孤独；在认知上，不相信、不接受奶奶已经去世的现实，困惑、沉迷于对逝者的思念，感到逝者仍然存在等；行为上，不能专心学习，回避他人；躯体上，常哭泣、失眠、多梦，缺乏食欲，不愿与人交往等，整个心理健康状态比较差。
>
> （资料来源：百度文库）

没有谁能够在一生中永远躲开死亡对其心灵的冲击，人该如何面对亲人的死亡？在那些由死亡带来的悲伤中哪些正常，哪些不正常？这一节我们主要了解什么是儿童居丧、如何协助居丧儿童以及可采用的干预方法。

（一）什么是儿童居丧

居丧是指个体失去所爱的人之后的一种自然反应。与逝者关系越亲密，个体的痛苦越深。居丧期分为四个阶段：① 认识到失去亲人已经成为现实；②感觉到丧失的痛苦；③接受已经发生的死亡会导致自己的生活从此发生改变；④寻找生活的意义，度过居丧期。

每个人都在按自己的方式度过居丧期。通常会出现一些障碍使居丧期变长。人是有个体差异的，即便是一家人，居丧反应和表达方式也会不一样。居丧通常会带来的反应有：①生理方面，筋疲力尽、头痛、恶心、性生活兴趣改变、肌肉痛；②情感方面，愤怒、悲伤、疑心、内疚、绝望、孤独；③认知方面，健忘、注意力不集中、意识模糊、记忆力下降、烦恼；④行为方面，睡眠障碍、食欲改变、社交退缩、哭泣、梦见死者。

本节主要介绍儿童居丧，它是指经历父母、同胞或至亲死亡的儿童可能会表现出居丧的明显迹象，但是有时他们的悲伤是隐匿的，以致照顾者认为他们没有受到亲人丧失的影响。可观察到的儿童居丧表现有：好斗、逆反、易激惹、好出风头以获得关心、饮食改变或进食困难等。不明显的居丧表现包括抑郁、内疚、无精打采以及内在化的混淆。

年龄较大的儿童有死亡的永久性概念，并且可以描述死亡的问题，他们会比年龄较小的儿童表现出更多的焦虑、抑郁和躯体症状。年龄较小的儿童的表现主要是悲伤、恼怒、哭闹、自责和内疚感、躯体化以及分离焦虑症状。

儿童的认知和情感还不够完善，在亲人丧失期间，他们容易受到冲击，可能产生对事件的误解，甚至缺乏悲痛的体验。儿童这样的误解可能导致成年时期的疾病。因为儿童此时的人格正在发育，并且迅速地受到社会的影响，所以在居丧期间，必须给予他们关怀和支持。儿童可能会一遍又一遍地问有关亲人丧失的同样的问题，他们不是为了获得真实的信息，而是为了得到保证。

居丧期的青少年卷入家庭的悲痛之中，有时需要独处，由于青少年对死亡、死亡事实的理解不够，他们可能感到痛苦、害怕、内疚、无助以及悲痛，但他们不知道如何表达自己的情感，譬如在遭遇祖父母突然死亡时，居丧家中的其他成员可能错误地认为，青少年对事件的理解与成人是相同的。其实，青少年可能不知道该采取什么样的行动。应该理解悲痛中的青少年，给他们时间，让他们知道相关信息。

（二）如何协助居丧儿童

作为学龄阶段的儿童,失去至亲不仅会导致他们情绪上的哀伤和悲痛,也会导致其在学校的活动受影响,譬如:学习成绩下降,回避班级活动等。作为老师,协助居丧的学生情感重建主要包含以下几个方面。

(1) 自我方面:帮助学生确认自己的兴趣,让学生认识到孤单是生活的一部分,帮助他们学习和了解自己真正的需要,寻找并参加一些会使自己有良好感受的活动;

(2) 人际方面:可以建议学生收集所有认识的人的名单,从而平衡自己的时间,安排出空档与其他人建立真正的友谊;

(3) 生活方面:让学生一定要照顾好自己的身体,可以通过养植物或动物寄托忧思。

（三）常用的干预方法

干预的目的是为了帮助居丧者度过正常的悲哀反应阶段,正视痛苦,表达对死者的感情,找到新的生活目标。需要说服居丧者现实地面对亲人丧失,接受由此带来的痛苦,鼓励他们参与哀悼活动,而不是逃避或否认,让他们了解悲哀会持续一段时间,但不会永无尽头。

确定现实干预目标时需注意:

(1) 居丧者对于事情赋予的意义可能与治疗者完全不同;

(2) 治疗者对于能在多大程度上减轻居丧者的痛苦必须抱有现实的态度;

(3) 避免有不现实的要求,例如要求居丧者"往好处想"或是淡化事情本身,对于困境和问题必须正视;

(4) 妥善处理居丧者指向自己的强烈愤怒、不满和敌意情绪;

(5) 一切的干预方法都必须围绕着促进居丧者以健康的方法面对悲哀这一目标;

(6) 治疗者必须注意保持适当距离。

居丧干预的方法包括以下几种。

1. 帮助居丧者顺利度过悲哀过程:鼓励居丧者用言语表达自己内心的感受及对死者的回忆

如:一夜之间失去了3个正值青壮年儿子的黄大婶满脸悲伤，木然地站在大门口。她怎么也不相信3个儿子就这么离她而去，她还在期待着儿子们能在她声声的呼唤中回到家中。对于一个丧子的母亲来说，她不仅失去了所爱的孩子，失去了她与孩子间的特定关系，同时，她也永远失去了已经熟悉的大家庭气氛。

首先必须帮助居丧者认识、面对、接受亲人丧失这一事实，这是干预成功的第一步。居丧之初，居丧者往往存在否认的倾向。为了让居丧者接受亲人丧失这一事实,需要对居丧者与死者的关系及其他有关事件进行回忆,必须允许并鼓励居丧者反复地哭泣、诉说、回忆,以减轻内心的巨大悲痛。

在近半个小时的心理干预中，我们总是力图分担黄大婶的痛苦与悲哀，倾听并引导她发泄内心积蓄已久的不良情绪，将自己痛苦悲哀的情绪宣泄出来。

有时，居丧者会有一些对死者想说而没能说的话、想做而未能做成的事，此时必须鼓励他们表达出来，在治疗者在场的情况下，让居丧者大声说出这些未尽之言、未了之事，对他们大有帮助。

2. 关心安慰并提供具体的帮助

居丧者在经受了难以承受的打击之后，往往无力主动与人接触，因此必须动员他们周围的亲友提供具体实际的帮助，可暂时接替居丧者的日常事务，如代为照看孩子，料理家务，必要时还需提醒居丧者的饮食起居，保证他们得到充分的休息。在提供帮助时，无论是居丧者的亲友还是治疗者，都应做好被拒绝的准备。居丧者在遭受不幸的痛苦时总是难以对人们的关心帮助做出适当的反应或表示感激，照顾者切不可因遭受拒绝而放弃。

3. 提供积极的应对方法

理解、支持、安慰，给予希望和传递乐观精神，可促使居丧者以健康的方法面对悲哀，有效地应付危机。强制休息、鼓励积极参与各种体育活动，可有效地转移注意力，给居丧者提供宣泄机会，有助于疏导居丧者自我毁灭的强烈情感和负性情感的压抑。干预时必须正视困境和问题，要积极促进居丧者以健康的方法面对悲哀，使居丧者认识到回避、借酒浇愁、暴力、自杀等都是不健康的行为。

4. 建立社会支持系统

这是做好心理干预的一个重要措施。面对各种突发灾害事件，受害者如果得不到足够的社会支持，会增加创伤后应激障碍的发生概率；相反，个体对社会支持的满意度越高，创伤后应激障碍发生的危险性越小。对居丧者来说，从家庭亲友的关心与支持、心理工作者的早期介入、社会各界的热心援助到政府全面推动灾后重建措施，这些都能成为有力的社会支持，可极大缓解他们的心理压力，使其感到被理解和被支持。

5. 辅以药物治疗

药物治疗是心理干预的辅助方法，多数情况下并不需要药物治疗。对反复出现有创伤性内容的噩梦、失眠、侵入性的闪回、难以集中注意力、易发脾气、易受惊吓等过度警觉、焦虑、心烦不安者可短时间内选用镇静催眠和抗焦虑药物。目前，主要使用选择性 5-羟色胺再摄取抑制剂类抗抑郁药物，它能够明显缓解抑郁、焦虑症状，改善睡眠质量，减少回避症状。躯体症状的改善可以影响到个体情绪的改变，因此应针对个体的躯体症状及时给予药物对症治疗。在采取药物辅助治疗时，要积极辅以心理治疗和心理社会康复治疗。

知识链接

危机干预的分类评估量表(THF)

一、危机事件

简要确定和描述危机的情况：

二、情感方面

简要确定和描述目前的情感表现(如有几种情感症状存在，请用 1、2、3 标出主次)

愤怒、敌对：

焦虑、恐惧：

沮丧、忧愁：

三、认知方面

如果有侵犯、威胁或丧失，则予以确定，并简要描述（如有多个认知反应存在，请用 1、2、3 标出主次）

1 生理、环境方面（饮食、水、安全、住处等）

侵犯： 威胁： 丧失：

2 心理方面（自我认知、情绪表现、认同等）

侵犯： 威胁： 丧失：

3 社会关系方面（家庭、朋友、同事等）

侵犯： 威胁： 丧失：

4 道德/精神方面（个人态度、价值观、信仰等）

侵犯： 威胁： 丧失：

四、行为方面

确定和简要描述目前的行为表现（如有多个行为反应存在，请用 1、2、3 标出主次）

接触：

回避：

无能动性：

五、量表严重程度小结（评分）

情感：

认知：

行为：

合计：

评分标准：

1. 情感严重程度量表

根据求助者对危机的反应，在下列适当的数字上画圈。

1	2	3	4	5	6	7	8	9	10
无损害	损害很轻		轻度损害		中等损害		显著损害		严重损害
情绪状态稳定，对日常活动情感表达透彻	情感对环境反应适切，对环境变化只有短暂的负性情感流露，情绪完全由求助者自控		情感对环境反应适切，但对环境变化有较长时间的负性情感流露，求助者能意识到需要自我控制		情感对环境反应有脱节，常表现为负性情感，对环境变化有较强烈的情感波动，情感状态虽然比较稳定，但要努力控制情绪		负性情感体验明显超出环境的影响，情感与环境明显不协调，心境波动明显，求助者意识到负性情感，但不能控制		完全丧失或极度悲伤

2. 认知严重程度量表

根据求助者对危机的反应，在下列适当的数字上画圈。

1	2	3	4	5	6	7	8	9	10
无损害	损害很轻		轻度损害		中等损害		显著损害		严重损害
注意力集中，解决问题和作决定的能力正常，求助者对危机事件的认识和感知与实际情况相符合	求助者的思维集中在危机事件上，但思想能受意志控制，问题解决和作决定的能力轻微受损，对危机事件的认识和感知基本与现实相符合		注意力偶尔不集中，感到较难控制对危机事件的思考，解决问题和作决定的能力降低，对危机事件的认知和感知与现实情况所预计的在某些方面有偏差		注意力时常不能集中，较多地考虑危机事件而难以自拔，解决问题和作决定的能力因为强迫思维、自我怀疑和犹豫而受到影响，对危机事件的认识和感知与现实情况可能有明显的不同		沉湎于危机事件的思虑，因为强迫思维、自我怀疑和犹豫而明显影响了求助者解决问题和作决定的能力，对危机事件的认识和感知与现实情况有实质性的差异		除了危机事件外，不能集中注意力，受强迫思维、自我怀疑和犹豫的影响，丧失了解决问题和作决定的能力，因为对危机事件的认识和感知与现实情况明显性的差异，影响日常生活

3. 行为严重程度量表

根据求助者对危机的反应，在下列适当的数字上画圈。

1	2	3	4	5	6	7	8	9	10
无损害	损害很轻		轻度损害		中等损害		显著损害		严重损害
对危机事件的应对行为恰当，能保持必要的日常功能	偶尔有不恰当的应对行为，能保持正常必要的日常功能，但需要努力		偶尔出现不恰当的应对行为，有时有日常功能的减退，表现为效率的降低		有不恰当的应对行为，且没有效率，需要花很大精力维持日常功能		求助者的应对行为明显超出危机事件的反应，日常功能表现明显受到影响		行为异常，难以预料，并且对自己或他人有伤害的危险

（资料来源：王玲，《校园突发事件的危机干预》，暨南大学出版社，2011 年）

课外拓展

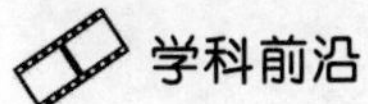

学科前沿

自杀后干预

自杀后干预可以提供帮助预防自杀的信息，使幸存者理解为什么会发生自杀，也能帮助幸存者减少内疚感以及对死者死亡的责任感。

自杀后干预主要包括以下的步骤：

构造"为什么"。危机工作者帮助他们回忆死者自杀的暗示、线索以及迹象（汇集他们具备的知识），使得自杀更可理解。

纪念积极的特点和成就。建议大家把死者具有的特别突出和特别值得回忆的特征和成就列一个表。

说告别词。每一个小组成员轮流向死者所坐的"空位子"说告别词，包括气恼和爱。这对每一个人来说是一场非常深刻的感情经历。

转向放松。根据前三个步骤的材料，引导他们采用集体研讨法制作另外一张表，收集死者的点点滴滴情况，有助于将来预防自杀。

解除内疚感。危机干预工作者承诺写一张心理学尸检表并分发给每一个人。最后，危机干预工作者做出声明：①对他们的参与表示感谢；②让他们相信他们对于死者的死没有任何责任；③许诺他们结束这个急性悲痛的阶段，进入长期的悲痛期，以死者为鉴，懂得珍惜生活的每一天。

（资料来源：叶泽权，《双困生心理危机干预的对策》，《吉林工程技术师范学院学报》，2014 年第 6 期，第 2 页；詹姆斯、吉利兰著，申春译等译，《危机干预策略》，高等教育出版社，2009 年；M. S. Scheeringa、L. Amaya-Jackson、J. Cohen，Preschool PTSD treatment.

Unpublished treatment manual. Tulane University, New Orleans, LA,2002)

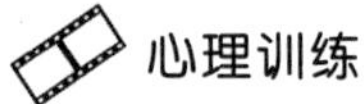
心理训练

想象放松法

放松训练对于应付紧张、焦虑、不安、气愤的情绪与情境非常有用,可以帮助人们振作精神,恢复体力,消除疲劳,稳定情绪。想象放松法是一个省时省力的放松方法。

选一个安静的房间,平躺在床上或坐在沙发上,闭上双眼,想象放松每部分紧张的肌肉。想象一个你熟悉的、令人高兴的、具有快乐联想的景致,或是校园或是公园。仔细看着它,寻找细致之处。如果是花园,找到花坛、树林的位置,看着它们的颜色和形状,尽量准确地观察它。此时,展开想象的翅膀,幻想你来到一个海滩(或草原),你躺在海边,周围风平浪静,波光熠熠,一望无际,使你心旷神怡,内心充满宁静、祥和。随着景象越来越清晰,幻想自己越来越轻柔,飘飘悠悠离开躺着的地方,融进环境之中。阳光、微风轻拂着你。你已成为景象的一部分,没有事要做,没有压力,只有宁静和轻松。在这种状态下停留一会儿,然后想象自己慢慢地又躺回海边,景象渐渐离你而去。再躺一会儿,周围是蓝天白云,碧涛沙滩。然后做好准备,睁开眼睛,回到现实。此时,头脑平静,全身轻松,非常舒服。

在想象放松阶段保持以下的心理状态:

(1) 非判断性。不管有什么样的想法,不去评判它,只是体验。

(2) 耐性,我们不必以每时每刻的运动来填充自己的生命。让事物按自己的时间展现出来。

(3) 不要对自己下一刻会发生什么有什么期待,只是时时刻刻对自己开放。

(4) 信任,相信自己的感觉和直觉,比如说你感觉到不舒服就调整姿势。

(5) 无为,不想努力获得什么或到达什么地方。

(6) 接纳,不要担心结果,只集中注意力接纳此刻发生的事情,即便出现了分心也要接纳,只要再重新把注意力集中到呼吸或那个词汇上就好了。

(7) 放任,如果出现了评判想法,那么就放任这种想法并去观察这种想法。

Chapter Seven

第七章 班级主题活动设计

本章结构

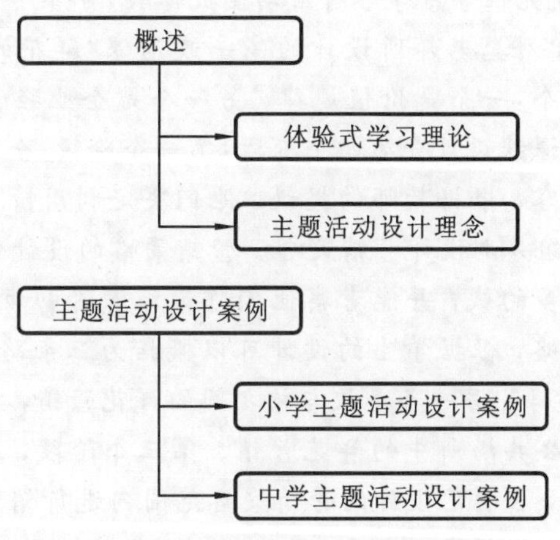

第一节 概 述

案例分享

经历回想引发法、情境激发法和活动生成法是体验式教学环节的重要运作方法。详述如下。

(1) 经历回想引发法，即引导学生回忆生活中令其难忘的经历，激起当时的感受，分析事件的起因及其对自己的影响。

例如，在讲授初中政治"关于情绪"这节课时，教师可以打破教材的局限，把教材的两个知识点结合起来，设计成小专题"关于情绪"，目的是通过让学生回忆其生活中的难忘经历和一些手工活动，让他们在动手动脑中自主探究学习情绪的分类、调节情绪的方法这两部分知识。其教学安排主要是以下三步：第一步，通过师生共同动手剪出喜、怒、哀、惧四种情绪脸谱，自然得出情绪分类。第二步，由学生自述平时生活中难忘的经历，并回忆各个经历引起的不同的情绪反应。第三步，以轻松的小漫画来结尾，在学生的笑声中，教师教会学生又一种情绪调节的好方法，并鼓励学生让快乐的心情飞扬起来，使学习、生活更加开心。

(2) 情境激发法，即运用语言、小品、故事、音乐、歌曲、影视片段和生活现场等各种手段，展现情境，提供资料，营造氛围，使学生身临其境，触景生情，激发体验，强化感受。

例如，在讲授高一政治“人生的真正价值在于对社会的贡献”这一课题时，教师可以运用富有情感的语言向学生讲述发生在抗击“非典”第一线的白衣天使的感人故事。师生在一种融洽的气氛中实现信息的交换、情感的交流和人格的认同，这样的教学方式更好地激发了学生的情感，为青年学生树立正确的人生观打下基础，使学生努力培养热爱平凡岗位、踏实肯干的良好品质，向先进人物学习，在社会主义建设事业中实现自己的人生价值。

(3) 活动生成法，即通过开展和组织角色模拟、主题活动、科技活动、文艺创作、社会服务、生产劳动、社会调查、研究性学习等各种活动生成体验，强化感受。

例如，石景山京源中学刘巍老师所设计的高一政治课“鲜花的营销”就属于这种类型。本课涉及的知识内容有两个：一个是价值规律，另一个是企业经营者的素质。体验环节的设计是鲜花的买卖过程。课程设计分为四个阶段：第一个阶段，全班学生分为四个小组，讨论体验社会实践活动的内容，根据教师的提议，他们决定利用情人节的有利时机，进行鲜花的营销。为此，四个小组分别设计营销策略。营销策略的设计体现学生对价值规律的理解，如何通过营销赚到更多的钱，并能考察他们作为经营者初步具备的素质。第二阶段，各小组介绍自己的经营策略，根据学生的设计可以概括为三条路线：一条是校内的鲜花营销，在各年级、各班展开竞争；另一条是校与校之间的鲜花营销，将自己的鲜花销售到其他学校；最后一条是在社会公共场所中的鲜花营销。第三个阶段，进行真实的鲜花营销，各组学生自行投资批发鲜花，在自己设计的营销策略范围内进行销售。班内四个组的营销结果有明显的差异，其中一个组投资几十元，没有赚到一分钱，还险些赔本；另外一个组投资一千多元盈利几百元；其他组也有一些盈利。第四个阶段，围绕这次真实的社会实践体验，进行理论反思，进一步加深对价值规律的作用及经营者的素质的理解。

（资料来源：刘文慧，《试析中学思想政治课体验式教学》，《江苏教育研究》，2006 年第 10 期）

在上述教学案例中，多次提到了“体验”一词。生活中，我们把“体验”往往解读为感受、体会；而学科教学中的“体验”，却有不一样的界定：心理学层面的“体验”，往往是指一种特殊的心理活动，是在真切感受和深刻理解的基础上对事物产生的情感。教育学层面的“体验”，是指主体在亲身经历中感受情感、获得认识。其中包括实践体验和心理体验两种类别，前者指主体在实践中亲身经历某件事并获得相应的认识和情感；后者指主体从心理上对他人或自己以前的“亲身经历”重新进行体验。体验式学习理论、体验式教学模式逐渐受到了一线教师们的关注，让我们一起来了解一下。

一、体验式学习理论

20世纪80年代初,美国组织行为学教授大卫·库伯(David Kolb)(图7-1)提出了体验式学习理论。他认为有效的学习应是这样的过程:“始于体验,进而发表看法,由此引发反思,既而形成理论,并最终把理论所得应用于实践的过程。”该理论强调为学习者提供真实或模拟的环境和活动,目前已成为多种培训模式和学习方式的核心理论,其中包括学科教学。

图7-1 大卫·库伯

(一)体验式学习过程的常见模式

1. 勒温的实验室训练模式

勒温运用行动研究与实验室训练方法研究发现,通过一个完整的实验过程——以学习者的即时具体实验开始,继而搜集、观察学习者的体验实践,之后对这些资料加以分析,再将分析结论反馈给学习者,继续为他们的实践所用,以修正他们的行为并选择新的体验——将有效地促进学习者的学习、变化与成长。这样,学习过程就是由四个环节组合而成的循环模式(如图7-2所示)。在这个循环中,即时的具体体验是观察与反思的基础,观察资料将被同化到由行为推导出的一个新“理论”中,形成个体的某个或某些结论,而这些设想将为学习者产生下一次新的体验提供行动指南。

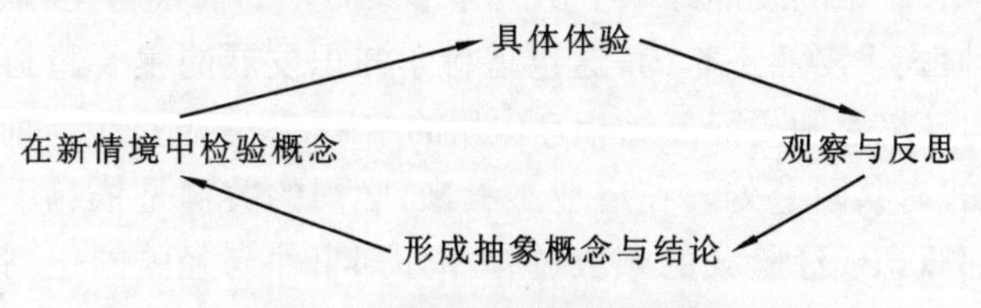

图7-2 勒温的实验室训练模式

该学习模式强调:第一,即时的具体体验可以检验抽象概念。在学习过程中,个体的即时具体体验是学习、生命以及性格的核心。个体的主观意义能够形成抽象概念,同时也提供了直接参与有关概念与结论检验的体验,并创造出正确的观念。换句话说,当人们在经历一种体验时,他们既可以非常具体地感受它,也可以充分抽象地感受它。第二,实验室训练是以反馈过程为基础的。勒温借用了一个电子工程领域中的反馈概念来描述社会学习和问题解决的过程,即用发生的有效信息来评价预期目标的偏差。这种以信息反馈为目标的导向行为的持续过程为学习结果的评价提供了依据。勒温及其研究者们认为,许多个体与团体的学习之所以无效,最终可以追溯到是因为缺乏充分反馈的过程。这种无效学习产生于观察与行为之间的不平衡,因而可能导致两种倾向——或是因为个体与团体过于注重在决策与行为之间的信息搜集,或是陷入了信息数据分析的困境。

2. 杜威的经验中心学习模式

在杜威的学习过程模式中,“学习”是指刺激、感受和具体体验的动机如何能转换到更高规则的目标行为。

杜威认为,目标的形成是一个非常复杂的智力操作过程(如图 7-3 所示)。它包括:①对环境条件的观察;②在过去类似情境中曾经发生的有关知识,即经验,这些经验有相当的比例来自个体自身的回忆,还有一定的比例是通过识别大量的他人经历过的信息、建议和教训等方面来获得;③辨别或比较,是将观察所得与回忆相结合并进行比较、判断,寻找期间的异同。杜威所描述的学习过程和勒温的实验室训练模式类似,他们都强调把学习放在一个经验、概念、观察、行为相结合的辩证过程中。经验的刺激促进观念的形成,观念进一步诱发刺激。观察和判断往往介入其中以影响行为的发生,而行为则是目标达成的必要条件。通过这些相互对立而又息息相关的运作过程,个体将从盲目刺激中发展出高度成熟的目标行为。

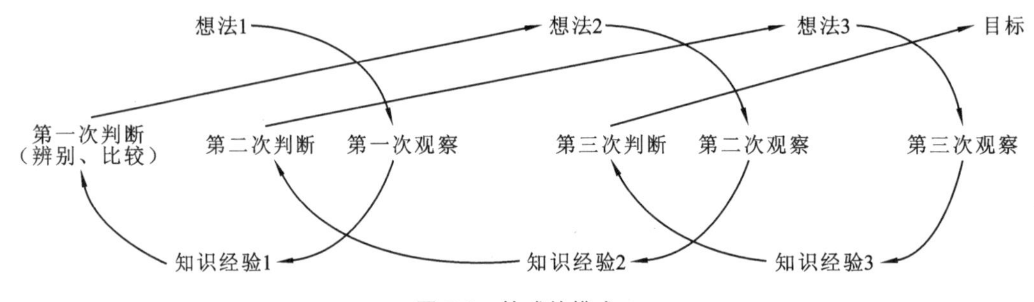

图 7-3 杜威的模式

3. 皮亚杰的学习和认知发展理论模型

皮亚杰认为,体验、观念、反思和行动四个维度构成了成人基本的连续性思维。他提出,从婴幼儿期到成人期,思维的发展经历了从具体形象感知到抽象构建、从积极的自我中心到反思性的内化学习模式。皮亚杰认为,这也是科学知识发展的主要趋势。学习过程得以发生和发展,是个体与环境之间周而复始相互作用的结果,这一观点也与前述介绍的约翰·杜威和勒温的学习模式有共同之处。在皮亚杰看来,学习的关键是依赖于一个相互作用的过程,其中融合了内部概念或经验式的顺应过程和外部事件与经验同化到已有观念或图式的过程。学习,或者也可以说是一种智力适应的过程,即在顺应与同化这两个过程中不断寻求平衡的结果。当顺应过程占优势时,学习往往体现为对环境变化的适应过程。当同化过程占优势,学习往往表现为将环境因素纳入个人已有的概念和表象中。认知发展过程从具体到抽象、从行为到反思都是基于同化与顺应的连续转换,而且每个阶段将结合过去与现在的经验与个体责任的认知技能。皮亚杰认知发展理论向我们展示了发展的基本历程,正是这些历程塑造了成人基本学习过程,如图 7-4 所示。

(二)体验式学习理论的基本要点

大卫·库伯,出生于 1939 年,美国凯斯西楚大学知名教授,是美国社会心理学家、教育家,也是一位著名的体验式学习大师。其代表作品是《体验学习:让体验成为学习和发展的源泉》。他提出体验学习过程是由四个适应性学习阶段构成的循环结构学习圈,如图 7-5 所示。

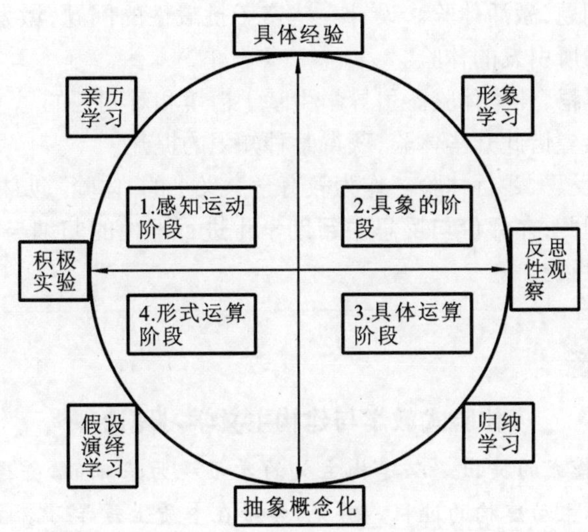

图 7-4　经验学习圈的过程

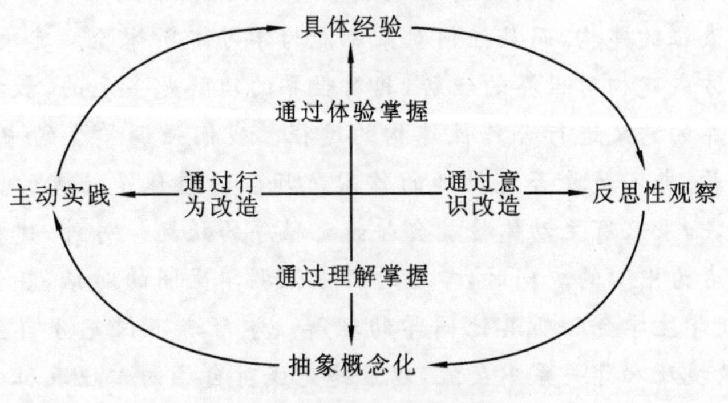

图 7-5　循环结构学习圈

大卫·库伯在其《体验学习:让体验成为学习和发展的源泉》一书中阐述了对“学习”的思考,摘录如下:学习是一个过程,而不是一种结果;学习是一个以体验为基础、持续不断的过程;学习过程需要对知识转换的相互对立模式之间的冲突有分辨力;学习是一个适应世界的整体过程。

（三）体验式教学[①]

所谓“体验式教学”,是指学生通过亲身经历或已有经验来认识周围事物,并认识、理解、感悟、验证教学内容的一种教学方式或学习方式。由此可见,体验式教学既是学生“学”的一种方式,也是课堂教学的一种方式。

体验式教学模式由四个环节组成。

第一环节,创设情境,启动体验。组织学生在参与某种活动或对某事物有深刻理解的前提下,激活学生的情感,从而获得体验。

① 许思安,《中学政治学科课堂教学心理》,广东高等教育出版社,2014 年。

第二环节，设计问题，激活体验。设计一些富于挑战性的问题，激发学生积极思考与体验，深化“情境创设”中所引发的体验。

第三环节，交流感悟，升华体验。引导学生基于情境和对问题的思考，开展生生之间、师生之间的分享环节，希望借此升华体验，获得某种知识的提升。

第四环节，评价、反思、践行体验。作为教育学意义上的“体验”，归根结底就是要让学生在体验中获得认识，因此，在评价与反思中帮助学生进行理性的归纳与概括，最终实现知行统一是本环节的核心目的。

知识链接

体验式教学与建构主义学习理论

体验式教学模式的提出是以建构主义的学习观为基础的，并遵从它的基本理念，即学习是主体主动建构的过程。首先，学习在本质上是学习者主动建构心理表征的过程，这种心理表征既包括结构性的认识，也包括非结构性的知识或经验。学习者的主体地位决定了只能由他自己完成学习，而且必须由学习者主动的活动体验来完成心理表征的建构，而且任何对象都能为学习者所体验。其次，教师和学生分别以自己的方式建构对世界的理解，其对世界的理解是多元的，教学过程就是教师和学生对世界的意义进行合作性建构的过程。我们强调学生的中心地位，强调学生的主动建构，并不是要否定教师的作用。师生的合作是必需的。教师的引导作用不可忽视，如果只有主动体验就会导致无秩序的状况。另外，建构主义的教学策略是以学习者为中心的。同时，学习过程中强调学生间的对话，在学习者主动建构的基础上，使学生学会聆听其他同学的理解。学习者不仅充分自主体验各个对象，并在一定情境及人际关系中交流，以最终完成对自己的心理表征的建构。也就是说，学习是主体主动体验—建构的过程。

（资料来源：卢启程，《基于建构主义的体验式教学设计探讨》，《科技信息（科学研究）》，2008年第7期）

对于学科教学而言，体验式教学的运作的难点在于“体验情境的创设”，以及由此引发的思考与分享。那么如何衡量情境创设的价值？也许有价值的情境需要具备以下几个基本特征：

(1) 真实性。素材的选择、情境的设置，需要考虑素材与学生生活实际之间的距离。距离越近，情感的带出可能越容易，学生进入情境、产生体验的过程会更顺利。

(2) 典型性。即素材选择的代表性问题。值得关注的是，在积淀了有代表性的素材的前提下，如果能进一步思考如何使得这些素材在有限的时空下发挥更大的价值，也许更有助于提升情境的价值。

(3) 情感性。情境创设的最终目的是引发合适的体验，因此，情境本身若能蕴含情感因素，将有利于“体验”的获得。

(4) 学科性。主要指向在情境创设中，突出学科教学的特点以及知识驾驭的科学性。

(5) 问题性。好的设问，也需要关注几个细节：第一，针对性，即设问要目的明确，问在知识关键处，突出教学的重点，对一节课起到统领作用。第二，新颖性，设问要新颖别致，贴近生活，具有趣味性，避免老生常谈、空洞抽象。第三，广泛性，设问要面向全体，兼顾全局，提出的问题既不要过浅，也不能过深，这样才可以吸引所有的学生积极参加思维活动，促使每一个学生能够用心回答问题。第四，启发性，教学实践证明，设问若能处于学生的"最近发展区"，难易适度，循循善诱，步步深入，将能更好地启发他们的思维。第五，开放性，每个个体的体验往往具有差异性、多元性，因此应尽量减少体验式教学中问题的限制条件，使其具有开放性、发散性，无结构型或半结构型的问题，有利于培养思维的创造性。

二、主题活动设计理念

(一) 班会课设计理念

班会课作为班级德育工作的一种重要呈现形式，它的开展能解决学生中一定时期存在的带有普遍性的问题，促进学生认识问题和解决问题能力的提高；有助于班集体的形成；有利于提高学生的自我教育能力、班干部的工作能力等。它的开展是体现师生智慧的结晶、师生或学生之间情感的交融、学生接受教育和自我教育的黄金机会。因此，"适时、适度"的主题班会课对于班集体的凝聚力、班干部工作能力的提升具有重要作用。

一般而言，班会课的组织针对不同的主题而体现多种形式。具体而言，班会课的主题往往包括：节日性主题，把握一些传统节日、纪念日对学生进行中华传统文化教育和爱国主义教育；问题性主题，针对学生中普遍存在的共性问题而设计教育性较强的主题；即兴式主题，围绕一些突发事件而设计主题；知识性主题，用知识来充实活动，使学生受到深刻教育，同时又获得知识；娱乐性主题，寓教育于娱乐活动中；实践性主题，学生通过亲身的实践来实现教育的主题；系列性主题，围绕一个总的教育主题而设计的多层次、多侧面的相互关联的分主题系列，给学生多样的、系统的、持续而全面的影响。而班会课的形式可以有交流型班会、文艺型班会、竞赛式班会、实践式班会、讲座型班会等。

知识链接

主题班会的策划

1. 有动员，正态度

从责任方面而言，班会课是师生共同的事；从过程而言，学生是班会课的主体，老师只发挥主导作用；从结果而言，学生是班会课的最终受益者；从形式而言，班会是活动课，是学生学做人的阵地。总体而言，班会课以班主任为主导，以学生为主体，以活动为载体。

2. 有计划，明主题

每学期开学初对一学期的班会要有总的设计、总的安排。制订班会计划时要注意结合学校的教育活动安排以及本班集体的具体情况，避免主题的随意性和盲目性。

(1) 主题的选定原则：

① 从实际原则出发；

② 目的性原则；

③ 时代性原则。

(2) 主题选定过程：

① 用心观察，深入了解，掌握班级的动态；

② 调动学生的积极性，广泛拟题；

③ 博采众长，集思广益，确定主题。

如：初中一般从做人、求知、做事入手；起始年级的主题可以是集体的形成、习惯的养成等，中间年级的主题可以是个性的发展、成长教育，毕业年级的主题可以是理想教育、感恩教育。

3. 早安排，细指导

充分准备，提前让学生去思考，写班会周记，自己也要搜集相关资料，制作 PPT (电子课件)等。同时，开好一个班会，尤其需要一个好的主持人，所以在选主持人的时候要注意找那些自信，说话自然、有表情的人，也要给主持人一些技巧性的指导，如：开场的艺术、调动现场气氛的技巧、互动交流和语言技巧等。

4. 有内容，精选材

教育素材应丰富、真实，可注意收集相关的音乐、图片、名人名言、伟人故事、新闻等，使内容丰富多彩。

5. 有空间，齐参与

班主任要指导学生设计参与空间大、能吸引大多数学生的活动环节，让大家一起参与，让学生在活动过程中感悟道理，受到教育。

6. 善调动，有真情

班会课要充满真情实感，重在让学生有情感体验，在触动中受到教育。

7. 善点题，真教育

主题班会的目的是为了教育学生，所以班会课不能为了活动而活动、为了展示而展示、为了表演而表演，不能忽略班会的教育功能。同时，老师要注意主持人在各个环节的点题，最后老师自己也要做总结，对学生就该主题提出具体的要求(要注意中心突出，富有鼓舞性和号召力，或提出具体的要求)，同时指出其中的优点和不足，引导学生学会感谢。

8. 有反馈，扩收获

班会结束后，班主任要及时总结成功经验，吸取教训，为下次班会积累经验。也可以引导学生在日常生活中巩固、内化，从而充分发挥班会课德育教育的功能。

(资料来源：谢月红讲座，《主题班会课的策划与实施》，黄莹映整理)

（二）心理健康教育主题活动设计理念

中小学心理健康教育主题活动是以培养学生良好的心理素质、发展健康的人格、增进其心理健康水平为目的的教育活动。该活动的开展并不是以传授系统的心理学知识为主要目的，而是要让学生在课程的学习中，侧重于解决带有普遍性和共性的困惑或问题，掌握相应的应对方式、方法、技巧，增进相应的素养，提升其在学习、工作、生活等实践活动中的技能，从而有利于其心理健康水平，及生活质量、学习与工作效率的提高。

知识链接

国家教育部颁发了《中小学心理健康教育指导纲要（2012 年修订）》（简称《纲要》），明确界定了中小学心理健康教育的各项要务。现择其要点介绍如下：

《纲要》中指出，中小学心理健康教育是提高中小学生心理素质、促进其身心健康和谐发展的教育，是进一步加强和改进中小学德育工作、全面推进素质教育的重要组成部分。

《纲要》中确定了开展中小学心理健康教育的基本原则：第一，坚持科学性与实效性相结合。要根据学生身心发展的规律和特点及心理健康教育的规律，科学开展心理健康教育，注重心理健康教育的实践性与实效性，切实提高学生心理素质和心理健康水平。第二，坚持发展、预防和危机干预相结合。要立足教育和发展，培养学生积极心理品质，挖掘他们的心理潜能，注重预防和解决发展过程中的心理行为问题，在应急和突发事件中及时进行危机干预。第三，坚持面向全体学生和关注个别差异相结合。全体教师都要树立心理健康教育意识，尊重学生，平等对待学生，注重教育方式方法，关注个别差异，根据不同学生的特点和需要开展心理健康教育和辅导。第四，坚持教师的主导性与学生的主体性相结合。要在教师的教育指导下，充分发挥和调动学生的主体性，引导学生积极主动关注自身心理健康，培养学生自主自助维护自身心理健康的意识和能力。

心理健康教育的总目标是：提高全体学生的心理素质，培养他们积极乐观、健康向上的心理品质，充分开发他们的心理潜能，促进学生身心和谐可持续发展，为他们健康成长和幸福生活奠定基础。

心理健康教育的具体目标是：使学生学会学习和生活，正确认识自我，提高自主自助和自我教育能力，增强调控情绪、承受挫折、适应环境的能力，培养学生健全的人格和良好的个性心理品质；对有心理困扰或心理问题的学生，进行科学有效的心理辅导，及时给予必要的危机干预，提高其心理健康水平。

心理健康教育的主要任务是：全面推进素质教育，增强学校德育工作的针对性、实效性和吸引力，开发学生的心理潜能，提高学生的心理健康水平，促进学生形成健康的心理素质，减少和避免各种不利因素对学生心理健康的影响，培养身心健康、具有社会责任感、创新精神和实践能力的德智体美全面发展的社会主义建设者和接班人。

心理健康教育的主要内容包括：普及心理健康知识，树立心理健康意识，了解心理调节方法，认识心理异常现象，掌握心理保健常识和技能。其重点是认识自我、学会学习、人际交往、情绪调适、升学择业以及生活和社会适应等方面的内容。

小学低年级主要包括：帮助学生认识班级、学校、日常学习生活环境和基本规则；初步感受学习知识的乐趣，重点是学习习惯的培养与训练；培养学生礼貌友好的交往品质，乐于与老师、同学交往，在谦让、友善的交往中感受友情；使学生有安全感和归属感，初步学会自我控制；帮助学生适应新环境、新集体和新的学习生活，树立纪律意识、时间意识和规则意识。

小学中年级主要包括：帮助学生了解自我，认识自我；初步培养学生的学习能力，激发学习兴趣和探究精神，树立自信，乐于学习；树立集体意识，善于与同学、老师交往，培养自主参与各种活动的能力，以及开朗、合群、自立的健康人格；引导学生在学习生活中感受解决困难的快乐，学会体验情绪并表达自己的情绪；帮助学生建立正确的角色意识，培养学生对不同社会角色的适应；增强时间管理意识，帮助学生正确处理学习与兴趣、娱乐之间的矛盾。

小学高年级主要包括：帮助学生正确认识自己的优缺点和兴趣爱好，在各种活动中悦纳自己；着力培养学生的学习兴趣和学习能力，端正学习动机，调整学习心态，正确对待成绩，体验学习成功的乐趣；开展初步的青春期教育，引导学生进行恰当的异性交往，建立和维持良好的异性同伴关系，扩大人际交往的范围；帮助学生克服学习困难，正确面对厌学等负面情绪，学会恰当地、正确地体验情绪和表达情绪；积极促进学生的亲社会行为，逐步认识自己与社会、国家和世界的关系；培养学生分析问题和解决问题的能力，为初中阶段学习生活做好准备。

初中年级主要包括：帮助学生加强自我认识，客观地评价自己，认识青春期的生理特征和心理特征；适应中学阶段的学习环境和学习要求，培养正确的学习观念，发展学习能力，改善学习方法，提高学习效率；积极与老师及父母进行沟通，把握与异性交往的尺度，建立良好的人际关系；鼓励学生进行积极的情绪体验与表达，并对自己的情绪进行有效管理，正确处理厌学心理，抑制冲动行为；把握升学选择的方向，培养职业规划意识，树立早期职业发展目标；逐步适应生活和社会的各种变化，着重培养应对失败和挫折的能力。

高中年级主要包括：帮助学生确立正确的自我意识，树立人生理想和信念，形成正确的世界观、人生观和价值观；培养创新精神和创新能力，掌握学习策略，开发学习潜能，提高学习效率，积极应对考试压力，克服考试焦虑；正确认识自己的人际关系状况，培养人际沟通能力，促进人际间的积极情感反应和体验，正确对待和异性同伴的交往，知道友谊和爱情的界限；帮助学生进一步提高承受失败和应对挫折的能力，形成良好的意志品质；在充分了解自己的兴趣、能力、性格、特长和社会需要的基础上，确立自己的职业志向，培养职业道德意识，进行升学就业的选择和准备，培养担当意识和社会责任感。

（资料来源：教育部《中小学心理健康教育指导纲要(2012 年修订)》）

（三）班会课与心理健康教育主题活动设计的异同

1. 共同点

(1) 主题选择雷同。班会课与心理健康教育主题活动均为在“德育”范畴下开展的活动,因此,两者所涵盖的话题很容易出现交叉重叠。比如,它们都会分析自我问题、探讨情绪的管理、钻研学习中的种种现象、引领人际交往的导向等。

(2) 教学方法雷同。班会课与心理健康教育主题活动所选用的方法几乎一致。比如,认知法、操作法、讨论法、角色扮演法、行为训练法等方法,均活跃在班会课与心理健康教育主题活动设计之中。

(3) 操作形式雷同。班会课与心理健康教育主题活动均以一位老师为核心,在其组织下,在教室里面向全班同学进行为时一节课的授课。

2. 不同点

班会课作为德育课程系列的核心代表之一,其课程主导的侧重点主要在于培养学生正确的人生观、价值观、世界观,促使学生形成符合社会要求的道德品质,即最终是为了达成一种共识,得到一个统一的结论。而心理健康教育主题活动,其侧重点指向促进学生心理素质的提高,培养学生形成有利于个性生存发展的心理品质,因此,它更多地倾向于让学生自己去得出结论,而且尊重基于不同体验的不一样的结论。

第二节　主题活动设计案例

跟冲动 say goodbye(设计者:许　泓)

第一环节　身边的故事

分享身边的“冲动”故事(见图 7-6):

图 7-6　“冲动”故事组图

续图 7-6

第二环节　了解“冲动”(见图 7-7)

冲动是什么？

• 冲动是人的一种情绪
• 情感特别强烈
• 基本不受理性控制

冲动的危害

• “踢猫效应”

• 有损身心健康
• 不利于个人成长
• 破坏人际关系
• 容易造成违法犯罪

图 7-7　了解“冲动”组图

第三环节　应对方式(见图 7-8)

其实我们可以这么做……

• 注意转移法
深呼吸、游戏、打球、听音乐、看电影
• 合理发泄法
哭——适当地哭一场；动——进行剧烈的运动
• 理智控制法
幽默化解、自我暗示

调节原则

• 不损人害己
• 适合自己为首选
• 悦己怡人更佳

图 7-8　应对方式组图

当你遇到这样的事情……

- 当你正在很兴奋地打着游戏的时候，突然，网线断了/电脑死机了……
- 在宿舍洗澡时，你找不到你的沐浴露，后来才发现原来是同学没有经过你的同意就用了你的沐浴露，并且没有放回原位……
- 当你的同学/朋友嘲笑你，在背后窃窃私语讨论你，说着你的坏话……
- 当你的好兄弟/好姐妹告诉你，他/她被别人欺负了，觉得很不爽，想报复对方……

其实你还可以这么做……

- 尝试改变自己的角度/观念看问题

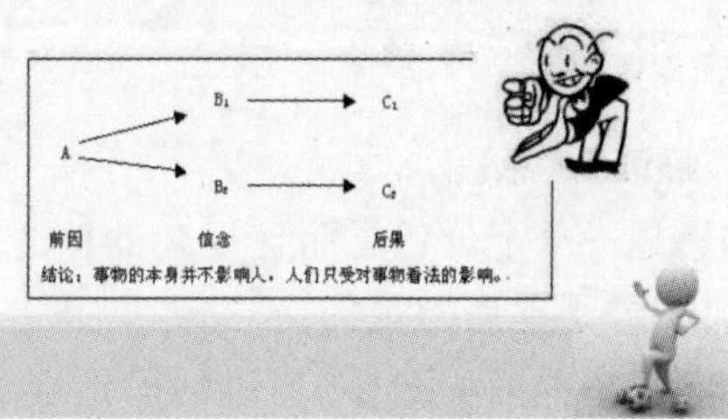

其实你还可以这么做……

- 改变心态的魔法
- “还好”“不一定”“我可以”
- 用魔法词语造句来解读自己的心理状态，帮助自己调节情绪，控制冲动。

其实你还可以这么做……

- 晚自修你在写作业的时候，你的同学把你的水杯碰倒了，水洒湿了作业本……
- 还好水杯没有摔坏，还好没有淋湿人，还好只洒湿了作业本，其他书都没有事
- 同学不一定是故意的，作业本湿了不一定完成不了作业
- 我可以把水杯扶起来，把作业本晾干，我可以原谅同学的过错，我可以继续跟他做好朋友

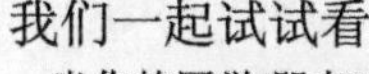

续图 7-8

第四环节　学以致用(见图 7-9)

我们一起试试看

- 当你正在很兴奋地打着游戏的时候，突然，网线断了/电脑死机了……
- 在宿舍洗澡时，你找不到你的沐浴露，后来才发现原来是同学没有经过你的同意就用了你的沐浴露，并且没有放回原位……

我们一起试试看

- 当你的同学/朋友嘲笑你，在背后窃窃私语讨论你，说着你的坏话……
- 当你的好兄弟/好姐妹告诉你，他/她被别人欺负了，觉得很不爽，想报复对方……

图 7-9　“学以致用”组图

在本设计中，四个教学环节之间是何种关系？如何把这一理念在中小学的主题活动中予以体现？在本节中，我们将分享不同的主题设计。

学习导航

一、小学主题活动设计案例

(一)“感恩”专题

1. 解读“感恩”

感恩是一个十分广泛而且复杂的概念,它曾被当作一种情绪、美德、道德情感、态度等。迄今为止,关于感恩的定义,研究者们并未达成一致。不同的学者分别从不同视角出发,阐述自己对感恩的理解与界定。但是,近年来对感恩有两种较为人们接受、综合性较高的看法,即把感恩看成是一种情感体验和把感恩看成是一个认知过程。

把感恩解读为“情感体验”的观点中提出,感恩具有情感特质、心境、情绪三个层次,并具有状态感恩(state gratitude)与特质感恩(trait gratitude)两种表现形式。

(1) 感恩作为一种情感特质。McCullough 等人将感恩视为一种情感特质或相对稳定的心理倾向,称之为感恩倾向。他们认为,所谓感恩是指倾向于用情绪来了解或回应他人的恩惠而获得的积极经验或结果的特质。他们进一步把感恩倾向分为四个层面:强度、频度、广度、密度。

(2) 感恩作为一种心境。McCullough 等人认为,感恩是持续一段时间的心境,它会影响人们在某种特定情境中的信息加工和反应能力。感恩心境类似于特质,会强烈地影响人们的思维和行为,但又不同于特质;心境类似于即时的情绪体验,可能一天或几天内会发生变化,但又不同于情绪体验,因为它们的持续时间比即时的情绪体验要长。

(3) 感恩作为一种情绪。Emmons 认为,感恩是人们在接受某种有价值的礼物或恩惠时产生的即时情绪体验。受惠者只有知觉到施恩行为是有意提供且具有价值的时候才能体会到强烈的感恩情绪。感恩情绪不仅局限于人际环境中,对于非人际环境(如自然、动物、上帝等),人们也会存在感恩情绪。

把感恩解读为“认知过程”的观点中提出,感恩是一种对外界(他人、社会、自然等)给予自己的恩惠产生认知并伴随积极情绪的复合社会认知过程,即包括感恩意识、感恩情绪和感恩行为的社会认知过程。感恩意识是指人对感恩价值、重要性评价以及表达感恩期待的认知过程,即知恩;感恩情绪是指伴随感恩认知过程产生的情绪体验,包括情绪强度、频度、广度、密度四个层面,即感恩;感恩行为是人们受到外界恩惠和帮助后,倾向于把感恩意识和感恩情绪反馈给外界的行为转化过程,即报恩。

2. 教学案例①

1) 第一环节　暖身游戏

活动目的:通过团体游戏,让儿童体验信任和团体互动,建立良好的活动氛围。

活动时间:10 分钟。

---

① 许思安、黄喜珊,《心理危机干预　团体心理训练的主题与方法》,暨南大学出版社,2009 年。

准备材料:音乐《开火车》。

活动程序:

(1) 辅导者让全体成员围坐成一个圆圈,用行动示范游戏的玩法:每个人摊开左手,右手伸出食指,其他手指握在一起,做成"1"的手势语。每个人的左手与左边人的右手轻轻相触,右手和右边人的左手轻轻相触。

(2) 辅导者说明游戏规则:当辅导者说出与"和"相同的音节时,例如:"我和你来到公园,欣赏荷花,突然,别人从口袋里掉落一个漂亮的盒子……"(和、荷、盒都是同一音节),所有人必须用左手尽可能地抓住别人的手指,同时右手尽可能地让食指从别人的手掌中逃脱。既能成功抓住别人的手,又能成功逃脱于别人手掌的人则成为优胜者。

注意事项:游戏的难度可以由简到难,注意观察儿童的情绪变化。

2) 第二环节　爱的表达

活动目的:让儿童从故事中了解感恩的意义,学会表达感恩的方式。

活动时间:20～30 分钟。

准备材料:视频短片《小鹰的故事》,情景问题卡片。

活动程序:

(1) 辅导者播放视频短片《小鹰的故事》,团体成员认真观看。

(2) 问题讨论:"请大家说说看,你从刚才的短片里面获得了什么启发呢?""小鹰是怎样学会飞翔的呢?""小鹰长大后去帮助别人,这样对吗?为什么?"……

(3) 情景表演:辅导者拿出活动前准备好的写有情景问题的卡片,例如"小熊生病了,几天都没有来学校,小猴子放学后带着自己精心准备的礼物来到小熊家。咚咚咚!小熊听到了敲门声……",邻座的两个儿童为一组,每组抽取一张写有情景问题卡片。

(4) 每组成员分配好角色,将自己对故事的理解接着表演出来,演完后同学们给予掌声。

注意事项:

(1) 辅导者在启发儿童讨论问题时根据实际情况进行发问。

(2) 情景表演时,辅导者认真观察儿童的表演,了解其想法,必要时可以用提问方式进行引导。

3) 第三环节　爱在身边

活动目的:儿童通过内省,从自己的生活中发现爱、感激爱、学会爱。

活动时间:15 分钟。

准备材料:纸、笔。

活动程序:

(1) 让儿童想一想身边的人是怎样关爱着自己的,把最感动、最记忆犹新的事情写下来。

(2) 鼓励所有儿童念出自己写的内容,一起分享被爱的幸福。

(3) 辅导者启发儿童:"你想对这个爱你的人说点什么?"

注意事项:

(1) 辅导者要注意儿童的情绪变化,不要勉强其表达。

(2) 辅导者提问时应根据实际情况灵活应变。

4) 第四环节　献出我们的爱

活动目的:陶冶儿童情操,强化儿童的情感体验,让儿童学会用行动表达感恩之情。

活动时间:20 分钟。

准备材料:卡片、彩色笔、剪刀、视频歌曲《感恩的心》。

活动程序:

(1) 制作卡片:辅导者让儿童给自己最想感谢的人制作祝福卡片,儿童可以在卡片纸上画画、写字、剪裁等,方式不限。作品完成后,儿童可以把它送人,也可以贴在教室的“心愿墙”上。

(2) 播放视频歌曲《感恩的心》,辅导者带领儿童齐唱歌曲并做手语操。

(二)“合作”专题

1. “合作”的界定

人们在共同的社会生活中经常会表现出帮助、分享、合作、安慰、捐赠、同情、关心、谦让、互助等行为,心理学家把这一类行为称为亲社会行为。亲社会行为是人与人之间在交往过程中维护良好关系的重要基础,对个体一生的发展意义重大。

儿童时期是培养亲社会行为的重要阶段,儿童亲社会行为的发展是儿童社会性发展和个性形成的重要方面,是其成年后建立良好人际关系及心理健康和谐发展的重要基础。合作行为作为亲社会行为的主要形式之一,引起我们的深切关注。

合作是指两个或两个以上个体为了达到共同的目标而协调活动,以促进一种既有利于自己又利于他人的结果出现的行为。个体通过相互之间的协调活动,共同实现某一目标,共同获得奖赏或利益。

研究表明,儿童在出生后的第二年,合作行为开始萌芽并迅速发展。研究者认为,随着儿童年龄的增长以及交往经验的增多,一方面同伴间合作的目的性更为明确,稳定性逐渐增强,能够为实现共同的目标而努力;另一方面,他们合作的范围也不断扩大,逐渐由两人间的合作发展到三四人乃至更多人之间的合作。

2. 教学案例(设计者:马先敏、罗东波、沈文娜、景红玥、黎洁丽、何熙、吴青云、陈卓)

1) 设计一:赠人玫瑰　手有余香——帮助他人 快乐自己

图 7-10 所示为设计一的基本流程,图 7-11 所示为设计一的教学过程组图。

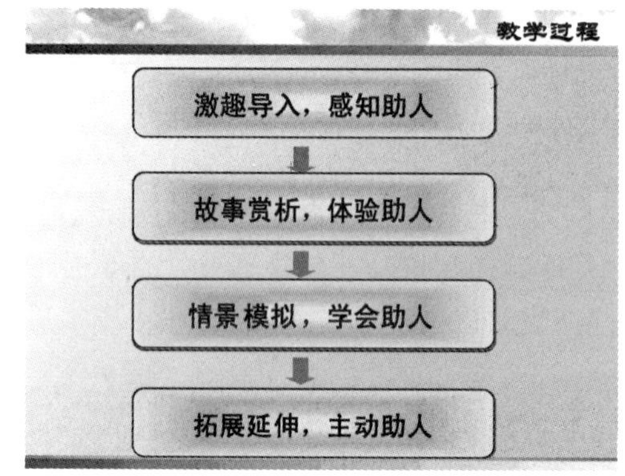

图 7-10　设计一 的基本流程

第一环节

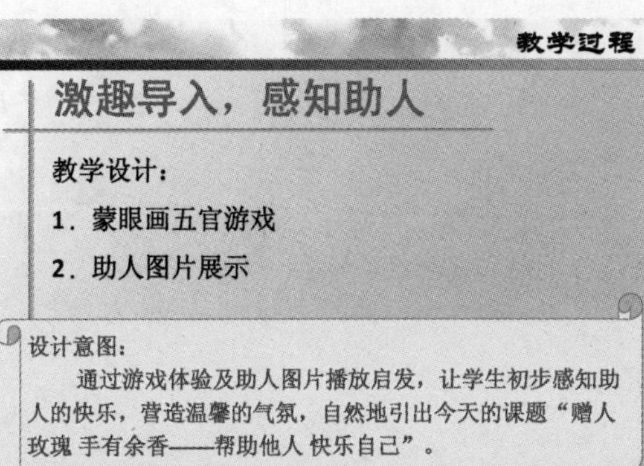

第二环节

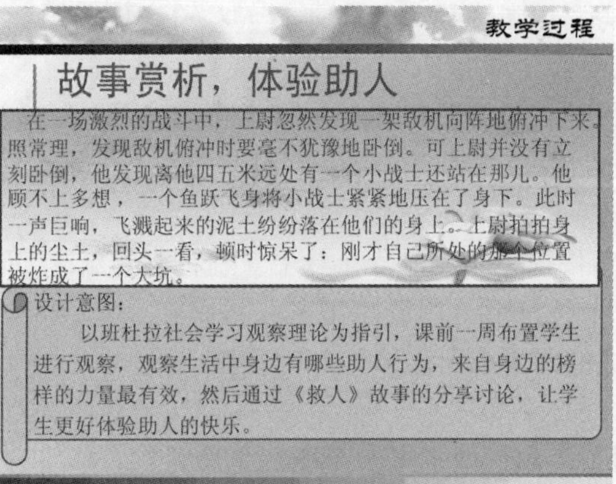

第三环节

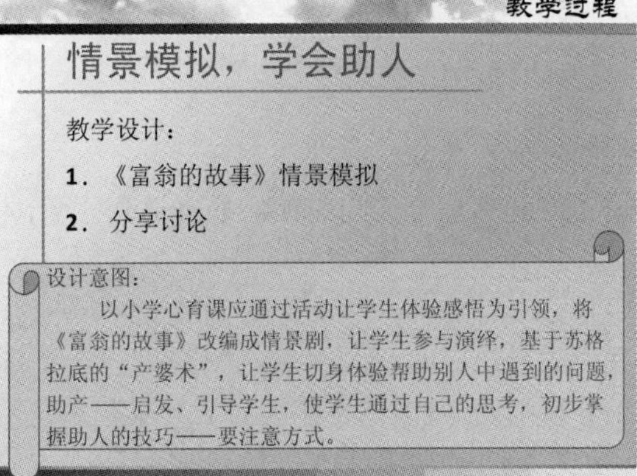

图 7-11　设计一的教学过程组图

第四环节

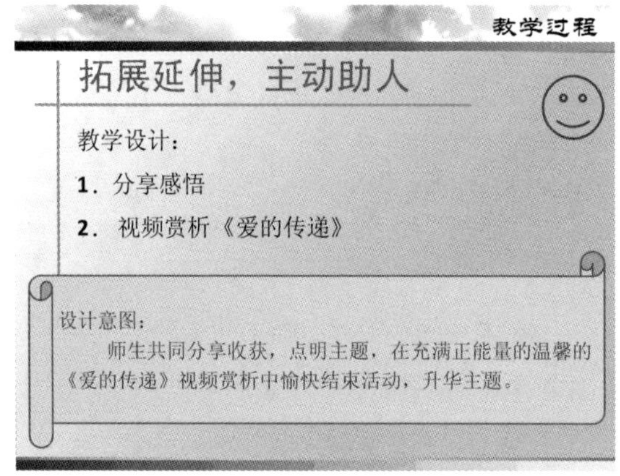

续图 7-11

2) 设计二:快乐分享　我心翱翔

第一环节　活动之中悟分享

师:同学们,在上课开始,老师想和你们玩一个小游戏,四人一个小组,老师送每个同学一个信封(小组四人,一个信封装铅笔,一个信封装白纸,一个信封装尺子,一个信封装胶水)。请按要求完成任务。

(PPT 呈现)要求:请按以下步骤制作小物品。在三张白纸上,用铅笔和直尺分别画一个三角形、一个正方形、一个长方形。用胶水把三张纸黏在一起,组成一个图形手册。看三分钟时间内,哪个小组完成的图形手册最多。计时开始。

交流。

师:同学们,时间到了。你们做了多少个图形手册呢?

(可能会有以下回答:你们组做成了几个图形手册? 一个。为什么? 少东西,文具没有准备齐。你们组做成了几个? 五个。怎么做的? 我们组把东西分给每个人,大家东西都齐了。你们组做成了几个? 十个。为什么做了那么多? 因为我们不仅把东西分给大家,而且进行了合理的分工,一位同学专门画,一位同学专门黏……)

学生说感受。

师:听了大家的交流,你有什么感受?

总结:合作的效率最高,但分享是合作的前提。只有学会分享,才会有更多的收获。

板书:分享。

第二环节　体会之中学分享

师:同学们,其实在我们的身边时时都发生着与“分享”这个话题有关的故事。例如:老师站在讲台上就是把知识分享给同学们;清洁工人每天早早起来清洁街道,就是将整洁与我们分享。分享是一种博爱的心境。也许我们每个人都曾经和别人分享过。回忆一下,你曾经和别人分享过什么呢?

学生交流。

师:大家还记得六一儿童节那天——(出示大家分享食物的几个镜头)。(学生交流自己和同学分享食物的情景,顺便谈出自己分享后的心情、感受:温暖,幸福,欣慰。)

小结:有好东西大家一起分享是一件快乐的事。

(心理剧表演,见图 7-12。)

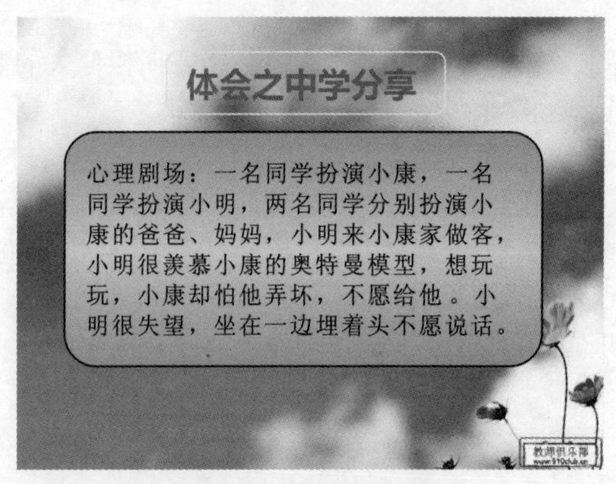

图 7-12　心理剧场

(1) 如果你是剧中的小明,你没玩到奥特曼的玩具,你的心情会怎样?

(2) 小结:分享使人快乐,不分享使人难过、失落、沮丧。

第三环节　生活之中会分享

师:同学们,你们知道吗?善于分享的人最美丽。但是在我们身边,也确实有些人不愿意跟人分享。其实,并不是他们吝啬,也不是他们不合群,实在是他们有难言之隐,下面,就让我们来看看他们的心声吧!

图 7-13 所示为情境模拟。

图 7-13　情境模拟

(1) 我把钢笔借给同学用,他给我弄坏了,回家后,妈妈狠狠地批评了我,以后我再也不敢把东西借给别人用了。

遇到这样的情景,你还会分享吗?你会怎么做?

(提前叮嘱:借出物品前,应当声明是“借”的,要求他爱惜。)

(2) 上次,我把一本非常喜欢的书分享给了好朋友,可是他却没有给我一本。我觉得我吃亏了。

(将心比心:怕吃亏的同学应多站在对方的立场体会他们的心情,要知道"独乐乐,不如众乐乐"。)

(课件出示名言)寻求快乐的一个很好的途径是不要期望他人的感恩,付出是一种享受施与的快乐。——【美】卡耐基

(3) 班上有一根大绳,他们是和我分享了,但是总是欺负我个子小,只让我摇绳而已。

(多多商量:在大家有争执的时候多采用商量的方式,比如在游戏前定好游戏规则,按规则办事。比如玩跳绳,绳本来就是集体的,每位同学都有权利玩,谁也不能据为己有。可以事先说明大家轮换着玩,先后顺序可以用"包袱剪子锤"来决定。)

师:分享是一件快乐的事情,而分享也是一件很有技巧的事情。可是,是不是所有的事情都合适分享呢? 大家请看小故事:《小花的秘密》(见图 7-14)。

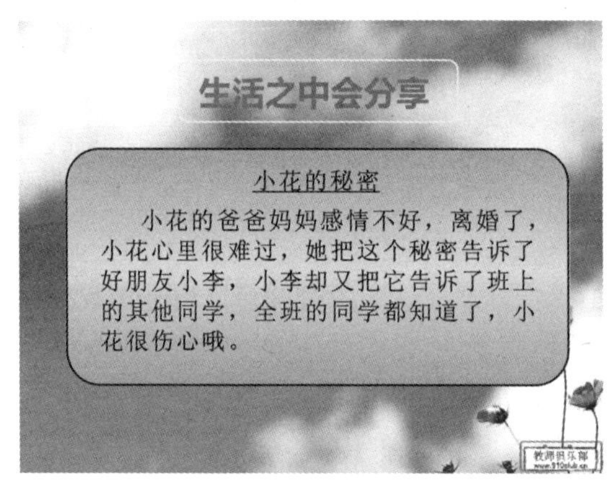

图 7-14　故事分享

(1) 你觉得小李这种做法对吗? 他的分享正确吗?

(2) 小结:保守秘密。每个人都有自己的小秘密,那些对别人毫无价值而对自己无比珍贵的人和事,是可以永远留藏在心底的。记住:不适合分享的一定不能和别人分享。

第四环节　情感升华颂分享

师:我们生活在分享的世界里,我们的生活中处处都有分享。你看:(多媒体出示画面)六一儿童节时,同学给小彩钰一身新衣;学校为阳光中队的孩子送去温暖;杨正权伯伯资助阳光中队的孩子上学;李军利为母亲捐献自己的肾脏;哈工大学生张璐华捐献骨髓干细胞;慈善月中,人们慷慨解囊;等等。

师:分享给困境中的人送去温暖,带来希望。那么,分享究竟是什么呢? 请把你的答案写在纸上。(学生写完后交流,贴到黑板指定位置,贴成心形。)

师:分享是一种博爱的心境,学会分享,就学会了生活;分享是一种思想的深度,深思的同时,你分享了朋友的痛苦;分享是一种生活的信念,明白了分享的同时,就明白了存在的意义。分享是快乐的,分享是幸福的。让我们踏着欢快的节拍,一起享受分享的快乐。

(利用《拍手歌》的旋律,全班拍手一起唱:"你想快乐的话,你就来分享吧,你想开心的

话,你就来分享吧,你想幸福的话,你就来分享吧,我们大家一起来分享吧……")

愿我们学会分享,善用分享,让分享为每个人点燃一盏心灯!

二、中学主题活动设计案例

(一)"希望"专题

1. Snyder 希望特质理论

Snyder 希望特质理论认为希望是由目标、路径思维和动力思维组成的。

1) 目标

Snyder 认为,个体的行为都是目标导向的。目标是希望的核心部分,它是希望的方向。

2) 路径思维

路径思维是个体对自己找到有效路径来达成目标的能力的信念和认知。路径思维既包括个体构想出来实现目标的有效途径的能力,也包括个体对自身这种能力的信念和认知。

3) 动力思维

动力思维是启动个体行动,并推动个体朝着某一既定的目标,并沿着已预设的路径前进时的动机和信念系统。该系统不仅对个体具有激发功能,即启动和推动个体沿着设计的路径趋向目标行动的作用,同时还具有维持功能,即支持个体的百折不挠、坚持不懈地指向终极目标。

三者具体关系如图 7-15 所示:

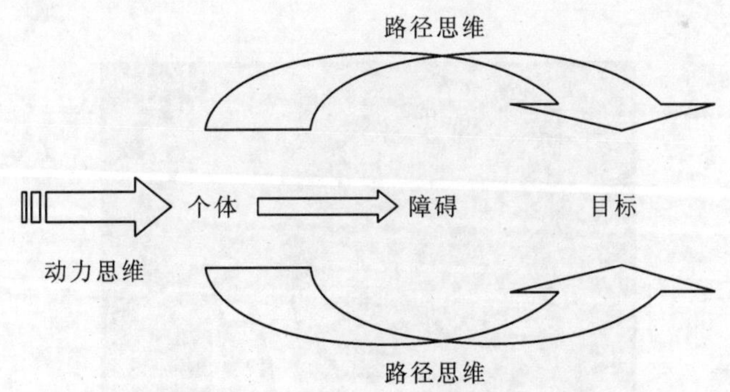

图 7-15 Snyder 希望特质理论示意图

2. 教学案例(设计者 刘晓彤)

1) 第一环节 心理实验

心理学上有这样一个著名的实验:实验一中找了一只健康的小鼠,把它放入一只装满水的水杯中,它会挣扎、会反抗,但最终逃不过命运的安排,8 分钟后小鼠奄奄一息(见图7-16)。实验二中找了一只和实验一中的小鼠一样健康的小鼠,再把它放入装满水的水杯中,它会挣扎、会反抗,在 5 分钟后一只大勺伸向了它,它颤颤巍巍爬上大勺,获救了。若干天后,再将这只获救的小鼠放入水杯,它会恐惧、会挣扎,但它心中有一种信念——一只大勺会伸向它。就这样,在痛苦的等待中,它坚持了 24 分钟!

图 7-16 “小鼠”实验

思考:是什么让第二只小鼠坚持下来呢?你觉得那种信念是什么?

2) 第二环节　故事分享

今天,我们就来分享一个狐狸们与葡萄的故事。

在一位农夫的果园里,紫红色的葡萄挂满了枝头,令人垂涎欲滴。当然,这种美味逃不过附近狐狸们的眼睛,它们早就想享受一下了。然而,葡萄架要远远高于狐狸的身高,于是……

第一只狐狸来到了葡萄架下,它不愿就此放弃,机会难得啊!它发现了葡萄架旁边的梯子,突然灵机一动,学着以前农夫摘葡萄的样子爬上去,顺利地摘到了葡萄(见图 7-17)。(板书:1. 吃到了葡萄)

图 7-17　第一只狐狸

第二只狐狸一看到葡萄架比自己高,觉得人类就是坏,存心和他对着干。便破口大骂,到处撕咬葡萄藤,正巧被农夫发现,一铁锹把它拍死了(见图 7-18)。(板书:2. 破口大骂)

第三只狐狸站在高高的葡萄架下,心情非常不好,它想为什么我吃不到呢,我的命运怎么这么悲惨啊?越想它越郁闷,最后郁郁而终(见图 7-19)。(板书:3. 郁郁而终)

第四只狐狸经不住葡萄的诱惑,下决心要吃到葡萄。它想:我可以向上跳,只要我努力,我就一定能够得到。可是事与愿违,它最后累死在了葡萄架下,献身做了肥料(见图 7-20)。

图 7-18　第二只狐狸

图 7-19　第三只狐狸

图 7-20　第四只狐狸

(板书:4. 跳高,累死了)

第五只狐狸在葡萄架下转了几圈,自言自语地说:“这个葡萄肯定是酸的,吃了也很难受,还不如不吃。”于是,它心情愉快地离开了(见图 7-21)。(板书:5. 吃不到葡萄说葡萄酸)

第六只狐狸每天都去葡萄架下徘徊,渴望着有一天能独占所有的葡萄。然而,残酷的现实不能满足它内心的欲望,它感到非常痛苦。终于有一天,它振作起来,开始奋笔疾书,在诗

图 7-21　第五只狐狸

歌的领域努力耕耘,唱响了对大自然的赞歌。从此,诗坛上升起了一颗闪亮的新星(见图7-22)。(板书:6. 没吃到葡萄,但最后成为诗人)

图 7-22　第六只狐狸

3) 第三环节　海难求生记

在一个风和日丽的清晨,初一(8)班的同学们在一次学校组织外出活动中进行海上观光,以小组为单位,每个小组乘一艘小船各自行动,但是,天公不作美,到了中午,晴空万里突然变成了乌云密布,紧接着下起了瓢泼大雨。

每个小组都分散开来,要想生存下去,首先要减轻船上的重量,每个小组需要在下面的14 样东西中选择其中的 5 样,并将它们排序,说明为什么。

救生衣,盛水容器,海水淡化剂,能量棒或者急救型压缩饼干,急救箱,求生信号灯,求生信号棒,救生刀,救生筏,通信设备,定位设备,保温潜水衣,火种,照明设备。

特别提醒:在海上首先要保住生命,其次要得到足够的淡水与食物,最后是求救的手段及工具。

推荐顺序(并不固定)及每项物品的解释如下。

顺序一:救生衣。一般救生衣都是橘黄色或者橘红色的,这样的救生衣本身就具有驱鲨鱼的功效,所以不推荐携带驱鲨药剂。

顺序二:盛水容器。这个甚至比海水淡化剂还重要。在海中绝对不可以直接饮用海水,因为排出尿中的盐的比例是固定的,喝了海水,就需要排出更多的水分来排盐,在可能的情况下,喝雨水和自己的尿比较现实,而没有容器这一切都不可能实现。

顺序三:海水淡化剂。这个理由同上,但是能力有限,只能是最后的救命手段。

顺序四:能量棒或者急救型压缩饼干。这个主要是提供热量。在海水中浸泡是一个缓慢失温的过程,人很容易因体温过低而死,所以吃东西很必要。

顺序五:急救箱,主要是处理外伤的耗材和常用药物。说实话,浸泡在水中时,很难有效施救,但是如果有伤口,就需要及时处理。一方面,伤口浸泡在海水中会使伤势恶化,另一方面,微弱的血腥味也会引来不速之客。另外,救生箱或者救生包可以给你提供一个空间来容纳其他的设备或收集而来的生存物资,这在野外很有用。

以上是保全你生命最基本的需求,是必备的,你可以没有其他的东西,但是没有这些东西,你在海上活下去的机会会大幅下降,就更不用提获救了。

顺序六:求生信号灯。海军有一种只要浸泡在水里就可以漂浮在水面闪烁的信号灯,即便你睡着了,或者昏迷,它也会自动闪烁。

顺序七:求生信号棒,这种信号棒一般有多个发烟和发火单元,白天可以用有颜色的烟雾,晚上可以放出高亮度的火焰,这个主要在你发现船只和搜索飞机的时候使用,这东西比信号枪实用多了,所以信号枪就不赘述了。

顺序八:救生刀,救生刀既可以在野外帮助抵御危险,也可以成为你获得物质补充、处理猎物的工具,用途广泛。好的救生刀一般带有实用的附件,比如火石、鱼钩、净水剂,对野外救生极其有用。

顺序九:救生筏。说实话,这是一种奢望,但是如果有救生筏,身体不用浸泡在海水中,生存下去的概率将大大增加,将不用直接面临脱水和失温的危险。

顺序十:通信设备。这也是一种奢望,要是有海事卫星电话谁还会困在海上?不过有条件的话,确实应该想办法与外界联系。

顺序十一:定位设备。手表、指南针、GPS,都可以成为有效的定位器材,但问题是,在遇难的情况下要获得它们同样是非常困难的,即便获得了自己的方位数据,也未必能够对获救有所帮助,而有经验的人根本不需要这些东西。

顺序十二:保温潜水衣。这个是很好的保命东西,但是由于获得这东西的现实性不大,所以把它向后排。

顺序十三:火种,一般是火石,也有用密封容器包装的防水火柴。但问题是,一把优良的救生刀就可以囊括这个功能,况且火石一般也要配合刀具使用,所以不一定要单独准备火种,不过很有用。

顺序十四:照明设备。照明虽然也很重要,关键时刻也可以作为求生的信号,但是,如果你拥有了顺序比较靠前的装备,这个装备只能给你带来方便,不会大幅度提高你的获救机会。

4)第四环节　正能量加油站

在课程结束之前,请大家写一句可以激励自己和周围同学的话,每当想起来,心中就充满了正能量(见图7-23),给大家一首歌的时间(大概2分钟)思考。

图 7-23 “加油站”

（二）“快乐”专题

1. 心理学中的快乐理论①

1）过程性理论

这个理论认为，在一个活动中，人们从中得到的快乐可以分为过程性快乐和结果性快乐。具体来说，对于一个活动，人们在过程中可能体验到快乐或是痛苦，或者没有什么体验；同样，对于结果也有类似的划分，有快乐、痛苦，或者是无体验的结果。因此在一个活动中人们可能得到 9 种不同的体验。也就是说，在知道结果不快乐的时候，或许人们可以更多地追求过程中的快乐；在过程不快乐的时候，努力地获得结果上的快乐。

2）效率准则

效率准则认为，快乐是人们自身的感受，是一种心理体验，这是快乐的主观形式；但是快乐也有客观形式，就是需要、目的、欲望得到满足。也就是说，快乐与否，与是否满足了自身的需要紧密相关，不完全以自身的主观感觉为转移。

这一点与马斯洛的需要层次理论也有相似的地方。马斯洛把需求分成生理需求、安全需求、爱和归属感(亦称为社交需求)、尊重和自我实现五类，依次由较低层次到较高层次排列。在需求得到满足的时候，就会获得快乐。同时，在低级的需求得到满足之后，就会寻求更加高级的需求的满足。

3）弗洛姆的快乐理论

弗洛姆认为，快乐是一种成就，它是人内在生产性的一种产物。也就是说，快乐是人生产性地实现了自身的潜能，使自己得到更好的发展。总的来说，它是人的各种潜能得到发展时的一种状态。于是，弗洛姆根据人的性格是否具有生产性，将人格分为生产倾向和非生产倾向。非生产倾向有四种：接受倾向、剥削倾向、囤积倾向、市场倾向。

接受倾向的人乐于被动地接受所需要的东西，难以拒绝他人，并觉得一切好的东西都来源于外界。因此，对于这种人，快乐常常来源于他在外界得到了什么。

剥削倾向的人与接受倾向的人相同的地方在于，他也觉得好的东西都来源于外界，但不同的是，他不是被动地接受，而是热衷于夺人所爱。在剥夺的过程中享受到快乐。

---

① 陈惠雄，《快乐理论的跨学科演绎：一个研究综述》，《财经论丛》，2008 年第 1 期，资料整理：陈庆、唐梓轩。

囤积倾向的人也期望从外界得到需要的东西,但不同的是,他对从外界得到的东西缺乏安全感,而要通过囤积来建立安全感。所以囤积对他来说就是快乐,他把财物的消耗或花钱看做是一种痛苦。

市场倾向的人容易把自己看成卖主,或者是待出售的商品,所以这种人关心的是如何卖出自己获得成功,这就使自己变成了供他人判断和使用的东西,一味地迎合别人的期望,因此,这样的人的快乐也来源于他人的判断。

而一个健康成熟的人格,则应该是具有生产性倾向的人,能够运用自己的力量来发挥自己的潜能。生产性的人体验到自己是其力量的体现者和行动者,力量是自主的而不受任何外在力量支配,因此它是自由、创造、幸福快乐的来源。

4) 缺口/比值学说

这个理论认为,主观幸福感反映了个体期望值与成就感之间的“缺口”或“比值”。在缺口公式中,缺口等于期望值减去成就感。因此,期望值与成就感的差值越小,我们所体验到的幸福感就越强烈。当成就感高于期望值时,我们就能体验到极强烈的幸福感。在比值公式中,比值等于成就感除以期望值,比值越大,幸福感就越强烈。

缺口/比值学说也能解释一些纵向研究的结果。比如,你曾经经历了一件非常快乐的事情,但当你现在回忆的时候,往往不能获得同样的快乐感受,原因可能是当时的成就感的绝对水平低于目前的水平,因此导致缺口较大(用比值公式来解释也能得到类似的结果)。

基于这个理论,有研究者认为,在测量主观幸福感并进行纵向监测的研究中,建议综合测量多项指标,如期望值、成就感、主观幸福感等,这将有利于对主观幸福感进行更精确的分析。

5) 判断理论

这个理论认为,快乐来源于个体对一些标准和实际条件的判断比较。当实际条件优于这些标准时,就会体验到快乐,反之则不快乐。而由于判断标准的不同,又会有不同的判断理论。判断理论主要有两种,一种是社会比较理论,这个理论是做横向比较,也就是将自己和他人进行比较,当觉得自己比别人要好的时候,就会感到快乐。另一种是适应理论,即进行纵向比较,也就是当觉得自己当前的生活比过去的生活好,就会感觉到快乐。

2. 教学案例(设计者:何心怡)

1) 第一环节　引入

目的:通过分享课前调查结果,引发学生对“是不是只有逆境中的人才需要乐观心态”的思考,使学生领悟到日常生活中也应该保持乐观的心态,从而引入课程的主题“乐在每一天”。

图片展示:“笑”字(见图 7-24)。

导入问题:

(1) 在笑的时候,我们的面部表情是怎么样的呢?

(2) 什么时候,我们会笑呢?

(3) 你觉得笑口常开的人是乐观的人吗?

分享课前调查的结果:

(1) 课前调查中,对“请写下你对乐观的理解”这道题目,部分同学的回答是:

图 7-24 “笑”字图

① 开心,啦～啦～啦,没烦恼;

② 开开心心地面对一切;

③ 整天脸上都有笑容;

④ 每天都开心地活着。

(2) 乐观者的标志性表情和情绪。

乐观者的标志性表情:笑;

乐观者的主要情绪:开心快乐。

(3) 问题:是不是只有在逆境中的人才需要乐观心态?

乐观并不是在遇到困难时才用的“专有”名词,在日常生活中也应该保持乐观的心态。那么到底该如何做才能在平凡的生活中学习和实践我们的乐观心态?拿破仑·希尔曾说过:“积极的心态需要反复地学习与实践。就像我们打高尔夫球那样,你可能在某个时刻打了一两杆好球,便以为自己懂了这项运动,但在下一个时刻,你可能连球都击不中呢!我们需要每一天的学习。”相信每一天快乐的累积会让我们成为乐观的人。(引入今天的主题“乐在每一天”)

2) 第二环节 “快乐之旅”

(1) 绘制快乐之表(2 分钟)。

目的:通过每一环节学生给自己的快乐值打分的方法,使学生亲眼见证快乐魔法后快乐指数的变化,使其深刻感受快乐魔法的作用和魅力,并愿意在学习生活中运用快乐魔法。

指导学生绘制表格(见表 7-1),并说明:快乐指数有一个分数范围:0～10,快乐指数可以是小数,如 5.5。

表 7-1 “快乐指数”现场分析表

学习环节	第一次评分	第二次评分	第三次评分
快乐指数			

(2) 今天,你微笑了吗?(3 分钟)

目的:通过体验“笑”这个动作,使学生明白微笑能让快乐增值,并掌握快乐魔法一:笑口常开。

活动:今天,你微笑了吗?

请同学们保持“笑”的动作15秒。

注意:若课堂气氛太过安静,可引导学生观察同桌或其他同学:“他们的笑有什么特点呢?”

第一次评分:现在,你的快乐指数是多少? 请在表格上写下。

(3) 你们知道吗?

① 笑是一种健康运动:每笑一声,从面部到腹部约有80块肌肉参与运动。笑100次,对心脏的血液循环和肺功能的锻炼,相当于划10分钟船的运动效果。

② 问题:假笑有用吗?

不要忽视假笑,“假作真时假亦真”。一位心理学家这样说:“只要你能把假看作真,那么真心诚意的笑将跟随而来,几乎可以起到和真笑同样的效果。”

(4) 快乐串串烧(15分钟)。

目的:通过快乐之事的小组分享和班级分享,使学生掌握快乐魔法二:每天找一件快乐之事,并和身边的人分享这件快乐的事,让快乐加倍。结合同学们的分享和马斯洛需要层次理论,让学生意识到快乐的来源是需要的满足,认识到初中生在人际方面的需求越来越多,从而体会到和朋友分享快乐的重要性。

① 快乐分享:快乐那些事(10分钟)。

围绕以下几个问题,想一想自己的“快乐那些事”有哪些?

问题如下:

a. 今天,你笑了几次?

b. 因为什么事情,所以你开心地笑了?

c. 你开心笑了,这时,你和谁在一起?

d. 在最近一个月内,还有哪些事情能让你开怀大笑?

小组分享:在5分钟内,请小组内的每个成员分享自己的“快乐那些事”,并请其中一个成员全部记录下你们小组的快乐之事。

班级分享:随着音乐传递“快乐火炬”,音乐一旦停止,火炬传到哪位同学的手上,哪位同学就必须和全班同学一起分享小组内的快乐之事。

第二次评分:现在,你的快乐指数是多少? 请在表格上写下。

② 快乐之源(5分钟)。

根据学生所分享的“快乐那些事”,结合马斯洛的需要层次理论(见图7-25),解释快乐源于需要的满足,烦恼也源于需要的不满足。例如,睡眠不足是因为生理需要的不满足;离开了好朋友,没交到知心的朋友是因为社交需要的不满足。

初一学生第一次离开父母,第一次开始学校住宿生活,与朋友交流的机会越来越多,因此初一学生的社交的需求也越来越大。每天找到让自己感到快乐的事情并和身边的同学分享,不仅能交到新朋友,让友情更深,还可以让快乐加倍,满足自己的社交需求。

(5) 正能量信件(7分钟)。

目的:通过写信的方式,使学生感受朋友、亲人的正能量言语和行为带来的快乐,而我们的感谢也会给朋友、亲人带去快乐,从而使学生领悟并掌握快乐魔法三:每天做一件让他人

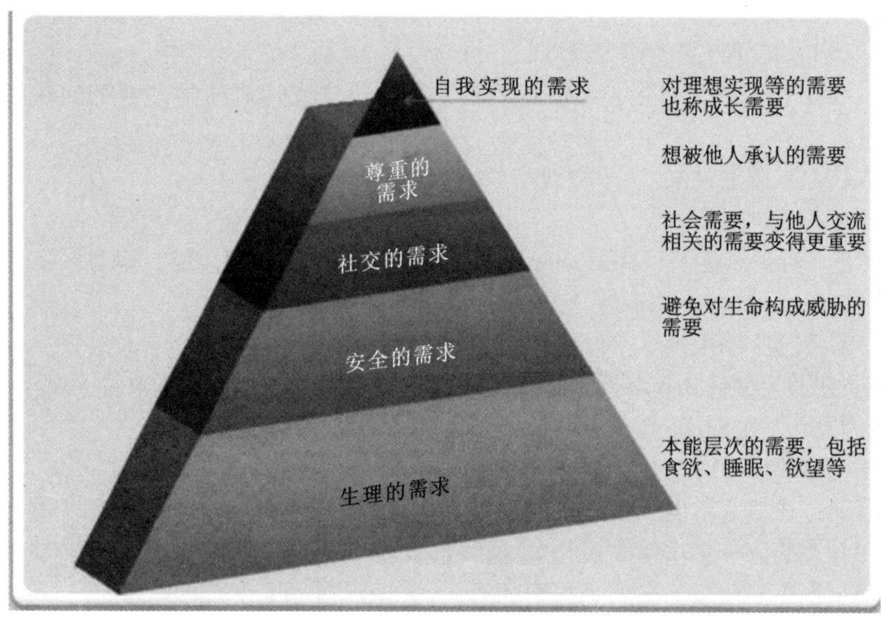

图 7-25　需要金字塔

感到舒服的事，或是说让他人感到高兴的话。

① 数一数：你身边有多少正能量的朋友或亲人？

② 活动：请给你身边的正能量朋友写一封信，信中必须包含以下内容："×××，还记得曾经发生了____________事情。因为你，我____________。我想对你说____________。"

③ 第三次评分：现在，你的快乐指数是多少，请在表格上写下。

④ 问题：看看你的快乐之表，你发现了什么？

(6) 内啡肽的魅力(3 分钟)。

目的：主要通过讲授法使学生明白"乐在每一天"的魔法四：运动！

① 问题：你们相信在人体内有一种令人快乐的激素吗？

讲解：内啡肽被称为"快乐激素"或者"年轻激素"，它能让人感到欢愉和满足，甚至可以帮助人排遣压力和不快。

② 问题：做什么事情可以促进内啡肽的分泌呢？

讲解：运动可以刺激内啡肽的分泌，使内啡肽的分泌增多，在内啡肽的激发下，人的身心处于轻松愉悦的状态中。

③ 运动小调查："你的内啡肽还好吗？"

a. 今天你运动了吗？

b. 上一周你运动了几次？每次多久？

c. 通常你和谁一起运动？

(7) 乐观的陷阱——乐极生悲。

目的：通过视频分享，引导学生思考乐观的适度性，使学生明白，虽然乐观心态有诸多好处,但是过度乐观会造成不良的影响,如比赛的失利等等。在生活学习中,我们应该抱有乐观的心态,但切记要避免乐极生悲。

观看视频《十大乐极生悲》,并思考以下问题:

①视频里的人发生了什么事情?为什么会发生这样的事情?

②看完这段视频,你有什么感悟?

3) 第三环节　课堂总结

由老师或学生总结这节课程的内容。

(1) 日常生活中乐观心态的培养:

① 笑口常开;

② 每天找一件让自己感到非常开心的事情并和自己的好朋友分享令人开心的事情;

③ 每天做一件让他人感到舒服的事,或是说让他人感到高兴的话;

④ 运动多多,身体倍儿棒,心态倍儿好。

(2) 乐观也应该适度,避免乐极生悲。

作业布置

记录快乐:在一周的时间内,请同学们每天晚上写一件让自己感到快乐的事情。

(三) 思维导图专题

1. 简介

思维导图是英国学者托尼·博赞在 20 世纪 60 年代初期所创。他首先将其应用于训练一群被称为"学习障碍者"、"阅读能力丧失"的学生,这些被称为失败者或曾被放弃的学生,很快变成了好学生,其中更有一部分成为同年级中的佼佼者。1971 年托尼·博赞将他的研究成果集结成书,慢慢形成了放射性思考和思维导图的概念。思维导图是一种将放射性思考具体化的方法。放射性思考是人类大脑的自然思考方式,每一种进入大脑的资料,不论是感觉、记忆或是想法——包括文字、数字、符号、食物、香气、线条、颜色、意象、节奏、音符等,都可以成为一个思考中心,并由此中心向外发散出成千上万的分支,每一个分支代表与一个中心主题联结,而每一个联结又可以成为另一个中心主题,再向外发散出成千上万的分支。这些分支联结可以视为个人的记忆,也就是个人的数据库。人类从一出生即开始累积这些庞大且复杂的数据库,大脑惊人的储存能力让我们累积了大量的资料,经由思维导图的放射性思考方法,除了加大资料的累积量外,更将数据依据彼此间的关联性进行分层分类管理,使资料的储存、管理及应用更系统化,从而增加大脑运作的效率。同时,思维导图善用左右脑的功能,借由颜色、图像、符号的使用,不但可以协助我们记忆、提高我们的创造力,也让思维导图更轻松有趣,且具有个人特色及多面性。简单地说,思维导图源自脑神经生理的学习互动模式,并且具有放射性思考能力和多感官学习特性。

2. 教学案例(设计者 王开飞)

1) 第一环节　记忆游戏活动

(1) 在记忆游戏活动开始前,组织全体同学进行一次简单的深呼吸冥想训练(活动目的:为了确保学生的参与度,提高他们的注意力。大概 2 分钟)。

(2) 游戏活动(5 分钟):①要求学生准备好笔和一张纸,开始记忆的小测试。

第一步:观察图 7-26,在 60 秒内,看你能记住多少个词语,然后将记住的词写在白纸上。

青菜、牛奶、洗衣粉、水壶、镜子、
围巾、牙刷、电池、豆芽、微波炉、
饼干、沙发、鞋垫、茶叶、吸尘器、
牛肉、洗发水、蚊帐、麦片、哑铃

图 7-26　词语记忆

第二步:观察图 7-27,在 60 秒内,看你能记住多少个词语。

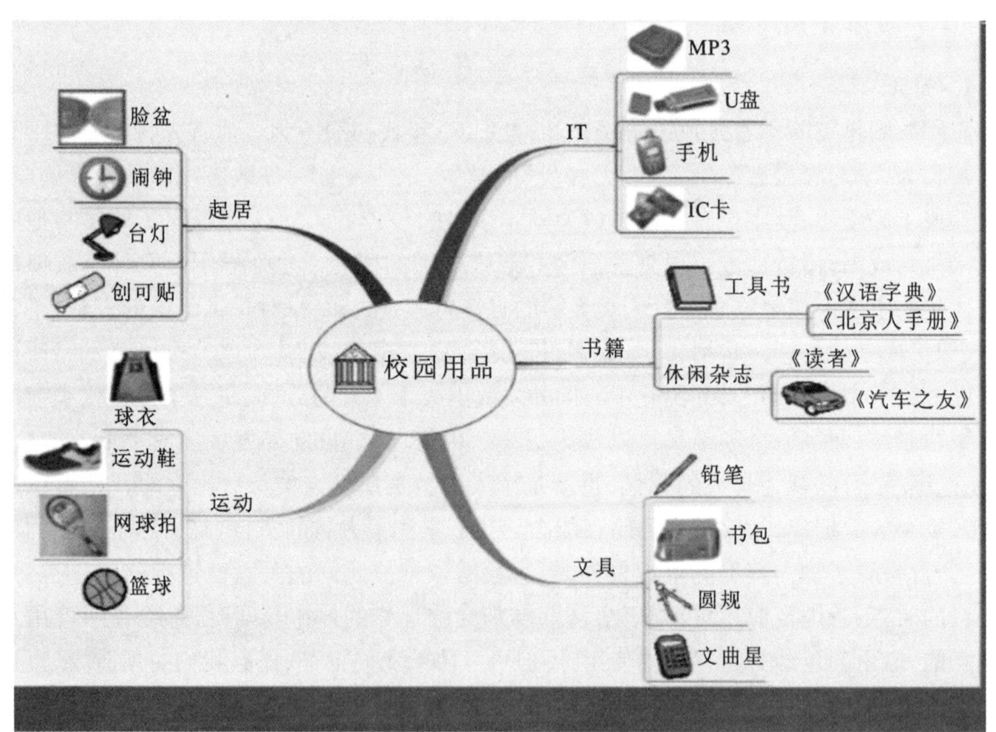

图 7-27　图文记忆

让学生分小组讨论两次记忆结果不同的原因(大概 3 分钟,可把问题缩小:图 7-27 为何比图 7-26 容易记忆?图 7-27 有什么便于记忆的特征?)。

2）第二环节　介绍“思维导图”的相关知识

（1）思维导图的特征（见图7-28）。

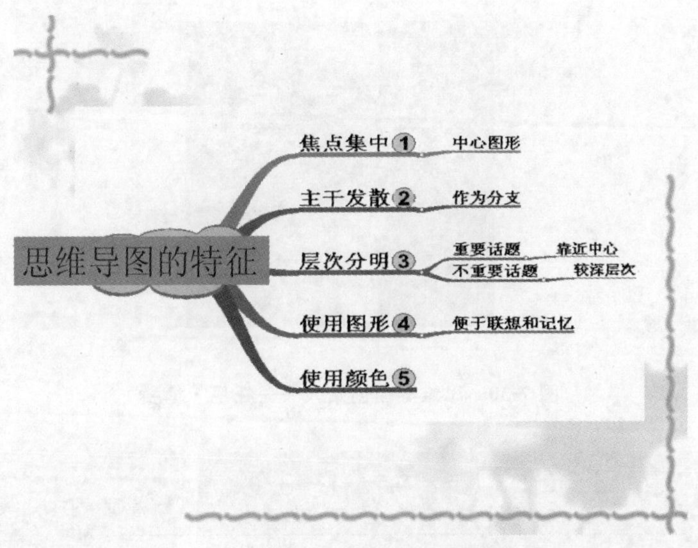

图7-28　思维导图特征

（2）思维导图与达·芬奇。图7-29所示为达·芬奇手稿。

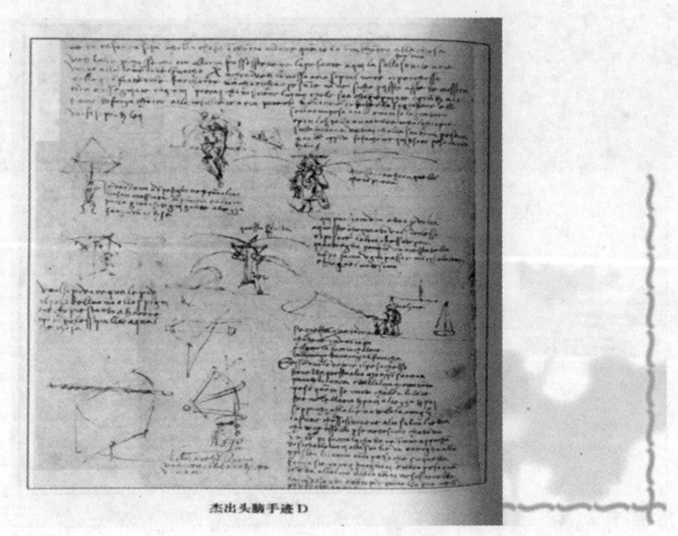

图7-29　达·芬奇手稿

介绍思维导图创始人的故事。图7-30所示为思维导图创始人——托尼·博赞。

3）第三环节　制作属于自己的“思维导图”

以“气质的类型”为例，在课堂中带领学生一起绘制属于他们自己的“思维导图”（见图7-31）。

图 7-30　思维导图创始人——托尼·博赞

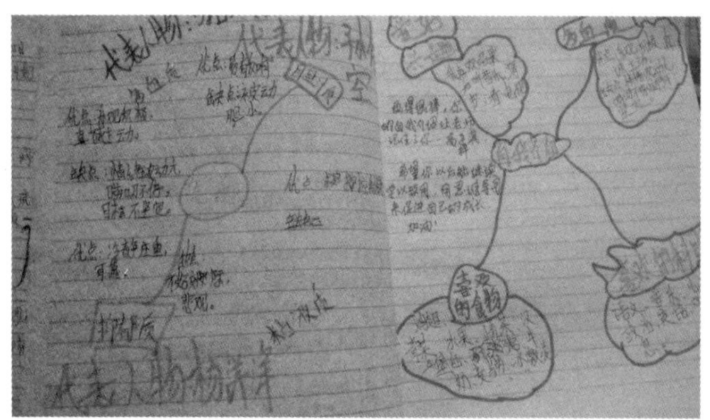

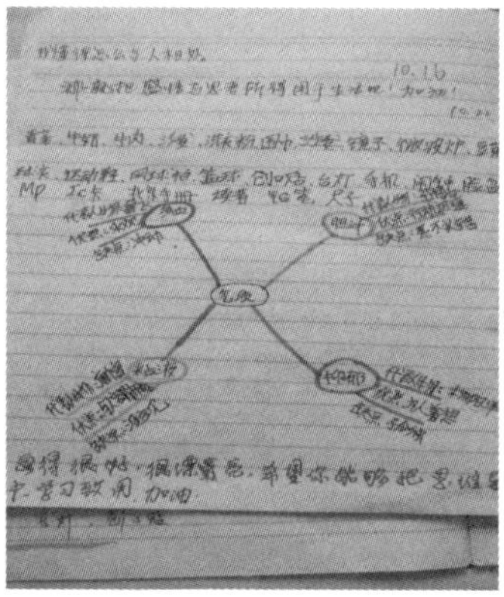

图 7-31　学生作品(作品提供者:王远)

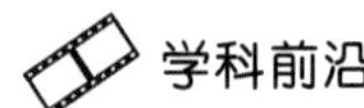

个人成长经验学习模式

人类成长的历程可以分为三个广泛的发展阶段，如图 7-32 所示：

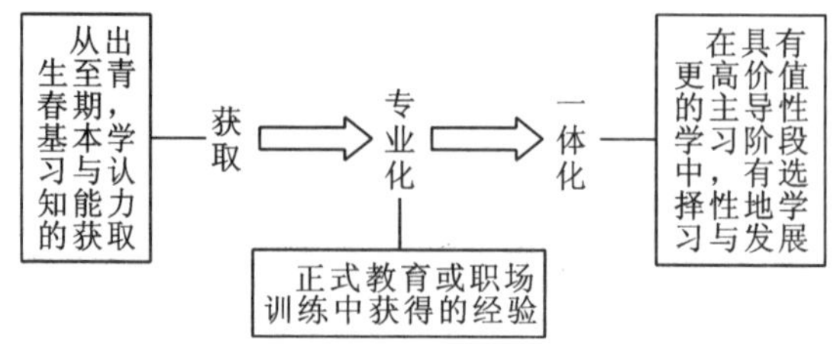

图 7-32　个人成长与体验学习模式

第一个阶段,获得。指从出生到青春期期间基本学习能力和认知结构的获得。

第二个阶段,专业化。它是在正式教育或者职场训练中获得的知识以及成年工作和个人生活的早期经验。此阶段是个体在社会化进程中风速成长的时期。在各式各样的训练中,个体或因习得、或因自身感悟等方式而形成应对职场需求的相应知识与技能。

第三个阶段,一体化。是指非主导性的适应模式或学习方式的再主张和表达。在具有更高价值的主导性的学习方式的发展阶段中,被压制或者闲置的适应世界的方式在人们新的兴趣、生活方式的改变中,或者在个人选择事业中、新的创造中得到了表达。

(资料来源:Kolb D. A. Experiential learning:Experience as the source of learning and development. Englewood Cliffs, NJ:Prentice Hall,1984)

心理训练

图 7-33 所示为情境模拟训练,图 7-34 所示为情境模拟 2 中的案例。

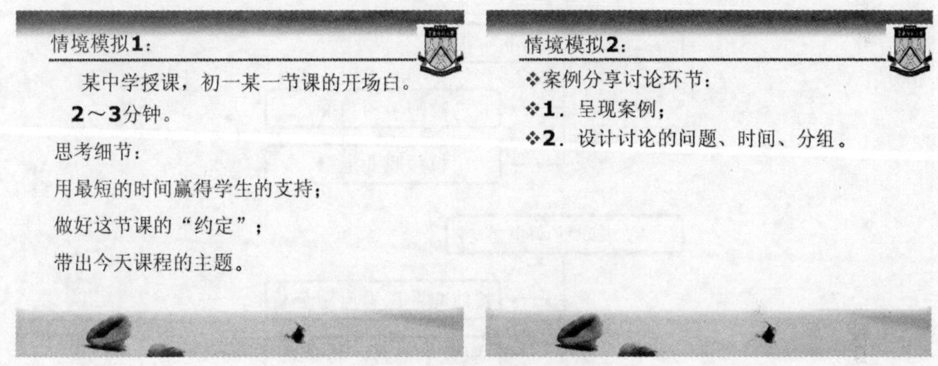

图 7-33　情境模拟训练

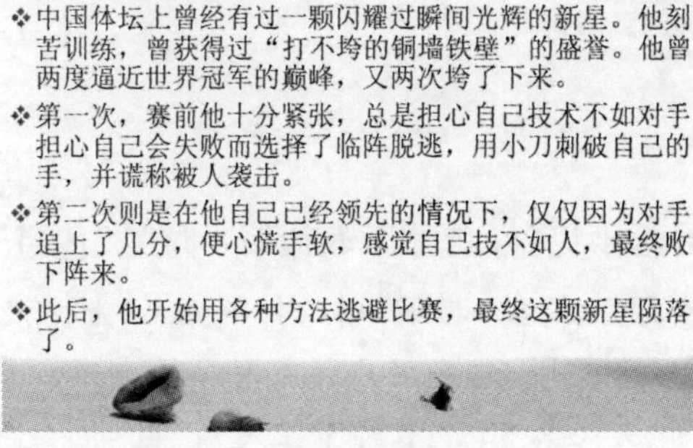

图 7-34　情境模拟 2 中的案例

Chapter Eight

第八章

教师心理调适

本章结构

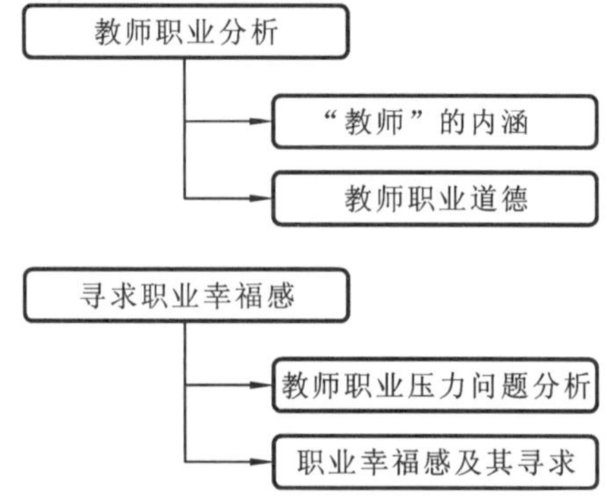

第一节　教师职业分析

案例分享

习近平论“好老师”:教师第一位是“传道”

新华网北京2014年9月9日电　据新华社“新华视点”微博报道,习近平总书记9日上午来到北京师范大学看望一线教师,向全国广大教育工作者致以节日祝贺。在学校主楼参观“尊师重教、筑梦未来——庆祝第30个教师节主题展”时,他在“教师世家”、“特岗计划”、优秀教师代表先进事迹等图片图表前驻足停留,听取介绍,不时插话询问。

习近平:教师第一位是“传道”

展厅内,摆放着一张北师大早年一位毕业生公共课考试的成绩单,听学校负责人介绍说排在第一的公共课就是“人伦道德”,总书记转过身来,笑着对随行人员说,古人说“传道、授业、解惑”，教师职责第一位的就应该是“传道”。

习近平论“好老师”

习近平和北师大师生代表座谈时说，一个人遇到好老师是人生的幸运，一个民族源源不断涌现出一批又一批好老师则是民族的希望。做好老师，要有理想信念、道德情操、扎实学识、仁爱之心，把自己的温暖和情感倾注到每一个学生身上，用欣赏增强学生的信心，用信任树立学生的自尊。

（资料来源：http://news.xinhuanet.com/politics/2014-09/09/c_1112412661.htm#）

在你的心目中，教师的第一职责是什么？怎样的教师是“好老师”？你会用怎样的词汇来形容“教师”这一职业？是“人类灵魂的工程师”？“辛勤的园丁”？“铺路石”？“孺子牛”？“蜡烛”？让我们一起来了解一下教师这个职业的基本规范吧。

一、“教师”的内涵

什么是“教师”？怎样的人能成为教师？在学术界，对于“教师”的界定有广义和狭义之分。广义的教师泛指传授知识经验的人。而狭义的教师，往往是指受过专门教育和训练，并担任教育工作的人。教师是学校里承担向学生传授知识、技能，发展学生体力，培养学生思想品德任务的人员。

知识链接

教师的职业特点

第一，教师职业地位的重要性。教师通过传递知识和文明，塑造人的个性，培养新一代物质文明和精神文明的创造者。正如别林斯基所说：“教师的职位多么重要，多么伟大与神圣；整个人生的命运都操在他手里。”

第二，教师职业具有专业性。教师职业是一种具有明显专业性的职业。从事教师职业的人必须具有特定的专业知识和专业技能，必须经过特定的专业训练和专业实践。教师是专业人员，教师职业具有专业性，这种认识在西方发达国家已成定论。1996年，联合国教科文组织在《关于教师地位的建议》中提出，“教育工作应被视为专门职业。这种职业是一种要求教员具备经过严格而持续不断的研究才能获得维持专业知识及专业技能的公共任务；它要求对所辖学生的教育福利具有个人的以及共同的责任感。”

第三，教师职业的多角色性。在教育教学活动中，教师与学生角色相对应，这是一种被称为“老师”的独立角色。但是，教师在履行其职能时，通常以多种角色表现出来，所扮演的角色包含了领导者、管理者、严父慈母、朋友、心理咨询医生、保健医生、体育教练等多种角色。

第四,教师职业的示范性。教师职业的特殊性决定了其示范性。在具体教育教学过程及社会生活中,人们尤其是学生把教师的一言一行视为榜样。教师个人的道德情操、人生观、世界观、人格修养、学识、气质风度等都会作为榜样而影响学生,对他们发生潜移默化的影响。

(资料来源:唐红波,《心理学》,广东省语言音像电子出版社,2009 年)

二、教师职业道德

(一) 内涵

早在 1997 年,我国颁布了《中小学教师职业道德规范》,提出了中小学从业教师的应有基本职业道德规范。直到 2008 年 9 月 1 日,根据新时代的需求,首次对 1997 年版的规范进行了修订。与旧版本相比,新规范从原来的 8 条改为了 6 条,在保留原来内容的基础上,新增了一些条目。"教师职业道德"这个话题成了行业的热点话题。什么是教师职业道德?从其内涵而言,是指教师在其职业生活中,调节和处理与他人、与社会、与集体、与工作关系所应遵守的基本行为规范或行为准则,以及在此基础上所表现出来的观念意识和行为品质。也即俗称的"师德"。

知识链接

《中小学教师职业道德规范》的基本内容(2008 年版)

(一) 爱国守法。热爱祖国,热爱人民,拥护中国共产党领导,拥护社会主义。全面贯彻国家教育方针,自觉遵守教育法律法规,依法履行教师职责权利。不得有违背党和国家方针政策的言行。

(二) 爱岗敬业。忠诚于人民教育事业,志存高远,勤恳敬业,甘为人梯,乐于奉献。对工作高度负责,认真备课上课,认真批改作业,认真辅导学生。不得敷衍塞责。

(三) 关爱学生。关心爱护全体学生,尊重学生人格,平等公正对待学生。对学生严慈相济,做学生良师益友。保护学生安全,关心学生健康,维护学生权益。不讽刺、挖苦、歧视学生,不体罚或变相体罚学生。

(四) 教书育人。遵循教育规律,实施素质教育。循循善诱,诲人不倦,因材施教。培养学生良好品行,激发学生创新精神,促进学生全面发展。不以分数作为评价学生的唯一标准。

（五）为人师表。坚守高尚情操，知荣明耻，严于律己，以身作则。衣着得体，语言规范，举止文明。关心集体，团结协作，尊重同事，尊重家长。作风正派，廉洁奉公。自觉抵制有偿家教，不利用职务之便谋取私利。

（六）终身学习。崇尚科学精神，树立终身学习理念，拓宽知识视野，更新知识结构。潜心钻研业务，勇于探索创新，不断提高专业素养和教育教学水平。

（资料来源：百度文库）

（二）教师职业道德的基本构成

教师职业道德主要由教师职业理想、教师职业责任、教师职业态度、教师职业纪律、教师职业技能、教师职业良心、教师职业作风和教师职业荣誉八个因素构成。

1. 教师职业理想

教师职业理想，往往指向教师对于未来工作类别的选择以及在工作上达到何种成就的向往和追求。一般而言，我们建议教师的职业理想可以从以下细节中予以考量：是否热爱教育事业？是否热爱学生？是否愿意献身教育事业？是否有勇于同一切危害教育事业的行为做坚决斗争的意识或行为？是否坚持不懈地提高自身素质？

知识链接

我想成为这样的老师

童年时，每每去爷爷家，最吸引我的，便是他那本放在写字台上厚重的笔记。打开，呈现眼前的不仅是书写工整、形体漂亮的一行行汉字，还有色彩斑斓的笔迹：黑色的是“教学内容”，红色的是“教学重点”，蓝色的是“课后反思”。它们让原本普通的笔记本变得更有价值，充满魅力。爷爷说，那是他每一次在夜晚灯下的汗水与智慧，是他面对学生讲课时的信心与底气。那时，我想成为像爷爷一样的老师——做一个能够教授学生知识的人。

少年时，最熟悉的人，是爸爸的学生。他们是爸爸在饭桌上讲给家人听的那一个个有趣故事中的主人公；他们是在爸爸下班回到家后，可以随时带着“不懂”与“坏心情”来做客的小朋友；他们是我“爸爸时光”的分享者，是爸爸全部耐心与爱心的接受者。爸爸说，他们是他常挂心头的人，是他引以为傲的唯一财富。那时，我想成为像爸爸一样的老师——做一个把学生当自己孩子般来爱的人。

青年时，我如愿以偿，顺利考入师范专业，成了一名准教师。那段日子里，校园中我喜爱的每一位老师，都成了我身边最直观、最有教益的模范，成了我心中最鲜活、最生动的榜样。在他们自觉或不自觉的引导下，我崇拜着孔子，翻看着《论语》，记住了“其身正，不令而行；其身不正，虽令不从”，并在他们潜移默化的深远影响下读懂了其中的含义。那时，我想成为像他们一样的老师——做一个给学生起到良好示范引领作用的人。

后来，终于走上了独属于我的三尺讲台，拥有了可以体现我生命价值、燃烧青春热血的地方，迎来了我教育土壤中将要播种的第一批幼苗。那时，我想把我所学到的一切东西，完完全全、一股脑地传授给他们，想让他们尽快地拥有更多的知识与才艺；那时，我想像初次成为母亲的人一样，把所有的爱，全部毫无保留地奉献给他们，想让他们也快速地爱上我，这个给予他们最无私师爱的人；那时，我总是将自己的体悟与感受通过说教的方式，逼迫他们认同与接受，总是期待他们成为我所希望成为的那类人……直到我周围的前辈们告诉我，教学生，就像种庄稼，浇浇水，驱驱虫，施施肥，用心栽培，不可着急，更重要的是，作为老师，你要做一个有高尚德行的人。

这时，我终于明白，其实，我该成为这样的老师——既有思想，又有信仰；既有学问，又有品行；既懂得爱，又会爱；既能春风化雨，又能润物无声……

我想成为这样的老师，我该成为这样的老师，我会成为这样的老师。

（资料来源：http://www.jyb.cn/china/gnxw/201409/t20140920_598701.html）

2. 教师职业责任

教师职业责任，即教师必须承担的职责和任务。具体而言，包括：对学生负责，对学生家长负责，对教师集体负责，对社会负责，勇于承担教书育人的天职和时代交付的历史使命等若干职责与任务。

知识链接

我们首先需要通过教师关注学生的整体发展来解决的问题是：好教师关注的学生整体发展是什么？在我们看来，好教师应该关注学生的认知和情感发展。在关注学生认知发展时，不仅要重视学生的注意、记忆、感知觉等的初级认知，还要随学生成长关注其分析、判断、推理和决策的思维，关注语言、概念形成和知识表征的能力，关注问题解决、专长形成和创造力等高级认知。然而，仅仅是关注认知发展是远远不够的，还需要关注学生的情感发展。对教师来说，重要的是具备促进学生情感发展的教育能力。

好教师应该关注学生的道德和公民性发展。不仅要关注学生道德发展中的知、情、意、行的规律，还要关注学生公民性发展中的社会责任和权利、政治责任和权利，尤其是要关注学生的国家和民族认同的发展。

好教师应该关注学生的个性发展和社会性发展。理解学生的个性发展是在遵循社会基本准则、规则、习俗等制度基础上的独特品性和风格。要消解学生发展中的自私自利和个人主义，还要关注学生的基础社会性和高级社会性发展，以及消极社会性和积极社会性发展，促进学生自我个体和社会角色认同、培养其适应、引领社会变化的社会责任和领导力，需要培养学生的合作、分享、团结、尊重、包容、理解等积极社会性，更要培养学生解决不和、冲突、矛盾、对抗、竞争等的社会能力。

好教师应该关注学生的健康和安全发展。健康和安全是学生的生命保障，除身心健康外，还有精神健康、环境健康、社会健康。教师既要为学生发展创造安全环境，还要促进学生的安全发展，包括生命安全、性安全、信息安全等。

好教师还要关注学生的艺术和审美发展。学生的艺术发展是指学生的艺术知识和技能的发展，这是艺术教师的工作内容。但学生审美发展既与艺术发展紧密联系，同时还可以独立于艺术发展。学生可以通过审美意识、体验、创作的过程获得审美的知、情、意、行的发展，而对学生这种发展的关注是好教师应尽的责任。

从以上对好教师应关注学生的整体发展的理解来看，我们虽然在认识上以不同维度来表达，但教师必须具有这些维度的整体认识，任何一个学段、一个年级、一个学科的教师，都需要有这种学生发展的整体观，从而使教师时刻都面对着一个整体发展的学生。

（资料来源：http://www.jyb.cn/china/gnxw/201409/t20140924_599048.html）

3. 教师职业态度

教师职业态度，是指教师对自身职业劳动的看法和采取的行动，简而言之，就是教育劳动态度或者教师劳动态度。在当今时代，教师这一行业提倡从业者具备主人翁的责任感、从事教育劳动的光荣感与自豪感、有肯吃苦的精神等基本职业态度。图 8-1 所示为孔子图。

图 8-1 孔子图

4．教师职业纪律

教师职业纪律，即教师在从事教育劳动过程中应遵守的规章、条例、守则等。一般而言，我们建议教师可从以下渠道提升自己的纪律意识：认真学习教师职业纪律的有关规定，在教育劳动中恪守教师职业纪律，从一点一滴做起，虚心接受批评，勇于自我批评，及时改正错误等。

知识链接

《中小学教师违反职业道德行为处理办法》(节选)

第三条　本办法所称处分包括警告、记过、降低专业技术职务等级、撤销专业技术职务或者行政职务、开除或者解除聘用合同。其中，警告期限为6个月，记过期限为12个月，降低专业技术职务等级、撤销专业技术职务或者行政职务期限为24个月。

第四条　教师有下列行为之一的，视情节轻重分别给予相应处分：

（一）在教育教学活动中有违背党和国家方针政策言行的；

（二）在教育教学活动中遇突发事件时，不履行保护学生人身安全职责的；

（三）在教育教学活动和学生管理、评价中不公平公正对待学生，产生明显负面影响的；

（四）在招生、考试、考核评价、职务评审、教研科研中弄虚作假、营私舞弊的；

（五）体罚学生的和以侮辱、歧视等方式变相体罚学生，造成学生身心伤害的；

（六）对学生实施性骚扰或者与学生发生不正当关系的；

（七）索要或者违反规定收受家长、学生财物的；

（八）组织或者参与针对学生的经营性活动，或者强制学生订购教辅资料、报刊等谋取利益的；

（九）组织、要求学生参加校内外有偿补课，或者组织、参与校外培训机构对学生有偿补课的；

（十）其他严重违反职业道德的行为应当给予相应处分的。

（资料来源：《教育部关于印发〈中小学教师违反职业道德行为处理办法〉的通知》）（教师【2014】1号）

5．教师职业技能

教师职业技能，往往表现为教师教书育人的本领。教师教书育人活动的效果是教师职业技能的反映。

知识链接

怎样才能做一名好老师？就是要学习，把学习作为进步的动力。习近平总书记提出的对好老师的四点要求，就是每个老师学习努力的方向。习近平总书记的讲话，娓娓道来、循循善诱，非常平实，很有人情味。老师们要认真学习、细细体会。首先要提高对教育事业的认识、提高对教育事业的热情。有了高度的认识和热情就会不断去钻研、反思自己的教育教学行为，不断改进、不断提高。著名教育家吕型伟说过："教育是事业，其意义在于奉献；教育是科学，其价值在于求真；教育是艺术，其生命在于创新。"要成为一名好老师，就要有奉献精神、求真精神、创新精神。要求共、要创新，就要学习。教育的发展在于改革，教育的改革在于创新，教育的创新在于学习。老师要终身学习，成为建设学习型社会的典范，不仅要学习教育专业知识，还要学习相关专业的知识，甚至与教师职业无关的知识，教数学、理科的老师不妨学点文学艺术；教文科的老师不妨读点科普作品，以便提高自己的文化修养。文化修养提高了，不仅自己的生活品位提高了，而且还能高屋建瓴地理解教育的真谛，从而构建自己的教育思想，创建自己的教育风格，成为习近平总书记要求的好老师。

（资料来源：http://www.jyb.cn/china/gnxw/201409/t20140927_599541.html）

6. 教师职业良心

教师职业良心，集中表现为教师在对学生、学生家长、同事，以及对社会、学校、职业履行义务的过程中所形成的特殊道德责任感和道德自我评价能力。

知识链接

师爱的魅力

通过学习，我感受到教师的人格魅力，对学生起着长远的教育作用。师德在日常生活中具体体现为师爱，这种爱是情感与理性的融合。

案例：课间十分钟，王杰铅笔盒里的10元钱不翼而飞了，同学们议论纷纷："我看见刘欣一个人偷偷摸摸地在教室里，一定是她，她家只靠她妈妈一个人挣钱供姐妹俩上学，可穷了。""搜身，搜身。"不知谁提出了建议，立即有一些同学赞成。我当时并没有发火，也没有搜查，只是感到心里沉甸甸的。我把目光一一扫过每一个学生，教室里出现了从来没有过的安静。当我的眼神与刘欣的眼神相碰的一刹那，一种复杂的情感从她的脸上掠过。我马上意识到，不能伤害孩子的自尊心，要把坏事变成好事。"同学们，王杰同学准备买钢笔的钱不见了，大家能帮帮他吗？""老师，我们大家每个人给她凑一点钱。""老师，我把这支钢笔送给他。"同学们纷纷伸出了热情之手。王杰非常感动，我也被这一颗颗可爱的童心感染着。我接着说："同学们表现得很好，当别人遇到困难时一定要鼎力相助，使他感受到集体的温暖。我不能断言这10元钱一定被某个同学拿走了，但肯定是咱们班的同学，我猜他一定遇到了什么困难，我想他心里也很难受。我们班是个优秀的班集体，希望每个学生都做诚实的孩子，不希望再发生这样的事。"第二天，我在语文书里发现了10元钱和一封短信："老师，真对不起，我不应该做出这样的事。爸爸去世后，妈妈为供我和姐姐上学累倒了，我想给妈妈买点药……"泪水顿时模糊了我的视线。随即我也给她回了一封信，悄悄地放进了她的铅笔盒："看了你的信让我很感动。你是个懂事的孩子，生活的重担过早地压在了你的肩头，但人穷不能志短，有困难我和同学们都愿意帮助你。"以后的两年学习生活再也没有发生过这样的事情。我号召大家共同帮助她，把省下来的本送给她。她在爱的呵护下，学习成绩进步很大。

正如一位教育家所说："一个真诚的教育者必定是一位真诚的人道主义者。一个受孩子衷心爱戴的老师，一定是一位富有人情味的人。"苏霍姆林斯基说："教师的爱应该是明智的爱。"理性的爱是独立的人与人之间的情感。因此，理性的爱意味着尊重。师生之间也只有这样的情感才是最宝贵的。这就是说教师要尽量使自己具备"学生的心灵"——用"学生的大脑"去思考，用"学生的眼光"去看待，用"学生的情感"去体验，用"学生的兴趣"去爱好！正如一位教育家所说："从早到晚我们一直生活在孩子们中间，我们的手牵着他们的手，我们的眼睛注视着他们的眼睛，我们随着他们流泪而流泪，我们随着他们微笑而微笑。"有了这份情感，教师的爱就有了基础，师生心里就有了共鸣，教师的奉献就有了可能。

有人说，所谓"热爱"，就是一个人对他人燃烧的心；所谓"情"，是与他人产生心理的共鸣。因此，爱生是教师与学生心理和谐共振的过程。学生得到教师的爱，也会激发出对教师的爱，反馈回去，形成爱的双向交流。首先，学生会表现出自觉尊重教师的行动，十分愿意接近老师，希望与老师合作，这就是所谓的"亲其师"；随之而来的就是"信其道"，教师的教育影响，很容易被学生所同化，教师的要求学生心甘情愿地接受，教育的目标也正是在这种双向交流过程中得以实现。爱心的双向交流更重要的效应还在于它能使师生人格升华，激发出巨大的能量和潜能。世上所有的爱都应当使爱者和被爱者更加幸福快乐，更加趋向人性的自我完善，使人格得以提升。因此，教师的爱要将情感的热烈与理智的永恒融合在一起，这样才能教育出适合时代发展的学生。

（资料来源：http://www.ftedu.gov.cn/html/c81/2010-11/1614.htm）

7. 教师职业作风

教师职业作风,即教师在自身职业活动中表现出来的一贯态度和行为。

知识链接

一项关于教师幸福感的调研结果显示:教师 21 项积极心理品质总体水平良好,超过中数。发展得最好的三项品质为感恩、社交智力和诚实,发展较差的三项品质为幽默风趣、友善和洞察力。未来可加强教师幽默风趣、友善和洞察力三项品质的培养(见图 8-2)。

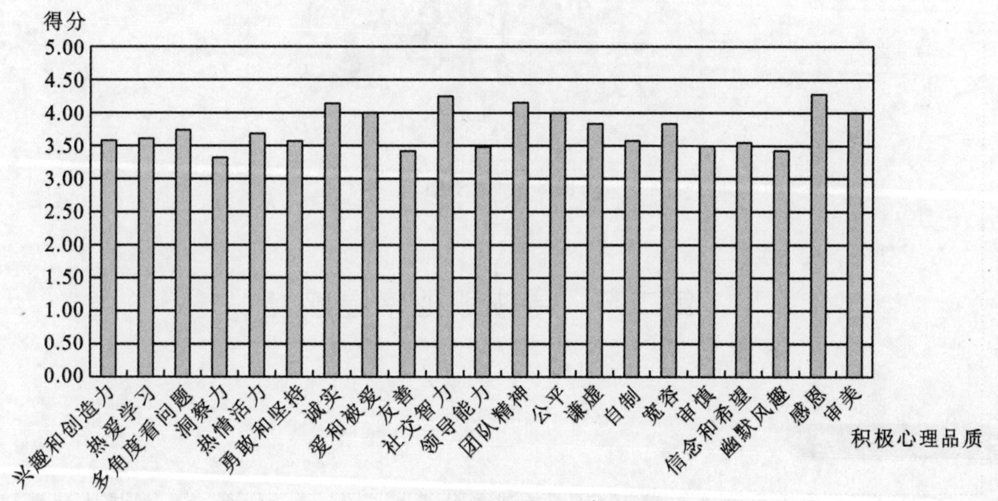

图 8-2　教师积极心理品质调查

(资料来源:张冲,《教师幸福感发展现状和培养对策研究》,《中国特殊教育》,2011 年第 9 期,第 31～37 页)

8. 教师职业荣誉

教师职业荣誉,体现为教师在履行职业义务后,社会给予的赞扬和肯定,以及教师个人所产生的尊严与自豪感。

图 8-3 所示为孟子图。

图 8-3　孟子图

第二节　寻求职业幸福感

案例分享

一项选用《工作倦怠量表》(MBI-GS) 的调查结果显示(如表 8-1 所示),教师情绪衰竭较严重,选项“经常”和“频繁”累计百分比在 39%(崩溃)~79%(精疲力竭)之间。说明教师工作压力大,责任大,教师职业对教师的要求高。

表 8-1　教师情绪衰竭统计

	极少		偶尔		经常		频繁	
	人数/人	百分比/%	人数/人	百分比/%	人数/人	百分比/%	人数/人	百分比/%
工作让我感觉身心具惫	37	13	58	21	90	32	95	34
下班的时候我感觉精疲力竭	22	8	37	10	102	36	119	43
早晨起床面对一天工作,我感觉非常累	40	14	71	25	91	33	78	28
工作对我来说确实压力很大	30	11	52	19	101	36	97	35
工作让我有快要崩溃的感觉	92	33	79	28	65	23	44	16

(资料来源:白钟玲、陈雪梅、陈玉曦,《中小学教师心理状况的调查研究》,《成都电子机

械高等专科学校学报》,2012 年第 15 卷第 2 期)

情感耗竭是指个体的情感资源在负面事件的长期影响下已消耗殆尽,导致精力的丧失和疲劳的产生,在心理上感觉到无法再做出进一步的奉献,甚至无法应对工作上的新要求。这是个体出现工作倦怠的重要指征。从该项研究结果可知,教师的身心健康状况堪忧。那么,如何更理性地看待职业压力?如何从中寻求职业幸福感?这正是本节要探讨的重点。

一、教师职业压力问题分析

(一)压力的理论模型

关于"教师职业压力"的界定,学术界目前依然争论不休,各执一词。一般而言,"教师职业压力"可解读为:发生在"教师"这一特定职场上,从业者因各种压力诱因的存在,而诱发的一种情绪状态,如紧张、消极、不愉快等。职业压力对个体而言,存在两重性:一则体现为对工作的积极推动作用,可以理解为动力;二则体现为消极的阻力。具体而言,一方面,因为动力的存在,让个体对所从事的工作或正面临的任务充满了期待感,它将促使个体带着挑战性与兴奋去参与工作或处理事务。而另一方面,职业压力的消极作用也可明显地影响教师的生理、心理和行为。比如,工作压力可能会导致教师出现不稳定的情绪和不健全的心理。多项研究结果显示,长期的工作压力会造成情绪失常和情感疲倦,这具体表现为:莫名的焦虑、压抑、担忧、受挫感、无助感以及缺乏安全感,并且经常感到不安,性格脆弱,丧失自信心,对工作不满意并感到疲惫等。此外,工作压力的积蓄可能会导致教师的消极行为显著增多,如行为冲动、易激动、暴饮暴食或缺乏食欲、吸烟喝酒等。又如,工作压力将有可能影响教师自身的身体健康状况。因此,如何正确看待压力问题,是从业者需要审慎对待的问题之一。

1. 教师职业期望模型①

Smith 和 McCarthy 在 1982 年提出专业人员的倦怠感与专业期望有关,而个人的专业期望会受到控制点的影响。专业期望可分为理想化(reasonable)和实际化(realistic)的专业期望:前者是指一种直觉的、未经验证的、基于个人理想所引发的期望;后者是指通过明确、可验证的途径以察觉环境的方式。当教师怀有理想化专业期望时,容易对外在环境不满,同时由于外控信念而加深个人挫折感,并以伤害、消极方式应对,最终导致生理、情绪耗竭等工作倦怠症状发生;当教师怀有实际化专业期望时,较容易掌握实际情况并做适当调整,由于内控信念而减少挫折,并且采取积极又合乎实际的应对策略,并导向专业的成长。

2. 教师职业压力模型②

Sifllpson、McFadden、Moracco 提出了教师职业压力的模型,如图 8-4 所示。该模型强调教师个体特征在压力产生过程中的影响作用。模型把潜在的压力源分为三个部分:社会压力源、职业压力源和家庭压力源。这三者之间的关系可以这样来描述:潜在的职业压力源

---

① 仝聪,《西安市小学教师压力应对与工作倦怠关系研究》,西北大学硕士学位论文,2010 年。

② 许思安、唐红波,《教师心理保健》. 广东省语言音像电子出版社,2007 年,第 8 页。

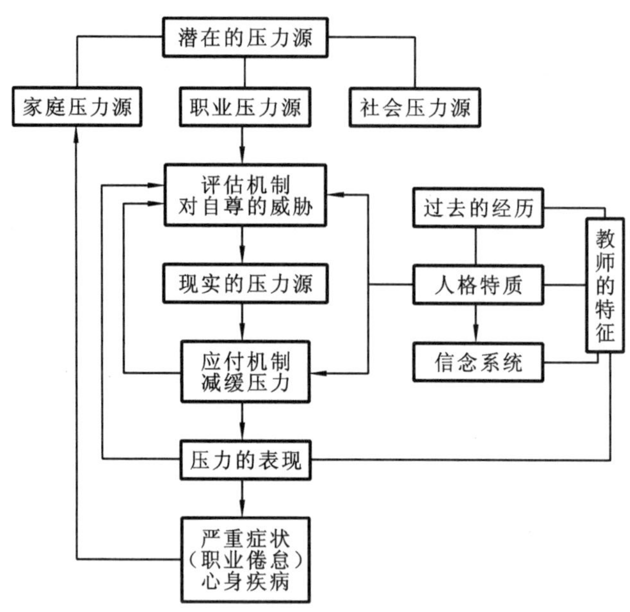

图 8-4　教师职业压力模式图

并不一定导致职业压力，只有当其成为现实的压力源时，才会对教师产生影响。而潜在的压力源是否会成为现实的压力源取决于教师的评估机制。比如，当某一个或某一些潜在的压力源被教师认为会对自己的健康或自尊构成威胁时，潜在压力源就会变成现实的压力源。而教师的评估机制则会受过去的经历、自己的人格特质以及信念系统等很多因素影响。

（二）教师的压力源分析①

职业压力的来源包括外在因素和内在因素两大方面。具体而言，体现在社会环境因素、学校因素、家长因素、学生因素以及教师自身因素等五个方面。

1. 社会环境因素

教师的职业压力，有相当一部分来自于社会角色期待的影响。古往今来，对于“一个好老师应具备怎样的素质”，社会中存在着特定的要求。其中，“知识渊博、无私奉献、不计报酬”是较为普罗大众所认可的好老师的必备要求。大众正是以类似的刻板化、完美化的标尺要求着、衡量着我们的每一位教师，这在无形之中，为教师的职业生涯添加了许多困扰。

此外，当前社会的整体就业形势并不乐观，汹涌的求职队伍中，有应届或往届的本科、硕士甚至博士毕业生，有因放宽教师就业“准入”条件、经过考核而获得教师资格的社会人士，教师的就业市场出现“供”过于“求”的现象。此外，在职老师还要面临教师聘任制、竞争上岗、末位淘汰制等，这些都或多或少加剧了老师的心理压力，为其带来了沉重的现实压力。

---

① 许思安，《中学政治学科课堂教学心理》，广东高等教育出版社，2014 年。

2. 学校因素

1) 教师的工作往往较为烦琐,涉及诸多细节

教师的工作量通常较大:90%的中小学教师每周要上15～20节课;要批改大量的作业;要利用课余时间辅导学生;要开设第二课堂或者兴趣小组;要备课、写教案、做课件;要出试卷、批改试卷;要写教学教育计划、写总结;要组织学生参加名目繁多的竞赛;要迎接各式各样的检查、评估;要晚自习答疑;要与家长打交道;班主任还要处理大量的非教学工作,如维持纪律、管理学生值日、监督"两操"、宿舍管理等等。

此外,学校教育的特殊性,也增加了教师的工作职责。学校对学生的在校学习和生活要负起多方面的责任,包括人身安全、饮食卫生、学科学习、行为习惯的养成、心灵的健康成长等等。学校需承担的责任,自然转介到班主任以及任课老师身上;此外,为了保证学校的运作有条不紊地进行,班主任还需要把学校的规章制度事无大小地告知学生。学校的住宿制度、衣着规范、奖惩制度、近期要加强的方方面面等等,都需要通过班主任"传达"给学生;因此,稍有责任心的老师,特别是中小学的班主任,整天神经都绷得紧紧的,生怕遗忘了"传达"某些消息,或者遗落了某些工作。

2) 评价机制的相对单一化

现行的教育体制依然没有摆脱"应试教育"的标尺,在这种大环境下,人们依然自觉或不自觉地以学生的学习成绩和学生的升学率作为对教师教学能力的评价标准。采取终结性评价机制,无视学生的原有基础,按照班级最终的考试成绩,根据各级各类统考排名来对教师的进行奖惩,这些现象依然存在。这种评价机制的相对单一化,客观上营造了不良气氛。

3. 家长因素

随着国民素质的提升,家长的需求也在逐渐发生变化。一方面,家长有着浓郁的维权意识,对于孩子与教师之间的矛盾,大多数家长往往在情感上偏向于自己的孩子;另一方面,家长的要求在逐步增多、提高,除了希望教师有高素质及较高教学水平,还希望教师有高超的管理技能等等。这些需求的变化,为教师处理亲子矛盾、师生冲突增加了难度。

4. 学生因素

随着时代的进步,学生身体素质的大幅度提升,个体之间的差异性给教师在管理层面带来了新时期的新任务,如有的学生长期困扰于亲子关系,有的学生缺少学习的动力,有的学生不擅长与人交往,有的学生性格暴虐,有的学生喜欢自我封闭等等。

5. 教师自身因素

教师自身因素包括多个层面的原因,列举如下。

1) 角色混乱

教师的职业特性决定着教师必须充当多种多样的角色,这些角色包括:学生眼中的老师、为人父或为人母、榜样示范、朋友和知己,甚至是接受继续教育的学生等等。由于个体长期处于某种情境而导致习惯的养成,固定充当某一角色并形成心理定势后,当个体处于另一情境时,就会缺乏灵活的变通性,这就是角色冲突。长期充当教师的角色,使得有些教师在角色转换时产生心理困难和心理压力。比如,我们经常会听到教师子女这样抱怨:"妈妈在家里仍是一副教师样,老把我的成绩和她班上的同学相比,她在家里不像妈妈,而是个教师!"这样的教师不能及时地从教师的角色转换到父母的角色,使其在家中不能和亲人很好

地相处，加重了自身的心理负担。

2）人格因素

人格是心理特征的整合统一体，是一个相对稳定的结构组织，在不同的时空背景下影响人的外显和内隐行为模式的心理特征。人格标志着一个人具有的独特性，并反映人的自然性与社会性的交织。人格因素是引起教师压力的一个重要因素，现代学生所期待的现代教师的素质大部分属于教师的人格特征，包括教师作风民主，工作态度认真，尊重、关心、帮助学生，期待自身进步等良好的人格特征。如果教师不具备这些特质，那么很容易不受学生们的欢迎，在双边的教学过程中激发不了教与学的兴趣，会使得教师所教学科的成绩很差。此外，学生还会通过各种方式来表达对教师的厌烦，由此也会加大教师自身的压力。

知识链接

教师心理弹性与离职倾向

心理弹性是人们在面临压力、逆境、困难时，积极适应和良好发展的重要心理条件。它是个体成功应对消极生活事件的能力和人格特质，对个体的身心健康起到保护性的作用。心理弹性不仅可以促进个体的适应能力，而且可以进一步探索人们内部的成长动力。有研究发现，同样的不利因素对不同个体会产生不同的影响，高心理弹性的个体比低心理弹性个体的身心更健康。

教师心理弹性是教师在教学过程中适应和解决压力、困难等不利因素的能力和人格特质。已有研究表明，教师心理弹性是教师延长职业生涯、留在教学岗位并保持高质量教学水平的重要条件，也是新教师取得教学成功、保证教学承诺以及继续留任的主要原因。关荐、方静 2013 年的研究结果揭示：中学教师心理弹性和离职倾向之间关系密切，中学教师心理弹性得分较高，则离职倾向得分较低；心理弹性与离职倾向间呈显著的负相关。应重视心理弹性对离职倾向的预测作用，提高教师的心理弹性，降低离职倾向，使教师以积极的态度投入工作，维持教师队伍稳定。

（资料来源：关荐、方静，《中学教师心理弹性与离职倾向的关系研究》，《现代中小学教育》，2013 年第 7 期，第 79～82 页）

3）人际关系

教师工作中人际关系的和谐与否、工作信息交流程度、教师之间的认同、竞争的强弱等影响着人的心境。人际关系是人们在共同活动中为满足各种需要而建立起来的相互间的心理关系。学校中教师的人际关系主要包括师生关系、同事关系、上下级关系、个人与集体关系。这些关系处理不当同样对教师的心理产生压力。图 8-5 所示为人际关系与幸福感持续时间。

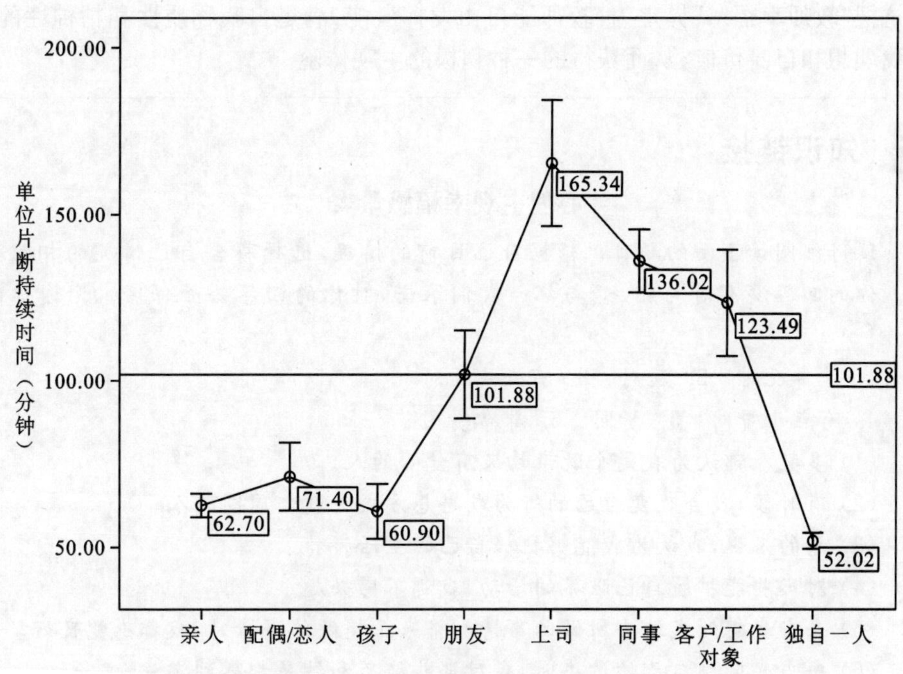

图 8-5　人际关系与幸福感持续时间

二、职业幸福感及其寻求

（一）职业幸福感概述

什么是幸福感？什么是职业幸福感？什么是教师职业幸福感？不同的学者有不一样的理解。

Ryff 和 Singer 以"人类繁荣"(human flourishing)来描述心理幸福感(psychology well-being,简称 PWB),将其定义为:"对完美实现个体真实潜能的追求"。PWB 的结构由六个维度构成:自我接纳 (self-acceptance),是指即使意识到自己的不足,人们也会试图保持对自己的良好感觉;与他人的积极关系(positive relations with others),即个体会寻求发展和保持温暖和信任的人际关系;掌控环境 (environmental mastery),是指个体改变他们的环境使其符合自我的需要和期望;自主性(autonomy),是指为了在社会环境中保持自己的个性,人们会寻求自我决定(self-determination)和个人权威(personal authority);生活目标感(purpose in life),即发现自己在各种努力和挑战中的意义,这是个体必需的一种努力;个人成长(personal growth),是指个体最大限度地激发自己的才干和能力,这是 PWB 的核心。

Joan 在 2003 年提出,职业幸福感是个体对自身工作各个方面的积极评价,包括情感、动机、行为、认知和身心幸福五个方面。

曹建强认为,"教师职业幸福感"是指教师在教育工作中的需要获得满足,自由实现自己的职业理想,发挥自己潜能并伴随着力量的增长所获得的持续快乐体验。

曾抗把“教师幸福感”界定为：教师能自由发挥潜能，满足自我物质性和精神性的需要，实现自我理想和自身价值，从而获得的一种积极的主观体验。

知识链接

心理主观幸福感量表

请仔细阅读下面的题目。根据自己目前的情况，选择符合自己情况的相应数字。你的回答没有对与错、好与坏。我们承诺，对你的回答给予保密。谢谢你的合作！

1. 非常反对　2. 反对　3. 有点儿反对

4. 有点儿赞同　5. 赞同　6. 非常赞同

(1) 多数人都认为我是个既亲切又有爱心的人。

(2) 有时候，我会改变自己的行为或思想方式去迎合周围的人。

(3) 总的来说，我认为我能够把握自己的生活。

(4) 对那些能扩展自己眼界的活动，我都不感兴趣。

(5) 每当我想到我过去所做的事情和将来希望做的事情时，我都感觉良好。

(6) 每当我回顾自己的过去时，我对那些经历和结果都感到满意。

(7) 对我来说，与人保持亲密的关系很困难，而且令我感到沮丧。

(8) 即使与多数人的意见分歧，我也不怕发表自己的意见。

(9) 日常生活对我的要求令我感到压抑。

(10) 总的来说，随着时间的流逝，我不断地加深对自己的认识。

(11) 我得过且过，从未真正地思考过未来。

(12) 总括来说，我对自己是肯定的，并对自己充满信心。

(13) 我常常感到寂寞，因为很少有亲密好友能与我分忧。

(14) 我的决定很少受他人影响。

(15) 我很难融入周围的人及环境。

(16) 我是那种喜欢尝试新事物的人。

(17) 我倾向于关注当前，因为未来总是给我带来麻烦。

(18) 我觉得我认识的许多人在生活中得到的比我多。

(19) 我很喜欢与家人或朋友作深入的沟通，彼此了解。

(20) 我比较在意别人对我的看法。

(21) 我对于日常生活中许多职责都处理得很好。

(22) 我认为现在的生活方式很好，不需要再作新的尝试。

(23) 我的人生有方向感和目标感。

(24) 若有机会，我愿意在很多方面改变自己。

(25) 我认为当好友向我诉说他们的烦恼时，做一个好的聆听者是最重要的。

(26) 我觉得对自己满意比获得他人的赞同更重要。

(27) 我常常被自己所承担的责任压得喘不过气来。

(28) 我认为,获得新经验是十分重要的。这些经验可以挑战我们对自己和对世界的既定看法。

(29) 我的日常活动看起来既琐碎又微不足道。

(30) 我对自己的性格大致感到满意。

(31) 很少有人愿意听我倾诉心事。

(32) 我很容易被那些很有主见的人影响。

(33) 假如我不满意现状,我会努力想办法去改变它。

(34) 回顾过去,我觉得自己并没有很大的改进。

(35) 我不太清楚自己的人生目标是什么。

(36) 虽然我曾经做过一些错误的决定,但总的来说,所有的事情我都尽力了。

(37) 我觉得从友谊中获益匪浅。

(38) 别人很难说服我去做我不想做的事。

(39) 总的来说,我能妥善处理个人财政及个人事务。

(40) 我认为无论任何年纪的人都能继续成长与发展。

(41) 我以前常常为自己定下目标,但现在觉得那是在浪费时间。

(42) 到目前为止,在很多方面我对自己在生活中获得的感到失望。

(43) 我觉得大多数的人比我有更多的朋友。

(44) 我觉得迎合他人比坚持自己的原则更重要。

(45) 我因未能应付每天必须做的事情而感到很大的压力。

(46) 随着时间的流逝,我对生活有很多感悟,这使我成为一个更加坚强、更有能力的人。

(47) 我喜欢为将来定下计划并努力去实践。

(48) 大致上,我对自己和所过的生活都感到骄傲。

(49) 人们认为我是一个肯付出并且愿意和他人分享自己的时间的人。

(50) 即使与人们的观点相悖,我仍然坚信自己的观点。

(51) 我善于灵活安排时间,以便完成所有工作。

(52) 随着时间的流逝,我感到自己成长了很多。

(53) 我能积极主动地完成自己制订的计划。

(54) 我羡慕许多人所过的生活。

(55) 我很少与别人有彼此关怀、互相信任的关系。

(56) 对我来说很难在有争议性的问题上发表自己的见解。

(57) 虽然我每天都很忙碌,但是能够处理好每一件事使我感到满意。

(58) 我不喜欢那些需要我改变以往处事方式的新环境。

(59) 有些人生活没有目标,但我不是这样的人。

(60) 我对自己的态度可能没有其他人的积极。

(61) 当谈及友谊时，我常感到与我无关。

(62) 我常因朋友或家人反对而改变我的决定。

(63) 因为我从未能完成我决心要做的事，所以当我制订每天的活动计划时，我常感到很沮丧。

(64) 对我来说，生活是一个不断学习、变化和成长的过程。

(65) 有时我感到已经做完了一生中所有要做的事情。

(66) 我醒来经常对自己的生活感到失望。

(67) 我和我的朋友都认为我们之间是可以互相信任的。

(68) 我不是那种会因社会压力而改变自己思想或行为的人。

(69) 我在社交活动和建立人际关系上所付出的努力是相当的成功的。

(70) 我很高兴看到自己的思想有所改变并日趋成熟。

(71) 我的人生目标为我带来的满足感多于挫折感。

(72) 虽然过去的日子有好有坏，但一般来说，我并不想改变它。

(73) 我很难敞开心扉跟别人沟通。

(74) 我很在乎别人如何评价我在生活中所作出的各种选择。

(75) 我难以用一种令我满意的方式来安排生活。

(76) 我早就不想对自己的生活作出重大的改善或改变了。

(77) 每当回想起我人生中所完成的事，我就感到很满意。

(78) 当我把自己和朋友、熟人相比时，我的自我感觉良好。

(79) 我和朋友都能够互相体谅对方的难处。

(80) 我不是按别人的标准，而是按自己认为重要的标准来衡量自己。

(81) 我已按照自己喜欢的方式营建家庭和生活方式。

(82) 我认为，“老来不学艺”这句话说得很有道理。

(83) 总的来说，我不确定我的生活是否充实。

(84) 每人都有他的弱点，但是我的弱点似乎比别人多。

量表评分：

《心理主观幸福感量表》由六个分量表共 84 个题项组成，分别是：自主性、掌控环境、个人成长、与别人积极的关系、生活目标和自我接纳分量表。

“自主性”包括以下题目：2＊,8,14,20＊,26,32＊,38,44＊,50,56＊,62＊,68,74＊,80。

“掌控环境”包括以下题目：3,9＊,15＊,21,27＊,33,39,45＊,51,57,63＊,69,75＊,81。

“个人成长”包括以下题目：4＊,10,16,22＊,28,34＊,40,46,52,58＊,64,70,76＊,82＊

“与别人积极的关系”包括以下题目：1,7＊,13＊,19,25,31＊,37,43＊,49,55＊,61＊,67,73＊,79

"生活目标"包括以下题目:5,11*,17*,23,29*,35*,41*,47,53,59,65*,71,77,83*

"自我接纳"包括以下题目:6,12,18*,24*,30,36,42*,48,54*,60*,66*,72,78,84*

注:*题项为反向计分题项。

(资料来源:Ryff C D. Psychological well-being in adult love, Current Directions in Psychological Science,1995)

综合上述观点,笔者更倾向于从以下几方面分析职业幸福感。

1. 职业幸福感来自需要得到满足

1) 关于"需要"的分析

人本主义学者马斯洛提出了"需要层次理论"。其理论的构成有3个基本假设:第一,人要生存,他的需要能够影响他的行为。只有未满足的需要能够影响行为,满足了的需要不能充当激励工具。第二,人的需要按重要性和层次性从基本的(如食物和住房)到复杂的(如自我实现)排成一定的次序。第三,当人的某一级的需要得到最低限度满足后,才会追求高一级的需要,如此逐级上升,成为推动个人继续努力的内在动力。这些"需要"以"金字塔"的形式进行排列。其中:生理需要是人的需要中最基本、最强烈、最明显、最原始的一种需要,主要包括衣食住行,还有各种感官快乐,如品尝、嗅闻、抚摸等;安全需要,表现为人们对秩序、稳定、工作与生活保障等的需要;爱和归属的需要,这是一种社会需要,它是指个人渴望得到家庭、团体、朋友、同事的关怀爱护和理解,是对友情、信任、温暖、爱情等的需要;尊重的需要包括受人尊重与自我尊重两方面,前者是希求别人的重视,获得威望、关心、地位、承认、名誉和赏识等,后者希求个人有价值,希望个人的能力、成就得到社会的承认,相关内容包括自尊心、自信心,对独立、知识、成就、能力的需要等;自我实现需要是人类最高层次的需要,位于需要层次之巅,指满足个体把各种潜能都发挥出来的一种需要,如不断地追求事业成功、使技术精益求精等等。

2) 关于"幸福"的探讨①

某哲人曾说,由古至今,人类文明发展的唯一的动力和能源,就在于对幸福的追求。那么,什么是幸福?我们且来分享一下:

"人生得意须尽欢,莫使金樽空对月!"是李白对幸福的表征;"安得广厦千万间,大庇天下寒士俱欢颜!"是杜甫心中幸福的胸怀;"人间最大的幸福莫如既有爱情又清白无暇。"是卢梭眼中的幸福;"对于大多数人来说,他们认定自己有多幸福,就有多幸福!"是林肯对幸福的感叹;"我的艺术应当只为贫苦的人造福。啊,多么幸福的时刻啊!当我能接近这地步时,我该多么幸福啊!"是贝多芬口中的呐喊。而对于呻吟的病人,也许健康就是幸福;对于风烛残年的老人,也许活着就是幸福;对于顽皮的孩子,得到一件心爱的玩具就是幸福;对于流浪的盲人,有家就是幸福;对于苦读的学子,金榜题名就是幸福;对于失恋的青年,被人爱着就

① 许思安,《中学政治学科课堂教学心理》,广东高等教育出版社,2014年。

是幸福。

除了这些来自个人的呼声外,学术界对于“幸福”也有着自己的见解。

(1) 儒家幸福观。

儒家(见图 8-6)提倡积极进取、奋发有为的人生,向内修身养性,形成仁、义、礼、智、信等良好的道德品质。向外要齐家、治国、平天下,求取功名,行中庸之道,不走极端,处理好人际关系等,儒家认为这样的人生才是幸福的人生。

图 8-6 儒家

(2) 道家的幸福观。

道家(见图 8-7)主张清静无为,顺其自然,崇尚返归自然,逃避尘世,过原始质朴和自由自在的田园生活。如老子曰:赤子之心,福祸相依。庄子言:无用、无所待、无情、不以人助天、无己(无功、无名),超越纷扰,自适其事,精神自由。

图 8-7 道家

(3) 佛家幸福观。

佛家常言"苦、集、灭、道四谛"。何解？苦谛，指人生有生老病死各种各样的痛苦。集谛，指痛苦的根本来源在于"爱"与"痴"。灭谛，指要摆脱痛苦的"生死轮回"，只有灭除贪爱欲望，修行念佛，消除无知。道谛，指达到幸福的彼岸即"涅槃"的方法与途径，即八正道(见、思、语、业、命、精进、念、定)。

知识链接

教孩子发现美好

儿子自从上了小学后就有了一个习惯，每天放学后会和我聊聊班上的事，我也挺喜欢听。可最近儿子却很喜欢说班上同学的缺点，这个太调皮了，那个成绩太差，我忍不住问他："他们就没有优点吗？"儿子想了想，摊着手说："我没发现他们有什么优点。""怎么会没有优点呢？每个人都有优点啊。"我对儿子说，可是儿子仍然坚持他的同学没有优点。看着儿子，我忽然想到了苏轼与佛印的那个故事，于是对他说："妈妈讲个苏轼的故事给你听吧？"儿子刚学了苏轼的诗，听我这样讲，开心地坐到了我的身边。我告诉儿子：苏轼与僧人佛印是好朋友，有一天，苏东坡问佛印："大师啊，在你看来我是什么？"佛印说："在我看来，你是佛啊。"苏轼听了非常开心，但他却对佛印说："可在我看来，你却是一堆牛屎。"故事讲到这里，儿子听了哈哈大笑。我看了儿子一眼继续讲：佛印听到苏轼这样说自己，倒也不生气，只是说："你心里有什么，看到的便是什么。心里有佛，看到的东西就是佛；心中有屎的，看到的东西自然就是屎。"讲完故事，我微笑地看着儿子，儿子也愣了，不好意思地对我说："妈妈，那我说同学的坏毛病，是不是说我也是个坏孩子？"我拍拍儿子的大脑袋说："我们每一个人都不可能那么完美，都有缺点，但我们任何人都应该带着欣赏的眼光去看待别人。当我们学会去寻找别人的优点，并欣赏这些优点时，这些优点也将慢慢地成为我们自己的优点。""为什么别人的点会成为我们的优点呢？"儿子不明白。我告诉儿子，学习别人的长处来补充自己的短处，才能够越来越优秀。因为每个人都渴望被人欣赏，也会去喜欢欣赏自己的人。一个能去欣赏他人的人，一定会是一个快乐且幸福的人，因为他能够发现美好，他也是美好的。

(资料来源：http://news.163.com/14/1023/11/A985K35M00014AED.html)

(4) 西方感性主义的幸福观。

西方感性主义学者们的共识是：幸福是一种感觉，来自于人的感性。他们认为人的幸福就在于人的感性生活，在于感性欲望的满足与快乐，而这些满足与快乐本身就是道德的。

其中，颇具代表性的是"肉体享乐主义"，惜勒尼学派的阿里斯提卜曾从自然主义的感觉论出发，认为肉体的快乐比精神的快乐更迫切、更强烈，所以肉体的快乐优于精神的快乐。他强调现实的、眼前的、感性肉体的快乐才是真实的快乐。他提倡要"及时行乐"、"有花堪折直须折"，"吃吧，喝吧，快活吧，因为你将来要死的"。

(5) 西方理性主义的幸福观。

古代理性主义代表有苏格拉底、柏拉图、斯葛特学派等;近代理性主义代表则有笛卡儿、康德、黑格尔等。他们均强调理性作用,贬低感性与情感的作用,主张抑制欲望,而追求道德的完善或精神上的幸福。

其中的典型是犬儒学派。他们把苏格拉底"美德即知识"的观点推向禁欲主义的极端。认为,美德就是关于如何控制自己、抑制自己欲望的知识。能够自制就是善,就是有德的人;不能自制,不能抑制自己欲望便是恶,就是无德的人。犬儒学派主张通过抛弃一切物质享受和感官快乐来接近至善,也就是用克制欲望来求得善,成为道德上的完人。

(6) 柏拉图的和谐幸福论。

柏拉图提出了一个"幸福公式":幸福=蜜泉+清凉剂。其中,蜜泉即快乐;清凉剂即智慧。他认为,单纯的感性生活不能获得幸福,而单纯的理性生活也不能得到幸福。因此,善的生活应该是一种混合的生活,是一种理性与感性、快乐与智慧混合的生活,是"蜜泉"加"清凉剂"的生活。

知识链接

一组关于教师幸福感的研究成果

吴静文 2011 年从实证的角度对我国中学教师幸福感进行分析,归纳出当前教师存在的一些状况:工作累且压力大,身心健康状况欠佳,对家庭及个人生活现状基本满意,总体幸福感尚待提高。

张俊 2012 年根据研究目的的需要,对城市、城镇和农村 11 名教师进行了访谈,结论是:①教师对幸福内涵的理解各不相同。②教师幸福感的发展变化模式受职业理想影响极大。③教师因优势需要获得满足而感到幸福,因优势需要未获得满足而丧失幸福感。④教师职业幸福感的形成与发展是有一定规律的。⑤教师幸福感的发展变化模式各不相同。一类模式是无变化类型模式,即两种极端类型模式,愿意当教师的永远幸福型和不愿当教师的基本不幸福型;另一类模式是发展变化类型模式,也是主要类型模式,发展变化的模式是幸福—不幸福—幸福或不幸福—幸福—不幸福。

韩玉娟在 2013 年调查了台前县高中教师幸福感的现状,研究结果显示,该县高中教师的生存现状:压力大,收入低,社会地位较低,身心亚健康,性别和职称对教师幸福感有影响。

2. 职业幸福感来自潜能得到发挥

是否愿意相信"潜能"的存在,其哲学的根源在于对"人性本善"的思考。当我们遭遇自身的困境、工作的难题、窘迫的困扰等各式各样问题时,你是否愿意相信自己有能力解决这些问题?或者在多次遭遇失败、挫折后,仍愿意相信"希望"的存在?这些都是考验对"潜能"是否存在的信念问题。有的人,正是在解决职场中的问题中,品味自身的成长,感受由此带来的愉悦感。

知识链接

积极治疗的哲学基础:“性善论”

积极心理治疗带有浓郁的“性善论”论调,这是该流派的重要哲学基础。关于“人性是善的,是恶的,还是中性的”,这正是人性论所讨论的焦点问题。对于“人的本性是什么”这一问题,看起来似乎很简单,其实相当复杂。从古到今,东、西方的思想家、哲学家都围绕着这一问题一直争论不休,始终没有一个定论。在争论中,东、西方均有学者支持“性善论”。古代,东方的代表人物有孟子、董仲舒等,西方的代表人物有苏格拉底、柏拉图等。如,孟子主张性善论,认为人生来就有“恻隐”、“羞恶”、“辞让”和“是非”的所谓“四端”。这四种处于萌芽状态的四善端经后天可发展为仁、义、礼、智四种社会道德。董仲舒则认为:“如其生之自然之资谓之性。性者,质也。”(《春秋繁露·深察名号》)他认为性是人与生俱来的自然本质。他进一步提出性未善论,他说:“性有善质,而未能为善”(《春秋繁露·实性》),认为人有善良的自然本性或自然本质,在此善的先天素质的基础上,通过后天的“王教之化”去发展真正善的社会本性。持性善论的西方哲学家苏格拉底,不关心自然的知识,而重视人类本身及社会道德的研究。他教人要“认识自己”,也就是说要人认识“真正的我”。这个我是指我的灵魂,也就是心灵或“理智”。只有灵魂或理智才能使人明辨是非,一个把自己的灵魂或理智看得至高无上的人,自然能知道什么是“善”、什么是“恶”,并且能够做一个有道德的人。苏格拉底认为,美德就是知识,而不道德便是无知的同义语。知识是可教的,但并不是来自客观的自然界,而是人心灵先天就有的。因此,从本性上讲,人是善的。当然这种本性上的善不是自发表现出来的,只有通过一系列的引导、启发,也就是“教育”,才能将先天有的善变成现实的善。苏格拉底重视知识与理性,开创了西方人本善的传统。师从于苏格拉底的柏拉图,继承和发展了老师的人性论,并提出了“理想国”的设想。柏拉图认为人的本性即灵魂,灵魂是由神创的,先于万物和人的肉体,它是不死的。灵魂由三个部分组成,即理性、意志、欲望,它们分处于身体的不同部位:理性是灵魂中最高贵的、最优秀的部分,具有认识真理的智慧功能,居于人的脑部;意志具有产生激情与勇敢、发动行为的作用,位于人的心脏;欲望是灵魂中最低级的部分,追求物质与肉体满足,居于人的腹部。既然灵魂是神创造的,它本身具有善性,灵魂各部分基于自己的本性而活动,各自都是善的表现。但是,如果仅仅是各个部分各自活动,灵魂就不能达到作为整体的善。只有让理性统帅各个部分,协调各部分的活动,才能达到整体的善。积极心理治疗正延续了“性善论”的这些论调:他们强调每个人都有着两种基本能力,这些能力延伸出26种积极的品质;人就如同一个“宝藏”,里面蕴藏着至少26粒宝石;而每个人因其自身经历,往往只开凿了“宝藏”中的一粒或若干粒宝石,这就意味着,也许有许多“宝石”正等待着我们去挖掘;因此,积极心理治疗的核心在于关注与培养人的积极力量和积极品质,他们致力于发动来访者身上存在的种种能力和自助潜力,从而促使来访者摆脱心理问题或抑制心理问题的产生。

(资料来源:郑雪,《积极心理学》,北京师范大学出版社,2014年)

3. 职业幸福感来自力量得以增长

关于"力量"的思考,来自德国的学者佩塞施基安博士对"积极心理治疗"的基本内涵进行解读:每一个来访者同时具备了生病的能力与保持健康的能力,而治疗应把注意力集中在增进和培养来访者自身的积极力量,通过挖掘或发展这些积极力量以帮助来访者摆脱心理问题,或者是抑制心理问题的产生。在此,所谓"积极力量"包括勇气、人际交往技能、理性思维能力、洞察力、乐观、诚实正直、坚持、能多角度思考问题、对未来充满希望等。从这个视角,教师职业幸福感的获得,即意味着其自身在上述"积极力量"的诸方面或多或少得到了增长。

 知识链接

解读"勇气"

1. 积极心理学背景下的勇气

勇气,作为一种积极情绪,是积极心理学研究中的一环。美国前任心理学会主席 Seligman 在 1998 年提出要研究积极的心理学,帮助人们过更快乐、更积极健康的生活。Seligman 自 20 世纪六七十年代起开始研究"习得性无助",在动物实验中,给狗重复施加无法躲避的电击,则狗就会出现"习得性无助"行为,对于本可以避开的电击也不再躲避。在人类中也会出现由于对于环境事件的"习得性无助"而产生抑郁。在其后的研究中,Seligman 又发现,不仅无助是可以习得的,乐观也是可以通过学习而获得的。学会维持乐观的态度不仅有助于避免抑郁,而且有助于提高健康水平。不仅是乐观,勇气、人际技能、信仰、希望、忠诚、坚忍等人类的力量都对抵御心理疾患起缓冲作用。因此,研究人性的积极方面,研究人类的力量和美德,并探索如何增强年轻人人性中的力量和美德,帮助人们不断地发展自己,这将是更有理论价值和现实意义的事情。

2. 勇气的定义

勇气是一种极其主观的感受体验,即便是过去众多的心理学家都无法给出一个准确的操作性定义。Shelp 在 1984 年把勇气定义为:"在危险的环境下,同时很可能感到非常恐惧,对可能的危险也进行了理性的估价,但是为了获得或保护自己或他人的利益,尽管认识到这种想要的结果并不一定能实现,但仍然努力、自觉行动的特质。"Sheila O'byrne 在 2000 年询问过 97 位被试者"什么是勇气",所有人的回答都不尽相同。但他们提到的条件大抵涵盖了以下几方面:行动,为自己的信仰挺身而出,牺牲,直面挑战和恐惧,克服困难。根据 Charles R. Synder 和 Shane J. Lopez 在 2007 年所进行的统计,当时的心理学界对勇气至少有 18 种不同的解读方法。Rate 在 2007 年用不同的方法探讨了勇气定义的共同成分或特征,并提出了成年人勇气的四个特征:意愿和意图、深思熟虑、客观存在的重大风险、高尚或有价值的结果;其他的研究表明,儿童对勇气的定义可能随着年龄的增长而由简单趋向复杂。

3. 勇气与事件结果

克里斯托夫·莱特是第一个发现我们在对别人是否有"勇气"的判断中存在表里不一现象的人。症结在于,我们比想象中更在乎"勇气"的结果是否成功。在为那

些罹患战争创伤后应激障碍(PTSD)的军人进行心理分析的过程中,莱特发现他们大多不愿将"勇敢"的标签用在自己身上——因为他们无论怎么英勇努力,他们的一个(或几个)战友客观上还是牺牲了。

美国克莱门森大学心理学家辛西娅·普里(Cynthia L. S. Pury)和查尔斯·斯塔克(Charles B. Starkey)曾经跟踪了某年卡内基英雄奖章(Carnegie Hero Medal)的颁发情况,这是美国国内表彰从极端危险状况中拯救受困者的行为的最高荣誉。在89%的案例里,受困者得到了拯救。其余11%的案例中,尽管行动者非常努力,受困者还是死亡了。几乎在所有的案例里,施救者都没有死亡(唯一的例外中,施救者死亡,但3位受困者获救)。普里得出的初步结论是,人类社会很多针对勇气的表彰暗示了,我们对勇气的定义不仅仅在于行动者的努力,而且还要求"成功"的存在。

2007年,普里和威斯康星大学史蒂文分校的心理学教授奥登·亨塞尔(Autumn D. Hensel)以300名美国东南部的本科生为样本进行了实验,其中有50名学生是对照组。他们被要求描述一个观察到"自己(别人)展示出勇气的时刻",并且对整个过程中的恐惧、自信、行动结果等进行排序。在所有的个案里,超过94%的行为都是让情况变好,不到2%的行为是让结果变坏。普里和亨塞尔又做了后续的比照实验,他们将性别、对成功的定义都列为观察的维度。他们发现,在定义勇气时提到"结果"的人中,90%的人还是会认为那些不成功的行为也是勇敢的。值得关注的对照是,尽管大部分人在定义成功时没有提到结果的成功与否,但他们对涉及身体、道德和心理勇气的行为进行排序时,成功的行为都比不成功的行为看起来更有勇气,尽管两者的心理结构是一样的。普里和斯塔克得出的结论是:"即使我们愿意认为我们判断勇气只是依据意图而非结果,但实验证明了我们其实不是。"

4. 勇气的模型

Goud在2005年把真正的勇气定义为一种主观体验,认为勇气是行动者知觉到危险、体验到恐惧并且克服恐惧而行动。Hannah在2007年根据Goud 2005年对勇气的定义提出了勇气的主观体验模型(见图8-8)。

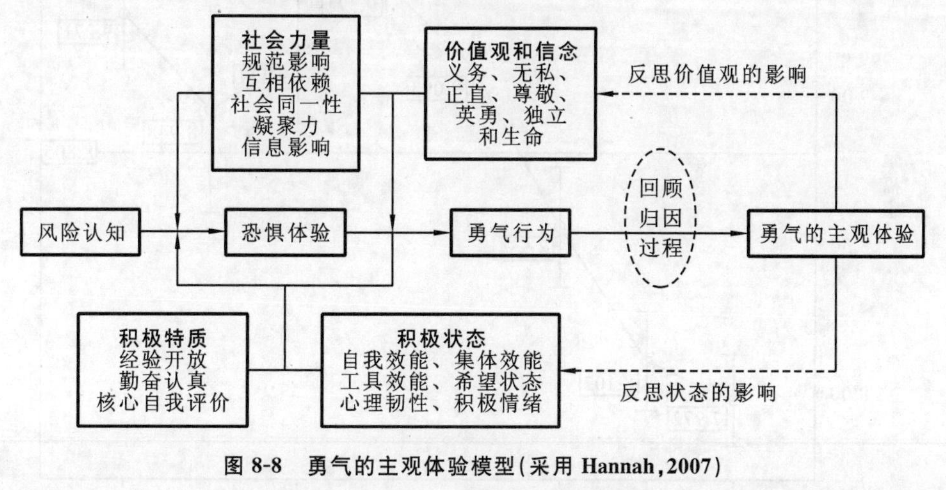

图8-8 勇气的主观体验模型(采用Hannah,2007)

如图 8-8 所示，勇气的主观体验过程是这样的：感知到风险→引起心理或生理的恐惧反应→行动者仍然会面对恐惧→实现既定的目的。通过回顾归因这一过程，行动者思考他们的行动，产生了对勇气的主观评价。积极的特质、状态和社会力量可以降低面对风险时体验到的恐惧水平，激发勇气行为。此外，个人价值观和坚定的社会力量相互影响，也可以提高恐惧情境下勇气行为出现的概率。最后，通过反思，勇气的自我归因过程将会强化人们的价值观，并建立积极的状态，激发将来的勇气行为。

（资料来源：N. H. Goud, Courage: Its nature and development. *The Journal of Humanistic Counseling, Education and Development*, 2005, 44(1), 102-116; S. T. Hannah、P. J. Sweeney、P. B. Lester, Toward a courageous mindset: The subjective act and experience of courage. *The Journal of Positive Psychology*, 2007, 2(2), 129-135. 刘春雷、庄展模，《勇气的积极心理学研究》，《经济发展方式转变与自主创新——第十二届中国科学技术协会年会(第三卷)》，2010 年，由严安、李斯杰整理）

4. 职业幸福感是一种持续的快乐体验

曾经看到过这样一项干预：主试招募了一对孪生姐妹作为被试，她们在智商、情趣、个性等各方面存在着高度的一致性。在其后的一天内通过各种干预方式改变她们。具体操作包括：一早起来，让这对被试听不同的音乐，看不同的电影，并阅读不同的文章，最后通过逛街时二人的购物行为来检验她们的受影响效果。结果：听轻松音乐、看喜剧、读"筛选振奋字句"小说的姐姐，在购物中显得更轻松与自信；而听悲伤音乐、看悲剧，读"筛选悲伤字句"小说的妹妹，在购物中显得更为沉重与低落，甚至不像以前的"她"。该研究向我们展示了，我们可以人为地安排我们的情绪，快乐可以被主动地选择。图 8-9 所示为体验幸福感的事项。

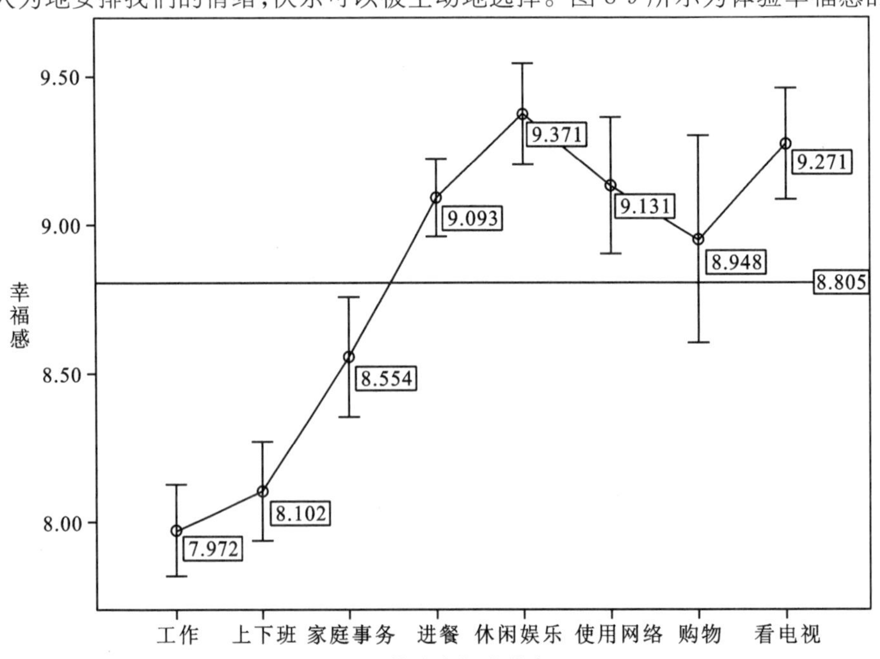

图 8-9　体验幸福感的事项

知识链接

习得性乐观

塞利格曼的习得性乐观的理论中提出，乐观者使用适应性的因果归因来解释消极经历或事件。用专业术语来说，在回答“为什么那件坏事发生在我身上”时，乐观者对于类似的失败事件做外部的、可变的和局部的归因，而悲观者则对失败事件做内部的、稳定的和全局的归因。简单来说，乐观者对坏事的解释方式是：①指责他人和环境在产生糟糕结果中所起的作用（外部归因）；②把坏事解释为不太可能再次发生（可变归因）；③把坏的结果限制在某个别领域而不是其他方面（局部归因）。

因此，乐观的中学生获得糟糕的分数时会说：①“这份测验的用语很糟糕”（外部归因）；②“我在先前的测验中做得很好”（可变归因）；③“我在其他生活领域做得很好，例如我的人际关系和运动成绩”（局部归因）。相反，得到糟糕分数的悲观的学生会说：①“我弄砸了”（内部归因）；②“我先前的成绩也很差”（稳定归因）；③“我在其他生活领域也做得不好”（局部归因）。

习得性乐观引发了大量研究，而非悲观解释风格与下列结果相关联：

(1) 更好的学业成绩；

(2) 优秀的运动成绩；

(3) 更有效率的工作记录；

(4) 更高的人际关系满意度；

(5) 更有效地应对生活压力源；

(6) 不易发生抑郁；

(7) 身体健康。

（资料来源：C. R. 斯奈德、沙恩·洛佩斯著，王彦、席居哲、王艳梅译，《积极心理学——探索人类优势的科学与实践》，人民邮电出版社，2013 年）

（二）寻求职业幸福感

1. 认知层面的自我调整

佩塞施基安博士曾指出，人的心灵深处都有着一种实现自我和寻找人生意义的内在需要；而人的困境往往就在于习惯了从某一个角度看问题，并坚信这就是“事实”，看不见“别的可能”。由此可见，认知层面自我调整的关键在于拓展我们的视野，感受多元的体验，丰富自己的内心世界。

知识链接

核心自我评价:教师心理幸福感的重要影响因素

Judge等借鉴Packer核心评价(core evaluations)的概念提出了“核心自我评价”(core self-evaluations)这一概念。所谓核心评价是指人们心目中对于个人生活的三个基本领域(自我、他人和现实)所持有的基本结论和基本评价。在这三类核心评价中,Judge等非常关注“自我”在评价中的价值,因而提出了“核心自我评价”的概念,并将其定义为:个体对自身能力和价位所持有的最基本的评价。他们认为,核心自我评价具有以评价为中心、基本性、广泛性这三大特性,并可以通过特质予以具体描述。Judge等筛选出四种特质来描述核心自我评价,它们包括自尊(self-esteem)、控制点(locus of control)、神经质(neuroticism)和一般自我效能(generalized self-efficacy),并编制了相应的量表(core self-evaluations scale,简称CSES)进行测量。一项关于核心自我评价与心理幸福感相关因素的调查结果显示:核心自我评价对心理幸福感有显著预测作用。个体对自我评价越积极,则PWB指数越高;反之亦然。这表明,心理幸福感的程度与个体对自身评价中的积极倾向或消极倾向有很大关系。这也意味着,个体的自我概念越积极,那么该个体在自我认识方面相对比较客观、全面,在对待周围事物方面也相对积极、乐观,在应对周边环境方面会有相对优势或有控制力,其自我效能感较高,这一切都将给个体带来积极的体验,并以较高的PWB指数予以体现。由此给我们以启发:可以通过调节自身的评价倾向,从而影响个体的幸福感指数。

(资料来源:许思安、杨晓峰,《核心自我评价:教师心理幸福感的重要影响因素》,《中国特殊教育》,2009年第3期,第90～96页)

2. 积极自我暗示策略的合理应用

请看图8-10,在你的眼中,A点是凸出来的,还是凹进去的?假如请你盯着A点,心里同时默念,它是凸出来的,凸出来的,凸出来的,那么,结果又如何?

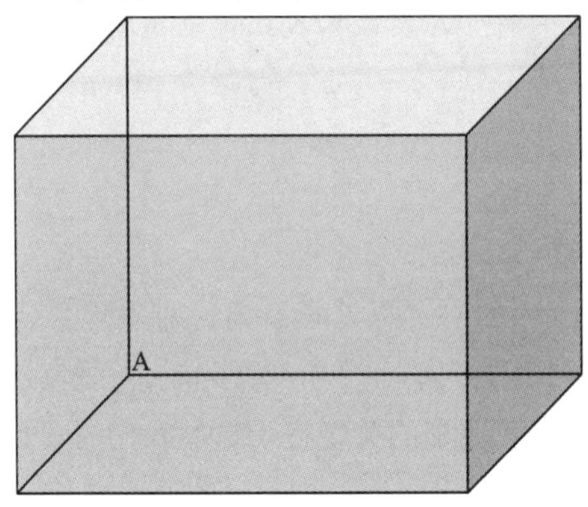

图8-10　两可图

一个简单的事物在你的心理倾向之下会产生不同的结果；心理倾向会产生心理暗示，你带着什么样的倾向看，它就会导致什么样的结果。在面对困境、压力、挫折时，如果你愿意选择积极的视角，也许很快你将看到“曙光”和“希望”；如果你选择的是消极的角度，也许带来的将会是“悲观”和“失望”。

知识链接

十四条经典心理暗示

(1) 当你对某件事情抱着百分之一万的相信，它最后就会变成事实。

(2) 期望定律。期望定律告诉我们，当我们怀着对某件事情非常强烈的期望的时候，我们所期望的事情就会出现。

(3) 情绪定律。情绪定律告诉我们，人百分之百是情绪化的。即使有人说某人很理性，其实当这个人很有“理性”地思考问题的时候，也会受到他当时情绪状态的影响，“理性地思考”本身也是一种情绪状态。所以人百分之百是情绪化的动物，而且任何时候的决定都是情绪化的决定。

(4) 因果定律。任何事情的发生，都有其必然的原因。有因才有果。换句话说，当你看到任何现象的时候，你不用觉得不可理解或者奇怪，因为任何事情的发生都必有其原因。你今天的现状是你过去种下的因导致的结果。

(5) 吸引定律。当你的思想专注在某一领域的时候，跟这个领域相关的人、事、物就会被你吸引而来。

(6) 重复定律。任何的行为和思维，只要你不断地重复就会不断加强。在你的潜意识当中，只要你能够不断地重复，它们都会在潜意识里变成事实。

(7) 累积定律。很多年轻人都曾梦想做一番大事业，其实天下并没有什么大事可做，有的只是小事。一件一件小事累积起来就形成了大事。任何大成就或者大灾难都是累积的结果。

(8) 辐射定律。当你做一件事情的时候，影响的并不只是这件事情的本身，它还会辐射到相关的其他领域。任何事情都有辐射作用。

(9) 相关定律。相关定律告诉我们：这个世界上的每一件事情之间都有一定的联系，没有一件事情是完全独立的。要解决某个难题，最好从其他相关的某个地方入手，而不只是专注在一个困难点上。

(10) 专精定律。专精定律告诉我们，只有专精在一个领域，这个领域才能有所发展。所以无论你从事任何的行业，都要以该行业最顶尖的目标为目标，只有当你能够专精的时候，你所从事的领域才会出类拔萃地成长。

(11) 替换定律。替换定律就是说，当我们有一项不想要的记忆或者是负面的习惯，我们是无法完全去除掉的，只能用一种新的记忆或新的习惯去替换它。

(12) 惯性定律。任何事情只要你能够持续不断去加强它，它终究会变成一种习惯。

(13) 显现定律。显现定律就是说,当我们持续寻找、追问答案的时候,它们最终都必将显现。

(14) 需求定律。任何人做任何事情都带有一种需求。尊重并满足对方的需求,别人才会尊重我们的需求。

(资料来源:http://www.xici.net/d121526600.htm)

课外拓展

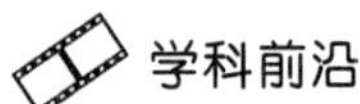
学科前沿

心理资本与压力管理

美国学者 Luthans 在 2004 年提出"心理资本"(psychological capital appreciation,简称 PCA)这一概念,旨在从根本上打造人的竞争优势。所谓"心理资本",是指个体在成长和发展过程中表现出来的一种积极心理状态,是超越人力资本和社会资本的一种核心心理要素,是促进个人成长和绩效提升的心理资源。心理资本是除了财力、人力、社会三大资本以外的第四大资本,包含自我效能感(自信)、希望、乐观、坚韧四个要素。之所以说人的潜能是无限的,其根源就在于人的心理资本。

人的发展、成功和幸福不仅需要环境和社会文化等,更需要充分认识和发掘个人内在的积极心理品质。心理资本便是将心理学和管理学的理论与实践相结合,从心理学的角度拓宽管理视野,掌握提升心理素质的方法和心理辅导的技术,以积极的情绪投入工作,从而激发团队的活力和激情,促进工作绩效提升。

我国学者蒋建武、赵署明在 2007 年指出,心理资本包括自尊、自我效能感、控制点和情绪稳定性四个维度。曹鸣岐 2006 年的研究表明,心理资本的维度包括希望、乐观、主观幸福感、情绪智力、韧性、公民组织行为等六个方面。吴伟炯在 2012 年通过对 1566 名教师的访谈、调查的结果指出,本土心理资本包含事务型心理资本(希望、乐观、坚韧)和人际型心理资本(自谦、感恩、利他、情商/情绪智力和信心/自我效能)。通过三层回归分析,可以发现,心理资本对主观幸福感、心理幸福感与工作压力的关系没有调节作用,对幸福指数与工作压力的关系具有调节作用。研究进一步发现,心理资本水平低时,幸福指数受工作压力的影响显著;心理资本水平高时,幸福指数受工作压力的影响不显著。

心理资本能使人较好地适应周围环境,从而有助于幸福感的保持和提高。作为综合的积极心理素质,一个人的心理资本能够以多种方式影响他的幸福感。心理资本通过管理与调整其他心理资源,以协同方式发挥作用,将个体潜力挖掘出来,可以获得令人满意的结果。因此,通过特定方式对心理资本进行投资和开发,能够促进个体的成长发展。具有积极心理资本的个体经常充满自信,具有对事件的控制能力,较为乐观和主动,采取的应对方式比较积极,能够很好地与周围环境相适应,减少和避免因环境不适带来的负性情感。心理资本能够均衡压力和情绪的关系,使人迸发出无限的正能量。心理资本的各种资源要素都可以通过支持个体来应对压力。比如自我效能感能够在工作要求和心理健康之间进行调节;自尊可以缓解因工作要求而导致的工作不满意感,减缓个人因工作压力带来的情绪损耗,防止压力的负面结果,帮助个人应对工作压力。

心理资本中的高自我效能感通过调节超负荷工作与满意度的关系,减缓工作要求产生的工作倦怠、工作压力,提高人的职业承诺,进而影响人的幸福感;坚韧性能调节应激生活事件的影响,激励人们不怕挫折、不惧困难,不放弃、不抛弃,从而改善和提高个体的身心健康水平,进而影响个体的幸福感;成功体验会使人更加相信自己的能力,建立起强大的自我效能感,对未来充满信心和希望,激发工作投入,降低情感消耗,减少和避免工作压力的负面影响,从而提高幸福感。运用乐观方式来调节人的归因方式,同样能够改变能人们的生活满意度。

(资料来源:李旭,《初中教师幸福感与工作压力、心理资本的关系》,山东阜师范大学专业硕士学位论文,2013 年)

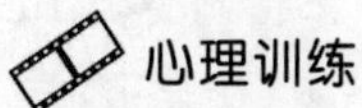

心理训练

肌肉放松法

放松顺序:头部—手臂—躯干—腿部。

1. 头部的放松

第一步:紧皱眉头,像生气般,保持 10 秒钟,然后逐渐放松。放松时注意体验与紧张时不同的感觉。

第二步:闭上双眼,做眼球转动动作。先使两只眼球向左边转,尽量向左,保持 10 秒钟,然后还原放松;后使两只眼球尽量向右转,保持 10 秒钟后还原放松;随后,使两个眼球按照顺时针方向转动一周,然后放松;接着再使眼球按照逆时针的方向转动一周,然后放松。

第三步:皱起鼻子和脸颊部肌肉,可以咬紧牙关,嘴角尽量向右边咧,鼓起两腮,作极其痛苦状态并使劲,保持 10 秒钟,然后放松。

第四步:紧闭双唇,使唇部肌肉紧张,保持 10 秒钟,然后放松。

第五步:收紧下颚部肌肉,保持 10 秒钟,然后放松。

第六步:用舌头顶住上颚,使舌头前部紧张,10 秒钟后放松。

第七步:做咽食动作以紧张舌头背部和喉部,但注意不要完全完成咽食这个动作,保持 10 秒钟,然后放松。

2. 颈部的放松

把头用力下弯,使下巴抵住胸部,保持 10 秒钟,然后放松,体验放松时的感觉。

3. 臂部的放松

把双手平放在沙发扶手上,掌心向上,握紧拳头,使双手和双前臂肌肉紧张,保持 10 秒钟,然后放松;然后,将双前臂用力向后臂弯曲,使双臂的二头肌紧张,10 秒钟之后放松;接下来,双臂向外伸直,用力收紧,使上臂三头肌紧张,保持 10 秒钟,然后放松。每次放松时,注意体验肌肉松弛后的感觉。

4. 肩部的放松

把双臂外伸悬浮于沙发两侧的扶手上方，尽力使双肩向耳朵方向上提，保持该动作10秒钟后放松，注意体验发热和沉重的放松感觉，20秒钟后做下一个动作。

5. 背部的放松

向后用力弯曲背部，努力使胸部和腹部突出，使成桥状，坚持10秒钟，然后放松。20秒钟后，往背后扩双肩，使双肩尽量合拢以使背上肌肉群紧张，保持10秒钟后放松。

6. 胸部的放松

双肩向前并拢，使胸部四周肌肉紧张，体验紧张感，保持10秒钟，然后放松，体验胸部舒适放松的感觉，20秒钟后做下一个动作。

7. 腹部的放松

坐在座位上，高抬双腿并使腹部四周的肌肉紧张。与此同时，胸部压低，保持该动作10秒钟，然后放松。注意由紧张到放松过程腹部的变化感觉。20秒钟后做下一个动作。

8. 臀部的放松

将双脚伸直平放于地，用力向下压两只小腿和脚后跟，使臀部肌肉紧张。保持此姿势10秒钟，然后放松。20秒钟后，将两半臀部用力夹紧，努力提高骨盆的位置，持续10秒钟，然后放松。体验臀部肌肉发热并有沉重的感觉。

9. 大腿的放松

绷紧双腿，使双腿后跟离开地面，持续10秒钟然后放松。20秒钟后，将双腿伸直并紧并双膝，保持10秒钟后放松，体验微微发热的放松感觉。

10. 小腿的放松

双腿向上方朝膝盖方向用力弯曲，使小腿肌肉绷紧，保持10秒钟后慢慢放松。10秒钟后做相反动作，双腿朝向前下方用力弯曲，保持10秒钟，然后放松。注意体验紧张状态的消除。

11. 脚趾骨的放松

将双脚脚趾慢慢向上用力弯曲，其他部位不要移动，保持10秒钟后放松。20秒钟后做相反的动作，将双脚脚趾向下用弯曲，保持10秒钟后放松。

当各部分肌肉放松都做完后，还可以继续给出暗示：现在感到很安静，很放松……非常非常安静、非常放松、全身都放松了……然后从1默数到50并睁开眼睛。

参考文献

[1] 阿茹娜. 大学生危机干预及其对策研究的文献综述[J]. 现代交际(下半月),2012(1):9-10.

[2] 白钟玲,陈雪梅,陈玉曦. 中小学教师心理状况的调查研究[J]. 成都电子机械高等专科学校学报,2012,15(2).

[3] 陈晶琦,韩萍,陈海华,李秀珍. 小学生家长对儿童性虐待的认识[J]. 中国心理卫生杂志,2014,18(1):9-12.

[4] 陈惠雄.快乐理论的学科演绎:一个研究综述[J].财经论从,2008(1).

[5] 陈金定.青少年发展与适应问题:理论与实务[M].上海:华东师范大学出版社,2008.

[6] Carol K. Sigelman, Elizabeth A. Rider. 生命全程发展心理学[M]. 陈英和,译.北京:北京师范大学出版社,2009.

[7] 陈卫.中学生学习注意力的培养对策[J].池州师专学报,2004(18):112-113.

[8] 陈威.小学儿童心理学[M]. 北京:中国人民大学出版社,2009.

[9] 程培霞,达朝锦,曹枫林,历萍,封丹珺,蒋陈君. 农村留守与非留守儿童心理虐待与忽视及情绪和行为问题对比研究[J]. 中国临床心理学杂志,2010,18(2):250-251.

[10] 郭晚花,曹玉洁.青海省青少年自杀意念及其影响因素分析[J]. 中国学校卫生,2012,33(008):937-938.

[11] 关荐,方静.中学教师心理弹性与离职倾向的关系研究[J].现代中小学教育,2013(7):79-82.

[12] 黄雪竹,郭兰婷,唐光政. 青少年情绪和行为问题与生活事件的相关性[J]. 中华流行病学杂志,2006,27(3):204-207.

[13] Anita Woolfolk. 教育心理学[M]. 何先友,等,译.北京:中国轻工业出版社,2008.

[14] 郗浩丽.中小学生自我概念发展的影响因素研究[J].南京师大学报(社会科学版),2002(5):97-103.

[15] 金重振. 青少年注意力训练方案研究综述[J].现代营销,2014(78).

[16] 贾晓波,陈世平.学校心理辅导实用教程[M].天津:天津教育出版社,2002.

[17] 江琴,Albi,B. 初中留守儿童社会支持特点与情绪行为问题的关系[J]. 中国学校卫生,2014,35(003):325-327.

[18] 纪成强.上海市肥胖小学生自我意识和身体自尊特征研究及运动干预研究[D].上海:上海师范大学硕士学位论文,2013.

[19] 林崇德.发展心理学[M]. 北京:人民教育出版社,2008.
[20] 梁宁建.普通心理学[M]. 北京:开明出版社,2012.
[21] 栾明翰，李薇，李建明. 创伤后应激障碍的研究进展[J]. 中国健康心理学杂志，2014,22(1):142-144.
[22] 刘燕玲，马凤霞，吴鸿雁.创伤后应激障碍临床研究进展[J]. 临床误诊误治，2010，23(12):1198-1200.
[23] 刘霞，陈京立.儿童死亡后居丧父母悲伤护理研究现状[J]. 国际护理学杂志，2006，11(001).
[24] 刘军，文红，向虎，钟昆，王丹.年龄、性别和父母教养方式对小学生自我概念发展的影响[J].四川精神卫生，2007,20(2):71-73.
[25] 刘瑞雪.儿童气质与感觉统合能力影响因素及其关系研究[D].石家庄:河北医科大学,2014.
[26] 李旭. 初中教师幸福感与工作压力、心理资本的关系[D].济南:山东师范大学,2013.
[27] 李宏利，刘惠军. 互联网与青少年思维发展[J].首都师范大学学报(社会科学版)，2004(6):108-112.
[28] 李晶，张杰，朱莉琪.中学生自我评价的发展及其与学业成绩的关系[J].心理科学，2011,34(3):619-624.
[29] 卢启程. 基于建构主义的体验式教学设计探讨[J].科技信息(科学研究),2008(7).
[30] 彭以松，聂衍刚，蒋佩.中学生自我意识发展特点及与心理健康关系的研究[J].内蒙古师范大学学报(教育科学版),2007,(10):93-97.
[31] 朴永馨.特殊教育学[M].福州:福建教育出版社,1995.
[32] 全国心理咨询职业资格考评委员会编写. 心理咨询师教程——知识技能[M].广州:暨南大学出版社,2007.
[33] 任俊. 积极心理学[M].上海:上海教育出版社,2011.
[34] Robert S. Feldman. 发展心理学:人的毕生发展[M]. 苏彦捷，等，译.北京:世界图书出版公司北京公司,2007.
[35] 唐杰，马颖，郭勇，等.广东省中学生情绪管理与自伤行为的相关性[J]. 中国学校卫生，2014,35(7):967-969.
[36] 唐红波.心理学[M]. 广州:广东省语言音像电子出版社,2009.
[37] 田峰溶.小学生家庭功能、自我概念对欺负行为的影响研究[D].大连:辽宁师范大学,2013.
[38] 仝聪. 西安市小学教师压力应对与工作倦怠关系研究[D].西安:西北大学,2010.
[39] 佟秀丽，莫雷，Zhe Chen.国外儿童科学思维发展的新探索[J].心理科学，2005,28(4):933-936.
[40] 王丹. 青少年情绪、行为问题，家庭功能，认知性情绪调节策略及其关系研究[D].上海:华东师范大学,2011.
[41] 王志超. 中小学生心理问题个别辅导[M]. 广州:暨南大学出版社,1997.
[42] 沃建中.中小学心理素质教育的探索[M].北京:科学出版社,2000.

[43] 沃建中,杨伟刚,林崇德.中学生聚合思维发展特点的研究[J].应用心理学,2006,12(4):297-304.

[44] 吴球.小学数学教学中对学生逻辑思维能力的培养探究[J].学周刊,2012(8):66.

[45] 吴海珍,赵蕾和卢英俊.莫扎特音乐对幼儿时空推理能力影响的研究[J].心理发展与教育,2014(4):345-353.

[46] 闻琪.小学高年级学生情绪、情绪调节策略对注意稳定性的影响[D].石家庄:河北师范大学硕士学位论文,2013.

[47] 许泽高.赢在此时——青春期逆反心理分析与对策[M].武汉:武汉大学出版社,2007.

[48] 许思安,郑雪,苏斌原,刘嘉.广州和澳门地区初中生对理想身材的倾向性[J].中国临床康复,2005,9(36).

[49] 许思安,聂衍刚,苏斌原.粤澳初中生身体自我满意度的比较研究[J].心理发展与教育,2006(2):100-103.

[50] 许思安,唐红波.教师心理保健[M].广州:广东省语言音像电子出版社,2007.

[51] 许思安,杨晓峰.核心自我评价:教师心理幸福感的重要影响因素[J].中国特殊教育,2009(3):90-96.

[52] 许思安,张积家.教师的性别角色观:"阴盛阳衰"现象的重要成因[J].华南师范大学学报(社会科学版),2007(4):110-118.

[53] 许思安,黄喜珊.心理危机干预团体心理训练的主题与方法[M].广州:暨南大学出版社,2009.

[54] 许思安.青少年十种常见问题行为的矫治[M].广州:暨南大学出版社,2012.

[55] 许思安,严标宾,曾保春.中学心理健康教育实务[M].北京:清华大学出版社,2013.

[56] 许思安,莫清瑶.小学心理健康教育实务[M].北京:清华大学出版社,2013.

[57] 许思安.中学政治学科课堂教学心理[M].广州:广东高等教育出版社,2014.

[58] 心理健康教育案例选析编写组.心理健康教育案例选析(小学专兼职教师使用)[M].北京:中国统计出版社,2002.

[59] 杨国枢,张春兴.咨询与心理治疗[M].南京:桂冠图书股份有限公司,1975.

[60] 杨玲,赵国军.学校心理学[M].甘肃:甘肃教育出版社,2006.

[61] 叶少玲,火寿平,段蓉霖.学校心理健康教育[M].昆明:云南大学出版社,2006.

[62] 易发久.成功一定有方法[M].北京:世界图书出版社,2001.

[63] 张俊.中学教师职业幸福感形成与发展规律的研究[D].大连:辽宁师范大学,2012.

[64] 郑雪.积极心理学[M].北京:北京师范大学出版社,2014.

[65] 郑雪,刘学兰,王玲.幼儿心理健康教育[M].广州:暨南大学出版社,2011.

[66] Dennis Coon, Jhon O. Mitterer.心理学导论:思想与行为的认识之路[M].郑钢,等,译.北京:中国轻工业出版社,2008.

[67] 赵必华.中学生自我概念的结构与发展特点[J].安徽师范大学学报(人文社会科学版),2008,36(1):96-100.

[68] 张冲.教师幸福感发展现状和培养对策研究[J].中国特殊教育.2011,9(135):

31-37.

[69] 曾嵘，张伶俐，罗家有，龚雯洁，杜其云，吴虹. 中国7省市农村地区4～7岁留守儿童情绪与行为问题及其影响因素研究[J]. 中华流行病学杂志，2009,30(7):706-709.

[70] David R. Shaffer. 发展心理学:儿童与青少年[M]. 邹泓,等,译. 北京:中国轻工业出版社,2005.

[71] Alan Carr. 积极心理学:关于人类幸福和力量的科学[M]. 郑雪,等,译. 北京:中国轻工业出版社,2008.

[72] 斯奈德 C R,沙恩・洛佩斯. 积极心理学——探索人类优势的科学与实践[M]. 王彦,席居哲,王艳梅,译. 北京:人民邮电出版社,2013.

[73] Eth S. PTSD in children and adolescents (Vol. 20)[J]. American Psychiatric Pub, 2008.

[74] Egger H L, Angold A. Common emotional and behavioral disorders in preschool children:presentation, nosology, and epidemiology[J]. Journal of Child Psychology and Psychiatry, 2006,47(3-4):313-337.

[75] Finkelhor D. The international epidemiology of child sexual abuse[J]. Child abuse & neglect, 1994,18(5):409-417.

[76] Friedman M J, Resick P A, Bryant R A, Brewin C R. Considering PTSD for DSM-5[J]. Depression and anxiety, 2011,28(9):750-769.

[77] Hamblen J. PTSD in children and adolescents[J/OL]. National Center for PTSD. 2003. www. ncptsd. org.

[78] Hinshaw S P. Externalizing behavior problems and academic underachievement in childhood and adolescence: causal relationships and underlying mechanisms [J]. Psychological bulletin,1992,111(1):127.

[79] Kolb D A. Experiential learning: experience as the source of learning and development[J]. Englewood Cliffs,1984. NJ:Prentice Hall.

[80] Kouider E B, Koglin U, Petermann F. Emotional and behavioral problems in migrant children and adolescents in Europe:a systematic review[J]. European child & adolescent psychiatry,2014,23(6):373-391.

[81] Leis J A, Heron J, Stuart E A, Mendelson, T. Associations between maternal mental health and child emotional and behavioral problems: does prenatal mental health matter? [J]. Journal of abnormal child psychology,2014,42(1):161-171.

[82] Ryff C D. Psychological well-being in adult love [J]. Current Directions in Psychological Science,1995.

[83] Runyon M K, Deblinger E, Steer R A. PTSD symptom cluster profiles of youth who have experienced sexual or physical abuse[J]. Child Abuse & Neglect,2014,38(1):84-90.

[84] Salloum A, Scheeringa M S, Cohen J A, Storch E A. Development of Stepped Care

Trauma-Focused Cognitive-Behavioral Therapy for Young Children[J]. Cognitive and Behavioral Practice,2014,21(1):97-108.

[85] Wang M T, Brinkworth M, Eccles J. Moderating effects of teacher-student relationship in adolescent trajectories of emotional and behavioral adjustment[J]. Developmental psychology,2013,49(4):690.

Postscript

后记

时间飞快,“眼睛一睁一闭,已过去半年”,“眼睛再一睁一闭,一晃已一年”。此时此刻,感受最为强烈的是那句“匆匆,太匆匆”! 想想,数天前,我还穿着厚厚的大衣,在新疆的福海、布尔津“送教”;数天后,我穿着短袖坐在家中的电脑前,完成此书最后的修改。情不自禁地开始思考人生……不由自主地回到乌伦古湖……想起触动我的那点点思绪:静立湖边,倾听风声,欣赏深秋的芦苇,是风动? 是苇动? 是心动……

回顾这些年,一路走来,感悟最深的是:一切尽在“心”中。不论是在工作中,还是在生活里,总有顺境,也有逆境;总有乐处,也有苦况;总有所得,也有所失。面对这些“必然”,如何做出所谓相对“正确的”选择? 也许一切要从“心”开始,由“心”而发,听从我们自己内心的抉择。一旦抉择,也许考验我们的就是信念了。我曾深深地体会到,世上最简单的事是坚持,最难的事也是坚持。不知此刻所言,是否能触动正在阅读的你? 若此书中的某些观点、某些言辞能让你若有所悟,也许就是给予我的最大的鼓励。

此书得以出版,需要感谢那些一直支持我的家人、老师、老领导、老同事、师兄弟妹、老朋友以及为本书贡献了素材的学生们。在本书的写作中,作者参考了国内外大量有关的文献资料,在此对各位原作者表示衷心的感谢。同时,感谢华中科技大学出版社的编辑们、朋友们,他们为本书的出版付出了辛勤的劳动。

许思安

2014 年冬于广州

与本书配套的二维码资源使用说明

本书部分课程及与纸质教材配套数字资源以二维码链接的形式呈现。利用手机微信扫码成功后提示微信登录，授权后进入注册页面，填写注册信息。按照提示输入手机号码，点击获取手机验证码，稍等片刻收到4位数的验证码短信，在提示位置输入验证码成功，再设置密码，选择相应专业，点击“立即注册”，注册成功。（若手机已经注册，则在“注册”页面底部选择“已有账号？立即注册”，进入“账号绑定”页面，直接输入手机号和密码登录。）接着提示输入学习码，需刮开教材封面防伪涂层，输入13位学习码（正版图书拥有的一次性使用学习码），输入正确后提示绑定成功，即可查看二维码数字资源。手机第一次登录查看资源成功以后，再次使用二维码资源时，只需在微信端扫码即可登录进入查看。